Sociodinâmica da Cultura

Coleção Estudos
Dirigida por J. Guinsburg

Equipe de realização – Tradução: Mauro W. Barbosa de Almeida; Produção: Ricardo W. Neves e Raquel Fernandes Abranches.

Abraham A. Moles

SOCIODINÂMICA DA CULTURA

PERSPECTIVA

Título do original em francês
Sociodynamique de la Culture

Copyright © 1967, Mouton & Cie.

Dados Internacionais de Catalogação na Publicação (CIP)
(Câmara Brasileira do Livro, SP, Brasil)

Moles, Abraham Antoine.
M731s   Sociodinâmica da cultura; tradução: Mauro W.
Barbosa de Almeida. São Paulo, Perspectiva, 2012.
ilust. (Estudos, 15)

ISBN 978-85-273-0621-8
1. reimpr. da 1 ed. de 1974
Bibliografia.

1. Comunicação 2. Cultura I. Título.

17. e 18. CDD-301.2
17. e 18.   -001.5
18.   -301.14

74-0827

Índices para catálogo sistemático:
1. Comunicação 001.5 (17. e 18.)
2. Comunicação : Sociologia 301.2 (17) 301.14. (18)
3. Cultura : Sociologia 301.2 (17 e 18)
4. Processos culturais : Sociologia 301.2 (17 e 18)

1ª edição – 1ª reimpressão

Direitos reservados em língua portuguesa à
EDITORA PERSPECTIVA S.A.

Av. Brigadeiro Luís Antônio, 3025
01401-000 – São Paulo – SP – Brasil
Telefax: (0--11) 3885-8388
www.editoraperspectiva.com.br

2012

Prólogo

Este livro tem por objeto a *cultura* sob sua forma cotidiana imediata. Ao mesmo tempo propõe uma tese, a de que existem mecanismos socioculturais, e uma síntese, uma tentativa de reunião dos diferentes aspectos que contribuem para o estudo ou a manipulação desses mecanismos.

Assim sendo, sob pena de se tornar uma enciclopédia da comunicação e da cultura, a obra devia necessariamente revestir-se de um caráter esquemático e um tanto arbitrário. Deixamos sistematicamente de lado a maior parte do aparato de justificação que, em princípio, deveria sustentar toda afirmação, contentando-nos com uma bibliografia bastante extensa, que se encontra, em ordem alfabética de autores, no fim do volume.

Dada a diversidade das disciplinas que concorrem para uma sociologia da cultura, o aspecto deste livro pode parecer um pouco desanimador. Por esse motivo, esforçamo-nos, graças à benevolente ajuda das Éditions Mouton, por dar-lhe uma forma tão acessível quanto possível especialmente pelo emprego de uma ilustração bem ampla em contraponto e complemento ao texto. Esta, ao mesmo tempo que fornece elementos de conhecimento suplementares que o teriam tornado pesado, retoma esquematicamente noções elaboradas sumariamente no decorrer do texto. Esse artifício e o comentário da legenda resultam numa certa "redundância" no sentido exato da Teoria da Informação e, assim esperamos, numa maior legibilidade. A estrutura da obra participou das mesmas preocupações e cada capítulo termina por uma conclusão que resume os principais pontos nele estabelecidos, retomando o último, por sua vez, num nível mais geral, o conjunto das teses propostas. Enfim, no decorrer do texto, passagens em tipo menor trazem complementos de informação ou desenvolvimentos que o leitor pode, em princípio, saltar a uma primeira leitura sem perder o fio do raciocínio. A bibliografia deteve-se em setembro de 1966.

Sumário

INTRODUÇÃO 1

§ 0-1. A noção de cultura, 1; § 0-2. O método cibernético, 3; § 0-3. Hipóteses e tomadas de posição, 5; § 0-4. Esboço do plano da obra, 6.

I. A NOÇÃO DE CULTURA 9

§ I-1. Observações metodológicas, 9; § I-2. A cultura humanista e seu declínio, 10; § I-3. Vocabulário e cultura, 13; § I-4. A evolução do quadro do pensamento moderno, 17; § I-5. Uma definição da cultura, 20; § I-6. A construção das idéias e os átomos de cultura, 22; § I-7. Uma medida de cultura, 23; § I-8. Cultura individual e cultura social, 25; § I-9. Rumo a uma dinâmica cultural, 27; § I-10. Os problemas operacionais de acesso à cultura, 31; § I-11. As dimensões das estruturas culturais, 34; § I-12. As dimensões do quadro sociocultural, 39; O enriquecimento do quadro sociocultural visto sob o ângulo quantitativo da medida de informação, 42; § I-13. As dimensões da cultura individual, 43; § I-14. Um método de análise do conteúdo cultural, 47; § I-15. A aquisição de conhecimentos e os fatores da cultura individual, 52; § I-16. Conclusão, 58.

II. O MERCADO INTELECTUAL E A CULTURA 61

§ II-1. Introdução, 61; § II-2. A noção de valor residual, 65; § II-3. Os elementos do custo, 69; § II-4. A diferença fundamental entre idéia e mercadoria, 71; § II-5. Estudo particular de fatores do preço de custo intelectual, 73; § II-6. A noção de mais-valia, 78; § II-7. Os materiais, 79; § II-8. Cultura pessoal e criatividade, 81; § II-9. Os elementos críticos do ciclo sociocultural, 83; § II-10. O micromeio intelectual, 85; § II-11. Cultura-mosaico e "mass-media", 93; § II-12. Conclusão, 96.

III. A TRANSFERÊNCIA DA MENSAGEM CULTURAL 99

§ III-1. A teoria da comunicação, 99; § III-2. Natureza física da mensagem, 102; § III-3. Um exemplo: A mensagem escrita, 105; § III-4. A cultura dos repertórios, 111; § III-5. Redundância e percepção de formas, 116; § III-6. O problema da atenção, 119; § III-7. Atenção e retenção da mensagem musical, 120; § III-8. A arquitetura informacional da mensagem, 129; § III-9. Os processos de difusão no campo sociométrico, 136; § III-10. O conceito de potencial de relações, 143; § III-11. As distorções de mensagens nos grupos sociais, 146; § III-12. Os processos de convicção, 153; § III-13. Racionalidade e retenção, 157; § III-14. Acondicionamento de mensagens, 160; a) O vocabulário; b) A forma da frase; c) Fatores de conteúdo; d) A lógica do conteúdo; § III-15. Os fatores integrantes, 166; Fatores integrantes estéticos; § III-16. Estruturas profundas da retenção e distorção da lembrança, 168; § III-17. Elementos de um modelo da retenção, 171; § III-18. Conclusão, 176.

IV. OS CIRCUITOS DE DIFUSÃO CULTURAL 181

§ IV-1. Necessidade de uma "teoria dos circuitos" culturais, 181; § IV-2. Caracteres gerais dos circuitos culturais, 183; § IV-3. A mensagem impressa, 186; § IV-4. A edição, 189; § IV-5. O impresso científico, 196; a) Progressivo; b) Enunciável; § IV-6. A publicação periódica e seu público, 198; § IV-7. Os aspectos técnicos do problema da documentação científica, 203; § IV-8. O circuito do livro científico, 207; § IV-9. A vulgarização científica ou a educação adulta, 211; § IV-10. A linguagem como mensagem cultural, 215; a) O vocabulário; b) A gramática; c) A retórica; § IV-11. A mensagem teatral, 222; § IV-12. Situação e evolução do sistema de comunicação teatral, 223; § IV-13. O circuito cultural do teatro, 227; § IV-14. As artes visuais, 234; O caso das Galerias de Artes; § IV-15. O canal da música, 239; § IV-16. O canal da radiodifusão, 251; § IV-17. Conclusão, 256.

V. UMA TEORIA SOCIODINÂMICA DOS MODOS DE COMUNICAÇÃO DE MASSA: O CASO DO RÁDIO E DA TELEVISÃO 259

§ V-1. A auto-reação entre a cultura e a criação, 259; § V-2. Revisão dos elementos principais do circuito cultural, 260; § V-3. O canal de rádio-televisão, 264; § V-4. A doutrina demagógica dos publicitários, 266; § V-5.A doutrina dogmática, 270; § V-6. A doutrina eclética ou culturalista, 274; § V-7. A doutrina sociodinâmica, 281; § V-8. O aspecto prático das doutrinas socioculturais, 285; § V-9. A indústria de transformação dos itens culturais, 290; § V-10. O sistema de colocação, 293; § V-11. O controle do produto acabado, 296; § V-12. As conseqüências da teoria sociodinâmica da cultura, 298; § V-13. Conclusão, 300.

VI. DINÂMICA DA CULTURA E SOCIEDADE INTELECTUAL 305

§ VI-1. Rumo a uma ética da cultura?, 305; § VI-2. Uma definição dinâmica da cultura como máquina de fabricar desejos, 306; § VI-3. Cultura-mosaico e pensamento ocidental, 308; § VI-4. Quotidianidade da cultura e criação intelectual, 311; § VI-5. A submersão da criatividade pelo conhecimento, 313; § VI-6. Rumo a uma nova sociedade intelectual, 316; § VI-7. Conclusão, 321; § VI-8. Os "mass-media" como modelo de regência da sociedade, 328; § VI-9. A função de uma filosofia dinâmica, 328.

BIBLIOGRAFIA 331

Introdução

Instrumentos perfeitos mas fins vagos
são os signos de nossa época.

EINSTEIN

§ 0 — 1. *A noção de cultura.*

A noção de *cultura* foi proposta pelos filósofos há cerca de dois séculos pois que a palavra "cultura" já está presente em um dicionário alemão de 1793. Contudo, até o presente, a Sociologia contribuíra sobretudo para enriquecer a cultura com "fatos culturais", sem fazer progredir seu quadro doutrinal. Parece que o progresso das ciências estatísticas, isto é, o crescimento dos fatos culturais, assim como da teoria dos modelos, autoriza doravante uma nova tentativa de conceituação: é o que procuramos fazer aqui.

A Ciência fornece-nos medidas e formas: ela progride por um vaivém entre os fatos, fornecidos pela medida, e as doutrinas, que constituem as formas. O pesquisador age sobre o campo fenomenal para fazer emergir *situações pregnantes** que traduz em uma linguagem abstrata, isto é, simbólica, utilizando um vocabulário de conceitos universais: o termo "cultura" é um destes. *Medidas* e *formas* são, pois, os dois pólos de uma dialética da apreensão do mundo que deve torná-lo, contingente que é, necessário para nós. Esta dialética resolve-se ao termo do trabalho científico na edificação de estruturas que podem conduzir a uma álgebra de atos, no sentido em que a entende P. VALÉRY.

A presente obra é, pois, essencialmente um esforço no sentido de estabelecer um quadro doutrinal em um domínio novo no qual, entretanto, um número bem grande de trabalhos experimentais díspares já se acham reunidos, como é possível verificar pela bibliografia, quase nenhum, porém, procurou *se integrar* em uma ciência constituída.

As Humanidades são doravante substituídas pelas *Ciências Humanas* cujo objeto é o *operador humano*. Estas nasce-

---

* É generalizada a tradução do termo *prégnance* (literalmente: prenhez) por *pregnância,* em sentido especializado, ou seja, quando ligado à psicologia da *Gestalt.* O próprio termo francês é uma tradução do alemão *praegnanz.* (N. do T.)

ram historicamente de alguns conceitos filosóficos que permanecem subentendidos na base de seu desenvolvimento. As mais complexas destas ciências, agora independentes, guardaram certos traços de sua origem. Estas ciências humanas, distintas das ciências biológicas, compreendem entre outras: a Psicologia, a Sociologia, a Etnologia, a Estética e a Ética Prática.

Todas, inclusive a última, pretendem constituir um conhecimento objetivo do homem enquanto "sistema reativo". Supõem alguns princípios básicos:

A. O indivíduo é um sistema aberto cujo comportamento está completamente determinado, mais ou menos ao acaso (ruído), pela soma de:

1) um capital hereditário que edifica a estrutura geral de seu programa:

2) os acontecimentos de sua história pessoal, inscritos por seus reflexos condicionados e por sua memória neste organismo, que definem sua "personalidade" (cultura pessoal);

3) seu meio atual ao qual este organismo reage.

B. Todas as modalidades do comportamento presente e futuro deste indivíduo podem ser enunciadas com uma exatidão igual à da descrição de um sistema físico-químico, na medida em que os três fatores determinantes acima sejam conhecidos.

C. Este conhecimento perfeito da hereditariedade, da história e do meio do indivíduo ou do grupo de indivíduos em determinado momento é na verdade um ideal assintótico, e o indivíduo ou o grupo, como qualquer outro sistema, só pode ser determinado em um comportamento estatístico, objeto próprio das ciências humanas.

D. Ao lado dessas ciências experimentais, deve-se desenvolver uma *ciência humana teórica* cujo objetivo é determinar mecanismos gerais de comportamento que possam ser expressos sob forma matemática, partindo de um modelo normalizado do organismo humano ou do átomo social dado pela experiência, resumidos sob forma estatística. A diferenciação deste indivíduo, normalizado por multiplicação de parâmetros numéricos que o definem, bem como a fluxão destes segundo os conceitos da psicologia diferencial, deve representar o estádio último dessas ciências humanas e a inserção completa do homem no universo físico-químico.

Caso se pretenda que as Humanidades participem da integração do homem no mundo moderno, elas próprias devem integrar-se às ciências humanas: de fato, é isto que ocorre quando se requer uma aplicação prática. Mas a complicação rapidamente crescente dessas ciências torna-as dificilmente acessíveis a um homem cultivado que supostamente se disporia a dirigir uma evolução a qual não queremos mais deixar ao acaso.

INTRODUÇÃO

§ 0 — 2. *O método cibernético.*

> *Descubro primeiro,*
> *Pesquiso depois.*
> PICASSO

Este livro é uma tentativa de pensamento "cibernético" no sentido em que o entendem os criadores de uma ciência geral dos organismos. Desenvolve sistematicamente, no campo da sociologia da cultura, o *método das analogias* como sistema intelectual de domínio do real. O método cibernético pode ser caracterizado como segue:

1) O ciberneticista, visto aqui como fabricante de modelos, *descobre* primeiro uma imagem e pesquisa *em que* esta imagem se funda, isto é, em que ela é um reflexo qualquer de uma realidade qualquer. Dela extrai, a seguir, deduções e verifica se ao menos algumas dentre elas se reencontram na realidade fenomênica dos fatos objetivos, tais como estes foram coletados pelo especialista da ciência particular que examina.

2) Por contraste, depois, pesquisa *em que* esta analogia que se propôs se distancia do real, seja por não existir correspondência profunda, seja por ser falsa a correspondência: por não ser mais que uma simples imagem poética e não uma analogia fundamental; em todo caso, pesquisará *por que* ela é falsa, exercendo assim uma disciplina mental sobre o jogo fértil das imagens.

3) Admitindo que a imagem seja válida, passando por isso à categoria de *analogia,* o observador pesquisará em seguida se os fenômenos que deixou de lado são quantitativamente suficientes para alterar notavelmente a imagem do fenômeno principal. Dá-se conta, assim, do valor heurístico da analogia. Se esta condição, que poderia ser chamada de *condição de principalidade,* for satisfeita, este valor heurístico em si mesmo é prova do valor da imagem analógica proposta.

Ele estabelece então, segundo outros métodos retirados do arsenal da ciência experimental, se os fenômenos marginais em sua imagem inicial, que de início abandonara, deixam-se interpretar por mecanismos diferentes do fenômeno principal, mas baseando-se em todo caso *nos mesmos elementos* analógicos, nas mesmas grandezas de "simulação" ou na mesma textura "imaginária". Investiga se estes podem combinar-se de alguma forma com a imagem principal precedente ou se eventualmente devem ser pura e simplesmente substituídos. Neste estádio, dispõe portanto de uma simulação analógica válida.

4) Investiga qual deverá ser a escala (grandezas estatísticas por exemplo) na qual a analogia proposta adquirirá sua plena validade, e quais são as *margens* de variação dessas

grandezas (*campo de validade*) além das quais o fenômeno estudado muda de caráter e deve, pura e simplesmente, requerer outros tipos de analogia, preparando assim estudos de estrutura em outros níveis.

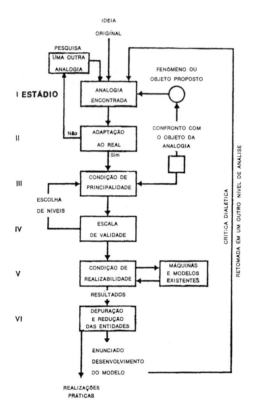

FIG. 0-1 — *Organograma do método cibernético considerado como programação do estudo de modelos.*

Reencontramos nesta figura, cuja semelhança com um programa de máquina de calcular é fácil de observar, as diferentes etapas do raciocínio cibernético que, baseando-se na descoberta de uma analogia, impõe-lhe um certo número de condições restritivas, cujo conjunto prefigura uma espécie de neocartesianismo da máquina, passível de ser assimilado a regras para a direção do espírito na busca de analogias.

5) Desenvolve em seguida, no campo principal que se estabelecera, a analogia proposta, fixando como regra reduzir todas as etapas de suas descrições a mecanismos dos quais conhece exemplos reais e que é capaz de construir inteiramente. Procurará depurar e simplificar esses mecanismos, em particular traçar-lhes esquemas (gráficos) tais como os que os programadores de máquinas de calcular fazem para descrever o processo que pretendem realizar.

INTRODUÇÃO 5

6) A enunciação e a descrição detalhada do modelo proposto são em si o primeiro resultado importante que este método fornece, na medida em que ele traz um fator de integração de noções diversas, uma economia de pensamento na qual um grande número de fatos díspares reduzem-se a um pequeno número de entidades, em conformidade ao Princípio de Occam, *entia non sunt multiplicanda praeter necessitatem* *, enfim uma linguagem qualitativa e um modo de ação sobre o fato estudado: uma alavanca para apreender o real.

7) Mas, do exame do modelo, resulta imediatamente um certo número de questões que exigem resposta ou especificações que levarão então, nesse esclarecimento novo fornecido pelo modelo, a uma renovação do trabalho experimental, a uma nova busca de fatos, a um novo ponto de partida no ciclo da pesquisa.

A estrutura desta obra se baseia, pois, no desenvolvimento de um modelo de caráter mecanicista: o ciclo sociocultural, em um espírito vizinho ao que a Economia Política realiza a respeito dos circuitos econômicos; o estabelecimento das grandezas em jogo (ponto 4 acima), a extensão da analogia inicial aos diferentes aspectos particulares (ponto 3), o estudo do funcionamento do modelo em "canais" variados (ponto 6), a pesquisa de seus limites (ponto 7) serão os principais capítulos.

§ 0 — 3. *Hipóteses e tomadas de posição.*

O conjunto do presente trabalho se funda, de fato, num certo número de hipóteses heurísticas que convém enunciar explicitamente:

a) Supõe-se que os processos aqui considerados são aqueles que podem ser descritos por um observador exterior ao sistema que estuda. Esta observação, que pode parecer banal quando se estuda um fenômeno físico, adquire importância considerável quando se estudam fenômenos de Comunicação ou de Sociologia, nos quais o observador é um membro da Sociedade, e portanto da rede de comunicação. É o equivalente, no domínio da cultura, da célebre afirmação de DURKHEIM: "os fatos sociais são coisas". O observador é abstraído da cadeia da comunicação a partir do momento em que a descreve, em particular, exprime-se em relação a esta cadeia em uma "metalinguagem" (CHERRY) independente do código e do repertório dos indivíduos que se comunicam.

b) Supõe-se a existência de uma correspondência entre os mecanismos do espírito no interior de um homem e os mecanismos coletivos no interior de um grupo social. Esta

---

* "Não multiplicar as entidades além do necessário." (N. do T.)

6 SOCIODINÂMICA DA CULTURA

hipótese de trabalho tem-se revelado extremamente frutífera em Sociologia, pelos menos a título de procedimento inicial.

c) Admite-se que a percepção corresponde a uma espécie de projeção de mensagens sensoriais sobre uma "tela de referência" constituída pela cultura.

d) Enfim, não é possível falar da "cultura" ou de "uma cultura" como objeto de Ciência sem aceitar explicitamente um procedimento estatístico: a Ciência só se ocupa do geral e seu ponto de vista se opõe por definição ao de efetuar uma soma exaustiva de um conjunto de fatos particulares, que constituiria o ideal do historiador. Correlativamente, seremos portanto conduzidos a aceitar as hipóteses de base da Estatística e, em particular, a fundamentar toda experimentação neste domínio sobre a operação de *amostragem* que admite a possibilidade de construir uma amostra manipulável representativa de um todo — se, pelo menos, esta amostragem for feita segundo certas regras enunciáveis.

e) O quadro social adotado para esta obra é o do homem do Ocidente, ou antes do Extremo Ocidente, entendendo por isso um modelo de civilização, que conquista atualmente o mundo de Vladiovostok a Tóquio, e cujas imagens são fornecidas por Nova York, Berlim ou Moscou, civilização que tende progressivamente para a imagem de uma sociedade "afluente" *, na acepção de GALBRAITH.

§ *0 — 4. Esboço do plano da obra.*

O plano desta obra se apresentará, então, como segue:

No Cap. I, definiremos a própria noção de cultura, e estabeleceremos as bases daquilo que pode ser chamado de uma "dinâmica da cultura", oposta a um simples inventário, com base em uma hipótese e em uma imagem analógica do funcionamento do conhecimento. Investigaremos quais são os métodos experimentais que permitem dar um conteúdo operacional aos modelos assim propostos e às noções de cultura e de quadro sociocultural, o que nos conduzirá a uma análise do conteúdo da cultura.

No Cap. II, examinaremos em que medida as idéias podem ser assimiladas a objetos, e desenvolveremos o aspecto econômico da "mercadoria" cultural, como as noções de preço de custo e preço de venda. Evidenciaremos alguns aspectos particulares desses valores econômicos que são as idéias, e de sua fixação por obras culturais: livros, discos, filmes, publicações científicas etc.

As idéias apresentam-se aos outros indivíduos sob a forma de *mensagens* mais ou menos normalizadas pela impressão,

---

* No original, *affluente*, tradução do inglês *affluent*, que significa: *opulento, abastado.* (N. do T.)

INTRODUÇÃO

cópia ou sistemas de difusão, será objeto do Cap. III. Examinar os modos de assimilação da mensagem, com base nos conhecimentos proporcionados pela teoria informacional da percepção, em particular no que diz respeito às grandezas fundamentais que são: o *débito de originalidade*, a *taxa de variedade*, a *estrutura dos receptores*, seu *modo de agrupamento sociométrico*.

O problema que se coloca então, e de que trataremos no cap. IV, é o de colocar em evidência os mecanismos, até agora obscuros, que contribuem para a integração ou rejeição dos elementos culturais. Como circulam estes na massa social e como são cristalizados no cérebro do indivíduo, ou ainda retidos pelas memórias permanentes da Humanidade constituídas pelas Bibliotecas e Instituições culturais cuja tarefa determinada é armazenar essas *cultural conserves* nas quais MORENO vê o fundamento da civilização moderna? A determinação de alguns — os mais típicos — desses *circuitos da cultura* e de suas características numéricas segundo os tipos de mensagens — imprensa escrita, rádio, pintura, música, ciência enfim — constituirá o objeto desse capítulo.

Veremos então emergir da afirmação e do traçado desses circuitos culturais, com seus prazos de percurso, seus coeficientes de influência, suas reações recíprocas, os elementos de uma *doutrina de ação*, que tenta responder à questão "para onde vai a cultura", sempre naturalmente segundo um ponto de vista estritamente estatístico; como prever e visualizar a "cultura de amanhã", transportar o amanhã ao hoje. Esta doutrina de ação nos indicará quais os pontos em que convém agir no sistema cultural para obter uma modificação deste. Isto será o objeto do Cap. V.

Enfim, a evidenciação dos elementos de uma *sociodinâmica da cultura*, na qual somos sujeitos e objetos, deve conduzir-nos espontaneamente a uma *filosofia cultural* que situaremos no quadro da filosofia do *Umwelt*, concebida por VON UEXKÜLL.

Este livro nasceu de um breve relatório feito para o Departamento de Humanidades da Fundação ROCKFELLER sobre a Filosofia Dinâmica e as Ciências Humanas. Constitui o desenvolvimento de uma série de pesquisas e conferências feitas no Centro de Estudos da Radiotelevisão Francesa, durante os anos de 1958 a 1960, para a qual nos haviam solicitado tentar definir uma doutrina dos meios culturais, particularmente os concernentes ao Rádio. A idéia, essencial, de um "ciclo" da cultura foi apresentada a um público mais amplo no decurso da semana de Sociologia da Fundação Solvay, em Bruxelas, em maio de 1960.

A Noção de Cultura

> *A cultura não salva nada nem ninguém, não justifica. Mas é um produto do homem: nela ele se projeta, se reconhece; somente esse espelho crítico oferece-lhe sua imagem.*
>
> J.-P. SARTRE

Uma característica essencial do ser humano é viver em um meio que ele próprio criou. O vestígio deixado por esse meio artificial no espírito de cada homem é o que chamamos de "cultura", termo tão carregado de valores diversos que seu papel varia notavelmente de um autor para outro e do qual se enumeraram mais de 250 definições. A própria palavra recobre um conteúdo que varia com o tempo, lugar e tipo de sociedade considerada, implicando uma *sociologia* da cultura, e depois, além desta, uma *dinâmica* da cultura que será nosso propósito aqui.

§ I — *1. Observações metodológicas.*

Como se pode definir a palavra cultura? A pesquisa de definições já é, em si, um método autônomo de estudo de um problema, pois as ambigüidades da definição refletem para todos os termos abstratos um fato relativo ao objeto definido. A tradição escolástica e humanista, a exemplo da ciência geométrica, fazia da pesquisa de definições uma condição prévia a todo conhecimento. O quadro do pensamento moderno é muito menos exigente a esse respeito: portanto, não parece mais fundamentalmente necessário definir palavras de que nos utilizamos para sermos capazes de enunciar a seu respeito afirmações corretas, isto é, capazes de dar lugar a operações coerentes: é a transposição para o domínio do pensamento do "conceito operacional" de Bridgman.

As definições capazes de satisfazer ao pragmatista constituem exemplos de "situacionamentos" de uma palavra a definir. Elas não pretendem ser exaustivas e se prenderão por vezes a uma série de proposições exatas — isto é, coerentes.

10 SOCIODINÂMICA DA CULTURA

A palavra definida é então o "resíduo" do conjunto dessas proposições.

Este tipo de definições é "aberto", está conectado com todo o conjunto da evolução da linguagem: é, pois, particularmente interessante para palavras abstratas tais como "cultura". A definição aberta tem um comprimento ilimitado: ela é *convergente*, não atinge o rigor da Geometria senão quando a palavra é esgotada.

Mais precisamente, em uma definição fechada do tipo clássico, a palavra "a" registrada em um dicionário é definida por uma frase, ou seja, um agrupamento de palavras i, j, k, l... que a excluem. Então, se E_a é o equívoco da palavra definida

$$E_a \ll E_i \times E_j \times E_k \ldots$$

Mas cada uma das palavras i, j, k... é, ela mesma, definida no dicionário com a ajuda das palavras p, q, r, s, m, n, o, etc., e admite-se que as palavras a, i, j, k,... sejam excluídas de sua própria definição.

Uma definição aberta, ao contrário, renuncia a essas regras formais de exclusão, contentando-se em enunciar uma série de afirmações a respeito da palavra a definir; é a definição pelos exemplos, e não mais o exemplo de um emprego conforme à definição. Esses exemplos devem ser em número relativamente grande para cada significação, mais precisamente, devem ser *convergentes* no sentido de levarem a um domínio das principais associações da palavra *na própria ordem de sua importância;* em outros termos, sabe-se tanto mais sobre a palavra quanto mais longe se vai nos casos de utilização dela. É pois, antes de tudo, uma esquematização e um ordenamento dos processos efetivos do espírito humano.

Assim, poderíamos dogmaticamente rejeitar a pesquisa de uma definição de uma palavra tão geral como "cultura" e admitir, legitimamente, que este termo será definido, no vocabulário próprio do autor, pelo próprio conjunto da obra escrita a seu respeito.

Sem chegar a tal ponto, o que seria esvaziar de seu sentido a própria operação de definição, ater-nos-emos à idéia de uma definição aberta, sempre acessível a retoques e adições, e oposta às definições fechadas às quais nos habitua a Geometria. Uma das grandes contribuições das ciências humanas às ciências exatas foi, com efeito, a dos "fenômenos imprecisos" que é possível limitar, mas não definir, desvanecendo-se o fenômeno em sua própria definição.

Contentar-nos-emos, pois, em encetar aqui este processo de convergência que conduz à definição da palavra, evocando alguns dos predicados enunciados a respeito da cultura, e pesquisando sobretudo em que direção a cultura pode tornar-se uma quantidade mensurável e quais são suas *dimensões.* Descrevamos, de início, o que foi a cultura e o que ela se tornou.

§ 1 — 2. A cultura humanista e seu declínio.

A palavra "Humanidades" foi forjada de maneira formal nos séculos XVII e XVIII, para designar uma concepção do homem cultivado que possuía conhecimentos extensos sobre a maioria das atividades de seus congêneres, e a quem *nil humanum alienum est*. Esses conhecimentos deveriam ser adquiridos pelo estudo das artes liberais e das línguas antigas, com a hipótese implícita, mas que foi confirmada pelas pesquisas da psicologia moderna, de que *as palavras preexistem às idéias* e as recobrem. Os quadros de nossa sociedade ocidental ainda se baseiam, por inércia, nesta concepção humanista, que falsifica nossa visão da cultura. Se este conceito de humanismo continua presente em nossos espíritos, a despeito de sua perempção, é porque sentimos vagamente a necessidade de alguma espécie de homem cultivado que, sem entrar em particularidades técnicas, o que outros farão melhor que ele, possa demonstrar uma faculdade de julgamento.

O termo "cultura humanista" serviu muito, pois as "Humanidades" contaram muito na evolução ocidental desde a Renascença: a cultura humanista foi um momento da evolução no qual se dispunha de uma doutrina bem definida do conhecimento. Ela afirmava essencialmente a existência de *assuntos principais,* de temas maiores do pensamento em contraposição aos assuntos menos importantes, e aos pequenos elementos do dia-a-dia.

Portanto, propunha, inicialmente, uma *hierarquia,* uma ordenação de nossos conceitos, implicando a existência de "conceitos gerais" integradores. Citemos ao acaso: o uso da língua, a aquisição da escrita, os elementos da Geometria e do pensamento racional, o silogismo, o teorema de Pitágoras, a aptidão para substituir o definido pela definição, algumas idéias gerais sobre o universo, citações, etc., e, a um nível mais avançado, o conhecimento das línguas antigas, um certo número de princípios de comportamento social, etc.

Em contraste com estes conceitos principais, distinguiam-se conceitos "secundários", unidos aos precedentes. Uma percepção é então relacionada a uma rede de conhecimentos, cuja estrutura tem uma textura perfeitamente definida, comportando grandes linhas, linhas secundárias, terciárias, etc., uma espécie de *rede viária* do pensamento, com *cruzamentos* de conhecimento que Belin Milleron denominou de *conceitos-encruzilhada,* esses conceitos-chave sobre os quais recaímos sempre no ato de pensar.

Assim, a estrutura cartesiana do conhecimento afirmava: "Eis algumas grandes avenidas, dividamos nossos raciocínios em cadeias de elementos bem simples e fáceis, inteiramente evidentes", isto é: "Reconduzamos um pensamento particular a um molde, a uma estrutura geral, a um certo número de elementos". Essa espécie de *tela* do conhecimento sobre a qual se projetam nossas percepções será então representada por uma *rede emalhada,* assemelhando-se a uma teia de aranha, perfeitamente ordenada em relação a centros definidos.

12 SOCIODINÂMICA DA CULTURA

Em particular, quando uma idéia nova nos era fornecida, o alvo do ensino das "Humanidades", esta educação humanista em cuja herança ainda vivemos, era pôr à nossa disposição um certo número de processos para apreender um conceito por vias relativamente simples. Partindo de um ponto, a idéia, a percepção, o fato, ligam-se a um outro, depois a outro ainda, recaindo em conceitos-encruzilhada já ligados entre si por uma forte estrutura, procurando, por assim dizer, "eixos de coordenadas", e o pensamento humanista permitia apreender uma estrutura a partir desse posicionamento, desta topologia do conhecimento.

Resultava dessa visão um método educativo: as "Humanidades". Nossos mestres, imbuídos do pensamento cartesiano que receberam, diziam então: para tornar um homem cultivado, ensinemos-lhe alguns grandes conceitos, os conceitos-encruzilhada: princípios da Geometria, rudimentos do latim ou de línguas estrangeiras, grandes idéias filosóficas; ele disporá de um fio de Ariadne, de uma trajetória, de um modo de emprego, que lhe permitirão apreender os acontecimentos, avaliá-los, mensurá-los, coordená-los em seu espírito em relação aos outros, encontrar-lhes um lugar inteiramente preparado no mobiliário de seu cérebro.

Foi papel dos Enciclopedistas fazer o balanço da civilização humanista, e ampliar, a uma visão do Universo como uma Soma, as alavancas de apreensão do pensamento: uma ferramenta encontrava-se pronta para a primeira revolução industrial. A Enciclopédia, com sua classificação alfabética, suas definições, seus exemplos, sua "parte enciclopédica" enfim, referia-se implicitamente a esta concepção humanista da tela de referência, fazendo intervir na definição um certo número de conceitos mais gerais, ao excluir o termo definido em um jogo de probabilidades convergentes.

Ora, esta concepção surge doravante como caduca no impulso de uma nova visão do Universo, produto da Ciência: Valéry assinala que um homem moderno — e é nisto que ele é moderno — vive familiarmente com uma quantidade de contrários estabelecidos na penumbra de seu pensamento e que vêm, alternadamente, à cena. Esta concepção caducou, pelo menos na medida em que um ideal deve enraizar-se na realidade vivida: ninguém mais *pode* viver uma verdadeira cultura humanista, mesmo que o deseje e que tenha os meios materiais para tanto.

Por que, precisamente, ela caducou? Há duas razões principais:

a) O ponto de vista "enciclopedista" se baseia numa função quantitativa do conhecimento, que é limitada pelas possibilidades naturais do cérebro humano. O espírito humano encontra-se isolado diante de uma soma de conhecimentos que se amplifica e não há mais medida comum entre o con-

A NOÇÃO DE CULTURA   13

teúdo do espírito e o que o ambiente lhe propõe: está, portanto, condenado a ser superficial.

b) Supunha-se que o homem, por um conhecimento aprofundado das línguas antigas, pudesse penetrar no reino das idéias e conhecer a maior parte dos objetos "cobertos" pelas palavras. De fato, referia-se, portanto, a uma "cultura filológica". Este ponto de vista foi desenvolvido sistematicamente nas universidades alemãs: a concepção da Filologia enquanto método de formação fundava-se no mesmo raciocínio. Aprendendo a história e a vida das palavras, o jovem estudante entrava em contato, através delas, com a vida: "A palavra, dizia Thomas MANN, é a própria vida".

Atualmente, a estrutura de nosso pensamento mudou profundamente. Os psicólogos que analisam o conteúdo das mensagens sociais se dão conta de que a educação, recebida no liceu por exemplo — época da vida do ensino humanista por excelência — conta muito pouco na vida real, pelo menos para a maioria da humanidade. Os elementos do mobiliário cerebral do homem da rua são, de preferência, os cartazes do metrô, o que ouviu no rádio ou na televisão na véspera, o último filme a que assistiu, o jornal que lê ao encaminhar-se para o trabalho, as conversas dos colegas de escritório e os bate-papos; o que aprendeu na escola é um nevoeiro vago de noções passadas. Seus conceitos-encruzilhada, as idéias integradoras de sua percepção de fatos e de coisas, impõem-se a ele por uma via *estatística* muito diferente da via da educação racional, cartesiana, com elevado grau de coerência e em cujas virtudes ele continua a acreditar.

§ I — 3.   *Vocabulário e cultura.*

A invasão de nossa vida cotidiana pelo modo tecnológico tornou-se manifesta por sua influência sobre os meios culturais de comunicação, entre os quais a linguagem ocupa o primeiro lugar. Se as palavras são, antes das idéias, os instrumentos da cultura, como o ensina a Psicologia Experimental, a evolução de volume do vocabulário desde o advento da era tecnológica oferece um modo de acesso à pesquisa das tendências de nossa cultura.

A educação tradicional, como víamos mais acima, dava a impressão de que o indivíduo começava por "ter uma idéia" e em seguida encontrava palavras para exprimi-la. Considerase doravante que pensamento e emprego de palavras são inseparáveis e que, de fato, o processo da atividade mental comporta a princípio a aquisição de "palavras vazias" por intermédio dos meios de comunicação de massa: jornais, impressos, rádio, toda esta *logosfera* descrita por Bachelard, já que, pouco a pouco, uma certa *quantidade de sentido* se incorpora a essas palavras, nutre-as, coordena-as, envolve-as com uma constelação de atributos que é a própria essência do conhecimento, para que, pouco a pouco, o indivíduo se torne, por sua vez, capaz de servir-se delas em enunciados verificáveis, critérios do pensamento pragmático. Donde a importância que uma sociodinâmica da cultura atribuirá desde o início ao vocabulário, material bruto do pensamento discursivo.

Parece que, em torno de um núcleo de palavras de base, inalterado há séculos, e de uma margem de palavras faladas, em constante evolução, da qual depende a vida autônoma da língua, se desenvolve uma massa enorme de palavras, várias dezenas de milhares, muito além das capacidades de um único indivíduo, salvo em um setor determinado: o de sua atividade profissional, onde ele pode chegar a um notável domínio do "vocabulário técnico".

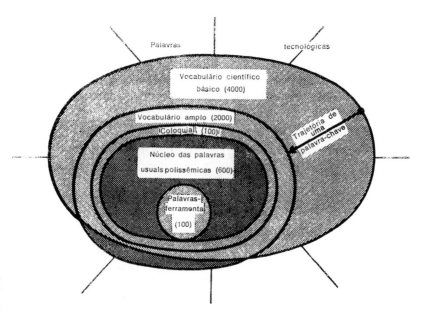

FIG. I-1. — *Uma representação esquemática da estrutura do vocabulário*

Observar-se-á o papel das *palavras-ferramenta* (partículas, preposições, prefixos, artigos, sufixos e conjunções). Este diagrama estabelece a diferença entre o *vocabulário científico básico*, relativamente restrito, constituído de palavras polissêmicas, e o vocabulário tecnológico, que cresce em função direta da civilização científica mas, de fato, é dividido em setores estreitos, tendo pouca comunicação uns com os outros, e cuja utilidade é quase estenográfica, já que é praticamente unívoca: uma palavra para uma coisa, uma única coisa coberta por uma única palavra. Escrever para o público científico culto, ideal de nossa sociedade, seria exigir do público o domínio do vocabulário básico, mas, precisamente, rejeitar o conjunto dos termos tecnológicos. As palavras-chave são termos originariamente raros e técnicos que, por uma razão qualquer, "entram em moda", e fornecem a chave lingüística de um problema. Contribuem, por seu aumento brusco de freqüência que os aproxima do vocabulário básico, para a vida da linguagem (cf. Cap. III).

A NOÇÃO DE CULTURA

Esse vocabulário, nem caduco, nem fundamental, tem alguns carateres específicos, em particular:

— 1. Uma internacionalização relativa — saindo as palavras em grande medida de raízes greco-latinas.

— 2. Uma clara estabilidade: essas palavras são menos passíveis de variar de sentido que as palavras da linguagem corrente.

— 3. Uma taxa de expansão em relação direta com a do domínio científico particular ao qual elas pertencem.

O uso que o indivíduo faz desse vocabulário constitui o essencial da teoria da linguagem, e parece ser governado por uma dialética fundamental entre as tendências da pessoa à *exatidão* e à *facilidade* (ZIPF).

Em um texto científico podem-se, entre outros, discernir quatro espécies de palavras:

1. As palavras-ferramenta do lógico: e, ou, não, então, nem, mas, para, de, em, etc., menos de uma centena no total.

2. As palavras da língua corrente (discutir, fazer, considerar, ilha, veículo, chá, etc.) cujo sentido é em última análise conhecido por intuição. Fazem parte da linguagem comum a todo homem. Decerto estas palavras têm uma multiplicidade de sentidos, mas orientamo-nos através desse dédalo, já que sabemos falar. A polissemia desse vocabulário é considerável e essencial à própria vida da língua: lembremos que o número de suas significações é proporcional à raiz quadrada da freqüência de seu emprego (GUIRAUD).

3. As palavras científicas de caráter geral, cuja acepção não é a mesma que a da língua corrente, ou que os cientistas, magos do mundo moderno, empregam em um sentido mais preciso e bem mais delimitado. Essas palavras (trabalho, informação, logaritmo, entropia, análise, mapa, seno, tensão, elétron, etc.) constituem o repertório básico do vocabulário científico. São de uso constante, mas sua definição às vezes nos escapa. Esse vocabulário possui uma ambigüidade restrita, e nele as palavras têm um número *finito* de sentidos repertoriados *a priori*.

4. Enfim, o vocabulário tecnológico, cujas palavras não são familiares, mas têm um sentido muito preciso, unívoco. Essas palavras aparecem amiúde como denominações, mais do que como ferramentas: "antraquínona", "microgal", "enantiomorfia", etc. Sua compreensão reduz-se pura e simplesmente a uma correspondência: a palavra está pela coisa, é o "signo" dela. É precisamente a ela que se aplica a regra de Pascal: "substituir o definido pela definição".

A função essencial do dicionário é arrumar o *repertório* de palavras num sistema ordenado do qual existem três tipos principais.

a) O tipo *alfabético*, tradicional, rápido, que se baseia na própria estrutura formal da palavra a procurar, e que, em conseqüência, é ambíguo (como encontrar uma palavra cuja ortografia é desconhecida?), mas se fundamenta em uma certa correlação entre a seqüência de sons que constituem a palavra e a seqüência de signos que a representam. Este tipo alfabético, que é o mais corrente e constitui a totalidade dos dicionários usuais, se apóia na construção da linguagem escrita. Mais recentemente, tentou-se constituir um com a linguagem falada, como tentam fazer os dicionários fonéticos, e, há muito, os dicionários de rimas.

b) O tipo *associativo*, no qual as palavras são agrupadas por aquilo que se denomina de "centros de interesse", isto é, apresentam uma vizinhança semântica qualquer em relação aos objetos ou atos que designam. Este agrupamento por centros de interesse, que deixa inteiramente em aberto o problema do ordenamento dos centros de interesse, encontra-se nos vocabulários, nos manuais elementares de conversação para estrangeiros ou em cursos de ensino de línguas. Supõe uma normalização da vida dos indivíduos, admitindo que as mesas sejam essencialmente ligadas ao ato de comer ou ao ato de escrever. Apresenta a vantagem de não ser destituído de relações com a perspectiva da vida cotidiana; contudo, é preciso admitir que esta se situa nos próprios antípodas da cultura.

c) O tipo *freqüencial*, no qual as palavras são ordenadas em função de sua *categoria*, isto é, de sua maior ou menor freqüência de ocorrência na totalidade da linguagem. Este sistema, muito mais ambíguo do que os anteriores, pois a fre-

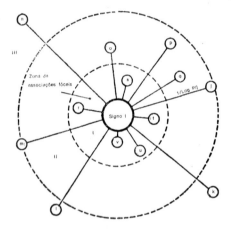

Fig. I-2. — *A noção de constelação de atributos.*

Esta noção se baseia nas regras de associações que o espírito segue na ligação de um signo original *i* com uma série de outros signos *j, k, l*, etc. Neste diagrama, a força das associações é marcada por sua proximidade relativa ao signo de partida. A distância entre um signo e seu associado é, com efeito, inversamente proporcional ao logaritmo das probabilidades de associações. Poder-se-ia crer que esse diagrama é passível de ser estendido à totalidade das palavras do vocabulário. De fato, não é assim, e sabe-se agora que as associações fáceis, as únicas que têm um mínimo de espontaneidade, são em número relativamente restrito, certamente inferior a uma trintena. Portanto, é possível estabelecer seu repertório. A cada combinação de *i* com *j, k*, etc. corresponde uma probabilidade de associação p_{ij} p_{ijk}, etc. dita "de Markoff", cujo quadro pode ser traçado (matriz de transição).

A NOÇÃO DE CULTURA 17

qüência de uma palavra é uma noção imprecisa, tem a vantagem de ligar-se à própria *informação* trazida pela língua. Mas, embora corresponda à estrutura estatística de nosso espírito, apresenta o inconveniente de não permitir reencontrar uma palavra em determinado lugar, pois a noção de categoria ou de freqüência de emprego é ignorada pelo usuário: ela não passa de um fato estatístico *exterior* à percepção imediata.

O processo de abstração. A própria natureza desse vocabulário, no uso mais corrente, sofre uma lenta evolução; as palavras tendem a ser cada vez mais abstratas, por corresponderem a conceitos cada vez mais abstratos, o que impõe uma barreira diante do profano, mas *também* diante do homem culto, incapaz de destrinçar as sutilezas de uma construção científica cada vez mais complexa. É raro que essas sutilezas derivem de uma estrutura matemática, o que elimina a principal ferramenta geral do pensamento da qual poderíamos dispor. Em conformidade, não somente o próprio número de conceitos como também o *emaranhamento* das estruturas culturais aumenta, fazendo da *complexidade* um traço característico da cultura moderna. É esta dimensão universal que nos servirá para apreender quantitativamente o conceito de cultura nos capítulos seguintes.

§ I — 4. *A evolução do quadro do pensamento moderno.*

Conhecimento aleatório e cultura "em mosaico". O conhecimento aristotélico, que nos séculos passados e até o início da era tecnológica era o sistema fundamental de associação entre os conceitos introduzidos pela erudição, não mais é válido, sequer a título de ideal. A estrutura de nosso espírito reflete muito fortemente o mundo que nos cerca, e este mundo sofreu modificações fundamentais que não podem deixar de aparecer em nossa estrutura cultural. Vimos que, até o século XX, o ensino procedia, podemos admitir, segundo uma espécie de "escalonamento": partindo de um *núcleo* de conceitos básicos adquiridos pela educação, o espírito integrava os novos conceitos básicos que chegavam a seu conhecimento, através de uma espécie de conexão lógica, operando por graus decrescentes de generalidade, e do conhecimento básico ao conhecimento contingente. Assim era possível ordenar o mundo em categorias definidas e subordinadas entre si, refletidas mais ou menos pelas numerosas tentativas de enciclopédias e de classificação das ciências.

Hoje, essas subordinações lógicas, sobre as quais nosso sistema educativo se baseia como se fossem eternamente eficazes, não têm mais valor. É *ao acaso,* por um processo *de ensaios e erros,* que descobrimos o mundo que nos cerca, e o fato de que possuamos um certo número de informações exatas sobre uma obra não significa de modo algum que possuamos a estrutura fundamental de conhecimentos que ela implica.

Descobrimos simultaneamente a base e os resultados, segundo os acasos de nossa própria história. Nossos conhecimentos globais são de ordem estatística; originam-se da vida, dos jornais, de dados escolhidos em função de nossas necessidades imediatas e é somente após termos recolhido um certo volume de informações que se obtêm certas estruturas. Vamos do ocasional ao ocasional: às vezes, este ocasional é fundamental.

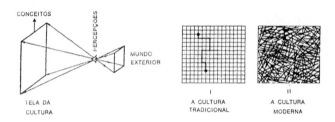

FIG. 1-3. — *Cultura moderna e cultura tradicional.*

O papel da cultura é fornecer às percepções do indivíduo com respeito ao mundo exterior uma tela de conceitos sobre a qual ele projeta e situa suas percepções. Esta tela conceitual tinha, na cultura tradicional, uma estrutura reticular racional, organizada de uma forma quase geométrica. Passava-se por uma rede integradora e harmoniosa de porcelanas da China aos carburadores de injeção ascendente (HUXLEY): podia-se dispor conceitos novos com referência aos conceitos antigos. A cultura moderna, que chamamos de "mosaico", oferece-nos uma tela de referência similar a uma série de fibras coladas ao acaso: umas longas, outras curtas, umas espessas, outras finas, colocadas, ao extremo, em uma desordem total. Esta tela estabeleceu-se pela submersão do indivíduo, em um fluxo de mensagens díspares, sem nenhuma hierarquia de princípio: ele sabe tudo de tudo; a estruturação de seu pensamento é extremamente reduzida. Os matemáticos exprimem a oposição desses dois tipos de estrutura pelos conceitos de *ordem próxima* (cultura-mosaico), onde os culturemas são ligados por probabilidades de associação p_{ij}, ditas de Markoff, etc., e de *ordem distante*, onde os conceitos são ordenados e hierarquizados por estruturas de conjunto (estruturas sintáticas entre outras).

Quanto a saber se este processo fortuito é desejável ou não, essa é uma questão puramente acadêmica: ele funciona e a maior parte de nossos atos bem sucedidos são dirigidos por um conhecimento aleatório deste gênero. Retomemos pois, para exprimir esta transformação de nossos mecanismos de ideação, a imagem desenvolvida acima de uma "tela" de referência que constitui nossa firma individual, e que denominaremos de *quadro dos conhecimentos* em sentido vizinho àquele empregado por SILBERMANN.

O ato cognitivo do humanismo clássico, fortemente cartesiano, fazia extenso uso da dedução mais ou menos lógica e dos processos formais qualificados de raciocínio. Procedia de um ponto a um outro da rede de nossos conhecimentos por uma série de etapas ligadas rigidamente entre si, e era pos-

A NOÇÃO DE CULTURA 19

sível, logicamente, comparar a textura desta tela à de um tecido ou de uma teia de aranha, comportando fios de trama. Com o progresso da educação, a trama se adensa e o pano torna-se mais cerrado, constituindo um quadro resistente e econômico: tal era a visão da educação humanista.

Doravante, a textura desta tela de conhecimentos transformou-se profundamente, tendendo agora, para prosseguir a analogia, a uma espécie de sistema fibroso, de *feltro*: os fragmentos de nosso conhecimento são pedaços desordenados, ligados ao acaso por simples relações de proximidade, de época de aquisição, de assonância, de associação de idéias, portanto, sem estrutura definida, mas com uma *coesão* que pode, tanto quanto a ligação lógica anteriormente evocada, assegurar uma certa densidade da tela de nossos conhecimentos, uma *compacidade* tão grande quanto a da tela tramada que a educação humanista nos propunha. Denominaremos uma tal cultura de *cultura-mosaico*, já que se apresenta como essencialmente aleatória, como uma reunião de fragmentos, por justaposição sem construção, sem pontos de referência, onde nenhuma idéia é forçosamente geral, mas onde muitas idéias são importantes (idéias-força, palavras-chave, etc.).

Esta cultura não é mais principalmente o fato de uma educação universitária, de um quadro racional; é o fato do fluxo de conhecimentos que recebemos a cada dia, de uma informação permanente desordenada, pletórica, aleatória. Ela nos chega pelos meios de comunicação de massa, pela imprensa, pelo exame superficial das revistas técnicas, pelo cinema, rádio, televisão, conversa, por uma multiplicidade de meios que agem sobre nós, cuja massa nos submerge e dos quais nos sobram apenas influências transitórias, pedaços de conhecimentos, fragmentos de idéias: *ficamos na superfície das coisas,* somos impressionados ao acaso pelos fatos que agem mais ou menos vivamente sobre nosso espírito, não exercemos censura nem esforço e o único elemento geral que emerge nessa textura é a noção de *densidade* maior ou menor da rede do conhecimento.

Em suma, atualmente o conhecimento não mais se estabelece, em sua parte principal, pela educação, sendo feito pelos *mass-media* (meios de comunicação de massa). A tela de nossa cultura não é mais uma rede alinhada com traços principais e traços secundários, uma espécie de tecido ou teia de aranha. Estes fragmentos de pensamento agregam-se uns aos outros, à mercê da vida de todos os dias, que nos prodigaliza um fluxo constante de informações. Este fluxo nos submerge: na realidade, escolhemos, ao acaso, na massa das mensagens que se derrama sobre nós. Doravante, esta tela assemelhar-se-á mais ao que se chama um *feltro,* isto é, a reunião de pequenos elementos de conhecimento, fragmentos de significação.

20 SOCIODINAMICA DA CULTURA

CATTEL efetuou uma análise fatorial das relações entre 72 "culturemas" num conjunto de 40 culturas. Obteve 12 fatores, tais como "a riqueza esclarecida" oposta à "estreita pobreza de espírito", a "ordem ativa" oposta ao "deixar andar", e a "pressão da complexidade cultural" oposta à "expressividade do trabalho", o "racionalismo emancipado" oposto à "estabilidade", etc. O grande número dos fatores (12 no total) mostra que esta análise está longe de ser satisfatória.

§ I — 5. *Uma definição da cultura.*

Portanto, de maneira pragmática, a cultura aparece como o "mobiliário" do cérebro de cada um a cada instante, antes mesmo de ser a estrutura de nosso conhecimento dentro de um grupo. Fala-se de bom grado em "cultura ocidental", "cultura humanista", etc., por referência implícita a uma espécie de ossatura do que sabemos, de *trajeto* mais provável do pensamento num subconjunto da humanidade, quer se trate do Ocidente, de uma certa época do século de Descartes ou do século XX.

A cultura não é o pensamento que representa um processo ativo. O pensamento nasce e nutre-se da cultura e principalmente de uma espécie de combinatória dos elementos do conhecimento já incorporados à memória de cada um, elementos que começam a ser chamados, depois de Saussure, de "semantemas", elementos de significação ou de forma, átomos do pensamento que o intelectual fabricante de idéias reúne de forma mais ou menos artificiosa, ou morfemas que o artista combina em uma obra. A aptidão maior ou menor para realizar esta reunião corresponde ao que o psicólogo denomina em geral de "imaginação".

A atitude subjacente ao assunto deste livro está, pois, de acordo com esta definição de Albert SCHWEITZER: "A cultura é a soma de todos os progressos do homem e da humanidade em todos os domínios e sob todos os pontos de vista, na medida em que estes contribuem para a realização espiritual do indivíduo e para o próprio progresso do progresso".

Diremos, mais brevemente, que a cultura aparece como o material essencial do pensamento, como um recibo, um conteúdo, um existente, com relação à vida do espírito. Matéria do pensamento, a cultura representa *o que é,* e o pensamento, *o que se faz:* o pensamento é o vir-a-ser da cultura.

Ela oferece ao observador duas dimensões: sua *extensão* e sua *densidade,* sendo o termo "dimensão" tomado aqui no sentido lógico de "localizável num *continuum*"; a extensão é nela uma "dimensão" única — que pode eventualmente recobrir outras, em análise mais profunda.

A cultura origina-se do *Umwelt* social, em parte através da *educação,* em parte através da *impregnação,* e esta última por intermédio destes recém-chegados do mundo do espírito: os meios de comunicação de massa, que realizam a ligação essencial entre o indivíduo e o meio humano. De agora em diante, o que alcança o indivíduo, o que ele incorpora na textura de seu espírito, chega-lhe muito mais pela impregnação do espírito imerso na esfera das mensagens do que pelo processo racional da educação, certamente mais ordenado e mais metódico, mas que só age durante uma fração restrita da vida; a escola da vida abrange a escola propriamente dita, é dela que esperamos a maioria dos conhecimentos úteis, e esta constatação de fato equivale à de uma carência da educação para o cidadão da era tecnológica: passa a haver uma *dissonância* entre a vida e a educação.

Na época humanista, os estudos propunham um esquema do universo das idéias e dos conhecimentos que o indivíduo encontraria no mundo adulto; doravante, não há mais relação direta entre eles.

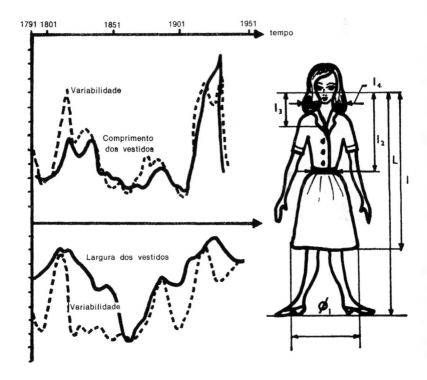

Fig. I-4. — *Um fator cultural: o estilo dos vestidos femininos no decurso dos séculos.*

Em um trabalho clássico, Kroeber estudou três séculos de moda feminina, pesquisando as variações de séries de grandezas características do vestido. Kroeber e Richardson estudaram, em particular, a altura da saia acima do solo, a altura e a largura do decote, a circunferência da cintura, etc. Encontraram as curvas acima, que manifestam a combinação de uma série de periodicidades caracterizadas. Assim, por exemplo, a altura média do decote varia periodicamente de 71 em 71 anos.

O termo cultura apresenta, pois, duas significações extremas: uma significação pessoal e uma significação coletiva. Cada subconjunto do mundo humano possui uma "cultura", na escala das utilizações. Falar-se-á da cultura ocidental, da cultura germânica, da cultura mediterrânica, na escala da história, de *microcultura,* da qual as das cidades antigas — Siracusa ou Lesbos — dão uma idéia, microculturas que perdem sua significação numa época em que as comunicações nivelam pensamento e história.

No outro pólo da relação sociedade-indivíduo, falar-se-á da cultura individual, fazendo alusão à soma da educação e da experiência de cada indivíduo no domínio do conhecimento: evocar-se-á o homem "cultivado", o "erudito", ou a "cultura científica". Definimos operacionalmente a cultura como *o mobiliário* do espírito. Qual é exatamente o papel deste mobiliário do cérebro de cada um na vida social? É, de início, o de uma *integração* das percepções em vista; eventualmente, o de uma ação; Bacon já dizia: "o conhecimento é igual à potência". Recebendo as mensagens que nos oferecem nossos sentidos, e dispondo de um certo mobiliário de nosso cérebro, a imagem dos objetos circunvizinhos é obtida por nossos olhos, e em seguida *reprojetada* — e é a esta operação que se pode denominar uma *percepção* — sobre uma espécie de tela constituída do conjunto de conhecimentos *a priori* que atribui seu valor, significação e importância à mensagem recebida: esta integração *é a primeira operação do pensamento.* Denominaremos *cultura pessoal* esta tela de conhecimentos prévios, como, por exemplo, a de um ocidental do século XX.

§ I — 6. *A construção das idéias e os átomos de cultura.*

Portanto, a força da *cultura* encontra-se essencialmente ligada a *probabilidades de associações.* Ela é ao mesmo tempo a densidade e a extensão desta tela de conhecimentos sobre a qual o indivíduo projeta suas sensações para nela construir percepções. A cultura está ligada aos átomos do pensamento, por exemplo às *palavras-suporte* deste, mas de uma dupla maneira: pela *extensão* do vocabulário e pela *fertilidade* de seus elementos. Sobre isto, convém distinguir dois tipos gerais de modos de associações das palavras que se ligam às formas que o cérebro usa.

O primeiro é um modo quase geométrico: a palavra, o semantema, apresenta-se como o cubo ou a coluna de um jogo de construção e, à exceção dos modos poéticos, cujo papel é precisamente recusar os modos de associação convencionais, as palavras reúnem-se segundo combinações finitas, limitadas, estritas, rígidas: *emphysèmes, tétrachorique, corrélatogramme,* são palavras desse tipo; são "pedras" a

A NOÇÃO DE CULTURA   23

serem manipuladas e o calceteiro dispõe de um número muito limitado de combinações válidas.

No segundo, pelo contrário, há palavras "flexíveis", algo elásticas, que estendem presas em todas as direções, dirigindo-se a todo o universo do vocabulário. Estas, bem freqüentemente, têm múltiplas definições, mas o que conta, sobretudo, é a facilidade e a riqueza de suas combinações associativas.

O ponto de vista atomístico, tomado como hipótese operacional de partida, e que nos servirá em todo o curso deste trabalho, chega a admitir que um método qualquer de análise de conteúdo dos produtos culturais relativo ao organismo considerado revelará a existência de repertórios de "elementos", em sentido amplo — palavras, semantemas, morfemas, mitemas etc. — elementos estes que se podem agrupar em hierarquias de níveis, e que estes repertórios são aproximadamente enumeráveis.

Esta definição, muito geral, permanece puramente teórica enquanto os elementos simples, os átomos de cultura, não forem eles próprios definidos e repertoriados. Este trabalho é da alçada da recente disciplina que se denomina *análise de conteúdo*. No presente estudo, não podemos, sem desviar-nos de nosso assunto, consagrar-lhe um longo desenvolvimento, sendo esta análise dos átomos de cultura mais da alçada de uma "estática" que de uma "dinâmica" da cultura. Lembremos somente, por exemplo, os trabalhos de PROPP e de LÉVI-STRAUSS que conduziram à noção de *mitemas* como elementos da tradição comum a uma civilização, tendo, os trabalhos de Saussure e de Trubetzkói, no domínio da linguagem, conduzido à noção de *semantemas*. cuja relação exata com as palavras é discutida pelos lingüistas. Da mesma maneira, recentes trabalhos sobre a estética da arte figurativa e nãofigurativa conduzem a escalonamentos de símbolos ou átomos de formas: signos e supersignos (Moles, Frank), que se poderiam qualificar de *morfemas* na medida em que são reunidos por um espírito criador em um quadro, numa seqüência musical ou num espetáculo de ação (mimodrama) etc. No presente trabalho, apoiar-nos-emos em grande medida, no que concerne aos semantemas, na noção de "palavra", a despeito de sua inexatidão, devido à importância dos trabalhos efetuados sobre o aspecto estatístico desse material.

§ I — 7.   *Uma medida de cultura.*

Tentemos interpretar as observações precedentes para chegar a uma medida teórica da cultura.

Seja n o número desses elementos presentes no organismo que estudamos: indivíduo ou sociedade — para não falar da memória de uma máquina de calcular — a "extensão" da cultura cresce com n.

24   SOCIODINAMICA DA CULTURA

mas, para exprimir adequadamente essa "extensão", convém relacioná-la a uma norma qualquer. Esta norma nos é sugerida pelas leis que a macrolingüística permitiu extrair a partir dos trabalhos de Zipf, leis que transbordam em larga medida o quadro dos repertórios de palavras, para estender-se a toda coleção de materiais mentais. Essas leis normais implicam que, se os elementos estiverem dispostos por ordem de classe r do mais freqüente l ao menos freqüente n, a *freqüência de ocorrência f*, portanto a probabilidade de ocorrência $p_i = f/N$ sobre um grande número de amostras, N, varia segundo a chamada relação de Zipf:

$$p_1 = P.i - 1/T$$

T é chamado, por Mandelbrot, de "temperatura" da linguagem ou da coleção e aumenta com a variedade da coleção. É então legítimo *ponderar* a significação da ocorrência de um elemento de classe i e estimar, conforme a lei de Fechner, o alcance da cultura pelo logaritmo da quantidade assim definida:

$$A \log_2 n + B \log_2 T$$

Mas não se levam em conta assim as probabilidades de associações ou combinações entre elementos; essas serão também ponderadas em função de suas raridades respectivas, que vaiam notavelmente segundo funções complicadas, mas cuja estimativa é possível. Donde a expressão global:

$$C = \left[A \log_2 n + B \log_2 T \right] + K_2 \sum_{1=i}^{n} \sum_{j=i}^{n} p_{ij} + K_3 \sum_{1=i}^{n} \sum_{j=i}^{n} \sum_{k=i}^{n} p_{ijk} + ..$$

número e diversidade de culturemas

Os coeficientes K_2, K_3,... valorizam as associações de ordem elevada (poligramas) em relação às associações de ordem fraca.

Vê-se que tal representação numérica comporta a soma de dois tipos de grandezas que correspondem, respectivamente, à influência do *número* de itens presentes no organismo estudado, isto é, à noção acima evocada de *extensão* da cultura, e ao número, à densidade de *relações* entre essas grandezas, à espessura desse tecido de associações ao qual pode ser comparada a tela de nossa cultura, segundo o organismo estudado possua uma ou outra dessas faculdades — memorização de conhecimento ou m morização de associações — o peso relativo destes dois fatores variará.

Em poucas palavras, a cultura será, no que segue, medida pela extensão de culturemas possuídos pelo organismo, multiplicada pela importância de associações que este organismo efetua entre esses culturemas.

Distinguiremos então a *erudição* — simples aumento da extensão do campo cultural, isto é, do número de elementos: palavras, formas ou signos que o organismo reencontra em seu repertório — da *profundidade,* que corresponde à espessura do tecido de associações que a prática do pensamento estabelece e posteriormente memoriza no organismo, social ou individual.

Este organismo pode ser um *indivíduo*: os termos *erudito* e *homem criador* nasceram desta oposição entre dois tipos

A NOÇÃO DE CULTURA   25

de bagagem intelectual. Convém, no entanto, ressaltar aqui que o homem criador possui amiúde uma grande erudição — Aristóteles, Leonardo da Vinci ou Leibniz tinham uma extensão considerável de conhecimentos em relação à sua época —, mas que a posse de uma vasta cultura não implica necessariamente, na definição que adotamos, uma atividade criadora intensa do pensamento, que pode satisfazer-se com o conjunto das ligações que constituem as idéias já adquiridas pelo quadro sociocultural no qual vive, possuindo um grande número delas sem por isso criar novas ligações ou novas idéias. Pico de la Mirandola, Mersenne ou Sauveur não apareceram tanto como criadores, e sim como *tesouros* da cultura de sua época.

O organismo ao qual nos referimos, sem especificar-lhe a natureza, em conformidade com o método cibernético, pode ser também, não mais um homem isolado, e sim um *grupo social* em sua integridade, e somos conduzidos à noção de cultura ou, impropriamente, de civilização *erudita, e de "civilização intensa"*. Parece que a civilização grega dos présocráticos, bem como a cultura talmúdica, foram exemplos de culturas onde a intensidade da reflexão e, por conseguinte, o número de associações, foi levado ao extremo. Ao contrário, a cultura que florescia na Alexandria em torno da célebre biblioteca parece ter sido uma cultura homogênea, mas erudita. Enfim, a cultura da decadência romana apresenta-se também como uma civilização erudita, tendendo para o bricabraque de idéias recolhidas nos quatro cantos do mundo. Parece que, se uma cultura profunda implica um mínimo de extensão e de fertilização do conhecimento, o inverso não é forçosamente verdadeiro, e que a erudição aparentemente de modo bastante passivo pode acumular um repertório extenso de conhecimentos e de noções traduzidas por um vocabulário mais extensivo que intensivo.

§ I — 8. *Cultura individual e cultura social.*

Portanto, do ponto de vista experimental, procuraremos estimar o conjunto de capacidades de associação entre elementos de um repertório, ponderadas pela originalidade destas. Acabamos de ver que esta definição valeria igualmente para um subconjunto social — cidade, país ou língua — para um grupo humano, "cultura universitária" por exemplo, ou para um determinado ponto do espaço-tempo — "cultura da Grécia Antiga". No que concerne ao indivíduo, ela será acessível operacionalmente através da soma de seus atos culturais passados, isto é, da soma de mensagens que ele poderia ter emitido, o conjunto de seus escritos, de suas palavras, de suas obras artísticas, que se baseia num "repertório" de átomos de significações ou de formas, de *semantemas* ou de *morfemas* elementos de sua bagagem cultural, cujo vocabulário nos fornece, no caso da linguagem articulada, um exemplo cômodo.

No que concerne a um determinado *sistema social,* o acesso é relativamente mais fácil, pois que a memória das sociedades é escrita ou materializada sobretudo em mensagens permanentes através do espaço e do tempo, cujo estudo será objeto deste livro. Seremos, pois, levados a falar de ramos ou "canais" da cultura: cultura cinematográfica, cultura escrita, cultura radiofônica, etc. Em acordo com a terminologia da informação, reservaremos o termo "canais" a domínios da cultura ligados em si mesmos a um modo físico de transferência, ao emissor ou receptor na radiodifusão, ao filme ou ao disco. Chamaremos de "ramos da cultura" domínios de formas definidas que podem recorrer a vários canais distintos: por exemplo, o ramo do *escrito* pode ser transmitido por filme, microfilme, cartaz, livro, periódico, ou televisão (Téléfax).

Como em todas as ciências sociais, tal estudo só poderá ter um caráter estatístico e as leis que extrairá só valerão em uma escala bem definida. Assim, seria perigoso assimilar a cultura de um indivíduo à cultura anglo-saxônica porque o indivíduo em questão é anglo-saxão; há aí uma mudança de categoria com a mudança de escala, e o próprio gênero de estatística que será utilizado em uma e outra não será da mesma natureza.

É perfeitamente possível definir e estudar, estatisticamente, por análise do conteúdo, a cultura anglo-saxônica como uma soma ponderada de "Shakespeare", "Haendel", "Times", "Fried cod and chips", "Newton" e um certo número de xícaras de chá: caracteriza-se assim uma atmosfera, uma certa densidade, um quadro universal de referência, talvez uma sensibilidade. É possível também falar da "cultura de Mr. Smith", dela extrair constantes relativas a seu comportamento ao longo de sua própria linha de universo. Mas não haveria sentido em ver na cultura de Mr. Smith um microcosmo qualquer da cultura anglo-saxã, e, embora existam algumas correlações entre o fato de conhecer Shakespeare e o fato de ser anglo-saxão, estas são por natureza frágeis e fragmentárias. Só a caricatura e a observação literária definem tipos culturais como uma amostragem de atributos.

Em resumo, definiremos a cultura pela soma de probabilidades de associações de toda ordem existente entre os elementos de conhecimento, e distinguiremos as culturas em *extensão* — onde os elementos de conhecimento p_i estão presentes em grande número — das culturas em *profundidade* — onde as relações entre elementos de conhecimento são *freqüentes* e *fortes.* Admitiremos que o acesso objetivo a esta noção seja dado por amostragens dos produtos da cultura: o conjunto das mensagens culturais, estendendo-se desde a conversação individual até o fluxo de escritos e obras artísticas e científicas.

Um dos capítulos subseqüentes visará a explicar a maneira como o conjunto das culturas individuais funda-se na

A NOÇÃO DE CULTURA 27

de um grupo social ao qual pertence. A extensão da cultura do grupo geralmente é maior que a do indivíduo, porém a vida dessas "associações criadoras" ultrapassa em geral, no indivíduo, o que ela pode ser no grupo. Além do mais, concebe-se que o indivíduo representa uma amostragem enviesada dos conhecimentos e idéias dos grupos aos quais pertence.

§ I — 9. *Rumo a uma dinâmica cultural.*

Enfim, seremos conduzidos a estabelecer em certos casos uma distinção entre *cultura viva* e *cultura adquirida,* esta última representada pela memória comum do grupo social: conjunto das bibliotecas, de escritos e de museus, testemunhos estáticos da época, mas testemunhos materializados; a primeira, ao contrário, apresentará uma franja de aquisitividade verbal, uma potência de devir, incerta e vaga, mas em perpétua evolução.

Quando falamos da cultura grega, esta parece inteiramente adquirida, e o pesquisador experimenta a sensação de afastar os véus do esquecimento para chegar à luz — segundo seja filósofo dos pré-socráticos, historiador do Peloponeso ou arqueólogo de Creta — das idéias, dos fatos ou dos objetos que *preexistiam* de certo modo à sua pesquisa. Decerto, podemos pensar legitimamente que há aqui ilusão de nossa sensibilidade: é a atitude pragmatista ou idealista segundo a qual "descobrir" e "criar" são termos sinônimos. Aquele que estuda as culturas adquiridas tenderá a pensar que *descobre,* em vez de criar.

Ao contrário, quem estuda a franja da cultura viva hesita amiúde entre "criar" e "descobrir": se põe em evidência tal ou qual tendência do pensamento filosófico italiano recente, não será *ele também* um filósofo italiano, no sentido de construir esta "tendência" que pretende pôr em dia? Há aqui um debate filosófico que deixaremos de lado.

Ressaltaremos simplesmente, o que servirá essencialmente na continuação, o fato de que a própria estrutura desta tela de conhecimentos, que definimos e tentamos medir, mudou muito no mundo ocidental de um século para cá.

A imagem que demos da cultura, como uma espécie de tela de elementos de conhecimento, cujos modos de ligação e cuja textura diferem segundo o tipo de ambiente, deve ser fundada nos fatos: deve dar lugar à concretização; como, em poucas palavras, chegar a uma descrição desta tela? É este o objeto próprio da *análise do conteúdo,* ciência nova que ainda procura suas técnicas. Trata-se, de fato, de extrair do fluxo de mensagens saídas de uma sociedade humana — ou de indivíduos — e transportadas e conservadas pelos meios de comunicação de massa uma certa quantidade de elementos suficientemente constantes, suficientemente evidentes e suficientemente homogêneos, para estabelecer um repertório dos mesmos. Cada um desses elementos encontrar-se-á, pois, associado a um índice de freqüência ou de importância, e situado em um ordenamento segundo uma lei que o torne acessível, pelo menos em princípio, ao observador — ao sociólogo da cultura.

Poucas análises sistemáticas de conjunto da cultura tal como ela nos é transmitida pelos meios de comunicação foram feitas até o presente. Convém, entretanto, mencionar a esse respeito, afora diversas tentativas parciais, o "quadro sociocultural" de Silbermann, realizado em vista da "cultura radiofônica". Este procura analisar, em quadros periódicos, o volume efetivo dado a *itens* diversos pelo conjunto dos modos de comunicação de massa: imprensa, periódicos, cinema, TV, etc. Um quadro desse gênero representa uma primeira aproximação da cultura *instantânea,* ou melhor, de seu crescimento (derivada em relação ao tempo).

Um quadro sociocultural comportará um certo número de itens ou de casas que convém repartir segundo *dimensões* objetiváveis. Em particular haverá quadros socioculturais espaçados no tempo, e é a integração de todos estes quadros no cérebro humano ou nas bibliotecas que representa a ima-

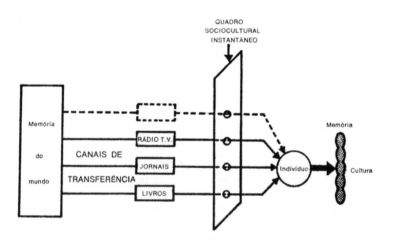

FIG. I-5. — *Canais múltiplos de acesso ao indivíduo.*

De uma reserva permanente de mensagens que podemos chamar de memória do mundo, diferentes canais de transporte — rádio, T.V., imprensa, etc. — constituem em cada instante uma imagem que chamaremos de quadro sociocultural instantâneo, ao qual o indivíduo se acha submetido. Esta imagem, por deformada, vem inscrever-se em sua consciência e deixa um resíduo em sua memória, que é o que conhecemos por cultura individual.

A NOÇÃO DE CULTURA

gem da cultura individual ou coletiva. Aqui, segundo a fonte que nos é proposta, somos conduzidos a discernir dois tipos de quadros socioculturais, o da *memória do mundo* e o do fluxo permanente dos meios de comunicação de massa. Denominá-los-emos *quadro de conhecimentos* e *quadro sociocultural* propriamente dito.

O que examinamos sobre a própria natureza dos conhecimentos implica a possibilidade de efetuar um recenseamento presente dos conhecimentos humanos, que contribui para constituir uma espécie de quadro universal do qual as grandes bibliotecas mundiais nos dão uma idéia, sendo o processo diferencial de variação deste quadro realizado pelos mecanismos do "depósito legal" de obras e tendendo para uma renovação permanente da "parede de livros".

Na verdade, há duas razões para não fazer coincidir diretamente esta parede de livros com o quadro de conhecimentos. De início, o quadro de conhecimentos é um sistema cumulativo, mas evolutivo; nosso conhecimento melhora ao mesmo tempo que aumenta, os elementos modernos são axiomaticamente superiores aos antigos; um tratado de Química de 1960 não se acrescenta a um tratado de Química de Berthelot, e sim o *substitui*.

Em seguida, o conjunto de escritos é fortemente repetitivo ou redundante: todo livro comporta uma parte de conhecimentos ou de formas originais e uma parte notável de coisas já sabidas, de noções já adquiridas em outros livros. Em resumo, embora a "parede de livros", que uma biblioteca universal seria, é de fato a soma de conhecimentos — "toda a memória do Mundo" —, ela não é um testemunho nem fiel nem cômodo.

É legítimo, a partir dessa parede de livros, conceber a cultura como uma rede de conhecimento estabelecida por uma espécie de destilação de elementos originais trazidos pela parede de livros perpetuamente renovada. É a este sistema que chamaremos de *quadro de conhecimentos,* e que traz uma definição objetiva à noção de cultura: o conjunto de ferramentas de pensamento de que dispõe o ser humano em sua generalidade.

Em oposição a esse quadro de conhecimentos que nos oferece um conteúdo da cultura de uma sociedade ou da sociedade, o conjunto dos meios de comunicação de massa oferece-nos também um outro quadro, o dos itens que propaga, difunde e imprime no cérebro dos membros do corpo social a cada instante: denominá-lo-emos de *quadro sociocultural* segundo Silbermann, pois é o produto da "cultura social", inclui os acontecimentos e os fatos, as formas evidentes da cultura, e situa-se à saída dos meios de comunicação e não em sua origem. Constitui, por assim dizer, a *derivada* em cada instante da "memória do mundo", uma vez que representa o seu *crescimento.*

O esquema de relações entre a cultura e o homem que dela participa apresenta-se então da seguinte maneira:

O indivíduo está situado em um certo ambiente social e físico. Deste ambiente, recebe a cada momento mensagens e assimila-as em uma percepção valorizada para integrá-las em seguida em sua memória, onde constituem o mobiliário de seu cérebro a cada instante.

A sociedade, conjunto social, é titular em sua globalidade de uma certa *cultura social* expressa por uma "rede de conhecimentos" que resulta de uma maneira qualquer do conjunto de materiais culturais que ela fabrica: é cômodo chamar de "memória do mundo" todo o conjunto desses materiais, tais como poderiam encontrar-se acumulados em uma "Biblioteca Universal".

O conjunto dos sistemas de comunicação de massa amalgama os acontecimentos e os conhecimentos saídos do quadro precedente segundo um padrão essencialmente coletivo e anônimo, fazendo deles *fatos culturais*. Um evento não existe por si mesmo; é uma soma de referências, de atributos e de harmônicos que o *colorem*. A cada instante a sociedade derrama sobre o indivíduo uma certa massa de mensagens nas quais o observador pode efetuar um recenseamento estatístico, que o conduzirá à idéia de *quadro sociocultural*.

O primeiro problema fundamental da cultura é o de elucidar relações entre o "quadro sociocultural", a "memória do mundo" e a "estrutura dos conhecimentos", que subtende uma e outra.

O indivíduo recebe e assimila sucessivamente pedaços deste quadro sociocultural que dele constituem uma "amostragem" extremamente enviesada: é o conjunto destes pedaços que forma seu ambiente cultural. Estes integram-se em sua sensibilidade e sua memória para constituir o que denominamos de sua *cultura individual* — ou, mais prosaicamente, o mobiliário de seu cérebro —, espécie de tela de referência, permanente em seu conjunto mas perpetuamente variável em cada um destes elementos. Ele projeta sobre esta tela os estímulos que sua vida cotidiana propõe: os eventos que o atingem como indivíduo. É a projeção destes estímulos-mensagem sobre esta tela da cultura individual que constitui a *percepção*. O evento percebido, devidamente valorizado, situado, colorido, dimensionado, vai agora inserir-se em sua memória, isto é, constituir um pequeno elemento suplementar desta própria tela a que ele se incorpora: o homem é a soma dos eventos pessoais de sua história e dos fatos culturais. A Fig. 1-5 resume este mecanismo, que ordena os diferentes termos que a palavra genérica "cultura" recobre.

O segundo problema fundamental de uma dinâmica cultural será, pois, elucidar como o indivíduo recebe mensagens e como ele as incorpora no mobiliário de seu cérebro, constituindo para si uma cultura individual; é o problema abordado por Osgood em seu tratado acerca da análise, se não da *significação*, pelo menos da *aceitação* das mensagens exteriores pelo indivíduo.

A NOÇÃO DE CULTURA   31

O terceiro problema será finalmente o da percepção, ou seja, da valorização de estímulos-mensagem em função desta projeção do estímulo sobre a tela dos conhecimentos anteriores. Trata-se de saber, enfim, como todas estas mensagens integram-se numa estrutura dimensional.

§ 1 — 10. *Os problemas operacionais de acesso à cultura.*

No que precede, fomos finalmente conduzidos a distinguir três tipos de *estruturas* distintas, correspondendo a três *observáveis.*

A primeira é a *rede dos conhecimentos* de um sistema social, é a "cultura" no sentido social do termo. Esta rede de conhecimentos organiza-se em função da história e de fatores globais, que pertencem à sociedade em seu conjunto, independentemente de cada um dos indivíduos que a compõem. No mundo atual, ela afeta uma enorme complexidade, e enunciar sua estrutura seria a tarefa de um "retrato da cultura" como o tentam os etnólogos para as sociedades primitivas mais simples. Pode-se legitimamente perguntar se esta tarefa, que foi o objetivo dos enciclopedistas, não é, em si, quimérica, e se é possível encontrar uma organização qualquer a partir da rede dos conhecimentos humanos. Talvez a análise fatorial efetuada a partir de uma documentação universal constitua a forma futura da Enciclopédia permanente de nosso tempo. Os quadros dão uma idéia grosseira do que se pode compreender por esta "rede dos conhecimentos".

Aquilo a que temos realmente acesso, enquanto *observável,* é a *Memória do Mundo,* entendendo por esta expressão o conteúdo de todos os vestígios materiais de todas as mensagens da sociedade, a cristalização permanente da *logosfera* de Bachelard. Só sobre eles podemos operar, e dedicarmo-nos eventualmente a uma análise estatística. Podemos saber quantos livros são publicados sobre a caça às borboletas africanas ou sobre a geologia da Lua, quantas horas de "musiquinha noturna" ajudam a regar as noites dos kolkozes, quantas pessoas foram ao Metropolitan Museum of Art em 1966, quantas cópias há deste ou daquele quadro de Mathieu ou de Rembrandt, ou qual é a tiragem de um jornal vespertino.

A partir destes dados estatísticos sobre a memória do mundo, podemos procurar discernir os *fatores* da consciência coletiva que valorizam, sublinham ou apagam estes ou aqueles dentre os elementos que lhe são propostos. Isto leva a admitir, como hipótese de trabalho, uma analogia entre o corpo social e o corpo humano. Em outras palavras, isto deveria conduzir-nos a determinar um arranjo desta memória coletiva que seria a rede dos conhecimentos de que falamos mais acima. Tratar-se-ia de uma espécie de retrato assintótico do que seria a *Enciclopédia Universal,* onde fatores estatísticos interviriam mais precisamente para determinar seu plano. Este problema tem uma significação operacional: determinar uma estrutura da consciência coletiva comporta fatores históricos, fatores estatísticos e fatores de psicologia profunda da sociedade.

Os meios de comunicação de massa, que tendem a absorver como casos particulares todos os outros meios de comunicação, partem da soma dos eventos e destes fatores de valorização para "senti-los" coletivamente, para acondicioná-los, dar-lhes formas, construir com eles um fluxo de mensagens e ir regar o corpo social através de procedimentos técnicos: eis aí a definição de logosfera imaginada por G. Bachelard. O conjunto destes meios de comunicação de massa transporta aqui e agora, num lugar e numa época, um fluxo de mensagens observáveis, que também se prestará ao estudo objetivo. É o *quadro sociocultural* cuja estrutura estatística nos será dada pela análise de conteúdo, dita "temática".

Cada *canal* particular de mensagens — rádio, imprensa, televisão, cinema, etc. — constitui um desvio em relação ao quadro geral e pode-se perguntar sobre a influência destes desvios no subconjunto de indivíduos que se encontrarão submetidos a um dentre estes canais: é a questão de LASSWELL: "Quem recebe o que, por que meio, quando, com qual efeito?" Aqui estamos ainda no domínio dos *observáveis,* acessíveis experimentalmente ao menos no plano estatístico; podemos estudar a população de ouvintes de uma cadeia de radiodifusão em função da hora, podemos medir quantos minutos os visitantes param diante da Ronda Noturna; podemos apreciar quantos pontos de fixação o leitor berlinense médio, adulto e bem nutrido, terá por linha ao ler *Die Welt.*

A partir desses dados e de uma imagem, mais ou menos falsa mas sempre perfectível, que o psicólogo proporá do indivíduo médio, investigaremos como estes últimos são integrados nesta totalidade que chamamos de *cultura individual,* levando-nos a fazer um certo retrato — sempre aleatório — desta cultura individual.

Este problema é simétrico ao que colocamos mais acima a respeito da cultura coletiva. Contudo, reduzido ao indivíduo, reduz-se quantitativamente de maneira substancial. Três bilhões de indivíduos decerto não possuem uma massa de conhecimentos acumulados (já que este é o próprio sentido da função enciclopédica) que seja três bilhões de vezes a de um indivíduo particular: as leis de Zipf e de Pareto sobre a economia de conhecimentos exprimem suficientemente que isso não ocorre, mas a amostragem pessoal que cada um faz da cultura social é um problema situado, de qualquer modo, em uma escala de grandeza menor que a do problema coletivo. Não é absurdo tentar conceber ao menos as grandes linhas desse mobiliário do cérebro, as diferenças que ele apresenta de um indivíduo para outro, suas relações, se não com uma cultura total inacessível, pelo menos com esses observáveis que são o quadro sociocultural de um lado e a memória do mundo de outro. Em que medida o japonês possui idéias sobre o teatro ou a música ocidental? Este é um problema passível de acesso na própria medida em que definamos os termos que o enunciam.

Enfim, um último problema de caráter operacional seria determinar as relações entre *cultura* e *percepção*. Como um estímulo-mensagem recebe seus "harmônicos" e suas "formas" do arranjo do cérebro individual, na forma como é inscrito na memória? Como reagem nossos conhecimentos passados sobre nossas percepções presentes, como determinam as ações resultantes desas percepções, isto é, o comportamento? Enfim, como se integram em um sistema cumulativo que traça a evolução do indivíduo?

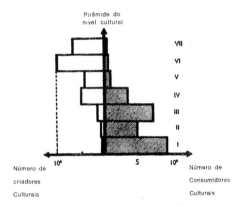

FIG. I-6. — *Princípio da pirâmide cultural.*

Trata-se de um histograma particular, tendo horizontalmente o número de indivíduos que pertencem a uma determinada categoria social, aqui, uma camada cultural. Distinguimos, de ordinário, 7 camadas características:

1	10^9	— 1.	Iletrados.
0,5	10^9	— 2.	Aqueles que sabem ler, sem estar submetidos ao fluxo dos *mass-media*.
0,8	10^9	— 3.	Conexões permanentes, com um sistema de comunicação de massa (jornais, rádio, etc.), educação em duas escalas.
0,3	10^9	— 4.	Educação primária completa, educação técnica, presença de cinema, rádio e televisão.
0,08	10^9	— 5.	Educação secundária, leitura de livros, etc.
20	10^6	— 6.	Educação superior, escolas técnicas, passagem pela universidade, correspondência pessoal (micromeios culturais).
0,5	10^6	— 7.	Os criadores intelectuais.

população do globo

Compare-se esse esquema do princípio com o da Fig. II-3. Se levarmos à esquerda as *origens* dos criadores segundo a classe cultural da qual saíram, encontraremos a distribuição da esquerda em flagrante contraste com a anterior.

QUADRO I-I

QUADRO DE DISTRIBUIÇÃO QUANTITATIVA DOS CONHECIMENTOS

(conforme o exame de diversas enciclopédias).

Natureza dos conhecimentos	%		
Números e espaços (Matem. + Geometria)	6,5%		
Tempo e calendário	2,5%		
Pesos e medidas	1 %		
Física	6,5%	Ciências da natureza	27 %
Química	3 %		
Astronomia	2,5%		
Geografia Física	5 %		
O homem (Anatomia-Fisiologia)	5 %		
O animal	2,5%		
Botânica	2 %	Ciências da vida	9,5%
O Estado	2 %		
Geopolítica	2 %		
Direito	2 %		
Economia mundial	2,5%	Vida social	15,5%
Economia mundial e estatística	4 %		
Transportes	5 %		
Engenharia Civil	1,2%		
Eletricidade	2 %		
Metalurgia	0,8%	Técnica	7 %
Escritos	1 %		
Literatura	0,5%		
Música	6 %		
Artes visuais	4,5%	Conhecimentos artísticos	13 %
Teatro	2 %		
Esporte	5 %		
História	8 %	Atividade - Vida social	5 e 8 %

§ I — *11. As dimensões das estruturas culturais.*

Definimos acima três espécies de estruturas mais ou menos acessíveis experimentalmente. Como poderíamos conceber uma representação dessas redes? Trata-se do problema das *dimensões* das telas que representam *cultura* social, *quadro sociocultural* ou *mobiliário do cérebro*. Para cada uma delas, seremos conduzidos a dimensões diferentes e a

A NOÇÃO DE CULTURA 35

colocar o problema das relações entre memória do mundo, quadro sociocultural e cultura individual sob o ângulo doutrinal de uma *correspondência* entre espaços multidimensionais.

O estudo das dimensões que se deve dar a um sistema qualquer de fenômenos é a forma moderna de um estudo de estruturas, significando o termo "dimensão" a organização do espaço representativo, isto é, o modo de apreensão pelo espírito do observador: cada conjunto de fenômenos, quer se trate dos conhecimentos que a sociedade possui em seu conjunto, do fluxo de itens fornecidos pelos *mass-media* ou do conjunto de fragmentos de conhecimentos retidos pelo cérebro de um indivíduo particular, possui seus caracteres próprios de organização, isto é, suas dimensões autônomas, e o termo "dimensões" conduz-nos ao problema fundamental da ordenação, da capacidade de localização de elementos; em outros termos, de seu valor informacional.

O dimensionamento daquilo que chamamos acima de "memória do mundo", esta soma de produtos culturais registráveis, é uma questão muito abordada, uma vez que é ela que está na base do trabalho documental. Por isso, quase não insistiremos nisso. Lembremos simplesmente que a localização dos conhecimentos humanos materializados em um escrito, disco ou fita magnética é um desses problemas cuja solução a ciência matemática afirma de bom grado possuir, mas que a técnica se sente incapaz de resolver. A classificação de conhecimentos humanos, se talvez não for uma quimera, é, em todo caso, o que se poderia chamar de um "sonho produtivo", já que deu lugar a inúmeros trabalhos, cada um deles tendo deixado um resíduo utilizável.

Até o século XIX, tentou-se essencialmente uma análise linear dos conhecimentos. Aristóteles, Bacon, Ampère e Auguste Comte são os representantes desta doutrina, que chega a seu apogeu e a seu fracasso na classificação decimal. Toda classificação de conhecimentos deve ser multidimensional, isto é, efetuada em um *hiperespaço de configuração*. O problema prático é deslocado para o da própria natureza dessas dimensões. A Matemática sugere que uma classificação de conhecimentos que respeite a noção de vizinhança responderá àquilo que se denomina de álgebra de *reticulados,* isto é, um sistema capaz de ter, na prática, um número muito grande de dimensões. Mas, se renunciarmos, com razão, a esta classificação da parede de livros, a experiência corrente das bibliotecas sugere um número restrito de critérios utilizáveis.

O mais evidente é o *critério freqüencial*: existem muitos livros sobre tal assunto e muito poucos sobre aquele outro, e, portanto, é possível classificar esses assuntos, esses temas, por ordem de importância decrescente. Se escolhermos uma "unidade de mensagem" — seja ela a página, o signo ou o Hartley (elemento binário de capacidade de informação) —

36 SOCIODINAMICA DA CULTURA

poderemos associar a não importa que tema uma grandeza numérica: a importância que lhe é associada pela Sociedade criadora, definida pela quantidade de mensagens que esta lhe consagra. A verdadeira dificuldade está no fato de que as "palavras-vedetes", os próprios temas escolhidos, são propostos pelo arbítrio da tradição lingüística, isto é, precisamente por sua freqüência. Reencontramos aqui uma lei fundamental do espírito humano posta em evidência por Willis e por Zipf sob o nome de dialética ordem-freqüência ou dialética categoria-subcategoria, a respeito da classificação botânica.

Na prática, se fixamos uma lista de palavras classificadoras *a priori*, é possível, não importa sobre que mensagem, medir o comprimento dessa mensagem, e portanto situá-la em uma ordem de importância. Sabemos que é cômodo recorrer a uma classificação quantificada a partir do logaritmo deste comprimento, segundo um módulo mais ou menos fino; é a aplicação da lei de Fechner à importância relativa dos documentos. O quadro I-III resume esta noção, que nos servirá depois.

Uma segunda dimensão universal de conhecimentos, que se aplica apenas a mensagens de comprimento finito, é o *nível de abstração,* ou, se preferirmos, o nível de acesso; como os seres humanos não são todos igualmente inteligentes, o nível de acesso é determinado em certa medida pelo receptor. Esse nível é mensurável empiricamente a partir de índices como o definido por Flesch em relação à legibilidade. Lembremos que este índice é uma medida empírica simples da dificuldade de leitura expressa em função do comprimento de frases em palavras Sl e do comprimento de palavras em sílabas Wl:

$$207 - 1,028 \ Sl - 0,85 \ Wl = RE \text{ em inglês}$$
$$209 - 1,015 \ Sl - 1,68 \ Wl = FL \text{ em francês}$$

De forma muito mais satisfatória no plano teórico, pode-se também medi-lo por métodos como o *Close Procedure* de Taylor, que equivale a apreciar a *redundância* da mensagem: a teoria da informação mostra que, quanto mais uma mensagem é redundante, mais ela é inteligível (Fig. III-3). Também aqui é possível definir escalas de dificuldades, ligadas, por exemplo, à porcentagem do conjunto social que pode ter acesso prático a uma mensagem dada (Quadro I-IV). A hierarquia de bibliotecas especializadas representa uma materialização deste dado na medida em que seja *eficaz,* isto é, conscientemente refletida na política de aquisição dessas bibliotecas. Parece que, em um futuro bem próximo, muitas "bibliotecas" ou "mensagens particulares" poderão comportar nos títulos das obras que possuem uma estimativa

A NOÇÃO DE CULTURA 37

aproximada de seu nível; já é uma prática empírica de todas as análises bibliográficas de obras indicar, por alguns adjetivos, o nível da obra que descrevem.

Um outro elemento dimensional dos conhecimentos é a *especificidade,* isto é, a concentração no campo de conhecimentos, o que se refere tacitamente à existência desse campo ou rede de conhecimentos e à sua geometria, confirmando a alusão metodológica que lhe fazíamos em um parágrafo anterior: assim, um dicionário é muito pouco específico, menos que um tratado de Química, que o é menos que uma monografia sobre corantes, que o é menos ainda que um estudo sobre o índigo de anilina, etc.

Também aqui, bibliotecas, classificações ou análises revelam amiúde esta *grandeza de especificidade,* sem contudo medi-la em termos precisos, já que seria necessário referir-se ao conjunto dos conhecimentos básicos, que ninguém sabe definir. O inverso do comprimento da cota na classificação decimal constitui a melhor abordagem que temos de uma medida nesse domínio, uma vez que cada cifra da classificação representa uma ramificação, um passo sucessivo, em uma decomposição dos conhecimentos humanos infelizmente arbitrária. Na prática, os índices de classificação decimal são realizados da maneira mais fantasiosa — e é exatamente isso que provocou o fracasso do sistema.

QUADRO I-II

ESTATÍSTICA DO QUADRO CULTURAL DO ESCRITO

(inclusive livros para a juventude e didáticos)

Natureza dos conhecimentos	%	Natureza dos conhecimentos	%
Vida social	6 %	Artes Visuais	3,5%
Matem. Geometria	1,5%	Música	2 %
Física e Química	7,5%	Esportes e jogos	2 %
Calendário e tempo	2,3%	História	5 %
Ciências da vida	4 %	Direito	6 %
Técnicas	5 %	Instituições	7 %
Ciências Humanas	12 %	Literatura	15 %

No domínio científico, a classificação dos conhecimentos ganha por vezes um valor objetivo e pode reduzir-se a duas "dimensões universais" relativas a um determinado assunto:

a) a dimensão das técnicas mentais utilizadas,

b) a das técnicas experimentais utilizadas.

38 SOCIODINÂMICA DA CULTURA

Por esta via, fazendo um repertório muito simples (e decerto arbitrário) de cada um desses modos de acesso a determinado problema, o cientista chegará facilmente a apreender um domínio extenso e assim resolverá um dos problemas essenciais da documentação: em que medida o trabalho anterior referido em uma biblioteca qualquer pode servir ao progresso ulterior da descoberta. Os quadros I-I e I-II dão um exemplo desta classificação.

A última dimensão essencial que o problema da classificação dos conhecimentos nos sugere está ligada à noção de *reticulado,* já evocada. É legítimo indagar quais são as *conexões* de um determinado assunto com os outros assuntos. Este problema tem sentido na medida em que o número dessas conexões é estritamente restrito no espírito humano, o que é verificado pela psicologia das associações de idéias. Ao contrário do que diz um provérbio corrente, tudo não está em tudo, os liames que somos capazes de estabelecer *a priori* entre os diversos itens não são inumeráveis, e sim muito limitados: existe um limiar de saturação para nossas capacidades de associações (cf. Fig. I-2).

Foi a classificação por cartões perfurados que permitiu a introdução efetiva do conceito de vizinhança ou de conexão na documentação e, dessa forma, no repertório dos conhecimentos: é possível enunciar facilmente sobre um cartão perfurado o conjunto de domínios conexos ao item enunciado sobre o cartão e reencontrá-lo em seguida por uma triagem ulterior.

Enfim, ao lado dessas dimensões essenciais do conjunto de conhecimentos, intervêm outras dimensões acessórias, tais como a língua de um documento ou seu estilo; esta última valerá sobretudo na classificação de uma biblioteca de Literatura ou de Arte, ou de uma discoteca musical, já que define um fator estético que repercute profundamente na totalidade dos indivíduos.

Tal seria, em suma, o aspecto dimensional que o estado atual de nossas idéias nos propõe relativamente àquilo que chamamos de "Memória do Mundo", e, por trás dela, à *rede de conhecimentos* de que é apenas a materialização.

O conjunto dessas dimensões tem um aspecto lógico e racional, amiúde abstrato; elas estão longe, por definição mesmo, da apreensão imediata; são uma construção do espírito, já que precisamente são apenas um aspecto de uma epistemologia, de uma ciência do conhecimento; recobrem, no entanto, problemas bem práticos: o da classificação de bibliotecas e outros "tesouros" da cultura; isto é, do acesso que o espírito dos indivíduos pode ter aos conhecimentos da sociedade.

Sabemos que este é um problema mal resolvido, pois ao que parece, ignoramos a estrutura verdadeira, ou seja, eficaz, dessa rede de conhecimentos, desta enciclopédia universal da qual as bibliotecas não passam de reflexos. Em resumo: procuramos investigar quais seriam as dimensões

A NOÇÃO DE CULTURA 39

que se deveriam atribuir à imagem da cultura propriamente
dita concebida como o arquétipo do qual resultam os diferentes elementos materiais daquilo que denominamos de memória do mundo: a parede de livros. Esta é o testemunho
material através do qual obtemos essa rede de conhecimentos
que *move* a logosfera. Este problema, a dimensionalização
da cultura, não é, portanto, diferente do problema da "dimensionalização" do fichário de uma biblioteca universal.
Mais precisamente ainda, é o inventário, a descrição em termos gerais de uma enciclopédia totalitária de conhecimentos
humanos, versão moderna do Mito da Enciclopédia, um dos
mitos dinâmicos do mundo atual. A "documentadora universal" concebida por diversos organismos sociais, ao menos no
plano científico, não seria mais que uma aproximação concreta deste ideal, por definição, inacessível.

As dimensões características que retivemos são, pois, as
seguintes:

1.º uma dimensão *topográfica* em um espaço de classificação que serve para generalizar os conhecimentos, podendo
resolver-se em um certo número de "subespaços" particulares, por exemplo o subespaço "heurístico" correspondente
ao problema: como um conhecimento já existente pode contribuir para o fabrico de uma idéia nova, comportando, como
subdimensões, técnica mental, técnica experimental;

2.º uma dimensão de *importância* freqüencial (número
de vezes que o espírito humano utiliza, em seu exercício normal, este ou aquele conceito);

3.º uma dimensão de *abstração,* ligada à legibilidade ou
à apreensibilidade por um espírito de quociente intelectual
médio;

4.º uma dimensão de *vizinhança,* número de domínios
vizinhos de um conhecimento particular ligado à *pregnância*
da forma mental examinada.

No que concerne aos documentos materiais que formam
a parede de livros, convém acrescentar:

5.º uma dimensão de *especificidade* relativa a cada
documento, representando o inverso da área do campo de
conhecimento coberta por um documento particular.

§ I — *12. As dimensões do quadro sociocultural.*

O quadro sociocultural é um conjunto resultante dos
meios de comunicação de massa. Suas dimensões são objeto
da análise do conteúdo e correspondem, pois, a uma técnica
já desenvolvida por Berelson, Lasswel e alguns outros. Sabemos que, entre elas, intervirão antes de mais nada *categorias
específicas* correspondentes aos problemas gerais evocados no
parágrafo anterior, mas enormemente simplificados pelo
caráter grosseiro da mecânica da difusão, quer se trate de
jornais, do rádio ou das artes. Assim, o quadro (I-III) dá

40 SOCIODINAMICA DA CULTURA

uma categorização de itens: notícias ou acontecimentos que o jornalismo americano utiliza para classificar a matéria-prima dos meios de comunicação de massa; observar-se-á seu aspecto solidamente concreto e extremamente socializado.

QUADRO I-III

SISTEMA DE CATEGORIAS DE ANÁLISE DO CONTEÚDO GERAL DAS NOTÍCIAS AMERICANAS

(segundo Bush: *J. Quarterly*)

People well known	Judicial procedures (civil)	Weather
People not well known	Crime	Natural death, obituaries (except paid announcements)
People in group	Communism in the US	Transportation
Hollywood	Sex	Education
Our Country	Accidents, disasters of	Children welfare
Our nation	Nature (fires, flood, gales) :	Children news of late children
Our region	1rst order : materiel dammage	Animals
Our friends	2nd order : one or several dead	Marriage (non society pages)
Our enemies	3rd order : great number of deaths	Amusements (events, celebration)
Governmental acts	Social and safety mesures	The arts
Politics	Race relations	Culture
Rebellions	Alcohol (excluded biology)	Human interest news (more popular than chronicles)
War	Money : Amount of money is an element of the new (excluding Prices)	
Defence	Health : personal diseases, epidemies	
Atomic Bomb – Energy	Health : Public (Health agencies)	
Diplomacy, Foreign relations	Science and invention	
Economic activity	excluded news, health, atom	
Prices	agriculture,	
Taxes	Religion	
Major (Strikes)	Philathropy	
Minor Labour Grievances		
Agriculture		

A segunda dimensão relevante será, aqui também, a *importância* relativa da notícia tal como é dada, e a prática dos *mass-media* levará a dividi-las em sete classes logarítmicas segundo as regras enunciadas por Miller relativamente à per-

A NOÇÃO DE CULTURA 41

cepção de classes, desde um limiar de percepção até um máximo prático correspondente a uma saturação (Quadro I-IV).

QUADRO I-IV

Escala logarítmica quantificada de importância das mensagens culturais.

Quantidade	Número de toques	Exemplo na linguagem escrita (Toques)
1	$0 - 10$	Palavras
2	$10 - 10^2$	Títulos
3	$10^2 - 10^3$	Frases
4	$10^3 - 10^4$	Parágrafos
5	$10^4 - 10^5$	Capítulos
6	$10^5 - 10^6$	Livros
7	$10^6 - 10^7$	Coleções

A terceira dimensão será aquela relativa à *inteligibilidade*, sob as formas específicas de legibilidade, audibilidade etc.; trata-se da facilidade de acesso deste ou daquele item particular e reencontramos aqui os trabalhos acerca da dificuldade absoluta de recepção. É interessante notar que caracteres tais como a legibilidade de Flesch ou o índice de fechamento de Taylor são, em primeira aproximação, universais, isto é, independentes do receptor particular considerado: a inteligibilidade de um fragmento de conhecimento é uma grandeza associada a esse fragmento, e não ao cérebro que a recebe (compreensão) (I-V).

QUADRO I-V

Escala logarítmica quantificada de dificuldade de leitura dos textos escritos.

Classe	Porcentagem da sociedade atingida	Índice de legibilidade de Flesch
1	100% a 80%	> 80
2	80% a 60%	de 70 a 80
3	60% a 40%	de 50 a 70
4	40% a 20%	de 40 a 50
5	20% a 10%	de 30 a 40
6	10% a 5%	de 20 a 30
7	menos de 5%	de 0 a 20

42 SOCIODINAMICA DA CULTURA

A última dimensão será dada pela *camada social* à qual se dirige o item particular considerado. Ela faz intervir fatores de atração que não têm relação direta com a inteligibilidade, mas dependem do quadro de valores próprio a cada subconjunto social em um determinado meio. Tal informação econômica relativa ao salário mínimo indexado garantido pode ter um nível elevado de dificuldade — legibilidade bastante fraca —, sendo ao mesmo tempo de grande interesse para a camada social de operários especializados, aos quais concerne verdadeiramente o problema.

Os titulares dos *mass-media,* engenheiros de comunicação, jornalistas, redatores de agência etc., são geralmente conscientes da necessidade de adaptar a legibilidade ao grupo social considerado, mas somente na medida em que exista uma correlação clara entre quociente intelectual prático e camada social. Nem sempre isso ocorre; por exemplo, se a divisão do grupo em questão não coloca em cena um nível social qualquer, e sim uma especialização técnica de conhecimentos: uma informação relativa à importância dos fornecimentos de energia reativa no consumo elétrico privado interessa a todos aqueles que, em um grau qualquer, possuem um conhecimento eletrotécnico, quer sejam eles pequenos proprietários, diretores de empresa ou ministros de áreas pertinentes, e não a uma camada social particular.

O enriquecimento do quadro sociocultural visto sob o ângulo quantitativo da medida de informação.

Os recentes trabalhos sobre a Teoria da Informação permitem especificar numericamente a amplitude e as variações do quadro sociocultural.

Assim, no domínio dos *sinais* e das palavras *escritas,* e mais particularmente no domínio da documentação científica, sobre a qual possuímos algumas estatísticas precisas, sabemos que o subconjunto dos "cientistas" representa no máximo 0,5% da população nos países ocidentais, o que leva a estimar 1% desta mesma população como o *meio cultural:* incluídos os ramos artísticos, literários e científicos. Na Europa, esse subconjunto representaria, pois, cerca de 3 milhões de indivíduos, na maior parte concentrados em pontos bem definidos do continente.

Que recebem esses indivíduos em matéria de elementos originais constituintes do quadro sociocultural da sociedade? No domínio da mensagem científica, possuímos alguns dados quantitativos: sabemos que aparecem no mundo 45 000 publicações semestrais ou periódicas, tendo em média 300 páginas por ano, o que constitui um volume de literatura

A NOÇÃO DE CULTURA   43

científica global da ordem de 15 milhões de páginas de 2 000
sinais tipográficos em média: ou seja, 30.10^9 signos, cerca
de 15.10^{10} dígitos binários (*bits*) de dicotomias literais (reconstituição de textos letra por letra).

A Teoria da Informação, contudo, dá-nos uma certa
idéia do valor informativo real desses signos, ensinando-nos
que a *redundância* destes é extremamente elevada e, sobretudo, dando-nos indicações sobre o modo pelo qual a informação real por signo decresce à medida que consideramos
os signos como situados em conjuntos: letras, palavras, frases,
sistemas de mensagens culturais. A informação real é certamente inferior a 0,1 *bit* por signo: 3.10^9 *bits* de originalidade
real são repartidos em um subgrupo social da ordem de 10^7
indivíduos que partilham do consumo efetivo desses "bens
culturais". É possível estimar a tiragem de cada um desses
signos em 1000 exemplares, em média. Isso conduziria a estimar que o indivíduo absorve 300 000 *bits* por ano de informação realmente nova.

Em resumo, não é abusivo pensar que o intelectual
moderno é submetido em média a um fluxo da ordem de
300 000 elementos de originalidade por ano (o equivalente,
com 3 *bits* por palavra, a 100 000 palavras realmente informativas). Se estimarmos sua capacidade de absorção da informação como da ordem de 3 *bits*/ seg., podemos pensar
que ele consagra 1/300 de seu tempo a conhecer coisas
realmente novas.

§ I — 13. *As dimensões da cultura individual.*

Após examinarmos o problema do dimensionamento da
cultura coletiva, tal como veiculada pelos meios de comunicação de massa (*mass-media*), quais são, finalmente, os
caracteres que estruturam o mobiliário do cérebro dos
indivíduos?

Convém aqui acentuar bem a natureza do problema colocado: trata-se de um problema essencialmente estatístico.
Trata-se de determinar o *retrato* da cultura individual sob um
aspecto geral, portanto de encontrar *dimensões* universais
para um grande número de objetos particulares.

Sabemos, pelos trabalhos de Osgood e seus colaboradores, que todo item particular é apreendido por um sujeito
como um "enquadramento" em relação a um certo número
de dimensões de significação de uma notícia. Essas dimensões são em número relativamente muito restrito, já que a
maioria (60%) da variância (soma dos quadrados dos desvios na apreciação de diferentes itens) é explicitada por três
dipolos dialéticos: as relações entre o *Bom* e o *Mau*, entre
o *Forte* e o *Fraco* e entre o *Ativo* e o *Passivo*.

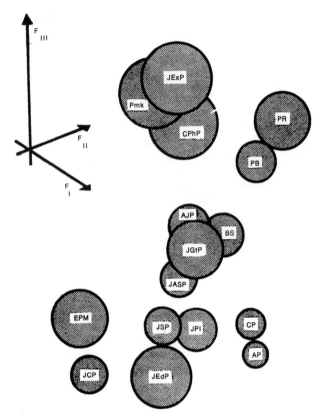

FIG. I-8. — *O diferencial semântico de* OSGOOD.

OSGOOD definiu a noção de espaço de configuração semântica, que permite situar um conceito ou uma palavra em relação a um certo número de eixos ortogonais que fixam a importância desse conceito relativamente a escalas. Uma análise fatorial dessas escalas mostrou que, dentre elas, três eram particularmente importantes para o aspecto conotativo da linguagem, isto é, os sentimentos ou sensações guiados pelo conceito e que determinam movimentos no indivíduo. São escalas de avaliação (bom ou mau, por exemplo), de atividade (ativo ou passivo, por exemplo) e de potência (forte ou fraco, por exemplo). Um conceito será, portanto, representado por um ponto em um hiperespaço que comporta um número restrito de dimensões, das quais pelo menos três são essenciais. Outras dimensões intervêm especificamente em problemas mais específicos, tais como as dimensões aplicadas à análise de notícias. Um exemplo de situação de conceito em um espaço semântico: a situação de cinco revistas americanas de Psicologia em relação a duas escalas de valor do espaço semântico, segundo JAKOBOVITS e OSGOOD (*Connotations of twenty psychological journals for their professional readers*, nov. 1963). As distâncias relativas entre essas diferentes revistas científicas exprimem uma grandeza apreendida intuitivamente por seus leitores, "a diferença" entre seus estilos. Se uma revista muda de política ou de caráter, seu ponto representativo se deslocará neste espaço de representação. Sua distância da origem exprime seu maior ou menor caráter próprio (polarização).

A NOÇÃO DE CULTURA 45

O que nos interessa aqui não é precisamente o nível de itens individuais, mas o nível dos *fatores globais* de explicação; como observaram os linguistas a respeito das palavras sobre as quais Osgood desenvolveu seu trabalho, são precisamente os *resíduos* da variância que apresentam um interesse na organização do quadro da cultura individual. Ora, o sistema espacial estudado por Osgood é uma localização de *valor*, relativo ao aspecto emocional e ético das mensagens, isto é, ao seu modo de recepção, mais do que um "espaço semântico" propriamente dito: em outras palavras, é mais uma medida da repercussão que da significação. Em particular, os trabalhos de Osgood deixam de lado a maior parte dos valores culturais propriamente ditos, o universo intelectual da cultura, para dedicar-se sobretudo às notícias que nos são propostas pelos meios de comunicação de massa. Assim é que um colaborador de Osgood, R.G. Smith, mostra que a variância dos elementos do *discurso* é explicitada por cinco fatores somente:

I	*otimismo*	e	*pessimismo*
II	*sério*	e	*frívolo*
III	*honesto*	e	*desonesto*
IV	*provido*	e	*desprovido de valor*
V	*afetado*	e	*informal*

O conjunto desses fatores corresponde exclusivamente a uma *maneira de apreender* as notícias que seria particularmente válida para os acontecimentos tais como são analisados nas categorias que demos em um quadro anterior. Em outras palavras, embora sejam importantes como modos de análise dos mecanismos de *retenção* das notícias ou de itens do quadro sociocultural, não constituem as variáveis relevantes para nosso problema: quais são as "dimensões" daquilo que prosaicamente chamamos de mobiliário do cérebro?

Por exemplo, não é difícil — e é importante — situar uma informação relativamente ao "estupro de uma moça negra por rapazes no Kentucky" em relação às dimensões precedentes; o lugar desta notícia seria diverso para um leitor de Chicago ou do Chile. Mais é muito mais difícil situar no mesmo sistema a "síntese do propionato de sódio".

A Ciência, a Filosofia, a Arte, os materiais da cultura, tudo o que é permanente e não-transitório, são aspectos "frios" do trabalho do espírito e somente são retidos pela cultura individual ou coletiva precisamente na medida em que são "frios", despojados de valor emocional. Os "acontecimentos" da História, embora sejam valorizados no plano emocional, são por isso mesmo desvalorizados no plano cultural.

46   SOCIODINAMICA DA CULTURA

O diferencial semântico do discurso ou de notícias tal como proposto em particular pelos trabalhos de Osgood é *principalmente* relativo ao seguinte aspecto: ele explica a variância de elementos que derivam de caracteres emocionais. Não é precisamente adaptado à análise cultural na perspectiva que damos da cultura como uma soma de instrumentos do espírito: as técnicas da automação no tráfico ferroviário quase não encontram seu lugar nas dimensões universais que ele define ou só o encontram aí por acaso, a partir dessa *projeção* forçada do ser humano sobre os elementos culturais que é um dos procedimentos constantes dos *mass-media,* como do campo publicitário. Sabemos que um anúncio sobre as virtudes do sabão em pó tem por fim deliberado mesclar valores culturais (ou técnicos) acerca do papel dos detergentes nas civilizações com valores estritamente emocionais acerca da atração sexual que pode ter uma camisa branca.

Em suma, valor cultural e valor emocional ou ético não têm uma relação profunda um com o outro. São estritamente ortogonais e a cultura, feita do mobiliário do cérebro de um indivíduo, só retém aquilo que de alguma maneira é eterno nos acontecimentos, isto é, aquilo que se *apagará* do diferencial semântico com o tempo.

A prática quotidiana dos meios de comunicação de massa consiste precisamente em colorir artificialmente os fenômenos culturais com um valor emocional.

Consideremos, por exemplo, uma colisão ferroviária devida ao mau funcionamento de um sistema de agulhas. Ela comporta dois aspectos:

— um aspecto *cultural* que é aqui científico e técnico, relativamente ao funcionamento dos sistemas de agulhas, que acarreta, em conseqüência, um grande número de ligações de idéias *técnicas* acerca da circulação ferroviária, a psicotécnica dos agulheiros, a automação etc.;

— um aspecto *emocional* sobre a solidariedade humana. Este último não tem, estritamente, *nenhum* valor cultural, a não ser histórico.

A técnica normal dos *mass-media* consiste em *misturar* esses dois aspectos.

1º O problema dos sistemas de agulhas, que será normalmente tratado em uma revista técnica sem a menor alusão — a não ser estatística — aos acidentes que dele podem resultar; o engenheiro que trata do problema propõe no início de seu artigo uma tábua de valores, que não passa de um caderno de encargos.

2º O romancista, ao contrário, sublimação do jornalista, fará emergir o "aspecto humano" de tal acidente particular, no que se esforça por implicar os leitores, em um aspecto passageiro, insubstituível, estético; esforçar-se-á por fazer correr muito sangue dos cadáveres ou por encontrar cenas comoventes, seguirá uma dialética sutil do bom e do mau, do forte e do fraco, do ativo e do passivo, do sério e do frívolo, por exemplo, entre a moral pública — que se supõe representar — que quer que se mate o menor número de gente possível, e sua moral pessoal de jornalista, que quer que se mate o mais possível, já que assim a *notícia* terá mais peso sensacionalístico.

A NOÇÃO DE CULTURA   47

§ I — *14.*   *Um método de análise do conteúdo cultural.*

A análise da influência da mensagem cultural sobre o receptor deve, portanto, comportar outras dimensões, além daquelas relativas à apreensão emocional. O estudo das "dimensões" da cultura individual propôs-nos três grandezas universais ligadas às mensagens oferecidas pelo mundo exterior ao indivíduo.

1.º *A importância quantitativa* objetiva (comprimento da mensagem).

2.º *O grau de abstração* ou de inteligibilidade.

3.º *O nível de profundidade* da estrutura mental.

Um item se apresentará graficamente, em uma figuração bidimensional, como um *círculo* cuja largura é função da *classe de importância* em uma escala de 7 níveis como segue (caso de artigos de jornais onde a largura das colunas é, na prática, normalizada).

QUADRO I-VI

I. ESCALA DE GRANDEZA QUANTITATIVA

Importância	Número de signos	Comprimento (em cm)
1	> 300	> 30 000
2	150 a 300	15 000 — 30 000
3	80 a 150	8 000 — 15 000
4	40 a 80	4 000 — 8 000
5	30 a 40	2 000 — 4 000
6	10 a 20	1 000 — 2 000
7	0 a 10	1 000

Cada mensagem elementar será então afetada por um sinal, +, 0, —, segundo esteja em conformidade ou em contradição com as aspirações e as normas da sociedade considerada. Esta esfera situar-se-á em um espaço tridimensional cujas coordenadas serão aquelas enunciadas acima.

A *escala de abstração* será então dada pelos seguintes valores, coincidindo com as classes dadas no parágrafo 12 relativamente ao índice de Flesch.

II. ESCALA DE ABSTRAÇÃO (dificuldade, esforço intelectual, complexidade de noções fornecidas).

1. Redundância superior a 99% (cartazes, *slogans* etc.)

2. Muito concreto: fatos e objetos crus, numerosos temas humanos no sentido de Flesch.

3. Concreto mas fictício, sem silogismos, raciocínios intuitivos.

4. Raciocínio elementar muito diluído, artigos de fundo, permitindo leitura imediata (ex.: investigação policial).

5. Caráter científico e documental: requer interrupções e retrocessos.

6. Abstração física, recurso a universais, ciências teóricas sem matemática, leitura possível por fragmentos isolados.
7. Abstração matemática, Lógica e Filosofia pura.

A *distância* ao indivíduo será medida por uma escala como segue:

III. ESCALA DE DISTÂNCIA AO INDIVÍDUO.
1. Implica uma reação *imediata* e *concreta* do indivíduo (ex.: greve, mobilização).
2. O leitor é diretamente implicado (ex.: queda do franco abaixo de um limiar de percepção).
3. O indivíduo pode permitir-se ignorar a informação; interessa-se por ela sem sentir-se implicado (*features*).
4. Implicações longínquas a longo prazo, modificações do ambiente.
5. O item é ligado, de maneira enunciável, a acontecimentos que dizem respeito ao indivíduo.
6. Concerne vagamente ao indivíduo, sem que este possa definir em quê.
7. Nenhuma implicação: a questão se passa em um outro planeta.

Convém notar aqui que esta noção de distância ao indivíduo desempenha um papel essencial na psicologia da criatividade, e na faculdade de "julgamento", segundo os trabalhos de Delpech e de Van Lennep e seus colaboradores.

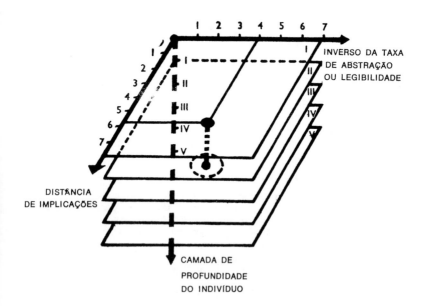

FIG. I-9. — *Como é possível representar o espaço de configuração perceptivo de um indivíduo relativamente a um item particular.*

Sabemos que uma notícia ou um fato cultural possuem três caracteres essenciais, independentes da significação, no sentido de OSGOOD. Primeiro, sua *taxa de abstração* ou, reciprocamente, de inteligibilidade; em seguida, sua *distância psicológica* ao indivíduo que se sente mais ou menos implicado nela; enfim, a *camada de profundidade* psicológica à qual esse fato ou essa notícia age sobre o indivíduo, desde a mais "consciente" até a mais "inconsciente".

A NOÇÃO DE CULTURA

49

As mensagens exercem uma ação sobre o receptor em diferentes *níveis* da estrutura mental deste. Sabemos, pelos trabalhos de Poyer, Favez-Boutonnier e um conjunto considerável de estudos sobre a psicologia profunda, que é necessário discernir, no ser psicológico, o sistema mental que *recebe* as mensagens e age em seguida sobre o comportamento, *camadas* de profundidade, desde a atitude objetiva externa até às camadas profundas do ser que somente se manifestam ao psicanalista por intermédio de difíceis estudos. Há, em suma, diferentes estágios de consciência que recebem diferentemente as *mensagens* do mundo exterior para agir de maneira diferente, mas em princípio objetivável.

De fato, muitos itens têm um modo de repercussão muito diferente segundo o gênero de indivíduos ao qual se dirigem; toca-se aqui na separação que existe entre indivíduos e sociedade, já assinalada mais acima a respeito da diferença entre cultura individual e cultura de uma determinada sociedade. É impossível aplicar aqui de maneira sistemática a noção de média, e a imagem do leitor típico ou do ouvinte típico, à qual se referem implicitamente os organismos de difusão de massa tais como o conselho de redação de um grande jornal, não tem nenhum fundamento doutrinal real: não há leitor típico nem ouvinte típico; sua pluralidade é irredutível, salvo em alguns domínios suficientemente estreitos: política, crítica, nacionalismo, que aliás constituem a matéria principal dos órgãos de imprensa que utilizam este gênero de modelo de receptor. Pode-se dizer que descobriram empiricamente um conceito de leitor típico que nunca é válido a não ser para eles, podendo os mesmos itens ter repercussões simultâneas em diferentes níveis da consciência. Dessas observações, como entrevimos com Silberman no decurso de uma conversa, deriva um modelo de quadro sociocultural modificado que presta contas das transformações que cada mensagem sofre antes de ser inserida na memória de cada indivíduo. Para dar uma imagem de tal quadro, este apresentar-se-ia como uma série de folhas transparentes, cada uma das folhas sucessivas correspondendo a um nível de percepção no sentido definido acima, e podendo ser mais ou menos completa. Em outras palavras, o diagrama a duas dimensões definido mais acima é estendido agora a três dimensões.

A experiência mostra que, em geral, basta distinguir no indivíduo de quatro a cinco *camadas de profundidade* como segue:

I. Fatos objetivos que atuam sobre a vida material dos indivíduos: por exemplo, aumento do custo de vida, salários (universo de atos);

$$\text{exemplo} \begin{cases} \text{greves,} \\ \text{tempo que irá fazer,} \\ \text{finanças, etc.} \end{cases}$$

II. Fatos que atuam sobre o domínio dos interesses objetivos explícitos dos indivíduos (universo de valores econômicos):

exemplo
- informações explícitas: terremoto no Japão,
- astronáutica
- investigação policial: aventura, acidente de trânsito.

III. Fatos que atuam sobre o domínio dos interesses e crenças subjetivas explícitas (universo de opiniões):

exemplo
- questões de política externa,
- julgamentos, etc.

IV. Fatos que atuam sobre as camadas subconscientes do ser (libido) e vontade de potência:

exemplo
- crimes,
- questões sexuais ou sentimentais,
- acontecimentos do partido político, etc.

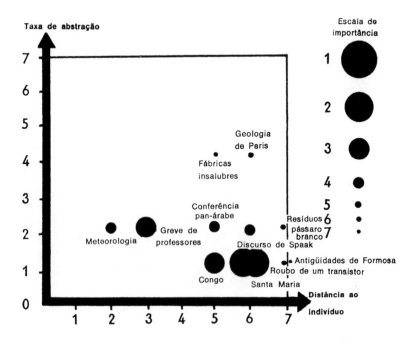

Fig. I-10. — *Um corte instantâneo do conteúdo de um canal de imprensa em função da taxa de abstração (ou, inversamente, do grau de inteligibilidade) e da distância ao indivíduo dos diferentes itens.*

O tamanho dos pontos é proporcional à superfície impressa ocupada no jornal.

A NOÇÃO DE CULTURA 51

Esta técnica de análise adapta-se naturalmente, em primeiro lugar, ao conteúdo dos meios de comunicação de massa. Mas ela pode facilmente ser estendida à realização de um quadro sociocultural do conjunto do mobiliário do cérebro e da integração dos perceptores. Assim:

Os americanos procuram as antigüidades de Formosa é uma notícia de fraca importância (4 cm = 7ª importância):

— muito longe do indivíduo parisiense (à exceção de antiquários) (distância 7) de um grau de concreto relativamente elevado (classe 1), não requerendo nenhum esforço particular de compreensão;

— tem sua repercussão principal no plano dos interesses subjetivos explícitos dos indivíduos, modo normal de digestão dos mass-media, sua repercussão no plano dos interesses materiais é nula, mas, em contraposição, tem uma repercussão notável no plano de seus interesses subjetivos passionais, e deixa mesmo um leve traço no plano do subconsciente.

QUADRO I-VII

EXEMPLO DE ANÁLISE RELATIVO À IMPRENSA QUOTIDIANA

(jornal Le Monde, 1º de abril de 1960)

	Importância quantitativa	Distância ao indivíduo	Taxa de abstração ou de dificuldade
Discursos de Kennedy	+ 1	4	2
Santa Maria	2	6	1
Conferência pan-árabe	4	5	2
Discurso de Spaak	3	6	1
Chauveau	— 6	7	3
Greve de ensino	3	3	2
Congresso de Astronáutica	+ 4	7	2
Geologia de Paris	— 6	6	4
Fábricas insalubres	— 6	5	4
Roubo do American Express	4	6	2
Roubo da tese de um professor	5	7	1
Resíduos Pássaro branco	5	7	2
Economia da Argélia	+ 5	4	3
O Chimpanzé astronauta	+ 5	6	1
Tempo de Meteorologia	* 5	2	2
Congo e O.N.U.	4	4	1
Congo	3	5	1
Laos	7	6	1
Antigüidade de Formosa	— 7	7	1
Chalais e a TV	— 7	4	2
Roubo de um transístor de um motorista	6	7	1

A título indicativo, damos no quadro uma categorização de itens, notícias ou acontecimentos que constituem a matéria-prima dos mass-media no caso restrito do jornalismo

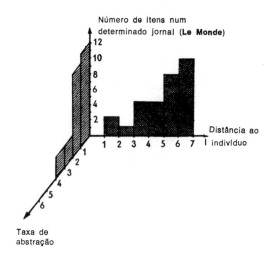

FIG. I-11. — *Caracterização do estilo de um canal de comunicação pela análise da freqüência dos itens.*

Levou-se aqui em um histograma em duas projeções, a respeito do conteúdo de um jornal, o número de itens em função, de um lado, de sua taxa de abstração, de outro, de sua distância psicológica ao indivíduo. Observar-se-á que a forma desse duplo histograma é característica de canal.

americano. Nos trabalhos já citados sobre a medida da significação, Osgood mostrou que a apreciação de itens emocionais ou sociais pelo indvíduo repousa em definitivo sobre um número relativamente restrito de *dimensões,* de qualquer modo muito mais restrito do que levaria a crer a variedade de itens. Mas seu objeto deliberado era a apreensão do efeito sobre o indivíduo em um quadro de valores de caráter ético, e não estritamente cultural, como o que nos preocupa aqui! agora bem, não há razão para que haja coincidência entre os dois.

§ 1 — 15. *A aquisição de conhecimentos e os fatores da cultura individual.*

Para passar do quadro sociocultural propriamente dito ao mobiliário do cérebro de cada indivíduo convém fazer três operações de *soma,* de acordo com o sentido rigoroso do termo "integração" em Matemática e em Fisiologia nervosa.

A Fig. (I-12) resume sob a forma de um organograma de transferência a seqüência de mecanismos que intervêm na constituição da "tela de cultura" de cada indivíduo, aquilo a que chamamos mais simplesmente de "mobiliário cerebral" deste.

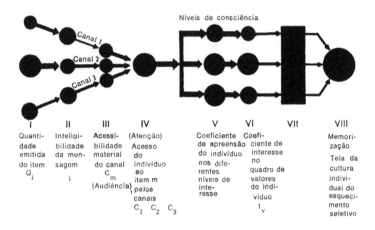

FIG. I-12. — *As etapas da incorporação de elementos culturais na "tela" da cultura individual.*

Um certo número i de itens está presente na cultura "instantânea" da sociedade em um determinado instante. São emitidos em quantidade q_i. Cada um deles possui um coeficiente de inteligibilidade próprio I, segundo o canal que utiliza (rádio, jornal, atualidades, etc.). Cada um desses canais é, por sua vez, mais ou menos acessível a um indivíduo particular considerado. Este absorve o produto composto desses fatores e, segundo sua inteligência ou sua cultura anterior, situa-os a um nível de consciência diferente, onde os apreende mais ou menos bem. Estes fatores interessam-no mais ou menos segundo seu quadro de valores próprio: ele os esquecerá mais ou menos da mesma forma. O resultado de todas essas operações sedimenta-se em sua memória, para construir a tela de sua cultura individual na qual serão projetados novos itens. Uma pesquisa de Don Ingman forneceu elementos numéricos sobre as etapas IV e V desse esquema, em relação ao canal televisão. Após uma emissão, uma interrogação sobre esta fornece os seguintes resultados:

Atenção mantida com interrupção	2%	
Atenção por momentos, conteúdo apreendido em linhas gerais	52%	54%
Atenção distraída por outras preocupações	15%	
Atenção somente auditiva	5%	24%
Nenhuma atenção, apesar da percepção	4%	
Não sabe, embora o receptor tenha funcionado		22%

Todo *item* que chega ao indivíduo do mundo exterior sofre vários processos sucessivos de integração, a saber:

a) os signos que o compõem são identificados (letras palavras, fonemas signos) com aqueles que estão em reserva no interior de seu próprio repertório — é o processo da mensagem bruta;

b) a percepção de formas globais é prevista no interior do agrupamento de signos, isto é, uma certa previsibilidade, marca do inteligível;

c) o *valor* dessas formas é apreciado por referência a um certo *quadro de valores* interno, ligado à cultura e que representa uma estrutura do indivíduo;

d) eventualmente uma reação consciente ou inconsciente é motivada pelo estímulo que a notícia constitui: alegria, indignação, cólera, medo, satisfação, ação.

Os dois primeiros processos, (*a*), (*b*), são bem conhecidos, dizendo respeito estritamente à teoria informacional da percepção que desenvolvemos alhures; voltaremos a eles no Cap. III. O último (*d*) é ocasional: na maior parte do tempo, as reações do indivíduo são fragmentárias, amiúde pouco conscientes, em todo caso pouco visíveis. É apenas o terceiro que é do âmbito de uma teoria da cultura individual: *ponderação* e *assimilação* em função de um quadro de valores, e depois, eventualmente, memorização parcial sujeita ao mecanismo do esquecimento. O quadro de valores apresenta-se como um sistema de referência, isto é, como uma espécie de *espaço semântico* do indivíduo, permitindo a este situar o elemento novo que é proposto à sua atenção O problema que se coloca então é investigar a estrutura deste espaço semântico, isto é, pôr em evidência dimensões pessoais que lhe servem para situar toda mensagem ou toda percepção: estas dimensões devem ter um certo caráter de universalidade, se admitimos que a análise do conteúdo deve ser considerada como uma ciência, já que uma ciência se ocupa sempre do geral. O principal problema de uma análise do conteúdo é então, precisamente, pôr em evidência essas dimensões universais de apreciação dos itens culturais que a logosfera de mensagens nos proporciona, e precisar suas unidades. Na verdade, há tantos tipos de análises do conteúdo quantos aspectos investigados nesse conteúdo, e nosso problema aqui é evidenciar aqueles que concernem diretamente à cultura individual ou social no sentido definido mais acima.

Os fatores que intervêm são, pois:

I. A *quantidade* emitida de cada item *i* ... *n*.

II. A *inteligibilidade* dada a cada mensagem que contenha o item *i* pelo emissor.

A NOÇÃO DE CULTURA 55

III. As diferenças de *tipos* de canais, que são, cada um deles, mais ou menos acessíveis ao indivíduo: sejam 1, 2, ..., *m* todos esses canais.

IV. O *acesso* efetivo que o padrão de vida social de cada indivíduo i dá a cada um desses canais, caracterizado por um fator de atenção C_m.

V. O coeficiente de compreensão do indivíduo para cada uma das mensagens por ele recebidas nos diferentes níveis de consciência onde repercute essa mensagem.

VII. A cada nível da consciência o item em cada mensagem sofre no *decurso do tempo* uma extinção progressiva, um esquecimento que, segundo os trabalhos de Ebbinghaus e de Forster, é razoável supor exponencial.

Pode-se precisar numericamente:

$$\varphi(t) = \sum_{o}^{p} N_p \cdot e^{-\alpha_p \cdot t/\theta_p},$$

Seja (t) a percentagem de retenção ao cabo do tempo t da mensagem de N elementos simples, sendo p e p dois coeficientes característicos da natureza (p) dos elementos. Teremos:

$$\Phi(t) = \int_o^t N_p e^{-\alpha_p \cdot t/\theta_p} dp$$

para a retenção global das mensagens oferecidas ao indivíduo. É o conjunto dos *resíduos* deixados por esse esquecimento ao cabo de um tempo t que permanece presente na memória do indivíduo e constitui um elemento de cultura, isso ao deixar de lado as probabilidades de associação devidas à "reimpregnação" (Forster), isto é, à estruturação inconsciente. É possível, como o mostraram diversos autores (Wertheimer, Moles), reintegrá-la na definição de coeficientes dos níveis V e VI.

A primeira somatória será portanto estendida ao *conjunto* de canais culturais C_1, C_2, C_m que penetram a esfera de percepção de membros do grupo social interessado, cada canal de comunicação — diferentes jornais, diferentes periódicos, diferentes programas de rádio... —, sendo ponderado por um coeficiente de importância relativa C_m, levando em conta sua acessibilidade material ao indivíduo; a tiragem efetiva (excluindo conversas) dos jornais, o número de ouvintes efetivos de uma cadeia radiofônica etc., intervirão nesses coeficientes de ponderação C_m

$$\sum_{i}^{n} [C_m \cdot \Phi_m(t)]$$

A segunda somatória deve estender-se aos diferentes indivíduos que constituem este conjunto social cuja "cultura global" se quer averiguar. Conforme o que acabamos de descrever, há para cada indivíduo um traço diferente deixado em seu espírito em cada nível.

Resumindo essas diferentes influências, e supondo-as independentes para simplificar, somos conduzidos à seguinte formulação:

$$\int_{-t}^{\cdot 0} \sum_r \sum_n \sum_m \sum_p Q_i I_i C_m D_n e^{\alpha_p t/\theta_p} dt$$

| somatória relativa ao tempo | somatória relativa aos diferentes indivíduos do conjunto social | somatória relativa aos níveis de interesse do indivíduo | somatória relativa aos diferentes canais | somatória relativa à natureza dos itens | influência do esquecimento |

para exprimir esquematicamente o conjunto estatístico de elementos de uma cultura que resulta da ação ao cabo de um tempo t, sobre r indivíduos de m meios de comunicação de massa operando a n níveis de profundidades diferentes, e transportando elementos presentes cada um Qi vezes tendo um grau de inteligibilidade Ii.

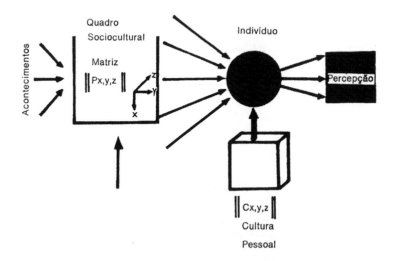

FIG. I-13. — *Fatores que intervêm na percepção de acontecimentos pelo indivíduo.*

O conjunto dos acontecimentos é condensado em um *quadro sociocultural* instantâneo que poderia ser resumido por uma matriz sociocultural de freqüência de ocorrência de cada item. O indivíduo é submetido em cada época ao conjunto do quadro por intermédio das mensagens que recebe. Sua cultura pessoal, fixa em sua memória, serve-lhe para transformar esta recepção em uma percepção valorizada de certos elementos em detrimento de outros.

A NOÇÃO DE CULTURA 57

Do ponto de vista cultural, o corpo social assemelha-se muito mais ao indivíduo que à biblioteca, instituição artificial, técnica e inumana. O conteúdo de um exemplar de jornal ou periódico tem uma vida comparável a uma idéia: nasce, prospera e morre no espaço de alguns dias, com os acontecimentos que o suportam. Assim, um item sobre os colecionadores de antiguidades em Formosa apaga-se muito rapidamente da maioria dos espíritos da população, com exceção de algumas flutuações aleatórias. O conjunto desses diferentes escalões constituirá as diferentes etapas de um estudo do acesso e da retenção da cultura cujos elementos veremos no Cap. III.

A apresentação sintética que acabamos de fazer acima das diferentes etapas lógicas de passagem desde o domínio experimental bruto — os produtos da logosfera, por exemplo, ou o conjunto das mensagens dos *mass-media* — até o quadro sociocultural propriamente dito, corresponde mais à necessidade de um quadro doutrinal correto que a uma fonte de trabalhos experimentais. Contudo, autores diversos abordaram elementos diversos desse quadro. Assim, BERELSON e LASSWEL, fundadores das ciências de análise do conteúdo, puseram em evidência os critérios de retenção de elementos na análise do conteúdo.

Diversos autores estudaram a retenção de elementos particulares da cultura. Propp demonstrou o mecanismo de arranjo com certos elementos do quadro cultural relativos ao mito e ao conto popular. Lévi-Strauss obteve claramente a noção atômica de mitema.

A passagem do quadro sociocultural, base de referência da cultura de determinada sociedade, à cultura *pessoal,* tela individual de conhecimento ou mobiliário de um cérebro humano particular, se funda em uma atomização de itens desse quadro que são retidos de maneira muito diferente e se reforçam por associação de idéias segundo leis ligadas a esses átomos e não mais às próprias mensagens.

Em outros termos, cada elemento levado pelos *mass-media* ao indivíduo é constituído de "palavras" que têm, cada uma, sua vida própria, suas "constelações" de atributos" definidas por suas probabilidades de associação, enfim pela freqüência de sua ocorrência no fluxo de mensagens que banha o indivíduo, freqüência sem relação de proporcionalidade simples com a freqüência das categorias de itens, que já pertencem ao mundo de formas constituídas. Mas é em todo caso a partir desta logosfera de mensagens no sentido amplo que se realiza pouco a pouco este mobiliário do cérebro, esta "tela de semantemas" sobre a qual se projetam nossas sensações imediatas para construir percepções, em um estádio superior de integração.

58 SOCIODINAMICA DA CULTURA

§ I — *16. Conclusão.*

Resumamos como segue os principais elementos obtidos nesse capítulo:

1.º A cultura é o aspecto intelectual do meio artificial que o homem cria para si no decurso de sua vida social. É o elemento abstrato de seu *Umwelt* no sentido de von Uexküll.

2.º Existe uma cultura individual e culturas sociais, essas últimas sendo aquelas dos subconjuntos da humanidade aos quais pertence o indivíduo.

3.º O termo cultura recobre o conjunto de elementos intelectuais presentes em determinado espírito ou em um conjunto de espíritos e que possuem uma certa estabilidade, ligado àquilo que se pode chamar de *memória do mundo,* ou da sociedade, materializada em suas bibliotecas, seus monumentos, seus repertórios e suas linguagens.

4.º A cultura individual é a tela mental de conhecimentos sobre a qual o indivíduo projeta os estímulos-mensagem que recebe do mundo exterior para construir percepções, isto é, formas, apreendidas em seu conjunto e passíveis de serem simbolizadas por nomes ou signos.

5.º O pensamento é um processo *ativo,* distinto da cultura, que lança mão deste para realizar construções originais. Criamos as idéias novas a partir de elementos de idéias antigas, de palavras ou formas previamente existentes, de átomos de conhecimento, em geral de cultura, colocados a nossa disposição por nossa cultura.

6.º Esta cultura é medida, de um lado por sua *extensão,* ou seja, pelo número de elementos que ela contém e, de outro, por sua *densidade,* ou seja, pelo número de associações potenciais entre seus elementos que determinados testes permitem evidenciar. Existem culturas em extensão (erudição) e culturas em profundidade (freqüências associativas ou originalidade de associações) que caracterizam a imaginação criadora.

7.º A cultura resulta dos meios de comunicação de massa no sentido amplo, compreendendo a educação e as relações inter-humanas; é o rastro, sobre o indivíduo, da *logosfera* na qual ele vive quanto às formas de pensamento verbal; da *eidosfera* quanto às formas gráficas, pictóricas ou cinematográficas; da *acusfera* quanto às formas sonoras, etc.

8.º A cultura coletiva de um grupo varia com a época e o lugar: no Ocidente, em particular, há uma profunda diferença de textura entre o humanismo, que se funda em um entrelaçado coerente e ordenado de conceitos básicos, raciocínios e resultados, e o pensamento moderno, que constitui uma *cultura em mosaico* resultante de um conglomerado aleatório de elementos díspares.

A NOÇÃO DE CULTURA

9.º Pode-se admitir que, a partir de um quadro geral de conhecimentos que seria a soma ponderada de elementos dispersos no espírito de indivíduos e que constitui, propriamente falando, a *cultura humana* ou cultura de uma determinada sociedade se observa um conjunto de documentos do qual a parede de livros e as bibliotecas constituem uma ilustração, o que é uma cristalização da logosfera de Bachelard.

10.º A partir de acontecimentos que valorizam diferentemente por sua cultura pessoal, os indivíduos fabricam outras mensagens que, em conjunto, vêm constituir o fluxo dos meios de comunicação de massa: a análise estatística deste constitui o *quadro sociocultural* que alimenta a vida mental da maioria da humanidade do Ocidente. Esse processo é recente e fundamentalmente diferente do vigente nas civilizações anteriores.

11.º A extensão da cultura se baseia em uma técnica generalizada de análise do conteúdo. A cultura individual é uma amostragem particular do grupo social ao qual pertence o indivíduo em questão, mas seu estudo se funda nos mesmos métodos intelectuais.

12.º Cada um dos elementos que são aí representados deve ser situado em relação a um certo número de dimensões que definem a estrutura do conjunto.

13.º Em meio a esses elementos intervêm, afora dimensões específicas ditas de classificação, dimensões gerais que são a *grandeza* e o *grau de abstração* ou de inteligibilidade, que torna seu acesso mais ou menos facilitado aos diferentes membros do grupo social.

14.º O conjunto dos átomos de cultura, propagado em um conjunto de canais de difusão, é recebido por um conjunto de indivíduos de diferentes níveis, e integrado em sua memória após degradações seletivas pelo esquecimento. É o resíduo que constitui esta cultura individual; o objeto deste capítulo foi retraçar esquematicamente suas relações com a "Memória do Mundo" e o quadro de conhecimentos que seria a imagem-limite de uma "Enciclopédia universal", imagem fictícia, mas mito dinâmico das sociedades humanas.

15.º A cultura no sentido amplo de um meio resulta da atividade de indivíduos criadores que nela vivem, mas, ao mesmo tempo, as modalidades de criação destes são condicionadas pelos conceitos, palavras e formas que recebem de seu meio; há, portanto, interação permanente entre a cultura e o meio que a sustenta, por intermédio de criadores que provocam uma evolução: daí uma *sociodinâmica da cultura*, objeto desta obra.

No que segue, seremos levados a examinar o fato da cultura sob seu aspecto econômico e, além disso, a circulação desses elementos culturais que é a primeira imagem de uma sociodinâmica.

O Mercado Intelectual e a Cultura

The fate of a culture is finally determined by the creativity of its carriers.

MORENO

§ III — *1. Introdução.*

O capítulo anterior pôs em evidência a noção, essencial ao estudo da cultura, de uma estrutura granular, de átomos e moléculas culturais, fragmentos do conhecimento ou fragmentos de agrupamentos de idéias, que se combinam entre si para dar lugar a elementos mais importantes. Esta expressão granular, uma das descobertas da escola estruturalista, tem a vantagem de objetivar os fenômenos da cultura, que se encontram assim destituídos de toda transcendência gratuita face aos demais objetos. No domínio da cultura, esta condição atomística e desmistificadora constitui o paralelo da afirmação célebre de Durkheim: os fatos sociais são coisas.

Esta reificação deu, por exemplo, o ponto de partida à Teoria da Informação, obrigando-a a considerar a mensagem quanto à sua forma física externa, independentemente de seu conteúdo, e a impulsionar esta atitude até seus limites extremos, considerando os materiais da comunicação, os signos, como *mercadorias* dotadas de certo custo.

A ciência econômica, de seu lado, mediante o artifício da noção de *custo,* já havia, há quase dois séculos, oferecido um aspecto integrador de ramos bem amplos da atividade humana. Sabia descrever, ponderar e, eventualmente, regular a circulação de bens e de pessoas em um mundo de fatos e de objetos, associando-lhes o conceito de preço. Ora, nesse esforço de totalidade que caracteriza a Ciência, a Economia Política chocou-se recentemente contra a barreira dos "artigos de comunicação". Assim, Perroux insiste fortemente em sua última obra na transformação da ciência econômica pela passagem da era do *homo economicus* à do *homo socialis.* Em sua crítica da racionalidade da sociedade mercantil, ob-

SOCIODINAMICA DA CULTURA

serva que, doravante, as atividades entre os homens, em grande escala, não podem reduzir-se a trocas, ou então será preciso introduzir na noção de troca fatores tão imateriais quanto a força de idéias, a potência de culturas, o preço do gênio, que dinamizam as matrizes econômicas. Em outros termos, o mundo sobre o qual se fundava a Economia Política era apenas uma metade de mundo: a dos objetos. De agora em diante, torna-se manifesto ao conjunto das ciências sociais que o homem vive imerso em dois mundos distintos:

— o *mundo das coisas*, universo físico-químico da natureza e da energia, que foi o objeto do estudo das "ciências" até cerca de 1950;

— o *mundo dos signos*, objeto próprio das Ciências Humanas recentemente constituídas enquanto tais, pois os signos são ligados ao homem que os fabrica.

O universo dos signos se baseia em um conjunto de convenções humanas, é *diferente* dos suportes materiais desses signos, mas entretém com eles uma relação necessária. O universo dos signos oferece uma variedade ainda maior que o dos objetos. Encontramos nele ao mesmo tempo a carta comercial, o soneto de amor, a nota bancária, a patente de invenção, a assinatura do cheque. A Filosofia reencontra nessa oposição do mundo de coisas e do mundo dos signos a velha distinção entre linguagem e objeto.

Ora, o conceito de "valor fiduciário" estabelece, ou pelo menos propõe, relações métricas entre o universo dos signos e o universo das coisas.

O fator integrante da Economia Política é esta espécie particular de signo, o dinheiro, medida do valor fiduciário, que representa amiúde o papel de sinal regulador universal: o preço de custo de uma operação qualquer do homem sobre o mundo dos objetos é uma *mensagem* retransmitida desde a inserção desta operação na realidade até a decisão de prossegui-la ou de modificá-la.

Ora, o aparecimento dos meios de difusão de massa teve o efeito de destacar a importância de um substrato material aos signos: o disco, o livro, o filme, a reprodução, ligaram-se intrinsecamente à Música, à Literatura, à Arte do movimento e à Pintura, ou seja, a todas as formas de Arte, ou mesmo de Ciência. Na dialética entre o abstrato e o concreto, entre o imaterial e o material, a técnica moderna da comunicação aproxima as idéias, as formas, os elementos da cultura, do mundo dos objetos, e os faz participar de certas propriedades dos objetos. Torna-se então concebível que a noção de custo, ela mesma signo entre os signos, se aplique aos elementos da cultura, às idéias e às formas, e de início·sob seu aspecto material, pois que se desloca pouco a pouco rumo a uma abstração progressiva.

No que segue, admitiremos, conformemente à hipótese estruturalista, que o conjunto das idéias, das obras, dos tex-

O MERCADO INTELECTUAL E A CULTURA

tos e dos objetos culturais, é constituído de agregados, chamados de mensagens de elementos simples, inventariáveis, que constituem os átomos da cultura, e que reencontramos em seu conjunto em um repertório global: o quadro sociocultural, descrito no capítulo anterior, do qual existe uma espécie de versão abreviada no cérebro de cada indivíduo, e uma versão mais ou menos exaustiva nas dicionarizações que a sociedade faz de sua cultura pelas bibliotecas, museus, etc. Admitimos igualmente que existe um certo paralelismo entre as manifestações da cultura traduzido pelo quadro seguinte que enumera alguns tipos de "produtos culturais".

QUADRO II-I

Canal cultural. (Mundo da comunicação.)	Produtos culturais. Mensagens globais.	Natureza dos elementos do repertório (culturemas).	Modos de comunicação de massa	Repertórios e códigos.
Mundo dos signos.	Idéias.	Semantemas, palavras, símbolos.	Textos datilografados, cartas, correio, imprensa.	Dicionário e Gramática.
Mundo do mito.	Narrativas. Contos.	Mitemas.	Linguagem falada. Rádio. Desenho animado. Tipografia.	Folclore.
Mundo da literatura.	Obras escritas.	Idéias. Formulação. Frases.	Tipografia. Edição.	Bibliotecas.
Universo pictórico.	Quadros.	Morfemas. formas elementares.	Peregrinações museológicas. Reproduções. Publicidade.	Museus.
Mundo do movimento.	Mímica, filme e teatro.	Atos elementares.	Cinema. Televisão.	Cinematecas.
Mundo musical.	Obras.	Acordes, objetos sonoros, temas musicais.	Rádio. Disco. Concerto.	Discotecas e fonotecas.
Ciências.	Publicações e teorias.	Fragmentos de significação. Idéias e representação.	Literatura científica. Biblioteca.	Tratados de Lógica. Tabelas numéricas. Resultados experimentais. Tratados.

Em seguida, esforçar-nos-emos, tomando nossos exemplos em um ou outro dos canais culturais enunciados acima, por mostrar a universalidade de processos e valores que examinaremos, que valem, para uns como para os outros, com simples alterações de forma.

A teoria clássica da Economia define a respeito de todo elemento do mundo dos objetos um custo chamado de *preço de custo,* cuja determinação inclui a ponderação de um certo número de fatores — matérias-primas, equipamento, mão-de-obra — e diversos fatores sociais de correção — despesas gerais, etc. — cujos equivalentes é fácil encontrar no mundo dos signos. O preço de custo é *relativo* à fonte de objetos de serviços ou de signos: idéias, etc.

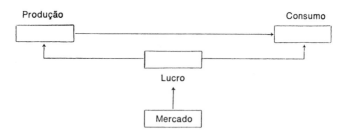

A teoria econômica distingue, ao lado desta noção de preço de custo, um outro valor ligado aos anteriores por intermédio do campo social em seu conjunto; o *preço de venda,* que seria, por sua vez, o custo para o receptor consumidor da mensagem, preço no qual intervêm fatores, seja de concorrência, seja de inflexão social (preço imposto), seja de necessidade, e cuja diferença em relação ao anterior, amiúde chamada de "lucro", é em princípio um *feed-back regulador* que põe a produção ao serviço do consumo. Nos sistemas modernos de economia, o mecanismo de regulação é profundamente alterado; a noção de custo ou de preço de custo subsiste apenas como um denominador comum a todas as categorias de bens, serviços ou signos. A taxa de subordinação Produtos = consumo, pela noção de lucro, enfraqueceu-se notavelmente e outros fatores externos entram em jogo para regular separadamente um e outro em função de outros imperativos, em particular dos *a priori* básicos.

A Teoria da Informação tirou o essencial de suas fórmulas desta noção de *custo* das mensagens, que se aplica a todas elas independentemente de seu conteúdo, isto é, de sua *significação* (DELPECH).

O poder heurístico da noção integradora do custo pode, então, aplicar-se aos próprios elementos da cultura, separando-os de seus suportes materiais? Isso equivale a perguntar em que medida os elementos culturais podem ser apresentados como mercadorias. De fato, reencontramos na vida das idéias numerosos caracteres que as aparentam a uma mercadoria.

Assim, o esquema:

é análogo ao esquema:

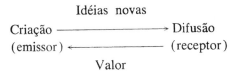

A atitude econômica leva ao domínio da cultura:
1. Um sistema integrador de valores.
2. Uma norma social.
3. Os elementos de uma regulação dos elementos do quadro sociocultural.
4. Um método heurístico.

Ademais, na época presente, todo conjunto de valores culturais acha-se em curso de promoção: de uma posição intermediária ao lado de objetos de consumo material que uma civilização especificamente fabril, funcionando sobre o princípio da série, multiplica indefinidamente, deixando entrever uma era do lazer, os produtos culturais passam a tomar uma posição cada vez mais importante no espírito e no orçamento do consumidor.

A noção de valor só vale para o domínio das idéias novas — pois as idéias antigas fazem parte do "domínio público" — e o valor da idéia é então substituído pelo preço de sua dificuldade de acesso.

§ II — 2. *A noção de valor residual.*

A partir do momento em que uma idéia se insere no circuito de comunicação de massa, seu valor separa-se de seu preço de custo, qualquer que possa ser esse último, e se degrada progressivamente exatamente na medida em que o artifício da cópia diminui regularmente sua taxa de originalidade. Este valor tende então para uma grandeza-limite que denominaremos de *valor residual* e que é praticamente ligado ao custo de seu suporte material; vale o preço do papel sobre o qual é impressa na medida em que esse suporte é, ele mesmo, muito difundido, isto é, não oferece nenhuma *dificuldade de acesso.*

Ora, o circuito de comunicação de massa é definido somente quando se sabe de qual massa se trata: é evidente que uma idéia difundida para uso dos consumidores da grande imprensa não tem o mesmo "valor residual" que uma idéia difundida no subconjunto dos leitores de revistas científicas ou no círculo, incomparavelmente mais estreito, dos especialistas que examinam patentes de invenção.

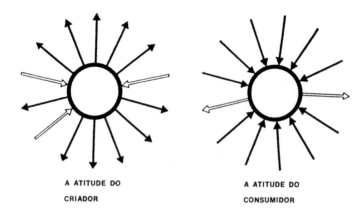

A ATITUDE DO CRIADOR

A ATITUDE DO CONSUMIDOR

FIG. II-1. — *Atitude do criador e do consumidor de mensagens culturais.*

O criador é definido sociometricamente pelo grande número de mensagens que envia, relativamente ao número de mensagens recebidas; o consumidor é definido pela atitude inversa. Na conversa, a relação entre número de mensagens emitidas e número de mensagens recebidas é próxima de 1. Nos conciliábulos, na discussão de grupo ou da tribo, essa relação seria da ordem de 1/10, mais ou menos igual para cada participante. Nos sistemas com *leader*, estabelece-se uma dissimetria entre os diferentes participantes. A idéia de "consumidor" e de "produtor" de mensagens aparece na sociedade tecnológica. Os dois papéis são totalmente diferenciados pelo aparecimento de sistemas unidirecionais (radiodifusão) e a emergência de um meio criador restrito, incluído no meio consumidor. Assim constitui-se uma sociedade intelectual, verdadeira cidade autônoma, em todo caso isolada da sociedade global, e que pode ser comparada a um gueto (DUVIGNAUD).

A cada subconjunto da sociedade que considerarmos — "os físicos", os "compositores de música", os "pintores surrealistas", etc. — corresponde um sistema particular de difusão de massa, tomando aqui a própria palavra "massa" um sentido doutrinário, isto é, por oposição ao indivíduo e não por referência a uma extensão demográfica considerável. Os "meios" muito restritos constituem um limite extremo à aplicação de uma sociodinâmica da cultura, pois que, a esta escala, a própria natureza dos fenômenos de comunicação se altera, o termo comunicação de massa torna-se inadequado e uma outra estrutura de comunicação revela-se, muito mais próxima daquilo que podia, por exemplo, existir nos jardins de Academos da Grécia Antiga. Este seria o caso, entre outros, da circulação de certos quadros ou de certas idéias.

Para especificar esse mecanismo, tomemos o caso de uma idéia original que, pouco a pouco, se difunde nas camadas cada vez mais extensas de um meio relativamente definido para atingir, por exemplo, uma centena de milhar de pessoas que se encontram conectadas ao mesmo meio cultural: jornais especializados, rádio, etc. É relativamente fácil, por exemplo na sociedade parisiense ou nos meios universitários,

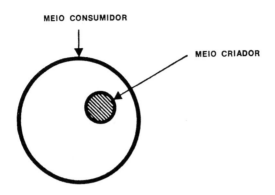

Fig. II-2.

Na sociedade moderna, em conseqüência dos mecanismos de alienação cultural, o meio criador constitui um subconjunto restrito do meio consumidor, alimentado pelos *mass-media*. Uma nova clivagem da sociedade estabelece-se no momento mesmo em que as diferenças sócio-econômicas atenuam-se em decorrência do nivelamento cultural que substitui as antigas camadas ou classes sociais por uma nova distinção em três "cidades": a *cidade dos administrados,* cujo quadro de valores é orientado para a Felicidade no consumo; a *cidade dos administradores,* para a qual o valor essencial é a eficiência e, enfim, a *cidade dos criadores culturais,* cujo valor-motor é a introdução do novo na sociedade, isto é, um valor de subversão, da qual a cidade científica é um caso bem definido sociologicamente. As três cidades coexistem, interpenetram-se e entretêm relações contratuais de interesse recíproco, mas não têm nenhuma razão para perseguir um ideal de coerência.

delimitar tais meios. Este valor residual possui leis de variação autônomas ligadas à própria forma da mensagem: há, de início, as *variações de custo do suporte,* quer se trate do preço de livros ou de revistas; há, em seguida, um *custo permanente de acesso;* pode-se dizer que uma mensagem é do domínio público a partir do instante em que seu suporte é acessível contra a troca de valores fiduciários, e suficientemente difundida ou referenciada para que se possa aceder a ela pelo jogo normal dos mecanismos sociais.

Isso excluiria, por exemplo, as publicações com "tiragens especiais" científicas ou as provas de artistas, mas incluiria sistematicamente todas as revistas técnicas ou profissionais, mesmo raras. O custo de acesso, que se junta ao valor residual na recuperação da idéia (*information retrieval*), será proporcional ao preço de custo do documentador encarregado de pôr-se em campo para recuperar a mensagem. Em geral, ele ultrapassará em muito o valor residual, tornando amiúde este negligenciável. Também aqui existem normas e doutrinas e pode-se caracterizar esse custo no sentido geral por duas grandezas: a *facilidade de acesso* e o *tempo de acesso,* tendo esse último termo, aqui, o mesmo sentido que toma na teoria dos computadores. Esse tipo de operação e os custos a ele aferentes correspondem à operação econômica de entrega de uma mercadoria e, eventualmente, do desempacotamento desta. Retomaremos mais tarde noções tais como a inteligibilidade das mensagens, reduzindo nossa atenção aqui às mensagens integralmente inteligíveis pelo leitor médio, representativo do subconjunto que considerarmos. Isso equivalerá a

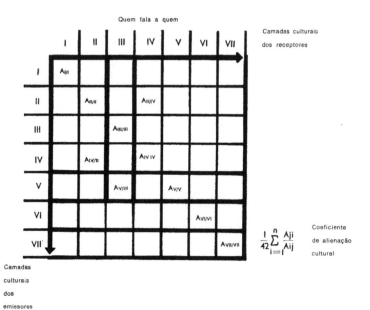

FIG. II-3. — *A matriz de comunicação sociocultural.*

O sistema de difusão de massa baseado na pirâmide cultural, tal como o descrevemos na Fig. I-6, conduz à noção de alienação cultural. Com efeito, as camadas sucessivas separam-se espontaneamente umas das outras e, por isso mesmo, tendem a ignorar-se e a viver em circuito fechado. Isso é manifesto na representação acima, que é a matriz de comunicação intercultural, e que responde à questão: "Quem fala a quem?" Esta matriz leva nos lados horizontal e vertical diferentes camadas culturais, e dá, no cruzamento de cada linha e cada coluna, a intensidade das trocas de comunicação A_{ij} entre a camada *i* e a camada *j*. Em uma sociedade "bem integrada" culturalmente, uma matriz dessas seria praticamente uniformemente preenchida. Na sociedade atual, a sociedade dos meios de comunicação de massa, as trocas são muito assimétricas: há gente que fala e gente, em maior número, que escuta. As pessoas são também irregularmente distribuídas, definindo uma casta de produtores da cultura e uma casta de consumidores da cultura. Esta representação métrica permite aceder à medida de uma grandeza nova em sociologia da cultura: a quantidade de alienação cultural de uma sociedade.

O MERCADO INTELECTUAL E A CULTURA   69

admitir, no limite, que as idéias ou mensagens que não obedecem a esta norma de inteligibilidade são, pura e simplesmente, sem efeito, e portanto sem existência para o subconjunto considerado, e deixaria de lado o mecanismo da competição intelectual na pesquisa das informações, mas esta atitude corresponde cada vez mais à realidade dos fatos em um sistema de cultura em mosaico, como definimos no Cap. I.

Na noção de facilidade de acesso entram em jogo ponderações diversas — tradução de uma língua ou de uma outra, o *abstracting*, o *rewriting*, etc. —; o conjunto dessas operações assemelha-se muito ao recondicionamento que um cliente efetua em uma mercadoria que recebeu para poder utilizá-la para seus próprios fins.

§ II — 3. *Os elementos do custo.*

A noção de custo está ligada de maneira complexa aos dados de fabricação e de difusão. O preço líquido de uma idéia ou de uma obra para seu criador — (ou para o grupo de seus criadores quando se trata de uma obra coletiva, tal como a apresentação de uma revista, a fabricação de um filme, ou a adaptação de uma invenção) — é desprovido de relação direta com o valor residual definido mais acima, que tende assintoticamente para o preço de seu suporte quando se acha inserida no círculo de cópia: não há ligação entre os esforços ou a quantidade de originalidade do inventor e do artista e a exploração, que se poderá fazer condicionalmente, de sua idéia. O ponto de soldadura encontra-se no momento em que esta se insere em um sistema propriamente social pela cópia, e portanto se despersonaliza.

É esta dualidade de aspectos de preços que põe em questão todas as tentativas de proteção da propriedade de uma idéia, maculadas por um erro fundamental na medida em que a legislação das patentes, por exemplo, ou a sanção social no mundo artístico, dirige-se à propriedade da realização, em lugar de incidir sobre a propriedade da idéia em si mesma. Assim, a legislação internacional das patentes assegura para o inventor os dispositivos baseados em sua idéia, mas não esta — pois é evidentemente bem difícil encerrar numa rede legal a própria imaginação —, o que conduziria, por razões exclusivamente práticas, a abater-se sobre os frutos, somente eles objetiváveis, desta imaginação.

Contudo, os preâmbulos das convenções de patentes põem todos a ênfase na noção de propriedade de idéias, para em seguida, nos textos de aplicação, dedicarem-se à propriedade dos dispositivos.

É bem sabido no mundo dos engenheiros-conselheiros que o valor dos indivíduos e das patentes que registram está ligado, no fundo, a uma noção indefinível, ou pelo menos mal definida até o presente, precisamente a noção de valor de idéia. Isso implica, em virtude da legislação, todo um "mecanismo de empacotamento" dos valores do espírito no domínio científico, o dos escritórios de patentes cujo objeto inconfessado é adornar uma idéia, tão válida quanto possível, com um dispositivo de realização, portanto realizável (!), mas também tão pouco válido quanto possível, descrito para mascarar conscientemente, ao máximo, o princípio sobre o qual ele é fundado, e em todo caso, profundamente irrelevante, em um número muito grande de casos, para o próprio fundo da patente. O característico de uma idéia é, de fato, admitir uma variedade muito grande de realizações, e portanto de transcender toda realização particular.

Entretanto, essa investigação é proveitosa, e pode se tentar definir o preço de funcionamento de um homem que faz idéias e, daí, encontrar para essas um preço de custo mínimo abaixo do qual o indivíduo não pode descer, ou em todo caso não deve fazê-lo se sua existência nesta função social deve ser considerada como válida. Em resumo, se ele tem o direito pragmático, isto é, nos fatos, de fazer-se inventor, escritor ou artista, *sem sê-lo como amador,* suas idéias deverão ser consideradas como coisas, como mercadorias. Isso continua válido no estádio de criação, embora não mais seja válido a partir do momento em que o produto intelectual se insere no sistema social. Em outros termos, o intelectual é aquele que *vive* do produto financiado de suas idéias, o inventor aquele que *vive* do produto de suas patentes, o que limita consideravelmente o número de inventores profissionais e coloca, de passagem, a questão da possibilidade econômica de sua existência (necessidade de segundo ofício: pesquisadores, escritores). Assim, poderemos estudar separadamente e, está claro, estritamente em um plano estatístico, os elementos de um *custo generalizado* cuja existência reencontramos em todos os indivíduos que vivem mais ou menos do produto de sua imagnação, de seu conhecimento ou de seu talento, em poucas palavras, os intelectuais.

Assim, incluiremos nesse custo:

— o preço do tempo de concepção;

— o preço do material (documentos, matérias-primas);

— o preço do tempo de concretização, de formulação e de envio da mensagem;

— enfim, diversos coeficientes de majoração de competência, de valor honorífico;

— despesas gerais relativamente estáveis.

Especificaremos no que segue cada um desses grupos de elementos, mas convém, desde o início, notar como essencial, nesta noção de custo aplicada aos fabricantes da mensagem, uma distinção de princípio que diferencia as mensagens de cadeiras, sacos de trigo ou de kilowatt-horas, e que têm repercussão direta sobre o modo de estimativa dos elementos acima citados.

O MERCADO INTELECTUAL E A CULTURA   71

§ II — 4. *A diferença fundamental entre idéia e mercadoria.*

Quando um industrial vende aço a seus clientes, isto é, "aos outros", recebe em troca valores fiduciários, outros bens ou serviços, mas não tem mais o aço que parte de seus entrepostos. Quando um intelectual dá a uma revista científica o texto de um artigo contendo conhecimentos ou idéias novas, recebendo em troca, se não da revista científica, pelo menos do conjunto da cidade humana, meios materiais ou meios de consumo, ele decerto não possui mais o original de seu manuscrito, mas guarda consigo uma cópia datilografada e, além desta imagem, guarda em seu cérebro as próprias idéias de que abriu mão. Ele as dá e as guarda ao mesmo tempo; não somente elas não são perdidas para ele, mas, ao contrário, elas são atualizadas, especificadas, reimpregnadas de fato em seu espírito pela simples comunicação. Ele não perdeu suas idéias ao dá-las ou vendê-las a outrem, mas sim reforçou-as. É a diferença essencial face a uma mercadoria: o emissor da mensagem não perde aquilo que dá. O estoque de idéias é regenerado pelo próprio fornecimento: quanto mais dá, mais é rico; trata-se, portanto, aqui, do que Henri Lefèbvre chama de um *processo cumulativo*. Esta observação está na base da teoria geral do mundo dos signos e é válida em todos os domínios da produção intelectual.

Quando um artista dá ou vende a um amador uma de suas obras, ele certamente não mais possui a propriedade material desta, mas continua a possuir a capacidade criadora, sua aptidão para introduzir uma certa taxa de originalidade no mundo, para tornar o mundo mais complexo em torno de si, e utiliza tal capacidade. Fora do circuito de difusão propriamente dito, ou dos inumeráveis circuitos do plagiato, ele difunde, ao mesmo tempo que sua obra, um certo número de fatores objetivos da sensibilidade, uma nova maneira de ver o mundo, uma nova técnica ligada a esses produtos, que viaja com eles e que poderá servir de inspiração a outros indivíduos.

Se as obras de arte não pertencem ao processo cumulativo, todo o conjunto das técnicas artísticas, das ciências, da arte e dos modos de percepção pertence a este processo, e participa do enriquecimento da cultura no sentido social. É legítimo admitir que, se a maior parte dos artistas passam por um cume em sua produção para decrescer em seguida, o mecanismo da degradação nada tem em comum com o mecanismo do crescimento. Muitos artistas têm sustentado que toda sua obra válida fora enriquecimento, aprofundamento, depuração, atrevimento, marcha para a frente a partir das posições da véspera. Para o cientista, como para o artista é, contudo, muito fácil discernir nos processos de declínio mecanismos de degradação de caráter social, de esclerose espiritual etc., totalmente diferentes dos processos cumulativos que acabamos de evocar.

Em suma, convém ressaltar que a produção intelectual regenera-se por sua própria entrega, em taxas variáveis segundo os casos, e que o intelectual retira um certo proveito do simples fato da venda de seus produtos, *independentemente* do preço desta venda, que pode mesmo ser negativo, como ocorre, por exemplo, nas publicações por conta do autor ou com os "direitos de publicação" nas revistas científicas. Esse jogo, basicamente diferente do jogo da economia clássica, implica um outro tipo de mais-valia, distinto daquele considerado por Marx, e deve ficar sempre presente no espírito na estimativa do custo generalizado. Mais precisamente, em muitos casos, haverá nele uma amplificação exponencial, variando o preço Q como:

$$_e kn$$

sendo k um coeficiente de regeneração cuja significação discutiremos mais adiante, e n o número de operações de transferência; é uma das razões pelas quais o intelectual difunde sistematicamente uma parte de sua produção.

Não obstante, há alguns casos em que é muito legítimo reduzir as idéias, os conjuntos de semantemas, a mercadorias estritas, e estes são, em particular, aqueles casos em que o coeficiente k é extremamente fraco e onde esse processo de fertilização do espírito por suas próprias idéias, a concretização e a comunicação que faz delas, são negligenciáveis.

Esse seria o caso, por exemplo, de um inventor que fornece uma idéia e anula-se praticamente diante desta; é o portador de uma única idéia (ou de um único tema, ou de uma única equação, ou de uma única patente): o campo social acha-se cheio de um certo número de indivíduos — os especialistas —, cada qual com uma idéia válida, e cada uma destas diferente das demais. Nesse caso, a concorrência é nula, trata-se de fato de produtos *diferentes,* a idéia é reutilizável por consumidores diferentes, tem um valor estável, relativamente bem definido pelo preço de seu portador, valor utilizado durante um prazo sensivelmente constante. Tais situações encontram-se em certos casos na indústria.

Um outro caso é aquele do conselheiro erudito; as idéias que este fornece não são dele, não são novas, mas ele é, de fato, seu único depositário. Recorre-se a ele como a um caixeiro-viajante que desembala um certo número de objetos-idéias cuja fonte ele é praticamente o único a conhecer, quando é razoavelmente certo que seria muito mais complicado e custoso ir procurar esses objetos de pensamento em sua fonte original, ao invés de dirigir-se a seu representante autorizado.

Existem enfim outros exemplos nos quais a valorização é devida exclusivamente à novidade da idéia ou do objeto.

O MERCADO INTELECTUAL E A CULTURA   73

que se torna praticamente único, sem competição concorrencial, e onde o preço de custo continua praticamente estável em função da originalidade da reunião de semantemas postos em circulação, reagindo esses sobre o quadro ao qual são dirigidos. Isso ocorrerá freqüentemente com o consumidor único (museu do Estado, projeto de pesquisa muito grande, etc.).

§ II — 5. *Estudo particular de fatores do preço de custo intelectual.*

Para limitar este estudo, interessar-nos-emos de início, aqui, exclusivamente pelas idéias, obras que são produto de um único indivíduo; um romance, uma peça de teatro, um quadro, uma publicação científica. Sem dúvida, desde sua origem até sua circulação, muitas obras culturais são produto de microgrupos no sentido da sociometria, isto é, de pessoas intimamente ligadas, mas o estudo prévio dos mecanismos de uma criação unitária permitirá uma transposição mais cômoda aos mecanismos de uma criação coletiva, tal como um filme cinematográfico, uma pesquisa científica, um estudo de escritório de arquitetura; estes apresentam-se, geralmente, mais como um feixe confluente de idéias ou um mosaico harmonioso, unificado em um estilo, do que como uma forma original da qual cada elemento seria fornecido por indivíduos isolados que se reuniriam para constituir um espírito de grupo. Adotamos aqui o ponto de vista gestaltista, segundo o qual a forma de conjunto não tem medida comum com os elementos que a constituem: no estágio da concepção propriamente dita, o produto cultural, a idéia, a obra, são atos fundamentalmente individuais.

O tempo de concepção é a medida do custo temporal da criação, que é impossível encerrar em fórmulas rígidas, porém comporta limites extremos que delimitam sua natureza. Decompõe-se de fato em duas categorias: tempo de gestação e tempo de formulação.

O tempo de gestação, como o definia Wallas, resulta, naturalmente, de um campo cultural implantado no espírito do indivíduo, as idéias novas são feitas a partir de idéias antigas — ou com elas — são um mosaico de um estilo original, de elementos banais ou familiares ao criador. Assim, um limite superior desse tempo de gestação nos é dado pelo prazo de atualização ou de ambientação de um indivíduo.

Isso é claro na fabricação de idéias científicas, onde o tempo de documentação e de informação geral participa em uma terça parte ou na metade do tempo de gestação, quer a idéia brote de um trabalho de informação em um determinado trabalho, quer o indivíduo possua uma idéia qualquer *a priori,* mas a censure sistematicamente, até assegurar-se pelos processos documentais, de que ela é realmente original. As empresas industriais, os grandes serviços de pesquisa, os comitês de redação de revistas, sabem estimar, às vezes de uma maneira relativamente precisa, esse prazo de gestação em alguns setores particulares do mundo cultural. Sabem, por exemplo, que, para pôr o engenheiro informado sobre uma questão particular, é necessário prever alguns meses de documentação: da mesma forma, não é possível exigir o plano de um estudo original, ou de uma simples emissão radiofônica, a um especialista em uma questão sem dar-lhe alguns dias ou algumas semanas de reflexão: a questão aqui colocada ao especialista consiste em traduzir e selecionar um certo número de conhecimentos esparsos ou abstratos em seu cérebro em um tema relativamente original e situado a um nível determinado pelo público a atingir. Todos os estudos feitos sobre o processo de criatividade concordam em discernir esta *latência* entre o momento em que uma questão bem vaga se coloca ou é colocada a um sujeito e aquele em que ele é capaz de formulá-la sob a forma de um problema a resolver, isto é, em que ele seleciona no campo dos possíveis um determinado número de pontos particulares que representam um procedimento ou estratégia do espírito. A demonstração objetiva desse fato é fornecida, de maneira negativa, por esses casos da vida industrial ou cultural em que um sistema social qualquer exige de um criador o fornecimento instantâneo de um determinado produto, eliminando esse tempo de latência ou gestação. É bem sabido que, nessa hora, ou o criador fornece uma obra que talvez seja nova para as pessoas que a pedem, mas na verdade não passa de uma pura e simples cópia de um produto que já forneceu anteriormente e que, por conseguinte, não é realmente original, ou então é levado a reduzir enormemente a originalidade de seu produto acantonando-se em generalidades banais ou lugares-comuns. Esse processo é conhecido de maneira precisa em alguns pintores de êxito que somente maravilham ao profano por uma fecundidade de obras estereotipadas que na verdade não passam de cópias umas das outras. Para o próprio pintor, trata-se sobretudo de hábitos motores e gestuais combinados em uma ordem que sofre apenas débeis variações de originalidade.

Em resumo, em cada domínio intelectual particular, o psicólogo da cultura poderá definir, ao menos conceitualmente, e algumas vezes numericamente, um *tempo de gestação* médio, tanto mais precisamente quanto melhor puder analisar a situação real na qual é colocado o indivíduo criador, e um *tempo de formulação* que é a primeira materialização da idéia ou da obra a partir da qual trabalha o indivíduo. A

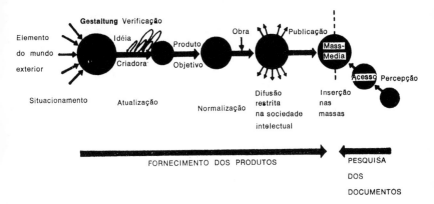

FIG. II-4. — *As etapas da produção intelectual.*

Este esquema pormenoriza de maneira mais aprofundada um fragmento do *ciclo sociocultural,* cf. Fig. II-6, que vai desde o situacionamento de um indivíduo criador até a circulação de seus produtos. O indivíduo situa-se a si mesmo em um problema e procura, em seu ambiente mental, os elementos que contribuem para sua solução. Tira desse ambiente uma idéia criadora, após uma espécie de *incubação*, bem evidenciada por WALLAS. Esta idéia é atualizada e dá lugar a um produto objetivo, mais ainda desprovido de valor operacional — são as notas em pedaços de papel de certos escritores. Depois, ele a normaliza em um contato mais estreito com a linguagem, para dar lugar a uma obra *objetivável,* isto é, que pode ser comunicada a outras pessoas e que irá difundir-se de maneira restrita no interior da cidade intelectual. Somente mais tarde, eventualmente, esta poderá inserir-se, se satisfizer a diversas regras sociais, nos canais que atingem a sociedade.

idéia possui nesse momento uma existência real, ao menos para quem a faz, mesmo que permaneça ainda virtual para a Sociedade. O estudo mais preciso desse tempo de concepção obrigaria a penetrar nos próprios processos da criação que estão aqui fora de nosso escopo (1964, Moles), mas sabe-se que é possível dispor de dados estatísticos sobre o custo, em tempo de gestação de uma idéia, na medida em que não sejamos demasiado exigentes quanto à precisão desses dados.

A esse prazo de concepção acrescenta-se um prazo muito mais material: é o *tempo de embalagem.* Esta noção de embalagem ou atribuição de forma parece extremamente importante, em todos os domínios da criação por signos: textos falados ou escritos, matemática, emprego de sistemas simbólicos quaisquer, redação. Quer se trate de uma patente de invenção, de um artigo em uma revista científica ou de uma conferência, há um prazo de embalagem, consagrado à redução da idéia em palavras que obedeçam às leis da lógica, da sintaxe e da gramática, sua preparação em manuscrito, sua *normalização* em signos, pela datilografia por exemplo.

76 SOCIODINAMICA DA CULTURA

Essas operações são relativamente computáveis em um quadro cultural dado: assim, há leis gerais relativas ao trabalho datilográfico que são suficientemente precisas para serem estimadas numericamente, e a investigação freqüentemente praticada, infelizmente quase nunca de maneira numérica, junto a um grande número de intelectuais, escritores, etc. (Bib. Ghiselin) revela curiosas constâncias no processo de desenvolvimento de sua tarefa; em particular, revela que o texto final datilografado diretamente ou preparado pelo autor que "pensa em sua máquina de escrever" é uma exceção extraordinária, praticamente excluível do campo do raciocínio e encontrada somente nos mecanismos de originalidade muito fraca (transcrições de artigos por um jornalista na boca da máquina, ou literatura de ficção barata). A quase totalidade dos criadores pelo canal dos signos utiliza pelo menos uma etapa intermediária (rascunho, depois definitivo) ou duas, três ou mais etapas intermediárias (revisão, *copydesk* etc.) cujo número amiúde depende do valor de originalidade no campo cultural (Tolstói = 6 vezes, Balzac = 4 a 5 vezes, Flaubert = 5 vezes). Na redação de relatórios industriais, por exemplo, ou de artigos científicos, o autor geralmente recorre a duas ou três redações.

Vê-se que é possível estimar, em determinado sistema social, o prazo que pode decorrer entre o momento em que um escritor, um filósofo ou um homem de ciências pode afirmar que *possui* uma idéia ou um texto, e o momento em que ele é capaz de enviá-la à editora ou à impressora para sua inserção no circuito cultural. Esta noção de prazo de formação ou de tempo de embalagem é particularmente conhecida em todas as editoras: é expressa geralmente em semanas ou em meses.

Mas esta noção de embalagem não se restringe somente às idéias e às obras que passam pelo canal dos signos; vale praticamente para todas as criações culturais, corresponde à noção de repetição nas artes, no teatro, no cinema, na dança etc., à noção de trabalho, de acabamento e às vezes de retoque em muitas obras pictóricas, às operações técnicas de gravura nas artes gráficas, às *foreprints* nas publicações científicas.

Do ponto de vista psicológico, esta noção corresponde no processo de criação a um estádio de *afirmação* concreta por parte do autor face ao mundo social; ele afirma que tal obra, tal idéia, tal forma, *existem,* embora não seja capaz de dar uma prova imediata disso, porque está certo de poder antecipá-la, em um futuro conjetural, nas operações para as quais sabe que existe uma solução.

Uma outra característica desse processo é a de uma primeira *reação* do autor face à obra; a obra ainda não é intangível, sagrada, envernizada, registrada, ela está ainda na

O MERCADO INTELECTUAL E A CULTURA   77

oficina, não foi separada de seu criador: continua em contato com o microgrupo com o qual ele trabalha, o assistente, a secretária, o gravador; ela aborda, por um indivíduo distinto de seu autor, o universo social.

Enfim, ela busca sua *normalização;* a datilografia é, entre outras coisas, a passagem do mundo de signos da escritura manuscrita, praticamente reservada a um indivíduo (a expressão "confiar ao papel" é reveladora), a um mundo de *signos normalizados,* acessíveis sem esforço a qualquer outro.

Os dois prazos: tempo de concepção e tempo de embalagem, constituem os elementos do "custo temporal" de uma idéia ou de uma obra nova.

Tempo de Concepção		Tempo de Embalagem		
Tempo de gestação	Tempo de formulação explícita	Concretização Redações	Formação Normalização Correção	Socialização

O preço de custo desta faz, então, com que intervenham outros fatores que vêm majorar o custo básico. Um dos fatores mais evidentes e mais importantes é o *valor social* do criador. Uma idéia nova de um desconhecido terá sempre um valor restrito; um jovem artista, um jovem escritor, um jovem pesquisador, não trazem nenhuma prova *extrínseca* do valor daquilo que propõem; na sociedade atual, o problema do indivíduo desconhecido não está resolvido e amiúde este deve insistir para que os pontos de orientação do sistema de consumo cultural condescendam em dar-se ao trabalho de consumir o produto que lhes é proposto por uma tarifa modesta.

De fato, o caso do homem "desqualificado" é uma porcentagem desprezível da produção cultural; esta se funda em sua maior parte em um *subconjunto* da sociedade definido pelo fato de ser qualificado, quer por sua passagem pelo filtro de exames e de títulos, quer por um lento processo de promoções a partir de um acidente inicial. No interior desse subconjunto, estabelece-se uma escala social, a escala da competência, do talento ou da reputação, que constitui uma espécie de índice de majoração do preço de custo; a mesma idéia, formulada mais ou menos nos mesmos termos, não valerá o mesmo "preço" se originária de um jovem engenheiro ou de um engenheiro célebre; a mesma patente não será discutida nos mesmos termos entre um professor da universidade da Terra do Fogo ou do Massachusetts Institute of Technology.

Esse coeficiente de majoração apresenta-se na prática como uma espécie de "apólice de seguro" relativa ao valor e freqüentemente à realizabilidade. O domínio das idéias originais é, por definição, aquele em que os critérios são mais

78 SOCIODINAMICA DA CULTURA

escassos, uma vez que o *bom senso* tem por único padrão a medida em que as idéias novas assemelham-se às antigas, isto é, a medida em que não são de fato novas(Whitehead);a *lógica formal* somente julga a "coerência interna" de um produto intelectual, mas não sua reatividade em relação ao campo fenomênico. Por isso, a celebridade permanece uma das melhores garantias dos valores originais, o que, aliás, coloca um problema filosófico e social grave.

Assim, definir-se-á, dentro de um quadro sociocultural dado uma escala de "valor de origem" determinada mais ou menos ao mesmo tempo pela celebridade e pela competência, no domínio particular estudado, do indivíduo emissor da mensagem. Na prática, esta escala decompõe-se em uma série de classes que não é impossível ligar de alguma maneira às classes sociais da "cidade intelectual".

Sabemos, por exemplo, que o preço de uma idéia liga-se não somente ao valor desta, mas a uma espécie de saldo da conta no "banco de idéias" de seu autor, e esse coeficiente pode ser extremamente importante, pois conduz facilmente a variações na relação de 1 para 10.

§ II — 6. *A noção de mais-valia.*

É impossível aplicar em um domínio tão diferente do mundo de objetos como o é o mercado intelectual a análise marxista do valor, mas permanece de qualquer modo uma certa noção de *mais-valia* ligada ao mesmo tempo ao lucro e ao benefício do criador, que desempenha um papel notável, por exemplo, na estimativa que um engenheiro-conselheiro ou uma sociedade de organização fará do valor desses "produtos". Esse coeficiente tem por finalidade levar em conta a retribuição líquida do indivíduo e grandezas mais ou menos ligadas ao conceito de "lucro".

Com efeito, na análise que fazemos aqui, o preço de custo é a expressão de fatores individuais, originários do funcionamento do mecanismo criador, o "preço de venda" praticamente não existe aqui, sendo substituído por um indicador da demanda, um "valor social", sem relação direta com o anterior.

Em particular, certamente seria errôneo assimilar, como se faz no comércio ou na economia de bens, a diferença entre preço de venda e preço de compra a um "lucro" em sentido estrito: esta diferença não tem, para o criador, nem a significação nem a influência sobre sua produção que se costuma associar a uma noção de lucro. Esta mais-valia é determinada pela necessidade de viver, de sustentar-se, que o criador experimenta, mas de uma maneira bastante vaga,

O MERCADO INTELECTUAL E A CULTURA

aliás, sem relação direta com os fatores do mercado de demanda que serão considerados por ele antes como acidentes benéficos ou infelizes.

De fato, torna-se claro nesse estádio da análise que a atitude do criador intelectual, quer se trate de um pintor, de um romancista, de um inventor ou mesmo de um engenheiro-conselheiro, assemelha-se infinitamente mais à de um jogo a dinheiro muito mais vizinho de uma loteria do que de um comércio baseado em uma margem entre preço de custo e preço de venda. O criador estima, de uma maneira que não é totalmente desprovida de racionalidade, o *preço de custo* de sua idéia, mas não prevê de modo algum seu *valor,* que é uma expressão social que se baseia em fatores totalmente diferentes.

Apenas sistemas como escritórios de engenheiros-conselheiros, equipes de desenhistas industriais ou publicitários, de serviços de finalização ou, em certa medida, equipes de redação de periódicos, podem pretendem realizar sistemas baseados no tráfico de mercadoria intelectual respeitando as regras do jogo da oferta e da procura ou do preço de custo e do preço de venda. Esses são precisamente sistemas que apenas em fraca medida são criadores de valor cultural, ou nos quais a criatividade propriamente dita não é senão uma pequena parte da ação, como nos *organismos de transformação* de que os escritórios de redação de patentes constituem bons exemplos.

§ II — 7. *Os materiais.*

Toda criação intelectual requer o emprego de um certo número de dados preexistentes, de *objetos culturais,* entre os quais os mais evidentes são os livros e as publicações, isto é, as *idéias de outros* devidamente materializadas. O documento é a matéria-prima da idéia; veremos mais adiante que esta noção de "documento" deve ser generalizada ao extremo para explicar, não somente mecanismos do mundo de signos simbólicos, da escrita ou da invenção intelectual, mas também todo o conjunto de produtos culturais que a sociedade nos oferece. Por mais independente que seja, nenhum pintor cria *ex nihilo* a partir de seu gênio único, mas sempre a partir de um mundo de formas, de cores ou de ações que o circunda, de um dado cultural, ao qual ele ora se opõe, ora se submete; seja ele pintor figurativo ou antifigurativo, o artista cria sempre em reação com seu meio e "recebe" esse meio por intermédio do material cultural, quer se trate de coleções de museus, de imagens ou reproduções, de fotografias ou discussões. Jamais poderá dispensar-se de estar "acoplado", no sentido da teoria dos mecanismos, com seu meio. O custo do material cultural é extremamente variável, não pode ser submetido à estimativa real a não ser no universo de símbolos e de textos escritos; os documentos representam uma certa "despesa" que deve ser levada em conta no custo da criação da mensagem.

FIG. II-5. — *O preço dos livros de luxo segue aproximadamente a lei de* PARETO.

Eis o preço de diferentes edições da obra *A Divina Comédia* ilustrada por Salvador DALI, em função do número de exemplares dessas edições.

Enfim, para ser completa, convém notar nesta análise do custo da criação intelectual, paralelamente à análise de preços de custo de um produto industrial, a noção de *despesas gerais* baseada no funcionamento quase mecânico de um sistema criador; o pintor não pinta sem tela e cores, o inventor não cria idéias sem correspondência comercial, etc. O conjunto desses fatores será assimilado a um "coeficiente de majoração" que supõe uma atividade mais ou menos permanente do indivíduo ou do grupo criador.

Em resumo, esta análise mostra que existe em um plano estatístico e sem que se possa, salvo exceção, levar muito longe sua precisão, um preço de custo para cada tipo de produto intelectual. Nesse preço de custo, qualquer que seja o tipo de produtos, entra sempre um certo número de fatores:

— O tempo de gestação do esquema inicial naquilo que ele tem de novo.
— O tempo de concretização, que torna esse esquema objetivável para seu próprio autor.
— O tempo de embalagem ou de normalização.
— Um fator "valor honorífico" ligado à posição do criador na hierarquia social da cidade intelectual.
— Um valor adicional (mais-valia) representando o "valor de manutenção" do grupo criador.
— Um preço de materiais, isto é, de elementos socioculturais que serão utilizados no novo esquema.

Esse preço de custo não guarda relação direta com o valor que pode ter o esquema, a obra ou a mensagem no campo social; este é determinado por outros fatores, inteiramente independentes dos anteriores, e pode variar desde um valor residual: — o mesmo do suporte material — até valores consideráveis, sem relação com o preço de custo. Nestas condições, a posição do criador e a atitude do espírito que deve adotar assimilam-se às de um jogador que aposta em um cavalo de corrida. Quais são, então, os fatores que intervêm para definir este valor social do qual só consideramos até o presente a assíntota, o valor residual? Vimos que esses fatores ligavam-se aos próprios mecanismos da comunicação de massa de mensagens e é por conseguinte a esses que deve ligar-se a dinâmica do sistema cultural.

§ II — 8. *Cultura pessoal e criatividade.*

Após a afirmação de elementos atômicos de uma cultura concretizada em um quadro sociocultural particular a cada indivíduo, o conjunto dos dois capítulos anteriores nos familiarizou com a idéia de uma *incubação* de produtos culturais e, por trás desta, de um fluxo dos elementos da cultura. Esse quadro representativo do meio que, segundo mostramos, se assemelha no mundo moderno mais a um mosaico que a um reticulado ordenado, muda a cada instante: novos fragmentos de mosaico vêm suplantar os antigos, novas ligações estabelecem-se, novas extensões desenvolvem-se, cada indivíduo a ele acrescenta suas próprias idéias, coloca-as em circulação, recebe-as de novo em troca do meio social no qual vive, destorce suas idéias antigas, fabrica elementos novos.

A *criatividade* não é uma virtude rara e notável de seres excepcionais: criar é inerente à própria vida da maior parte dos indivíduos e a única diferença entre eles é de caráter quantitativo, referente ao *valor* do que criam: valor social, valor universal, e à *freqüência* desta atividade que depende, ela própria, do quadro de sua vida. *A criatividade é a aptidão particular do espírito para rearranjar os elementos do campo de consciência de uma forma original e capaz de dar lugar a operações em um campo fenomênico qualquer.* Isso implica a existência de dois "campos"; o campo da consciência, constituído pela soma de átomos culturais e de sensações, e o campo fenomênico, que é o ambiente físico do qual nos chegam mensagens. Todo indivíduo é criador, ao menos em sua infância, e em muitos homens esta função se atrofia mais ou menos rapidamente, enquanto outros fazem dela o fim e o sentido de sua vida. Assim, há um gênio quotidiano: pode-se quase falar de uma criação contínua de elementos da cultura, desde a idéia de colocar os zíperes nas saias subindo de baixo para cima, ao invés de descendo, até a de refazer o retrato do universo e de encerrá-lo em uma fórmula matemática, estando a última reservada pela barreira de conhecimentos, matérias-primas da criação, a certos tipos de indivíduos especializados: o cientista, o poeta, o artista, o escritor, todos aqueles cuja função é *imaginar,* isto é, fabricar imagens universalmente consumíveis.

Para viver, as idéias e as obras devem *difundir-se*: as do criador, que são contrapostas às do sonhador, circularão em um público mais ou menos vasto e sobretudo impessoal, a maioria dos criadores "titulares", isto é, reconhecidos como tais, têm uma consciência clara da necessidade de pôr suas idéias em circulação como uma condição formal de seu valor, utilizando sistematicamente os meios que a sociedade lhes oferece. Reencontramos aqui o aspecto social do valor das idéias — determinado pelo eco ou prolongamento que ela encontra na sociedade.

Os modos de comunicação de massa são extremamente variados, os canais físicos que lhes são oferecidos são ora ópticos, ora acústicos, por vezes olfativos: a invenção de um perfume por um químico é uma adição ao quadro sociocultural com o mesmo direito que um poema de Morgenstern, um quadro de Buffet ou uma receita de um grande cozinheiro.

Eles variam segundo o tipo de mensagens, amiúde segundo seu grau de complexidade e segundo a categoria de receptores aos quais são principalmente destinados. Uma conversação, um curso, um livro, um jornal, uma emissão de televisão, são modos diversos de dispersão de produtos culturais, seja na sua origem, seja num estádio qualquer de sua evolução no conjunto do campo social.

A partir do momento em que o conjunto dessas idéias ou obras é submetido ao artifício da cópia, tem lugar um processo de *sedimentação* que enriquecerá os repertórios materiais que constituem a memória, e, portanto, a coerência da sociedade. Em particular, as bibliotecas, as discotecas, os álbuns de reprodução de arte e as cinematecas são os templos que abrigam os "tesouros" da cultura, no sentido bem pragmático de *thesaurus*: reserva, coleção, amontoamento mais ou menos ordenado. Assim, não é abusivo assimilar a ciência em um instante dado ao inventário total da biblioteca nacional ou de qualquer dessas grandes "coleções de mensagens" de indivíduos à coletividade: as grandes bibliotecas do mundo ou as enciclopédias. Mas elas são inacessíveis ao espírito humano por sua própria imensidão; cada um dos indivíduos deve limitar-se a uma pequena enciclopédia portátil: o conjunto de conhecimentos registrados em sua memória, que quase nada conserva em comum com a ciência — ou biblioteca nacional — além de um aspecto formal: a desordem.

O indivíduo constitui sua cultura pessoal a partir do conjunto do quadro sociocultural da memória global da sociedade. Imerso nessa, ele participa de cada um dos elemen-

O MERCADO INTELECTUAL E A CULTURA 83

tos que a constituem na medida em que esses chegam a sua consciência. Mas cada cultura individual não passa de uma amostragem reduzida submetida a deformações e a polarizações variadas que acentuam determinados fatores, eliminam outros, destacam certos elementos, aproximam fatos disparatados; a amostragem do quadro sociocultural que cada indivíduo apresenta é, no sentido estatístico, uma má amostragem, não é de modo algum representativa do conjunto do qual é obtida.

É, contudo, a partir desse mobiliário cerebral do qual descrevemos no primeiro capítulo alguns aspectos característicos, sob o nome de "cultura-mosaico", que os seres sociais e, mais particularmente os criadores, por função ou por vocação, irão fabricar as idéias novas, as formas e as fórmulas novas, as obras, que remeterão ao campo social, por intermédio dos circuitos dos meios de comunicação de massa e que, em um estádio ulterior, virão enriquecer o quadro sociocultural para ser retomadas de novo, por sua vez, como material de novas criações. Assim, desenha-se um verdadeiro ciclo fechado, evolutivo em função de sua constituição própria e de acontecimentos do mundo dos objetos (dimensões da história). Denominá-lo-emos de *ciclo sociocultural* e tentaremos determinar alguns de seus caracteres.

§ II — 9.   *Os elementos críticos do ciclo sociocultural.*

Esta noção de *ciclo,* fundamento de uma dinâmica da cultura no sentido que definimos no Cap. 1, irá servir-nos de quadro diretor na continuação desta obra: acabamos de ver sua grande generalidade e o estudo mais preciso de diferentes elementos desse ciclo nos domínios de expressão específicos nos permitirá especificar, por vezes mesmo numericamente, o jogo de parâmetros que o define.

Resumamos de início os principais elementos desse ciclo com uma referência particular, mas contingente, aos canais do pensamento e da cultura que pertencem ao mundo dos *signos* simbólicos — o das idéias e palavras, o da linguagem escrita —, que constitui o exemplo mais fácil, pois que todos os seus elementos são igualmente visíveis e igualmente importantes.

Partimos pois da observação (ver Fig. II-6) de que o indivíduo criador isolado pelo observador na massa social exerce sua função própria fabricando com ela "idéias" originais, a partir do conjunto de idéias, mais geralmente de elementos de pensamentos, presentes a cada instante em seu cérebro, que chamamos de *quadro sociocultural pessoal* ou, mais prosaicamente, "mobiliário cerebral". Essas idéias, filtradas pelo espírito crítico, pela formalização, e pela normalização, escoadas por assim dizer nos cânones do pensamento

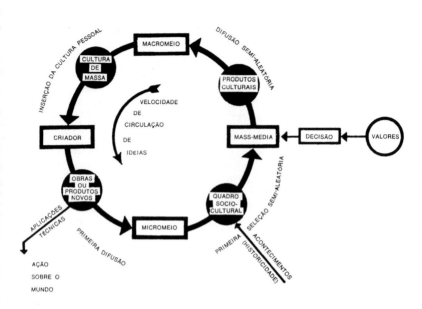

Fig. II-6. — *O ciclo sociocultural reduzido a seus elementos essenciais.*

Esta figura é uma esquematização do mecanismo da circulação de produtos de cultura, conforme expusemos acima. Reencontramos aqui os mesmos elementos: o criador guiado, que os faz passar nas obras intelectuais e as difunde em um micromeio, o quadro sociocultural que coleta as idéias, os fatos e os acontecimentos em um reservatório global do qual se alimentam os meios de comunicação de massa. Esses, enfim, irrigam o campo ou macromeio no qual se encontra inserido, entre outros, o criador. Esta figura sublinha o aspecto de relativo fechamento do ciclo sobre si mesmo: as idéias novas são feitas a partir de idéias antigas fertilizadas por acontecimentos do mundo. O ciclo é conectado em quatro elementos ao mundo exterior: de um lado, pelo jogo imaginário do criador, de outro pelas realizações no mundo dos objetos, de outro, pelos conectores das notícias, aos acontecimentos do mundo da história e, enfim, pelos dirigentes dos *mass-media,* aos valores sociais. A flecha caracteriza a rapidez de circulação desse ciclo, que é mensurável em casos bem definidos. O problema de uma dinâmica cultural corresponde a indagar: é possível e desejável acelerar ou retardar a velocidade da rotação desse ciclo?

racional ou artístico, darão lugar a obras que são elementos da ciência "acabada" ou do patrimônio artístico, da bagagem cultural. Elas pertencem doravante ao mundo dos existentes, saem da pessoa de seu criador para entrar em contato com uma fração qualquer, por pequena que seja, do meio social: as publicações científicas, os livros, os textos literários pertencem a esta categoria, mas também este ou aquele *slogan* publicitário imaginado por um psicólogo ou publicitário, um procedimento que constitua o assunto de uma nota de serviço em uma oficina, uma expressão-chave imaginada por um jornalista, uma anedota imaginada por um humanista. Os aspectos da criação são inumeráveis. Ultrapassam sempre toda enumeração; lembremos que compreendemos aqui por criação tudo aquilo que tem um caráter de originalidade imprevisível no sentido mais amplo do termo: assim, uma ressonância nova introduzida por um escritor em um romance que trata de fatos históricos é uma "idéia" com o mesmo direito que aquele estilo particular introduzido por um pintor; trata-se de *microidéias,* micromensagens, micronovidades que contribuem em massa para a renovação do quadro de nosso pensamento.

§ II — *10. O micromeio intelectual.*

Nesse estádio, o conjunto dessas novidades obedece a regras sociológicas relativamente precisas, circula na prática em um subconjunto da sociedade perfeitamente definido por um certo número de caracteres objetivos. Esse subconjunto é sempre uma porção desprezível, da ordem do milésimo por exemplo, do conjunto de indivíduos, e pode entrar na noção de "classe social" tal como a estudam os sociólogos.

É, por exemplo, aquilo que tentamos caracterizar na sociedade atual como a "cidade dos intelectuais", aqueles cujo papel é manipular as idéias, os fatos culturais, sem propriamente explorá-los. Esta cidade tem sua organização, seus critérios de valores, que não coincidem diretamente com o valor fiduciário, o dinheiro, seus modos de expressão e seus modos próprios de difusão de curto alcance.

Seria este o lugar de caricaturar o retrato dos indivíduos desse subconjunto, atribuindo-lhes um *quociente intelectual* relativamente elevado, uma grande *paixão intelectual* no sentido da caracterologia de Heymans e Berger, um *interesse* moderado pelos valores sociais tais como os valores da ação ou do poderio material, e um certo número de outros traços, alguns deles encontráveis nas obras sobre a sociedade intelectual tais como os estudos de meios universitários, o célebre romance *Os Mandarins* de Simone de Beauvoir, a obra de Schulberg *What makes Sammy run,* a de Wright Mills sobre a elite do poder, etc.

Naturalmente, trata-se aqui de uma cidade aberta, submetida a uma evolução perpétua, à qual determinados indivíduos pertencem em instantes definidos de sua vida ou de sua atividade: o engenheiro que concebe e difunde uma nota técnica contendo um procedimento novo ou descreve a originalidade de uma realização industrial da qual participou está no limite desse subconjunto, ao qual pertencerá apenas ocasionalmente. Em particular, nem sempre é fácil distinguir os intelectuais submissos às normas daquilo que se poderia chamar, por associação de termos, de "valor-gratuidade", dos tecnocratas que têm em comum com eles a cultura, o quociente intelectual, um mínimo de espírito prospectivo e que organizam sempre o presente um pouco em vista do futuro.

86   SOCIODINÂMICA DA CULTURA

O que nos interessa aqui, bem menos que a definição e caracterização exata desta classe, que aliás nos parece ilusória, são os meios de comunicação que ela utiliza e as transformações que ela provoca no universo de idéias novas. O manuscrito datilografado, primeira objetivização destas no mundo dos signos, será, por exemplo, mimeografado e posto em circulação restrita no seio de um microgrupo antes de ser difundido no sentido próprio do termo, ou reconduzido em um canal de transformação auxiliar tal como o escritório de

FIG. II-7. — O ciclo sociocultural de base.

Com o fim da exploração geográfica do mundo e a invenção dos *mass-media* que mergulham todos os indivíduos em um mesmo meio de comunicações, vivemos na época do ciclo da cultura. O *indivíduo isolado* representado à esquerda por seu campo de consciência, definido por seu quadro sociocultural, sua memória de idéias e fatos, cria elementos novos. Alguns desses indivíduos fazem disso seu destino, é a eles que chamaremos de criadores. Produzem, portanto, *idéias novas*, que ora são exteriorizadas sob forma de simples publicações, ora de invenções ou obras artísticas, ora como motores de grupos de pesquisa, ora, enfim — é o caso do engenheiro de *projetos* — em novas realizações técnicas, que aumentam o controle do homem sobre o mundo material, mas não participam da cultura a não ser pelas idéias e formas que propõem. Tudo isso, produzido por um certo número de indivíduos que podem ser classificados como criadores, constitui uma enorme *massa de mensagens* que são apresentadas no *micromeio*, primeiro estágio da comercialização. Livros, revistas técnicas ou literárias, galerias de arte, conservatórios e discotecas, arquivos fotográficos, materializam todo esse conjunto a cada instante. Constituem um quadro sociocultural que se modifica por "sedimentação". Nesse quadro, vêm incorporar-se, do exterior, eventos ou fatos históricos trazidos pelos jornalistas — os que vivem no dia-a-dia — que lhes dão assim a forma de mensagens. Os meios de comunicação de massa — a imprensa, o rádio, a televisão, o cinema, o ensino, etc. — retiram desta massa a cada instante material para alimentar seus produtos: sublinhamos aqui especialmente o papel do rádio. Os agentes dos meios de comunicação selecionam itens de uma maneira semi-aleatória, baseada ao mesmo tempo nas diretivas, quadros de valor sociais e no princípio do mínimo esforço, para nutrir a cada dia suas antenas, suas rotativas, suas salas de aula ou cinemas. Todo esse conjunto, e nisso está a grande novidade de nossa época, contribui de maneira eminente para constituir o quadro da vida quotidiana da massa social. Cada elemento desta massa recebe, também ao acaso, segundo esteja presente ou ausente, disponível ou abstrato, segundo as horas e segundo os dias, uma certa seleção do fluxo de mensagens, emitidas em inúmeras cópias, do canal de comunicação que lhe convém. Esse constitui o *campo publicitário do macromeio,* oposto ao micromeio dos criadores. Contudo, mesmo esses criadores são solidários com a sociedade em seu conjunto. Estão imersos na massa e seu campo de consciência é determinado para eles, assim como para os demais, pelo quadro da vida quotidiana, isto é, pelos *mass-media* aos quais se acham conectados, quer o queiram ou não. Um ciclo fechado é, portanto, proposto à nossa atenção. As idéias novas são, por conseguinte, feitas de idéias antigas, as criações nascem do quadro cultural estabelecido, um *processo cumulativo* emerge e este ciclo é percorrido com uma rapidez maior ou menor segundo as culturas ou segundo as sociedades.

O MERCADO INTELECTUAL E A CULTURA 87

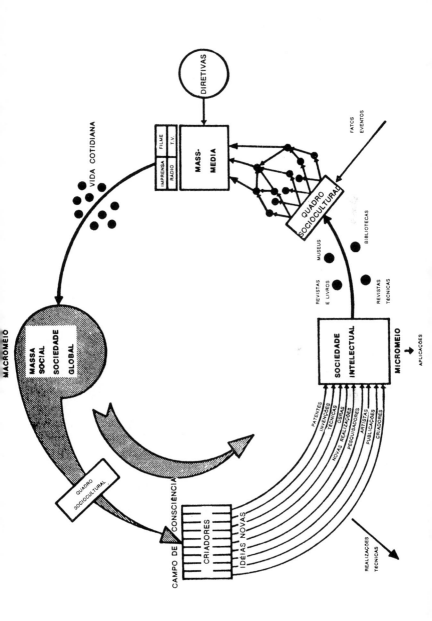

engenheiros-conselheiros encarregados de redigir a patente, a agência literária, etc.

Esse subconjunto é marcado por instituições específicas, sendo um exemplo característico a circulação de "provas do artista" ou de tiragens especiais, porém, mais ainda, o conjunto de revistas de pequena tiragem, aquilo que poderíamos chamar de pequenas revistas por oposição aos verdadeiros sistemas de difusão de massa, nos quais a ligação entre o valor de seus produtos e a rentabilidade no plano econômico permanece sempre precária e, de qualquer modo, não é o elemento dominante do quadro de valores de seus proprietários.

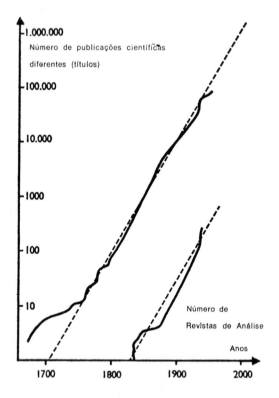

FIG. II-8. — *O fluxo das publicações científicas.*

As revistas científicas representam certamente a parte majoritária da cultura ocidental, isto é, mundial. Esse diagrama semilogarítmico mostra um crescimento sensivelmente exponencial desse número desde 1700, momento em que foram criados os grandes corpos constituídos (Académie des Sciences, Royal Society, etc.). No presente, há cerca de 60 000 títulos diferentes e um novo canal de informação se manifesta: as revistas de análise, que representam uma pré-digestão da cultura científica. Podemos pensar que um processo de limitação intervirá em breve para transformar a curva exponencial em uma curva logística por um mecanismo qualquer de saturação (DE SOLA PRICE).

Um número considerável de revistas científicas ou filosóficas, literárias ou poéticas, pertence a esse domínio, onde o problema para o criador, o autor por exemplo, não é propriamente ser impresso, mas ser lido. A partir de um mínimo de tenacidade e de valor, o criador freqüentemente aí encontra algum modo de difusão. Não é abusivo admitir que sua obra só existe a partir do momento em que é publicada, ou em todo caso difundida, nesse sistema, já que esse critério implica um mínimo de esforço de contato com o real, ainda que esse não seja mais que o mundo dos signos, da gramática e da língua que é inerente ao ato da criação e o separa do mundo do sonho.

Vimos, por exemplo, que no mundo 40 000 publicações semestrais ou periódicas servem para alimentar o quadro sociocultural, ou seja 15 milhões de páginas impressas anualmente, cuja redundância bruta pode ser assegurada em 98%, o que equivale a dizer que não mais de 2% de seu conteúdo em signos é realmente "original", segundo os conhecimentos proporcionados pela Teoria da Informação acerca das diferentes limitações que se exercem sobre a linguagem.

Assim, os criadores produzirão idéias novas, soluções novas, objetos novos, estruturas novas, que serão inseridos no *mundo dos signos,* seja por eles mesmos, seja pela pessoa interposta de tecnocratas, diretores, realizadores, ou no *mundo dos objetos,* do qual pode-se dizer que constitui também, no sentido etimológico, uma "publicação", uma aparição em público, uma emergência social de idéias novas; uma grande barragem, um novo objeto, são "publicações" de idéias originais. Paralelamente à descrição que lhes dará uma revista técnica, são, no sentido da economia da cultura, signos visíveis da imaginação criadora, e reencontramos aqui a dialética tradicional entre o laboratório e o escritório de projetos de um lado, e a oficina e o serviço comercial, de outro.

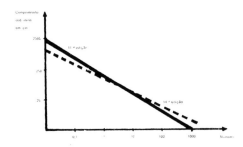

Fig. II-9. — *Número de livros de diferentes tamanhos na biblioteca universitária de Harvard, segundo* Zipf.

Esta figura dá uma idéia da estrutura estatística de um dos grandes sistemas de memória do meio intelectual.

Permanecendo provisoriamente no plano do mundo dos signos, vemos aqui constituir-se, com todo o conjunto de todas as "idéias" novas, de todas as obras escritas, um imenso quadro sociocultural, um mundo cumulativo do novo, do imprevisível — aliás embalado em uma grande quantidade de materiais redundantes, expletivos, mas necessários — do qual os grandes tesouros do saber esforçam-se por constituir repertórios. Seu fim explícito é a exaustividade: esgotar, acumular a novidade, mesmo sob suas formas mais secundárias, utilizando certas funções das quais o *Dépôt d'office* na Biblioteca Nacional Francesa ou na Biblioteca do Congresso de Washington é um bom exemplo. Esta pretensão à exaustividade é de fato sempre frustrada. Primeiro, porque a variedade do mundo humano excede sempre a capacidade de seus organizadores, e depois — e sobretudo — porque o registro em um repertório de materiais culturais requer um certo prazo, expresso em dias (jornais e periódicos), meses (fonotecas de estações de radiodifusão e livros) ou anos (descrição de obras e de realizações), o que coloca um obstáculo ao próprio ideal de tesouros do saber ou da cultura: o que é inteiramente novo jamais está imediatamente na biblioteca nacional ou nas enciclopédias. A Biblioteca Universal, toda a memória do mundo, é um *Mito dinâmico,* um ideal do qual os esforços humanos tendem a aproximar-se.

Decorre desta análise que a função desses entesouramentos do conhecimento deve ser dirigida *de início* para os objetos raros, as revistas ilegíveis, as publicações com um número pequeno de exemplares, feitas nos países mais distantes, os artigos de Matemática que somente umas dez pessoas no mundo são capazes de ler, muito mais ainda do que para aquilo que pertence à etapa de massa da comunicação, para a qual existem reservatórios ao mesmo tempo mais cômodos, mais numerosos e mais rápidos.

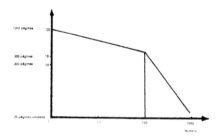

Fig. II-10. — *Obedece a Ciência às leis de uma economia política cultural?*

Eis o número de diferentes artigos com determinado tamanho presentes na Enciclopédia Britânica, para duas edições muito diferentes. Note-se o afastamento relativamente pequeno das duas curvas, que traduz uma verdade objetiva: o número de artigos torna-se inversamente proporcional à raiz quadrada do seu tamanho.

O MERCADO INTELECTUAL E A CULTURA 91

Na prática, a noção de "Biblioteca Universal", da qual as grandes bibliotecas nacionais não passam de aproximações, esbarra ante dificuldades da transferência de mensagens através do espaço-tempo — do Japão a Washington, ou da data de criação à data de disponibilidade —, que são um obstáculo específico ligado à própria noção de documentação. O sistema cultural remedia o problema na prática por *sub-repertórios* mais ou menos especializados, mais ou menos acessíveis, e mais ou menos rápidos; os indivíduos só vão ao reservatório de cultura se este não for até eles. É essa a razão evidente da concentração espontânea de intelectuais nos grandes centros sociais que, pela força de leis econômicas, dispõem sempre de um mínimo de riqueza cultural: para criar uma riqueza cultural em Kansas City é preciso levá-la até esta cidade, para criar uma em Nova York basta deixar que os seres e as coisas ajam.

É aqui que intervém o jogo entre esses sistemas caracterizados por sua novidade, talvez por uma dimensão própria que se pode chamar de intelectualidade, e a difusão propriamente dita, efetuada pelos meios de comunicação de massa. Em resumo, a este estádio do ciclo sociocultural, o argumento essencial é a distinção entre:

1.º Um mundo de *microcomunicação* criado, utilizado e amadurecido por uma camada restrita da sociedade, visando mais ou menos ao universal, extraordinariamente complexo e, conseqüentemente, de difícil acesso, quer seja material ou intelectualmente.

2.º *Uma difusão em grande escala,* tendo por fim explícito cobrir a totalidade do campo social e em conseqüência ser acessível. Esta difusão em massa será feita por profissionais práticos cujo papel não é — mesmo que isso aconteça ocasionalmente — criar idéias novas, encontrar fórmulas, estruturar o antigo, mas, ao contrário, realizar uma função eminentemente social, solidamente ancorada no presente, realizar *antes de tudo* a difusão. Os fins da difusão são mal definidos; historicamente, são originários da idéia de democracia — o povo tem o direito de saber e de pensar —, mas passaram depois a ser de caráter econômico — a criação de grandes jornais é antes de tudo uma questão comercial —, e seu papel atual, após confundir-se com a própria idéia de poder, tende, ao que parece, a voltar-se para uma função orgânica vizinha à do consumo de bens, da organização do lazer e do fornecimento de serviços do setor terciário, na clássica divisão de Fourastié.

O mecanismo do ciclo sociocultural passa pela difusão de massa, e este é um ponto sobre o qual convém insistir. Muitos intelectuais e criadores tendem a pretender e a crer que, se é verdade que fabricam suas idéias novas a partir de idéias antigas presentes em seu espírito — isto é, de sua cultura —, esta cultura resulta de uma permanência de seu *meio* restrito, da leitura exclusiva de revistas especializadas, da visão de filmes científicos, de cursos e conferências de seus colegas da especialidade vizinha, etc.; em outros termos, de uma vida em um meio cultural autárquico, que só comporta referências ocasionais aos meios de comunicação de massa, tais como os jornais de grande tiragem, os *best-sellers* do romance, os filmes de sucesso e o rádio. Esta idéia que têm sobre si mesmos, como inteiramente segregados da massa, é bastante artificial. Todas as investigações feitas sobre os meios culturais, quer se trate de trabalhos de C. Wright Mills ou de estudos de Lazarsfeld e Berelson sobre a audição de cadeias de radiodifusão e a influência da grande imprensa mostram que, em todo caso, o intelectual moderno não se abstrai *absolutamente* do meio no qual vive. Os criadores, aliás, não coincidem rigorosamente com os intelectuais, como vimos mais acima, mesmo que haja um notável recobrimento: existe uma criação contínua de pequenos fatos quotidianos cuja pequena importância unitária é grandemente compensada por seu aspecto multiforme.

Em particular os métodos de análise do conteúdo e os estudos de propagação de rumores (Bib. Allport) têm mostrado a filiação e o trajeto emaranhado que certas idéias são capazes de seguir para chegar a este ou aquele indivíduo (Bib. Moles 3). Eles sublinham que, quanto mais o item considerado é distanciado de um *fato* passível de controle no sentido objetivo dessa palavra, mais os canais de comunicação sociométrica podem ser sutis e, tanto mais, conseqüentemente, os suportes de mensagens de massa, envoltos em um burburinho difuso de comunicação sem contato direto, estabelecem uma espécie de "comunicação por influência" no meio social, que torna secundário o fato de este ou aquele indivíduo criador ter lido ou não certa notícia na imprensa, ou tê-la escutado ou não no rádio. Em contrapartida, isso sublinha, para a construção do campo social e do meio cultural, a importância dos *mass-media* que servem de linhas de escoamento e de rega da sociedade. Pouco importa, portanto, que o criador esteja em contato *direto* com os *mass-media,* ele está sempre banhado por eles; mais precisamente ainda, sua estrutura mental está condicionada quase inteiramente pelo meio no qual vive. Em outros trabalhos sobre a criatividade (Bib. Moles) mostramos em particular que o desenvolvimento de idéias novas é uma destilação de um certo número de atitudes condicionadas pelo meio através de uma personalidade característica e simplesmente nutrida pelo campo fenomênico imediato, quer se trate da experiência científica e técnica ou da cultura especializada no ramo próprio do indivíduo.

§ II — 11. Cultura-mosaico e "mass-media"

A este respeito, a imagem da cultura-mosaico que demos no Cap. I deve ser retomada: nossa cultura não mais nos é dada por uma atividade orientada de nossa personalidade, continuando o impulso de nossa educação, mas por um fluxo contínuo de itens granulares, mais ou menos aglomerados pelo funcionamento geral da atividade cultural, proveniente essencialmente, não de um *esforço* de conhecimentos articulados, contraditórios com a própria essência da vida da era tecnológica, mas de uma *contribuição* permanente do meio exterior a nós sob todos os aspectos.

Daí a importância que assume, para o estudo do ciclo da criação intelectual, todo o sistema de meios de comunicação de massa: é através dele que se desenham os circuitos da cultura, e são os elementos destes que convém descrever.

Assim, os *mass-media* têm um quadro de valores e de objetivos diferente daqueles que serviram para formar o quadro sociocultural. Sem dúvida, a imprensa, o rádio, os discos de sucesso e as reproduções de obras de arte pertencem de direito ao quadro sociocultural, são repertoriados nas bibliotecas e repertórios, mas na verdade pesam com uma carga esmagadora sobre o conjunto do sistema social, *regem* nossa cultura, filtrando-a, selecionam elementos particulares do existente cultural para dar-lhes importância, valorizam uma idéia e desvalorizam outra, polarizam completamente o campo cultural. Aquilo que não passa pelos meios de comunicação de massa doravante não tem mais que uma influência desprezível sobre a evolução da sociedade, se bem que uma ligeira reação comece a se manifestar a partir do momento em que uma casta de tecnocratas entra efetivamente em função.

Os *mass-media* têm todos estruturas similares, cuja descrição, em sua especificidade, será objeto dos capítulos ulteriores; contudo, convém aqui apreender em seu funcionamentos três elementos essenciais:

1. Os *mass-media* são feitos por práticos e especialistas segundo quadros de valores que lhes são próprios, ou em todo caso, que aceitam, não reagindo sobre eles a não ser débil e lentamente. Têm por papel selecionar, no conjunto do que é *novo* — no sentido mais amplo possível, podendo a novidade ter caracteres muito relativos — um pequeno número de *elementos* e de *fatos* — exprimindo estes a contingência e a historicidade da natureza através de uma tomada de consciência —, obedecendo a critérios precisos entre os quais a "importância", no sentido cultural clássico, aquilo que um observador do mundo intelectual capaz de distanciar-se face aos objetos de seu mundo consideraria, desempenha um papel reduzido em relação à inteligibilidade, ao

94 SOCIODINÂMICA DA CULTURA

lucro e a um certo valor prospectivo, tendo esses fatores nos servido precisamente para o estudo das bases teóricas da análise do conteúdo que fizemos no Cap. I. De fato, são os *massmedia* que vão criar esta importância de uma maneira quase totalmente autônoma, uma vez que são capazes de fazer pesar no espírito das multidões o casamento da princesa do Irã com peso igual ao do último progresso da energia atômica.

Esta análise é clássica, mas convém reintegrá-la no próprio ciclo de nossa cultura. A seleção efetuada pelos fabricantes dos *mass-media*, jornalistas, produtores orientados por um conselho de redação ou de programação guarda fundamentalmente um caráter aleatório, mais exatamente semialeatório, é por definição uma *amostragem,* porém nunca uma amostragem representativa do quadro da cultura.

2. Contudo, o próprio caráter dos *mass-media,* a importância quantitativa enorme de seu papel na sociedade atual, fazem deles os elementos fundamentais desta cultura em mosaico cujos principais traços esboçamos no capítulo anterior. O mecanismo interno dos *mass-media,* quer se trate da imprensa, do rádio, da edição musical ou da difusão científica nova vinda da cultura, varia naturalmente segundo sua espécie, e examinaremos mais de perto, no que segue, os organogramas que lhes correspondem; admitiremos por enquanto que eles oferecem um conjunto de produtos finitos inseridos no mercado econômico como bens de consumo ponderados pela noção de preço e sobre os quais uma apreensão tão brutalmente materializada quanto possível pode proporcionar um número muito grande de elementos novos. Sabemos, porém, que seu funcionamento corresponde a uma dispersão, quase a uma irrigação daquilo que se pode chamar, seguindo Kurt Lewin e Moreno, o "campo social". O termo *campo,* introduzido principalmente por Kurt Lewin, é impróprio do ponto de vista estritamente matemático, já que esse campo é aqui constituído de átomos descontínuos cujas propriedades de conjunto estudamos. De fato, é bem possível utilizar esse termo por extensão, tanto mais que não se tem escrúpulos em falar de um campo de força hidrodinâmico a respeito do escoamento de grãos de areia em uma tremonha, pois esse termo tem a vantagem de atrair a atenção para propriedades globais macroscópicas, em detrimento de propriedades microscópicas. Os átomos desse campo assemelham-se aos de um fluido, pelo fato de serem praticamente indiscerníveis uns dos outros; em todo caso, quando são vistos desde a origem das mensagens de massa, esses átomos são anônimos, a noção de indivíduo perde-se aqui em proveito de propriedades reacionais globais que só podem ser validamente estudadas por via estatística. Mas o indivíduo criador que situamos na origem desse ciclo de criação contínua da cultura por intermédio dos *mass-media* é imerso nesse campo social, é aí um ponto singular (idéia de ponto-

O MERCADO INTELECTUAL E A CULTURA 95

fonte), sempre obedecendo às leis gerais do meio no qual se acha mergulhado. Participa da cultura por intermédio dos *mass-media,* retirando ao acaso no fluxo de mensagens, que lhe chegam, um certo número de elementos que reterá em sua memória para constituir para si aquilo que chamamos de mobília de seu cérebro: sua cultura pessoal, os materiais da vida própria de seu espírito.

Em outros termos, o ciclo que descrevemos, que se fecha no momento em que recolocamos os criadores no conjunto da ambiência cultural para a qual eles mesmos contribuem, comporta um segundo processo aleatório importante: a seleção feita por cada indivíduo no fluxo de mensagens de massa que lhe vêm do mundo exterior. É este o problema da retenção e da perceptibilidade de mensagens de massa, e, se os criadores diferem nos mecanismos de sua retenção do comum dos outros átomos sociais, é antes de maneira quantitativa que qualitativa. Insistimos no fato de que os criadores são homens antes de mais nada, e em que, aliás, a maior parte dos homens são em um momento ou outro criadores: não se trata de outra coisa senão de uma faculdade comum a todo *homo faber,* que se encontra simplesmente sublinhada e circunscrita em certos indivíduos. Os mecanismos de retenção, isto é, de seleção semi-aleatória, deverão portanto ser estudados em seu conjunto, marcando-se simplesmente quais os fatores numéricos que diferenciam certos indivíduos de outros.

3. O que quer que possam pretender alguns, os intelectuais não vivem nem em uma torre de marfim, nem em um monastério, lêem os jornais, vão ao cinema, escutam o rádio e assistem à televisão apesar de seus protestos indignados, e em todo caso vivem e se entretêm com gente que está diretamente submetida à influência dos *mass-media.*

Esta imersão voluntária, forçada ou aceita dos criadores no feixe de idéias, de conhecimentos e de prazeres da sociedade, esta osmose entre cidade científica e cidade humana, existiu em todos os tempos e mais ainda nas grandes épocas da história da cultura — Grécia Antiga, Renascença ou época moderna —, mas assumiu recentemente, com a comunicação de massa, um aspecto bem diferente, que constituiu a revolução da cidade intelectual. Os mandarins continuam tendo bolas de cristal, mas vêm televisão e, como observou recentemente Arthur Miller, é em sua atitude particular face aos homens e às idéias que eles se diferenciam do conjunto dos homens, e não em um modo de vida segregativo, contrário às próprias condições da vida moderna e, talvez, da vida *tout court,* como parece prová-lo a relativa esterilidade das ilhotas de cultura que as grandes ordens religiosas ou místicas tentaram realizar artificialmente nos séculos passados.

A atitude face à logosfera e a aceitação explícita desta comunhão permanente com o feixe de idéias, de valores e de crenças que banham a sociedade a cada instante e em cada lugar varia muito segundo a categoria de criadores com que lidamos.

O cineasta, o artista e o romancista, muito amiúde, estão dispostos a reconhecer e a afirmar que exprimem sua época, ou em todo caso que são conectados com ela; mais precisamente ainda, que sofrem permanentemente a influência da imprensa, do rádio e do cinema, e os exegetas da Literatura e da Música sempre se comprazeram em retraçar a filiação de influências ou de idéias, amiúde, aliás, de modo errôneo ou gratuito. Sugeriram os termos de alquimia intelectual, de testemunho da época, etc., mesmo em um tempo em que a época ou o meio reduziam-se a uma aldeia, a um grupo de amigos ou a alguns livros.

Outros tipos de criadores, os cientistas particularmente, tendem a renegar esta osmose permanente entre o meio de todos os dias, o quadro sociocultural, e o campo fenomênico particular, criado artificialmente com tantos esforços, e assaz estranho, que é a matéria imediata sobre a qual trabalham, pretendendo que esta seja a única. O matemático tende a pensar que seu universo de símbolos é totalmente impermeável ao jornal diário, em ambos os sentidos; o físico ou o químico, que as entidades que manipula em suas publicações para explicar seu trabalho experimental são total e perfeitamente independentes de informações políticas, da última peça de sucesso e das questões sentimentais da rainha da Inglaterra.

De fato, parece que há aqui uma visão bastante superficial dos mecanismos reais do espírito, implicando uma descontinuidade arbitrária em nossos processos mentais. O cientista, além disso, está conectado ao mundo de todos os dias e à logosfera das mensagens, não somente pelo canal legitimado das aplicações técnicas, mas pelo conjunto das infraestruturas do pensamento, cuja atualização constituiria o objeto de uma espécie de psicanálise do espírito científico: uma certa idéia sobre as funções contínuas ou descontínuas está ligada a determinada afirmação falsa ou verdadeira de um economista em um jornal vespertino. Na escala humana a natureza não dá saltos e o espírito tampouco. Correlativamente, não há torre de marfim, nem fronteiras demarcadas entre o intelectual, o criador, o fabricante de originalidade e o meio que nutre seu cérebro e seu corpo.

§ II — 12. *Conclusão.*

Nesse capítulo evidenciamos os seguintes pontos:

1. — A noção de valor, de custo ou de preço de custo, criada e estudada pela ciência econômica, é um fator integrante da atividade humana em todos os seus aspectos, per-

O MERCADO INTELECTUAL E A CULTURA

tindo apreender um certo número deles que escapam à análise tradicional.

2. — Pode-se, coerentemente com a hipótese estruturalista de átomos de cultura, considerar, até certos limites, as mensagens culturais como mercadorias passíveis de estocagem, transferência ou troca, seja entre elas, seja contra valores fiduciários ou bens de consumo. Esta hipótese possui um grande valor heurístico na medida em que não esqueçamos suas limitações.

3. — É legítimo, no quadro de hipóteses devidamente explicitadas, falar do valor econômico de uma idéia, ou do preço de custo de fabricação desta, em um quadro perfeitamente definido.

4. — O preço de custo de uma idéia ou de um produto cultural está ligado ao conjunto de tempos de fabricação e materiais utilizados pelo criador. O valor de uma idéia ou de um produto cultural está ligado, de um lado, à sua originalidade, isto é, à imprevisibilidade da mensagem que a suporta, e, de outro, a uma capacidade de reconhecimento e de apreensão para a sociedade através de suas instituições. Este último valor, portanto, não está ligado diretamente ao preço de custo.

5. — No plano estritamente cultural em que nos colocamos, o do mundo dos signos, não há ligação de direito entre o valor de uma idéia e o valor de realizações tiradas desta idéia ou participando dela. Em particular, o valor-verdade é ortogonal ao valor-originalidade; são praticamente independentes e não se encontram ligados senão em um quadro social definido e em uma aplicação específica.

6. — Os produtos intelectuais diferem essencialmente de uma mercadoria pelo fato de que, ao contrário desta última, o criador que as vende, dá ou troca, permanece sempre possuidor e, ao contrário, encontra-se enriquecido por seu próprio dom; uma mensagem é como uma cópia, um simulacro, uma casca que se destaca da idéia original, deixando-a inteiramente intacta.

7. — O criador fabrica suas idéias novas a partir de idéias adquiridas que constituem o fundo de sua cultura pessoal. É o meio social e intelectual que o circunda que lhe fornece o quadro, e o processo da criação leva a um ciclo fechado que passa principalmente pela via dos canais de comunicação de massa.

8. — Esse ciclo da cultura comporta a produção de idéias novas por indivíduos criadores, a normalização e a difusão destas idéias em um subconjunto, a cidade intelectual; a retomada em uma seleção semi-aleatória de determinados elementos dessas mensagens novas pelos meios de comunicação de massa, e a difusão destas no conjunto da sociedade;

98   SOCIODINAMICA DA CULTURA

enfim o criador está imerso nesta sociedade, é dela que recebe
o mobiliário de seu cérebro por intermédio de uma' seleção
semi-aleatória que ele domina apenas um pouco melhor que
os demais.

9. — Existem, no conjunto da cultura, interações e
ligações entre todos os aspectos desta, constituindo uma in-
fralinguagem, uma estrutura subjacente bastante imprecisa,
mas essencial.

A meta dos capítulos que seguem será tentar descrever
certos aspectos específicos desses circuitos da cultura e sua
influência sobre o conjunto.

A Transferência da Mensagem Cultural

> *O pensamento não é mais que uma expressão especial da tendência a economizar.*
>
> L. FERENCZI

Nos capítulos anteriores, definimos o que se deveria entender por "cultura" no mundo moderno e, correlativamente, obtivemos a idéia de uma circulação de produtos culturais ligada a uma espécie de *economia* da cultura: vimos as relações que podiam existir entre o preço de custo de produtos culturais e seu valor social e econômico.

O presente capítulo procurará especificar as leis gerais que regem a *absorção* de bens culturais pela massa social e o mecanismo pelo qual esses produtos do espírito fixam-se de maneira aleatória no cérebro de cada um, para constituir aquilo que chamamos de "mobiliário": a cultura pessoal, material da vida do espírito.

§ III — 1. *A teoria da comunicação.*

Desde alguns anos atrás, as concepções que se poderia ter sobre esta assimilação do material pelo indivíduo têm sido fortemente influenciadas pela aparição de uma nova teoria: a *teoria da comunicação,* que vem especificar no plano matemático a própria noção de mensagem, e que propõe uma "física teórica" da mensagem, independente do conteúdo particular desta, portanto sob um ângulo essencialmente estatístico que é, aqui, nosso ponto de vista deliberado.

A cultura reduz-se em última instância a uma enorme quantidade de *mensagens.* Uma mensagem é um grupo finito, ordenado, de elementos tirados de um repertório, constituindo uma *seqüência* de signos agrupados segundo certas leis, as da "ortografia", da "gramática", da "sintaxe", da "lógica"; esses termos são extremamente gerais e aplicam-se não somente ao domínio da língua escrita, que lhes deu origem, porém, mais genericamente, a todo o conjunto dos modos de comunicação física da mensagem, entre os quais indicaremos:

a *mensagem sonora,* que se subdivide em três categorias:
a palavra, linguagem dos homens,
a música, linguagem das sensações,
o ruído, linguagem das coisas,

a *mensagem visual,* que comporta:
a mensagem simbólica do texto impresso,
a mensagem de formas, naturais ou artificiais,
as mensagens artísticas.

A quase totalidade dos sistemas culturais do mundo moderno passa por intermédio de um, de outro ou de vários desses canais, e é notável que o conjunto destes siga leis gerais independentes da natureza particular dos fenômenos considerados. É o conjunto dessas leis que constitui a Teoria

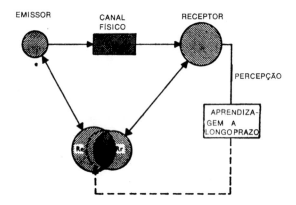

FIG. III-1. — *O processo fundamental de comunicação entre um emissor e um receptor por intermédio de um canal físico equivale,* segundo MEYEREPPLER, a haurir signos reconhecíveis num repertório possuído pelo emissor, a reuni-los e a transmiti-los naquilo que se denomina de um canal de comunicação, para que o receptor identifique, em seguida, cada um desses signos que recebe com aqueles que já possui em seu próprio repertório. A comunicação de idéias só se dá na medida em que esses dois repertórios tenham uma parte em comum, marcada pelo recobrimento de círculos de área correspondentes. Mas, precisamente na medida em que esse processo se realiza nos sistemas dotados de memória e de apreensão estatística como a inteligência humana, a percepção de signos sempre idênticos vem modificar muito lentamente o repertório do receptor, para tender a fazê-lo englobar cada vez mais pelo repertório do emissor ao qual ele está submetido. Esse é o processo de aprendizagem, evidenciado pela flecha pontilhada situada à direita. O conjunto das ações de comunicação assume então um caráter cumulativo, por sua influência progressiva sobre o repertório. Trata-se, entre outras coisas, do processo de aquisição da cultura e, mais claramente ainda, desta cultura-mosaico na qual vivemos. Os semantemas mais freqüentemente propostos pelo emissor inserem-se pouco a pouco no repertório do receptor, modificando-o — esse é um fragmento do circuito sociocultural.

da Comunicação, interessando-se especificamente por aquilo que há de geral no ato de comunicação, independentemente da natureza particular dos signos utilizados.

O ato elementar de comunicação implica a existência de um emissor que retira de um *repertório* um certo número de *signos* que agrupa segundo certas leis, de um canal pelo qual a mensagem é transferida através do espaço e do tempo, de um receptor enfim que *recebe* o conjunto dos signos que constituem a mensagem, identifica-os a signos que possui armazenados em seu próprio repertório e depois *percebe,* além desta reunião, *formas, regularidades, significações* que armazena eventualmente em sua memória — mais ou menos sujeita às leis do esquecimento.

Emissor e receptor possuem portanto, cada um, dois repertórios de signos que lhes são mais ou menos comuns; a comunicação se baseia essencialmente na parte comum desses repertórios, não sendo esta comunidade jamais inteiramente rigorosa. Admitir-se-á então, por definição, que as percepções do receptor concordam, ao menos parcialmente, com as percepções do emissor, no momento em que este constituiu sua mensagem.

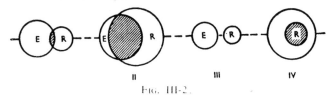

FIG. III-2.

Para realizar uma comunicação integral entre emissor e receptor ao nível dos signos, convém que o repertório de signos do emissor seja menor que o do receptor, e incluído no interior desse último. Esta condição, rigorosa para a comunicação entre máquinas, não é mais que uma regra estatística para a comunicação entre indivíduos, tal como a realizada na educação ou na vulgarização concebida como uma forma de educação de adultos. Ela não pode ser rigorosa, pois envolveria uma restrição muito grande de repertório de palavras, e a figura ilustra diversos casos: (1) algumas palavras comuns; (2) repertórios em grande parte comuns; (3) repertórios disjuntos; (4) repertórios incluídos no do emissor. De fato, vimos que o processo de aprendizagem vem influenciar progressivamente o repertório do receptor, isto é, o número de signos que ele contém, e a esperança matemática desses signos, para aproximá-lo pouco a pouco do repertório do emissor. Quando esse processo se produz em escala muito grande entre um número muito grande de pares de emissores e receptores em uma massa social, torna-se mais complexo, pois emissor e receptor, cada um por conta própria, modificam seus repertórios para adaptá-los um ao outro. O público consumidor (massa dos receptores) segue uma evolução em seu repertório que entraria no quadro de uma semiótica geral. O conjunto de emissores (micromeio criador) modifica seu vocabulário por seus contatos repetidos com a massa. Isso se traduz por um ciclo de evolução dos signos no ato de comunicação que é um fragmento de ciclo sociocultural.

Se deixarmos provisoriamente de lado a noção de "percepções criadoras" do emissor, é fácil estender esse esquema fundamental ao caso em que o emissor não é mais personalizado; onde, por exemplo, este emissor é o mundo exterior em seu conjunto *(Umwelt)* ou um organismo qualquer deste; é o caso em que o receptor é, por exemplo, um leitor isolado, recebendo um *jornal* que é mensagem coletiva de um organismo longínquo, ou aquele em que o pesquisador científico, solitário em seu laboratório, interroga a natureza — e mais precisamente o campo fenomênico que criou para si — para dele extrair uma estrutura inteligível.

Em poucas palavras, se é necessário para a percepção da mensagem que o repertório seja comum ao emissor e ao receptor, isso não implica necessariamente que o emissor se assemelhe fisicamente no que quer que seja ao receptor, o que constitui apenas o caso particular da comunicação interindividual. O emissor pode ser um homem, um grupo de homens, um organismo difuso e longínquo, como uma cadeia de radiodifusão, um habitante de uma nebulosa qualquer ou, no limite, a própria natureza; a mensagem será *perceptível*, isto é, inteligível como uma forma, na medida em que o receptor puder discernir nela um conjunto de signos identificáveis em seu próprio repertório.

Natureza e estrutura do canal são portanto, do ponto de vista do observador, inteiramente determinados pelo receptor. É ele que, no ato de comunicação, impõe seu repertório à mensagem; nenhum elemento que não pertença a este sendo identificável enquanto signo; pode ser recebido, mas não percebido; perceber é perceber o agrupamento de signos.

Nas mensagens interindividuais, tais como uma conversa telefônica por exemplo, ou uma conversa pura e simples, emissor e receptor permutam alternativamente seus papéis, respondem-se, estabelecendo um circuito lingüístico, esquematizado pelo telefone ou pelo circuito de correspondência.

A *difusão* difere da comunicação interindividual por sua unidirecionalidade; o emissor fala, o receptor absorve mas não responde, pelo menos no estádio elementar da experiência quotidiana.

No caso geral da difusão de massa, o emissor está distante, mais ou menos inacessível no espaço-tempo, quer se trate de uma mensagem de séculos passados, que nos chega através de um escrito, ou de seres longínquos, que nos chega através da radiodifusão ou da pintura.

§ III — 2. *Natureza física da mensagem.*

O observador situado diante da cadeia de comunicação — emissor — canal — receptor — repertório — pode adotar duas atitudes: interessar-se pela própria composição desta cadeia, pela situação de emissores e de receptores, pela multiplicidade maior ou menor destas cadeias, e ser conduzido a um estudo do campo social da comunicação. Distinguirá no mecanismo da difusão um único emissor, um grande número de receptores, e poderá perguntar-se se existem reações destes últimos uns sobre os outros ou, eventualmente, sobre o próprio emissor. Será conduzido, assim, a um estudo de *sociometria da comunicação* de que veremos alguns elementos mais adiante.

Mas o observador pode também dirigir sua atenção para o objeto material — a mensagem —, que vê transferido do emissor ao receptor por um canal físico (som, imagem, etc.), ao qual ele é capaz de conectar-se para obter cópia das mensagens por artifícios diversos. Assim, o observador registrará em uma fita magnética as mensagens sonoras difundidas por uma ou várias estações de radiodifusão; sabemos que existem "centros de escuta" cujo objetivo é precisamente este. O observador poderá estudar um exemplar de jornal ou livro distribuído aos milhões de exemplares; poderá copiar, ou, em todo caso, observar o quadro exposto em uma galeria sem intervir no jogo entre o criador e o consumidor.

É conduzido então a um estudo de teoria da comunicação propriamente dita, a partir do conjunto dessas mensagens, ou de alguma categoria particular dentre elas; procurará especificar a natureza exata dos repertórios: essa será a *física da mensagem*. Ou então tentará compreender de que maneira o conjunto de signos do repertório pode ser selecionado e agrupado, e se existem leis estatísticas nessas operações; é o que chamará de *Teoria da Informação*.

Concebe-se que tal teoria só pôde nascer quando a mensagem adquiria uma materialidade suficiente para fazer dela uma coisa ao mesmo título que um produto de consumo qualquer. O momento decisivo nesse domínio foi dado pela materialização da mensagem sonora, pelo registro que vem acusar esta reificação das coisas do espírito, ao mesmo tempo que destacar o "signo" da "significação". O engenheiro de uma estação de radiodifusão tem por papel "embalar" as palavras em uma oscilação de alta freqüência que se espalha através do espaço, estocar palavras ou música em uma fonoteca, vender, alugar ou comprar produtos intelectuais ou artísticos medidos em minutos, com preocupações bastante precisas — traduzidas por cadernos de encargos — para não estragar esta preciosa mercadoria, mas com uma total *indiferença* quanto a seu conteúdo. Era concebível que essas mensagens terminassem por aparecer-lhe como objetos materiais cuja estatística poderia ser feita, cuja saturação poderia medir, cuja fragilidade poderia apreciar, etc. Os signos que as constituem adquirem uma materialidade; é mais difícil transmitir acusticamente ou conservar SS do que AA, música do que palavra, uma sinfonia do que um solo de violino, etc.

A medida de uma mensagem comporta, portanto, um aspecto físico referente às suas dimensões no universo material, quer se trate do tamanho de caracteres, de seu número em uma página impressa, do número de páginas de um livro como determinação de seu peso, da gama de freqüências da palavra ou da música, de suas variações de amplitude, etc... Uma primeira apreensão estatística da mensagem poderia basear-se na quantidade bruta de símbolos nela contida, no número de signos tipográficos de um livro ou no número de palavras pronunciadas por um conferencista.

Mas é evidente que o conferencista pode falar rápida ou lentamente, o livro pode ser impresso sobre papel-bíblia ou sobre um papel forte e, no entanto, subsiste alguma coisa de intrinsecamente independente desses fatores contingentes: um livro pode ser *dito* e registrado em um disco. Este elemento comum é de natureza estatística, é também independente da significação propriamente dita da mensagem: há alguma coisa em comum entre duas sinfonias de Mozart e de Stravinsky de mesmo comprimento, há alguma coisa em comum entre um romance célebre e um tratado de Física de mesmo volume, essa coisa em comum é um apelo ao campo social no qual esses produtos são difundidos, independentemente de sua significação particular. O que há em comum é o fato de que um e outro trazem ao conjunto de produtos culturais um *elemento de novidade,* representam alguma coisa que não existia antes, não em seu volume material, como os frutos que dão nas árvores no momento da colheita, ou como as folhas de papel inteiramente idênticas fabricadas pela fábrica de papel, mas por sua própria existência; são um elemento original do vir-a-ser do mundo, opõem-se ao conceito de *cópia.*

É, finalmente, esta *imprevisibilidade* que caracteriza a mensagem, e é esta observação que serve de base à Teoria da Informação. O que há em comum entre duas grandes obras artísticas novas é que uma e outra, no momento de sua aparição no mundo, eram originais, no sentido absoluto, não sendo cópia de um objeto já existente. O conjunto de mensagens é constituído em um domínio particular de elementos idênticos: as letras do alfabeto, as palavras do dicionário, as notas da escala, os traços e as cores do pintor, mas a posse do repertório não acarreta a posse de agrupamentos fabricados com os elementos que ele classifica.

Chama-se de informação, em sentido estrito, a *quantidade de imprevisibilidade* que uma mensagem fornece. Com efeito, é a medida do que esta introduz de novo no meio do receptor. Esta imprevisibilidade está portanto ligada à originalidade do agrupamento particular de signos considerados, mas sabe-se que se podem fazer vários tipos de agrupamento de signos que tenham mesma originalidade e conteúdo diferentes. É a noção de *informação* que constitui a medida da originalidade. Esta medida será, mais precisamente, dada pela improbabilidade do agrupamento particular de signos que constitui a mensagem: se, por exemplo, esta é constituída de elementos idênticos, indefinidamente repetidos, qualquer que seja seu comprimento, a originalidade será próxima de zero. Se, ao contrário, a mensagem é constituída de uma série de signos que aparecem como completamente aleatórios, esta série é altamente imprevisível ou perfeitamente improvável.

$$H = \log_2 (\text{imprevisibilidade})$$
$$= - \log_2 \varpi$$

sendo ϖ a previsibilidade da montagem particular de signos que constitui a mensagem (complexão). Esta previsibilidade é fácil de medir a partir da probabilidade p_i de ocorrência dos n signos que constituem o repertório e que são empregados em uma certa ordem, sendo a previsibilidade ou probabilidade a relação entre o número de "casos favoráveis", isto é, de complexões idênticos ao proposto, e o número de casos possíveis, isto é, de todas as montagens que se poderia fazer com o mesmo número N de signos:

$$H = - N \sum_{l=i}^{n} p_l \log_2 p_l \quad \text{em bits}$$

Observar-se-á que, por esta definição, a informação é rigorosamente sinônima daquilo que se pode chamar de *complexidade* da mensagem, e esta observação tem numerosas aplicações, proporcionando uma medida da complexidade dos organismos que, aos olhos do observador, se manifestam como mensagens que lhe são dirigidas. Informação H e complexidade C serão tomadas como duas grandezas semelhantes, a primeira aplicando-se sobretudo às mensagens propriamente ditas, a segunda aos agrupamentos de peças ou de partes.

$$C = H$$

§ III — 3. *Um exemplo: A mensagem escrita.*

Concentrar-nos-emos no que segue na mensagem escrita e, mais precisamente, impressa, isto é, normalizada em caracteres universais pertencentes a um pequeno número de tipos, de formas, e reduziremos para começar essa mensagem

106 SOCIODINÂMICA DA CULTURA

a uma seqüência de palavras colocadas umas depois das outras, sobre as linhas, também estas dispostas uma após as outras, no trajeto do olho que percorre a página impressa. Ignoraremos provisoriamente todos os fatores externos a esse esquema básico — títulos, subtítulos, ilustrações, paginação, variedade de caracteres tipográficos, etc. —, reduzindo provisoriamente a mensagem à secura da fita saída de um teletipo.

Como evocamos mais acima, essa mensagem é constituída de palavras retiradas de um repertório, repertório que se pode materializar sob a forma de um dicionário. Esqueceremos provisoriamente que as palavras são constituídas de elementos mais simples, as letras, elas mesmas retiradas de um outro repertório, o alfabeto tipográfico. Em outros termos, fixaremos nossa atenção em um *estágio* único da *hierarquia de signos.*

Pode-se chamar, com Mackay, "informação" a todo conjunto do que vem do exterior e contribui para *modificar* o meio do receptor, isto é, todo o conjunto daquilo que é novo na mensagem, e não é parte integrante e imutável deste meio.

A informação é portanto a medida do que é novo, imprevisível, na mensagem. Ela não é medida diretamente pelo número de signos, pois a mensagem pode ser constituída de uma repetição indefinida de mesmos signos e, em conseqüência, nada trazer de novo ao receptor, nada que este já não conheça. Mas esta consideração não é frutífera, pois essa mensagem, qualquer que seja o número de seus elementos, nada traz de novo: ela é a repetição indefinida de uma identidade.

A *medida* da influência que essas restrições exteriores têm sobre a informação contida na mensagem é dada por uma grandeza chamada *redundância,* cujo papel na comunicação entre indivíduos é talvez maior que o da informação. Se H é a informação efetiva e H_o é a informação máxima que o repertório de signos utilizados de maneira eqüiprovável teria dado a redundância é: $R = H_o\text{-}H$

$$H_o$$

A esse título, um meio estável, permanente, sem variação de nenhuma espécie, tão contínuo e fixo como uma cela caiada para um prisioneiro sentado imóvel em seu centro, não traz nenhuma informação a partir do momento em que esteja integrado na consciência desse receptor. A continuidade do universo circundante pode ser, no limite, considerada como uma mensagem em si.

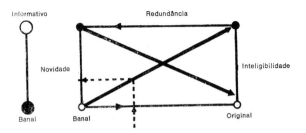

FIG. III-3. — *Inteligibilidade e redundância*.

Uma mensagem pode situar-se, do ponto de vista de sua taxa de informação, em um ponto definido de uma escala (embaixo) que vai da banalidade total, da qual a repetição oferece o exemplo perfeito, até à originalidade total, da qual o jogo aleatório de signos eqüiprováveis fornece exemplos. Chama-se de redundância ao excesso relativo do número de signos sobre os que seriam necessários para transmitir a mesma quantidade de originalidade, tal como medida pela fórmula de SHANNON. A redundância varia portanto em sentido inverso à informação (escala de cima). A inteligibilidade de uma mensagem está ligada à sua redundância. É máxima para uma mensagem perfeitamente banal, nula para uma mensagem perfeitamente original e a escala vertical posta em correspondência pela reta inclinada exprime esta importante relação.

Para fornecer informação, uma mensagem deve de alguma forma ser variada, no tempo ou na dimensão do universo considerado e explorado pela consciência do receptor. Para fornecer esta variação no tempo, pode mudar de signos e utilizar sucessivamente todas as palavras do repertório umas após as outras, mas não seria conveniente utilizá-las em uma ordem previsível conhecida *a priori*, pois que a mensagem não passaria então de um anúncio, de um processo inteiramente previsível em todos os detalhes de seu desenrolar. Por exemplo, a leitura de todas as palavras do dicionário tomadas por ordem alfabética poderia decerto constituir uma mensagem fisicamente variada, mas psicologicamente invariável, uma vez que não traria nada ao receptor que este já não soubesse: assim, as palavras tiradas pelo emissor e comunicadas ao receptor devem de alguma forma variar de um modo imprevisível. É esta imprevisibilidade mesma que é a fonte de seu interesse. Mas é evidente que esta novidade, essa contribuição perpétua, não deve *submergir o receptor*. Este deve poder reencontrar-se na série de símbolos que lhe é oferecida, deve conservar uma certa esperança matemática de aposta sobre o que virá a partir do que já veio.

Esta faculdade é precisamente a *compreensão*, a capacidade de "tomar em um conjunto", a *inteligibilidade*, a faculdade de ligar o presente ao futuro, as palavras umas às outras, o que virá com o que já veio e, mais simplesmente, os artigos aos substantivos, os adjetivos aos substantivos comuns, os verbos ao sujeito, os complementos ao verbo, etc.

108 SOCIODINAMICA DA CULTURA

Em resumo, uma mensagem constituída da repetição indefinida da mesma palavra ou ainda do desfile de palavras sucessivas mas seguindo uma lei perfeitamente conhecida previamente pode muito bem comportar um grande número de signos — e mesmo um número muito grande: ela não transporta nada de novo, além de sua própria existência (teorema de Mc Millan), sua "informação" tende a um resíduo desprezível: $H = - \log \varpi \to \varepsilon$. Quando a mensagem possui um coeficiente de autocorrelação K, a informação média por signo torna-se (NEIDHART):

$$H = H_o + 1/2 \log_2 (1\text{-}K)$$

No outro extremo, uma mensagem constituída de palavras perpetuamente renovadas de maneira aleatória possuirá seguramente o máximo de variedade, contribuirá com o máximo de novidade para o meio do receptor. Possuirá o *máximo de informação* em relação ao repertório escolhido, mas será completamente inutilizável para o receptor, na medida precisamente em que este é incapaz de organizá-la, de estruturá-la, de perceber formas, em suma de compreendê-la. Um chimpanzé, que retira palavras de uma pilha de termos recortados ao acaso por um preparador, transmitindo-as a um leitor, traz para este último uma mensagem infinitamente variada, totalmente imprevisível, rica de novidade — e há aqui um paradoxo que domina toda a teoria matemática da informação —, mas totalmente inutilizável. Assim, estabelece-se uma *dialética,* um jogo entre dois extremos igualmente paradoxais, o da mensagem perfeitamente banal, totalmente inteligível que, qualquer que seja o número de seus símbolos, é integralmente apreendida por serem seus símbolos conhecidos ou cognoscíveis *a priori,* e, no outro pólo, a mensagem perfeitamente original, possuindo a maior densidade de informação, a mais rica em possibilidades, que seria totalmente ininteligível ao receptor.

As mensagens reais, aquelas das quais se servem os indivíduos, aquelas que constituem a substância dos *mass-media* de comunicação, acham-se situadas em algum ponto entre esses dois pólos contraditórios. Parcialmente originais, parcialmente previsíveis, elas são ao mesmo tempo inteligíveis e informativas. Transmitem alguma coisa ao receptor, na própria medida em que seguem um mínimo de leis ou regras que lhe permitem apostar sobre sua estrutura, ainda que esse mínimo não seja mais que uma estrutura gramatical, uma estrutura racional ou uma estrutura lógica.

"A informação", no sentido da teoria que traz esse nome, é pois precisamente a medida da quantidade de imprevisibilidade transmitida por uma mensagem. Chamaremos de "densidade de informação" a quantidade de originalidade média por signo, pois acabamos de ver que há uma inde-

A TRANSFERÊNCIA DA MENSAGEM CULTURAL 109

pendência de princípio entre a quantidade de originalidade e o número de signos empregados. A informação é a medida da novidade daquilo que nos é transmitido. Mas a informação não passa de uma medida da mensagem, ela não é a mensagem, e convém evitar confundir a coisa (a mensagem) e sua medida (a informação). Vê-se, enfim, que a informação é *desprovida de relação* com a "significação", pois, paradoxalmente, é a mensagem que contém o *máximo* de informação por signo que, pelo próprio fato de sua engolfante novidade, é totalmente ininteligível e desprovida de significação.

No que segue, chamaremos de "código" tudo aquilo que, afora a enunciação dos signos do repertório, é conhecido *a priori* tanto pelo receptor como pelo emissor. É tudo aquilo que, conseqüentemente, *restringe* a escolha arbitrária de signos, todo o conjunto de regras que estabelecem uma *previsibilidade* maior ou menor no espírito do receptor, que contribuem para pôr em ordem no agrupamento de signos e que colaboram para a inteligibilidade.

Em particular, entram no código todas as regras de gramática, da sintaxe, da lógica, da razão, da verossimilhança, etc., as quais, uma após outra, vêm *constranger* a escolha de palavras que o emissor fará e dará ao receptor, pelo fato de este possuí-las, uma certa previsão, medida por uma esperança matemática, sobre o conteúdo da mensagem que ele vai receber. Ele sabe, quando uma frase é começada em alemão, que há uma grande probabilidade de que ela comporte um verbo, que as palavras se sucederão em uma certa ordem para o receptor precisamente na medida em que a frase se desenvolve. Ele apreende a sua construção e a aprecia como uma esperança matemática.

Sabe-se medir a informação H fornecida por uma mensagem cujas probabilidades de ligações são conhecidas por diagramas p_{ij}, transcritos geralmente em uma matriz de probabilidades de transição (p_{ij}):

$$H_{(ij)} = H_{(i)} + H_{(j)} = -- N \sum_i^n \sum_j^n p_{(ij)} \log_2 p_{(ij)} =$$

$$- \sum_i^n p_i \log_2 p_i - \sum_{i,j-i}^{n,m} p_i(j) \log_2 p_i(j).$$

QUADRO III-I

ESTRUTURAS DE CORRELAÇÃO DE ALGUNS ASPECTOS CULTURAIS IMPORTANTES DA LINGUAGEM E DA EDUCAÇÃO (segundo Vernon).

VARIAVEL	Articulação das vogais	Correção da pronúncia	Comprimento das frases	Correção gramatical	Complexidade gramatical	Extensão do vocabulário	Idade mental	FATORES I	FATORES II	FATORES III
1 Articulação das vogais		0,64	0,60	0,61	0,62	0,16	0,12	0,8	0,14	0,08
2 Correção da pronúncia			0,62	0,80	0,57	0,36	0,49	0,73	0,42	0,08
3 Comprimento das frases				0,65	0,80	0,56	0,78	0,52	0,73	0,18
4 Correção gramatical					0,74	0,41	0,55	0,8	0,32	0,24
5 Complexidade gramatical						0,56	0,39	0,62	0,46	0,46
6 Extensão do vocabulário							0,52	0,11	0,48	0,64
7 Idade mental								0,13	0,85	0,27

A TRANSFERÊNCIA DA MENSAGEM CULTURAL   111

§ III — 4. *A estrutura dos repertórios.*

Uma das regras mais elementares da organização de uma mensagem, isto é, do código que a rege, é a relativa à própria construção do repertório: ela representa uma organização primária, aproximação de primeira ordem à linguagem. Vimos que a mensagem podia ser considerada como uma seqüência de elementos tomados em um repertório. No exemplo que escolhemos, esse repertório era o dicionário, ou, mais exatamente, um vocabulário que seria uma simples enumeração de palavras admitidas como utilizáveis.

Pode-se mostrar que a informação por signos, isto é, a informação dividida pelo número de palavras que serve para transportá-la, seria máxima se todos os signos fossem em média igualmente utilizados, se nenhum deles fosse preferido a um outro, se fossem escolhidos absolutamente com a mesma probabilidade, e concebe-se que, nesse momento, com efeito, a ocorrência de um dentre eles não daria nenhuma espécie de indicação sobre a natureza do seguinte.

Eis aqui um exemplo de texto composto de palavras eqüiprováveis: sujeito   nefasto   televisão   entrave   descendência
enfarinhar   fabricante   desilusão   couraça   calvo   broxa
alegar   levantamento   imitação   escavar   suspender   displicência   tenaz   xenofobia   perda   inútil   escândalo
ceifar.

Acabamos de ver que semelhante mensagem seria inteiramente inutilizável pelos seres humanos pois ela seria inadmissível, sua riqueza ultrapassaria nossa capacidade de apreensão.

Nos textos reais, da linguagem corrente, tais como os que constituem a maioria da imprensa escrita, sabemos muito bem que isso não ocorre. O repertório não é utilizado de maneira "eqüiprovável". Há palavras que servem muito mais freqüentemente que outras. Praticamente, sabemos, por exemplo, que 50% de um texto inglês é constituído de apenas uma dezena de palavras, e o mesmo se passa em todas as línguas. Palavras como "ornitorrinco" ou "polissêmico" são milhares de vezes mais raras do que a palavra "ser", "ter" ou o artigo "o".

Eis aqui um exemplo de texto que respeita as probabilidades de ocorrência de palavras: elástico   amiúde   alma   a qual
nós   esquecia   início   muito   dois   passos   ou tonelagem   transbordamento   avidamente   que   aí   ônibus
que   ao   verdadeiro   fracos   descrito   tinha   grande   proibido
nós   somente

Há uma enorme disparidade de empregos entre as palavras do repertório e esta disparidade é fundamental e característica das línguas humanas.

Pode-se ir mais longe e tentar especificar a estrutura do repertório, repartindo as palavras do dicionário, não mais ao

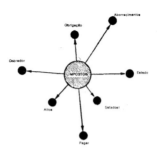

Fig. III-4. — *Um exemplo de constelação de atributos sobre uma palavra-indutora (impostos) e um certo número de palavras induzidas.*

Este diagrama foi traçado com referência aos resultados de uma pesquisa social efetuada por SCHMOLDERS. Vê-se que o conhecimento dessas associações de atributos é um elemento essencial daquilo que chamamos de mobiliário do cérebro. Semelhantes redes associativas são, de uma maneira metafórica, a própria trama de nosso espírito, e não sabemos ainda evidenciá-las em sua totalidade.

acaso da ortografia alfabética, que não fornece mais que uma simples regra prática para reencontrar as palavras a partir de índices-chave do alfabeto, mas pela ordem de classe (*rang*), desde a mais freqüente até a menos freqüente, e existem efetivamente dicionários constituídos segundo esta regra (Thorndike e Lorge, Van der Beke, Kaeding). A palavra mais acessível seria a mais freqüentemente utilizada, e sabe-se que há uma racionalidade profunda nesse modo de classificação, já que a distância a percorrer, na lista do vocabulário desde o início, para chegar à palavra, é precisamente proporcional à raridade relativa desta.

Vemos aqui emergir o esboço de um modo racional do estudo do mobiliário de palavras do cérebro que, como o dissemos anteriormente, permanece de qualquer forma como um dos aspectos essenciais da vida do espírito.

Pode-se, em particular, ter diretamente em um diagrama a freqüência absoluta ou relativa do emprego da palavra em função de sua classe (*rang*), tal como acabamos de definir esse termo. Chamaremos de *diagrama de Zipf* esse modo de classificação. Uma das descobertas essenciais de Zipf foi constatar que, se, como se poderia esperar, a freqüência de ocorrência, isto é, a probabilidade de uso, decresce em função da classe, uma vez que a classe foi definida precisamente a partir da freqüência decrescente — ou seja, por uma tautologia, em contraposição, este decréscimo era *perfeitamente regular,* o que nada tinha de certo à primeira vista, e seguia uma lei numérica muito simples, a *lei de Zipf:*

$$fr = constante$$

sendo f a freqüência e r a classe *(rang)* de uma palavra ou signo particular.

Há aqui um fato notável, que desencadeou uma nova perspectiva em Lingüística, na qual a vida das palavras, quando de trocas sociais de um indivíduo a outro, parecia regida por regras econômicas, em particular a de um ótimo entre a tendência à diversificação exigida pela sociedade do indivíduo e a tendência desse último ao mínimo esforço.

Observar-se-á, com efeito, que a classe possui um caráter ordinal, qualitativo, universal, independente da natureza particular do emissor; a classe, isto é, a acessibilidade de uma palavra, resulta de um contexto *social;* é uma característica numérica da cultura verbal da *sociedade* em seu conjunto. A freqüência, ao contrário, ou, em valor relativo, a *probabilidade de ocorrência,* é uma grandeza numérica relativa a uma amostragem particular da linguagem; ela pode ser tomada por uma manifestação ligada à mensagem específica estudada, portanto ao *indivíduo,* à sua aptidão maior ou menor para se servir de uma palavra de classe dada. O fato de que a freqüência seja inversamente proporcional à classe exprime finalmente uma espécie de *conformidade do indivíduo com o meio social* no qual ele vive, conformidade válida ao menos ao nível das palavras, e da qual teremos ocasião, depois, de nos indagarmos se subsiste ao nível das idéias.

Assim, nas mensagens lingüísticas, não há eqüiprobabilidade de utilização dos signos de repertório. Estes têm, conseqüentemente, "valores de originalidade" muito desiguais: uma palavra rara fornecerá infinitamente mais imprevisibi-

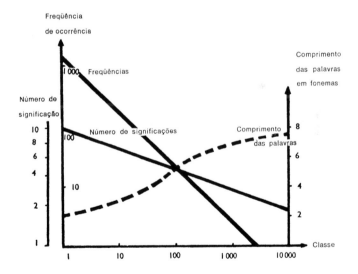

Fig. III-5. — *O vocabulário de palavras é a moeda da linguagem.*

Segue leis estatísticas, bem evidenciadas por Zipf, Mandelbrot, Guiraud, etc. A freqüência das palavras varia em razão inversa da sua classe, com uma regularidade notável (reta em coordenada logarítmica): é a lei de Zipf. O número de significações varia como a raiz quadrada dessa classe (lei de Yule); enfim, o comprimento da palavra cresce de uma maneira sensivelmente regular em função da classe, e isso dá uma justificação teórica a um dos elementos essenciais da regra empírica de Flesch relativa à inteligibilidade (comprimento de palavras e dificuldade).

lidade que uma palavra freqüente, essa palavra se *gasta,* com seu próprio uso, mas esta repartição desigual das palavras segundo uma lei regularmente decrescente representa um verdadeiro estado de equilíbrio que exprime pragmaticamente uma primeira regra do código, regra tão geral que sabemos que está na base das técnicas empregadas pelo criptógrafo para descobrir, em uma *mensagem secreta* cujo código e cujo conteúdo ignora simultaneamente, primeiro o código e depois o conteúdo, sabendo, de qualquer jeito, tratar-se, por hipótese, de uma linguagem humana, e que portanto obedece às leis do mobiliário verbal do espírito humano.

A medida da originalidade ou da informação transportada por uma mensagem estará portanto ligada, de fato, à imprevisibilidade transmitida por essa mensagem, isto é, ao inverso da experiência que se poderia ter para reconstituí-la *a priori,* conhecendo seu comprimento. Estará, pois, ligada primeiro ao comprimento da mensagem: um romance de trezentas páginas contém mais originalidade (mais acontecimentos imprevisíveis) do que uma página desse mesmo romance, e é *verossímil* que contenha trezentas vezes mais originalidade, mas isso só seria verdadeiro em grandes linhas. Esta originalidade estaria ligada também à probabilidade maior ou menor das próprias palavras que a constituem, e é isso o que a medida da informação exprime.

Vimos que, de maneira geral, a informação é inversamente proporcional ao logaritmo da previsibilidade da mensagem, conforme à lei, fundamental em Psicologia, de Weber-Fechner. Mais precisamente, se p_i é a probabilidade de ocorrência do *i*-ésimo símbolo do repertório e N é o número total de signos contidos na mensagem, dir-se-á que a informação H tem por valor (SHANNON):

$$H = - N \sum_{i=1}^{n} p_i \log_2 p_i$$

Existe uma interpretação simples desta fórmula: H é afinal o número de questões tipo sim-ou-não (questões binárias ou dígitos binários(*bits*) que bastariam para transportar a mesma quantidade de originalidade que a mensagem de que dispomos com esses N signos. Vê-se então que a informação por signos será:

$$H_1 = - \sum p_i \log_2 p_i$$

Vamos dar um exemplo: o vocabulário corrente do Larousse contém cerca de trinta mil palavras. Se nos pomos a escolher uma palavra ao acaso, como se faz às vezes nos jogos de salão, mas também como poderia ocorrer no deciframento de uma mensagem

A TRANSFERÊNCIA DA MENSAGEM CULTURAL   115

cifrada ou de palavras-cruzadas, quando não se possui nenhuma outra indicação, pode-se mostrar que a informação é de 16 unidades binárias ($2^{16} \approx 42\,000$). Resulta daí que bastaria propor artificiosamente 17 questões bem escolhidas para encontrar a palavra no dicionário e, efetivamente, uma das maneiras mais simples de chegar até ela consistiria em perguntar primeiro se a palavra está compreendida na primeira metade das palavras do vocabulário ou não. Se ela está compreendida nesta, a segunda questão será saber se ela está no primeiro ou no segundo quarto; se está compreendida no segundo, saber se está no terceiro ou no quarto oitavo; etc. Ao cabo de 16 questões desse gênero a classe considerada contém apenas uma única palavra.

Obter-se-á, pois, automaticamente a taxa de informação relativa ao vocabulário, mas convém observar que, se uma palavra é tão acessível quanto uma outra, *a priori*, em uma lista de 30 000 posta aos nossos olhos, isso de modo algum se passa assim na prática da utilização de palavras que estão presentes em nossa memória, e é precisamente isso o que sublinha a repartição por classe.

A densidade de informação real por signos segundo a lei de Zipf:

$$p_1\, r_1{}^{\alpha} = \text{Cte}$$

no caso em que:
$$p_1 = \frac{K}{r_1{}^{\alpha}}$$

seria de fato:

$$H' = -\sum_{i=1}^{n} \frac{K}{r_1{}^{\alpha}}\, \log_2 \frac{K}{r_1{}^{\alpha}}$$

Ela é sempre inferior à fornecida por signos eqüiprováveis.

O esquema básico da comunicação entre dois indivíduos, emissor e receptor, haurindo num repertório de signos, explica o papel da sociedade no ordenamento do repertório. Com efeito, como observamos mais acima, é o meio social que fornece a um e a outro o repertório que utiliza. Eles não o constroem arbitrariamente, como poderia ser o caso entre um marciano e um chinês, e não o recebem tampouco de um *deus ex machina* — o engenheiro de telecomunicações —, como é o caso das mensagens técnicas trocadas entre dois organismos construídos por este engenheiro (exemplo: sinais morse ou vocoder transatlântico). Ao contrário, eles já o recebem completamente preparado da sociedade na qual vivem; o vocabulário de signos é a expressão da sociedade através do indivíduo, é dado, mas evolutivo. Com efeito, emissor e receptor são membros desta sociedade; mais exatamente, a sociedade, sob o ângulo que nos preocupa, é a soma de todos os pares possíveis emissor-receptor. Ela constitui seu vocabulário por um processo cumulativo, por uma espécie de sedimentação dos fatos de comunicação. Poder-se-ia então representar esse fenômeno cumulativo pelo esquema da Fig.

III-1, no qual o receptor encontra-se acoplado a seu próprio repertório, com um certo atraso por intermédio da sociedade em seu conjunto. É esse mecanismo que explica a evolução do repertório em função do tempo.

O coeficiente α de reação para cada comunicação é muito fraco, a demora τ de influência é sempre grande em relação à duração média de uma mensagem θ_n, mas há muitos atos de comunicação. É o resultado desse processo que determina a repartição dos signos no repertório ou, mais precisamente, a esperança matemática ligada a esses signos. Vê-se aqui emergir a respeito do vocabulário a mesma noção de ciclo apresentada no Cap. II. É legítimo chamar esse circuito de *ciclo cultural*, pois que ele se produz a uma escala de tempo muito superior à escala que concerne à comunicação propriamente dita: durante o ato de comunicação, é legítimo admitir a estabilidade do repertório. O processo se baseia em uma integração de características das mensagens no curso do tempo.

§ III — 5. *Redundância e percepção de formas.*

A noção de *redundância* já foi evocada anteriormente como representando o excesso relativo do número real de signos da mensagem sobre o número que teria sido estritamente necessário para transmitir a mesma quantidade de originalidade. Ela mede uma das grandezas fundamentais da mensagem: sua inteligibilidade, significando essa palavra, antes de mais nada, a capacidade de ligar entre si fragmentos de mensagem, isto é, prever seu desenrolar no futuro a partir do que já se sabe no presente: é a noção apreendida pela estatística sob o nome de *autocorrelação*.

É também a noção à qual a Psicologia associa o conceito de forma (*Gestalt*): compreender é perceber, e perceber é perceber formas. Essas formas só existem a partir desta previsibilidade global da mensagem no espaço-tempo que permite ao receptor reconstituir suas partes em função do conjunto.

Esta noção de redundância aparece portanto como uma medida da forma, oposta à informação. Ela estabelece uma dialética entre a originalidade da mensagem — o que ela traz de novo — e a inteligibilidade dela — o que o receptor aí reconhece, isto é, já conhecia dela.

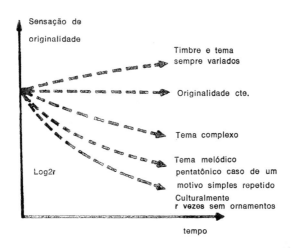

Fig. III-6. — *O decréscimo da originalidade com a repetição.*

Quando uma mensagem ou fragmento de mensagem, tal como um padrão musical ou uma frase, é repetido sem mudança, a originalidade que transmite a totalidade de repetições varia como — $\log_2 r$, sendo r o número de repetições. Se as repetições são rigorosas, a originalidade decresce menos rápido, e tanto menos quanto as variações introduzidas de cada vez forem maiores. Chega um momento em que as variações excedem a repetição e a compensam. Esta regra simples, tirada da Teoria de Informação, é usada constantemente, por exemplo, na composição musical. Quando uma mensagem é indefinidamente repetida, a informação que ela contém decresce rapidamente, depois tende a um limite ligado à própria presença da mensagem (teorema de MacMillan).

O termo "forma" tem uma acepção extremamente geral, ultrapassando amplamente as experiências fundamentais de Von Ehrenfels, Koffka, Wertheimer, etc. Assim, a periodicidade de um fenômeno no tempo (som contínuo ou ruído repetido) ou no espaço (friso de uma tapeçaria — fileira de elementos iguais, etc.) são formas entre as mais simples e mais perfeitas que possamos imaginar. Elas autorizam a previsibilidade e a originalidade por signo da mensagem tende progressivamente para 0 na medida em que o número de signos desta aumenta sem que nada de novo seja fornecido.

As formas resultam de todo o conjunto de regras de coerção que vêm reduzir a escolha feita pelo emissor de signos do repertório; a repartição freqüencial de Zipf é já uma forma lingüística, já que prepara o receptor para esperar este ou aquele signo e não um outro. Ela quase não é percebida normalmente, a não ser de maneira muito vaga, como uma esperança difusa de reencontrar, por exemplo, poucas letras "Z" em um texto inglês; ela é tão difusa que quase só opera *a contrario* provocando o espanto quando, por acaso, há muitas dessas letras.

118   SOCIODINAMICA DA CULTURA

A expressão corrente já reconhecia que "a língua é uma forma", e contudo trata-se também aqui de uma forma vaga relativa à previsibilidade de um certo tipo de vocabulário e de estruturas gramaticais.

Pode-se dizer que a redundância de uma mensagem, de fato, é a medida da pregnância de suas formas e a medida experimental da inteligibilidade poderia repousar nesta definição. Assim, o índice de fechamento de Taylor (*Close Index*) oferece um bom exemplo desta medida da inteligibilidade pela redundância que tivemos ocasião de experimentar: a omissão aleatória de uma certa porcentagem de signos nas amostragens de mensagens degrada pouco a pouco a inteligibilidade e a mensagem torna-se tanto mais incompreensível quanto esteja mais próxima de um limite em que o receptor médio é incapaz de reconstruir as formas iniciais. A porcentagem de fracassos, convenientemente ponderada em função de sujeitos para eliminar o papel destes, deixa pois uma grandeza ligada à mensagem: é a inteligibilidade dessa última.

Existem, contudo, outras medidas da inteligibilidade mais particulares, especialmente para os textos escritos, que colocam um problema importante para o engenheiro de comunicações. A mais conhecida é a de Flesch, que se baseia em uma noção um pouco diferente das anteriores: a relação entre as formas elementares que o texto propõe ao receptor e as formas que este é capaz de esperar da mensagem. Flesch, a partir de estudos empíricos, concentrou-se quase exclusivamente em dois tipos de formas estritamente lingüísticas: o comprimento de palavras e o comprimento de frases. Admitiu que a inteligibilidade estava ligada à expectativa por um ouvinte médio de um determinado comprimento de palavras ou de frases. Se sua expectativa é frustrada, se as palavras ou as frases são mais longas do que esperava, ele deve fazer um esforço para apreender as formas relativamente inabituais que lhe são propostas. Fracassa mais ou menos nesse esforço e, por outro lado, há uma certa compensação entre a brevidade das frases e o comprimento das palavras, e assim reciprocamente.

O índice de inteligibilidade, aqui "índice de legibilidade" do texto proposto, é expresso pela fórmula:

$$R.E. = 206,85 - 1,015 \; sl - 0,846 \; wl$$

que adaptamos à língua francesa (Kandel, Moles):

$$FL = 207 - 1,015 \; sl - 0,736 \; wl$$

no qual sl é o comprimento médio das frases em palavras e wl seu comprimento médio das palavras em cartas.

Estendemos este estudo à linguagem falada. O ponto de vista geral de Flesch, segundo o qual as formas percebidas são as formas temporais que têm um determinado comprimento mais ou menos espe-

A TRANSFERÊNCIA DA MENSAGEM CULTURAL 119

rado, continua válida, mas de uma maneira muito mais fluida, pois a própria noção de "palavra fonética" é em si muito vaga, e a noção de "frase falada", isto é, de um todo apreendido como tal pela extensão global da memória auditiva (alguns segundos) ainda não foi suficientemente definida pelo foneticistas no plano experimental, e portanto dificilmente é utilizável em uma medida nela baseada.

§ III — 6. *O problema da atenção.*

A principal diferença entre mensagem falada e mensagem visual emerge muito bem das experiências: o texto escrito é, por definição, alguma coisa de permanente à qual se pode voltar, enquanto o fluxo da palavra no curso do tempo é irreversível e impossível de deter, impondo seu ritmo ao receptor.

Observe-se que o índice de fechamento de uma forma (*Close index* de Taylor) ou índice de legibilidade, ou ainda de audibilidade, se baseia igualmente na concepção estruturalista da Teoria de Informação, a qual admite ser sempre possível, a partir de um certo número de maneiras dentre as quais uma é a melhor, decompor um fenômeno em um mosaico de elementos simples, de átomos de estrutura — letras, fonemas, palavras ou frases — cujo repertório podemos levantar, e que podemos em seguida reorganizar obedecendo a certas regras de coerção, cujo conjunto constitui precisamente a estrutura. É o ponto de vista que serve de base à presente obra, mas convém observar que, sob o ângulo estritamente epistemológico, isso não é necessário: é às vezes mais cômodo apreender a realidade das mensagens de uma outra maneira, em particular tentar reencontrar diretamente as formas globais em suas propriedades de conjunto, de preferência a quebrá-las em elementos atômicos ligados por propriedades de associação (cadeias de Markoff).

Esta observação equivale a dizer que é sempre desejável tentar apreender os mecanismos de percepção ao próprio nível em que deles temos consciência, antes que fazer deles o resultado de um algoritmo intelectual. A psicologia gestaltista pretenderá, por exemplo, explicar o fenômeno da inteligibilidade de uma mensagem pondo em evidência de início alguns *centros de interesse* retirados do campo de percepção e estabelecendo progressivamente o conjunto das ligações entre estes, na própria ordem de nosso mecanismo intelectual. Sabemos que lemos um texto fixando alguns pontos essenciais distribuídos segundo leis que até agora têm desafiado os pesquisadores, e que nosso espírito preenche os vazios entre esses pontos com uma espécie de "material de embalagem" que tem por caráter essencial ser verossímil. Fazemos o mesmo com as imagens do cinema ou do mundo real. Infelizmente, esse processo é extremamente difícil de inserir em um quadro experimental e talvez esteja nisso a superioridade principal da teoria estruturalista ou informacional, que recusa deixar-se circunscrever por um processo real mal definível, e prefere fundar-se em uma estrutura atômica, retocando em seguida as imagens algo artificiais que extrai dela e aí inserindo progressivamente o que pode absorver da psicologia da forma.

Em tudo o que foi visto anteriormente, admitimos tacitamente que o receptor possuía uma virtude essencial ligada a seu estado de receptor, a de estar "atento" às mensagens que chegam até ele. O receptor humano, na realidade, afasta-se notavelmente desta hipótese. Habituado ao mundo no qual vive, sua capacidade de receber e de perceber é condicionada por um grande número de fatores que até o presente permanecem praticamente inacessíveis ao estudo científico. Agrupam-se todos esses fatores sob o nome de *atenção* e seria legítimo completar o esquema simplista que demos supondo a existência de uma espécie de obturador situado entre o receptor e o mundo exterior que se abre e fecha segundo certas leis estatísticas que é possível estudar, mesmo que não disponhamos de mecanismos explicativos para dar conta delas.

Esta faculdade de atenção — ou de desatenção — é essencial nos mecanismos de comunicação de massa, quer em escala individual, quer em escala global: não é porque um leitor comprou um jornal que terá lido a totalidade de seu conteúdo; seriam necessárias para tanto várias horas, e sabemos que a leitura de um jornal raramente leva mais de algumas dezenas de minutos. Não é porque um receptor de rádio funciona das 9 horas da manhã ao meio-dia, como podem indicá-lo os contadores Nilssen, que a empregada escutou o que o locutor disse, ou ouviu aquilo que escutou. Se podemos admitir que um espectador de cinema consagra mais de 99% de seu tempo de presença na sala a olhar a tela (exceto namorados), não é possível admitir que a difusão de um filme em um cinema de uma cidade seja uma razão suficiente para que o público abrangido pelas estatísticas tenha em sua totalidade visto este filme em particular.

É esta noção de atenção que se irá superpor ao fenômeno da inteligibilidade, da retenção, e que rege o consumo efetivo da cultura pela massa do receptor. É extremamente difícil abordá-la no plano racional. A única coisa que podemos fazer é um estudo estatístico das freqüências médias de atenção nesta ou naquela categoria de receptor, mas dificilmente poderemos explicar as motivações deste estado. Essa tarefa remeteria a uma fenomenologia da presença do indivíduo no mundo em que vive.

§ III — 7. *Atenção e retenção da mensagem musical.*

Tomemos de início um caso simples, relativamente bem determinado: o da audição "cultural" da música clássica no

A TRANSFERÊNCIA DA MENSAGEM CULTURAL 121

rádio por indivíduos isolados, no campo social, mas que constituem uma massa. Poderemos discernir aqui os principais fatores em jogo, para transpô-los no domínio, já mais difícil, da mensagem falada, da "informação".

Tentaremos inicialmente especificar as leis relativas à *recepção* da mensagem musical pela massa de ouvintes, e as relações entre a natureza física dessa mensagem, que pertence ao domínio do mensurável, e a reação de ouvintes que, até o presente, parece subjetiva e individual.

Examinemos a situação de receptor do ouvinte individual isolado: este está em um quadro familiar, em uma poltrona à frente do rádio, com seu gato, e eventualmente acompanhado de outros seres humanos. Entrega-se a uma ocupação secundária, fuma, bate papo ou lê. O rádio emite um fluxo de sons ininteligíveis, escutados distraidamente: é um ruído de mobiliário.

Que é que determina as *reações* do ouvinte? O mais objetivo encontra-se na própria fonte: o botão do rádio é um órgão de um ato de julgamento. Somos levados a dividir os ouvintes isolados em três categorias, segundo sua distância ao receptor:

a) o ouvinte tem os botões do receptor ao alcance imediato de sua mão: seu gesto pode chegar à inconsciência;

b) o ouvinte deve, sem se deslocar, fazer um esforço para atingi-los: por exemplo, estender o braço ou mudar a posição, em todo caso, interromper por um instante sua ocupação secundária; seu gesto reclama um julgamento e imprime-se na consciência;

c) deve deslocar-se *para* chegar até o receptor, que não está diretamente acessível. É um *ato* que lhe é exigido.

Esses três graus de esforço determinam a *censura* que o ouvinte exerce sobre aquilo que ouve, e consideramos três casos:

A. O caso mais simples, próximo ao ideal, é o de *escuta seletiva* de um programa ou de um trecho.

Qualquer que seja o tipo de ouvinte (categorias *a, b, c*) ou as qualidades da música, o problema é o mesmo, pois o ouvinte está acostumado a essas condições, e é no quadro destas que manifesta seu desejo. A escuta é em princípio mais ou menos total, isto é, a atenção do ouvinte é monopolizada pela música, exceto por uma ocupação secundária. É a esse estádio ideal a que desejariam chegar os fabricantes de música radiofônica: compositores, regentes, organizadores de programas. Expresso em hora/ouvintes, esse modo de escuta representa uma porcentagem ínfima do programa previsto, e difere pouco daquilo que o ouvinte teria feito em uma sala de concerto, embora as condições materiais da mensagem sonora, laminada na transmissão, esquelética, pobre em harmônicos, esquematizada, sejam muito diferentes.

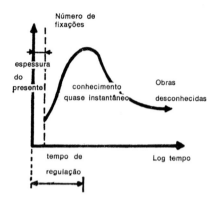

Fig. III-7. — *Sintonização de reconhecimento, por um ouvinte, de uma estação de radiodifusão de um programa musical.*

Esta curva qualitativa resume um grande número de dados de experiências estatísticas sobre a maneira como um ouvinte, situado junto ao receptor, escolhe um programa em estações de radiodifusão que irradiam música. Ela constitui um dado com relação a esses processos de seleção aleatória que intervêm no ciclo cultural. Abaixo da espessura do presente, a mensagem apresenta-se como um ruído informe, não retém o ouvinte. Depois, intervém um tempo de regulação, que dá ao ouvinte o prazo para reconhecer uma obra já conhecida. Quanto menos a obra é conhecida, mais tempo precisa e menos demorará antes de procurar outra coisa.

B. O segundo tipo de escuta é a escuta de ambiência: a torneira de música aberta fornece um fundo sonoro, uma música de mobiliário, regulada de maneira a não ser agressiva, enquadrando-se com a ocupação secundária do ouvinte. A psicologia da atenção está ainda muito pouco avançada para resolver a questão, mas parece que a mensagem musical não penetra na memória e provavelmente não provoca uma percepção eficaz: a que determina as reações. O ouvinte conserva a faculdade de orientar sua atenção por instantes para a mensagem sonora. Absorve-a(?) passivamente desde que ela não seja, do ponto de vista de sua cultura musical, notável nem para bem nem para mal. Nenhuma regulação é efetuada, em geral, e as condições físicas da escuta serão regidas por:

a. ausência de estática e ruídos erráticos;

b. uma dinâmica reduzida sem *fff* violentos

$$(20 \log_{10} \frac{ppp}{fff} = 10 - 15 d\text{B});$$

c. uma distorção amiúde notável *(shifting)*.

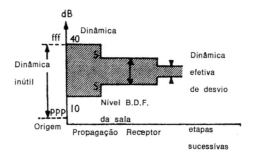

FIG. III-8. — *Redução da dinâmica na transferência da mensagem musical de uma sala de concertos até um receptor situado em um cômodo de apartamento.*

Do ponto de vista da sociologia cultural, esse modo de escuta, que praticamente não exerce maior efeito sobre o ouvinte que o trânsito na rua ou a cor do teto, apresenta um interesse bem restrito. Desde que haja *orientação,* a audição decorre do último modo de escuta que consideraremos com maior detalhe, visto que põe em relevo os fatores determinantes da escuta isolada ou coletiva.

C. *A escuta de procura:* o ouvinte gira o botão procurando "alguma coisa" que lhe retenha a atenção: é governado exclusivamente pelo princípio do prazer; fica com o que lhe agrada, com o que o atrai, com o que o interessa ou espanta, mas não é, em princípio, capaz de esforço de atenção, que só virá após a sintonização:

Três fatores intervêm:

1. fator de reconhecimento,
2. fator de qualidade,
3. fator de vivacidade de impressão (*vividness*).

O fator de reconhecimento resulta de um axioma bem conhecido pelos produtores: o ouvinte médio (os profissionais são um caso desprezível) só se interessa por aquilo que conhece, isto é, por aquilo que já entende, e tanto se interessa mais quanto melhor o conhecer. Isso põe em jogo a própria noção de cultura musical, em conformidade com a idéia de uma reação do público sobre seus criadores. Cem compositores e quinhentas obras representam a *totalidade* do universo musical de 9 999/10 000 ouvintes. A sociologia musical pode portanto fazer um quadro de *cotas* de músicos que descreve adequadamente a cultura *standard:* 14 compositores representam a metade da música, 35 compositores perfazem três quartos.

A percepção é caracterizada pelo *prazo de reconhecimento,* lapso de tempo que decorre entre o momento de captar uma estação e a *decisão de interesse*. Esse lapso de tempo, nunca inferior a $\theta = 0,2$ s(espessura do presente) é empregado na construção e na integração da forma musical no espírito do ouvinte. Ora, a construção de uma forma cada vez mais acabada requer detalhes que crescem exponencialmente com o tempo. Buscando em um ouvinte as diferentes durações de reconhecimento para múltiplos trechos que escuta, restringindo-nos a audições de escuta perfeitamente satisfatórias e traçando a população dessas durações em função do logaritmo do tempo, encontramos a curva da Fig. III-7. A origem corresponde ao reconhecimento instantâneo de um compositor que, contrariamente ao que levariam a crer as teorias da forma, existe efetivamente: fizemos experiências com recortes de trechos cada vez mais curtos, descendo até ¼ de segundo. Nessas condições, o reconhecimento efetuado por certos ouvintes não é mais o de um trecho, e sim o de um *compositor,* e é preciso esperar de 1 a 2 segundos, tempo de formação de um padrão melódico, para que o reconhecimento incida sobre o trecho — naturalmente, nos casos ótimos. Essas experiências estabelecem *objetivamente* a existência de um *estilo* Mozart, Beethoven, etc., não somente na composição da orquestra, mas na escrita harmônica mais vertical possível: a assinatura dos grandes compositores encontra-se no timbre de um único acorde.

O máximo da curva (Fig. 7), entre 5 e 10 segundos, é a duração média de uma frase musical: o reconhecimento é aqui de ordem melódica, é o da maioria dos ouvintes. O histograma decresce depois regularmente: as durações de reconhecimento tendem ao infinito para um grande número de indivíduos, pois não há mais procura, mas escuta orientada para o reconhecimento "semântico" do trecho ou do compositor. Deve-se, aliás, superpor a esse tempo de reconhecimento o tempo de sintonização, muito variável segundo as estações, durante o qual já se opera a atenção.

O *segundo fator* que entra na escuta de procura é a qualidade, principalmente a "dinâmica" da mensagem transmitida. A influência de fatores de familiarização é tão enorme que é extremamente difícil fazer medidas: limitar-nos-emos portanto a indicações gerais. A dinâmica (Fig. 3) é limitada superiormente pela potência do receptor, com uma taxa de distorção claramente perceptível (10% a 15%). Inferiormente, ela é limitada:

a) pelo ruído de fundo intrínseco ao canal: ruídos parasitas, estática, interferências, etc.;

b) pelo ruído de fundo da sala de escuta; sendo este geralmente:

— inferior ao precedente na escuta isolada,

— superior ao precedente na escuta familiar.

A TRANSFERÊNCIA DA MENSAGEM CULTURAL 125

QUADRO III-II

A COTA DOS COMPOSITORES SEGUNDO A DIFUSÃO GLOBAL DE SUAS OBRAS

Classe	Compositor	Cota %	Classe	Compositor	Cota %
1	Mozart	6,5	42	Saint-Saëns	0,5
2	Beethoven	6,2	43	Rousseau	0,4
3	Bach	6,0	44	Massenet	0,4
4	Wagner	4,6	45	Donizetti	0,45
5	Brahms	4,3	46	Glück	0,35
6	Schubert	3,8	47	Scriabin	0,35
7	Haendel	2,8	48	Meyerbeer	0,35
8	Tchaikovski	2,7	49	De Falla	0,35
9	Verdi	2,6	50	Paganini	0,35
10	Haydn	2,3	51	D. Milhaud	0,3
11	Schumann	2,3	52	Bela Bartok	0,3
12	Chopin	2,3	53	Borodine	0,35
13	Liszt	1,80	54	Brückner	0,25
14	Mendelssohn	1,80	55	Vivaldi	0,35
			56	Elgar	0,3
15	Debussy	1,7	57	Mascagni	0,3
16	Wolf	1,7	58	Offenbach	0,2
17	Sibelius	1,6	59	Palestrina	0,2
18	R. Strauss	1,4	60	Monteverdi	0,2
19	Mussorgski	1,31	61	Shostakovitch	0,2
20	Dvorak	1,31	62	Schoenberg	0,2
21	Stravinsky	1,30	63	Walton	0,2
22	Fauré	1,21	64	Honegger	0,2
23	J. Strauss	1,20	65	Albeniz	0,2
24	Rachmaninof	0,7	66	Buxtehude	0,2
25	Smetana	0,85	67	Chabrier	0,2
26	Purcell	0,85	68	Delius	0,2
27	Puccini	0,85	69	Gershwin	0,2
28	Grieg	0,6	70	Lully	0,2
29	Weber	0,6	71	Suppé	0,2
30	Prokofiev	0,6	72	A. Thomas	0,2
31	Rossini	0,6	73	E. Bloch	0,2
32	R. Korsakov	0,6	74	Delibes	0,2
33	D. Scarlatti	0,6	75	Poulenc	0,2
34	Berlioz	0,6	76	Glazunov	0,2
35	Ravel	0,5	77	Glinka	0,1
			78	Granados	0,1
36	C. Franck	0,5	79	Gretchaninof	0,1
37	Gounod	0,5	80	Hindemith	0,1
38	V. Williams	0,5	81	Josquin des Prés	0,1
39	Bizet	0,5	82	Khatchaturian	0,1
40	Couperin	0,5	83	Lalo	0,1
41	Mahler	0,5	84	Leoncavallo	0,1

A metade da música clássica em hora (lista pouco variável em função do tempo).

Vistas estas condições, a dinâmica de escuta pode ser bastante baixa: na enorme maioria dos casos, torna-se independente da dinâmica do emissor, o que mostra o interesse que o sistema transmissor pode ter: o rádio, a incitar o público, por uma propaganda técnica, a melhorar as condições de escuta, pois o ouvinte só utiliza uma parte ínfima do que lhe fornece o emissor.

  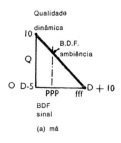

Fig. III-9.a, b, c. *Qualidade dinâmica do sinal e acesso à mensagem musical.*

Estudos anteriores mostraram que era legítimo medir a qualidade dinâmica de um canal de transmissão pela porcentagem de dinâmica real relativamente a uma dinâmica requerida pela mensagem a transportar, acrescida de 5 dB, do lado dos *pianissimi*, e de uma dezena de dB, do lado dos *fortissimi*. Se, por exemplo, é preciso transmitir uma mensagem de fala cuja dinâmica efetiva é de 25 dB, um canal com uma amplitude dinâmica de 5 + 25 + 10 dB representaria a perfeição. Os exemplos B e C mostram dois casos particulares típicos.

O nível absoluto, em fônios, é determinado, na verdade, em cada caso particular, por condições psicoacústicas de escuta em um aposento de apartamento, mas o que se impõe à atenção é a dinâmica eficaz, a amplitude do canal temporal, leito de Procusto no qual se comprimiu a música.

Experiências efetuadas anteriormente (1954, Moles) indicaram que se pode qualificar de transmissão *dinamicamente perfeita* um canal no qual o nível de ruído de fundo é inferior em 5 dB ao dos *ppp* do sinal transmitido. Analogamente, uma transmissão é inutilizável quando o nível do ruído (espectro uniforme) é *superior* em 10 dB aos *fff*: a qualidade dinâmica é nula. A variação é sensivelmente linear entre esses dois limites, donde uma medida da qualidade dinâmica de um sinal sonoro para determinada transmissão, supondo-se os *fff* regulados sem distorção, o que o ouvinte musical faz de ordinário (Fig. III-9). O conceito de ruído de fundo tem uma enorme importância psicológica: representa o *fundo* sobre o qual se destaca a *Gestalt* sonora. Experiências múltiplas mostraram que o nível dos *fff* de uma mensagem musical deve:

— *Para ser audível praticamente sem esforço* (Fig. III-9 b): ultrapassar cerca de 10 dB o nível do ruído global (ruído de fundo do canal + ruído ambiente). Essas são as condições de escuta da ambiência.

— *Para impor-se diretamente à atenção* (Fig. III-9 c): interrompendo as ocupações secundárias, ultrapassar em cerca de 20 dB o nível do ruído. Essas são as condições da escuta seletiva: a música impõe-se ao pesquisador, que deve fazer um juízo sobre ela; são essas as condições técnicas rumo às quais esforçar-se-á a música transmitida pelo rádio.

Outros fatores além da dinâmica intervêm na atenção do ouvinte: amortecimentos e flutuações do nível muito sen-

A TRANSFERÊNCIA DA MENSAGEM CULTURAL   127

síveis em ondas curtas, ruídos parasitas acidentais e interferências na medida em que se diferenciem do ruído de fundo, e finalmente a distorção de freqüências; quase não insistiremos sobre eles, não por não terem importância, mas porque, ao contrário, são tão importantes que eliminam, para o melômano ou o amador da cultura, a fixação sobre quase *todas* as estações de radiodifusão (assim, as ondas curtas estrangeiras dão campos inferiores a $500\,\mu\,V/m$) e reduzindo a audição à de 4 a 6 programas no máximo. Do ponto de vista musical, o rádio *não é* uma janela aberta para o mundo, mas uma escolha entre quatro programas: são estes os únicos que podem entrar em consideração na escuta de procura musical.

O terceiro fator que intervém na escuta de procura é a *vivacidade de impressão* ligada ao conteúdo informativo da mensagem. Toda mensagem temporal transporta simultaneamente duas informações: uma informação semântica, fator codificado, enunciável, traduzível em uma partitura ou em uma linguagem qualquer, e uma informação *estética,* que exprime a percepção não-inteligível do sinal musical. Cada uma dessas informações, independentes mas transportadas pelos mesmos elementos acústicos do sinal, é uma *quantidade* medida pela originalidade da combinação de símbolos estéticos e semânticos retirados de seus *códigos* respectivos (repertório de símbolos): o ouvinte só é capaz de apreender uma certa *vazão média* de informação. Se uma informação ultrapassa essa taxa crítica, quer seja semântica (melodia muito complexa ou recorrendo a acordes demasiado sutis para a educação musical do ouvinte) ou estética (timbres demasiado ricos ou rapidamente variáveis), o ouvinte não mais a percebe como tal: é afogado. O ouvinte contorna isso por audições repetidas que diminuem progressivamente a originalidade — é a *aprendizagem* que torna mais familiares os símbolos utilizados. Esta dupla dialética do banal e do original, aplicada às informações semântica e estética, rege a organização e a percepção das mensagens e, em particular, da mensagem musical, onde a informação estética desempenha um papel essencial, enquanto a informação semântica é preponderante na linguagem inteligível.

A vazão de informação varia a cada instante na mensagem musical, intensa em certos momentos, fraca em outros; há uma espécie de alternância entre originalidade (e informações) semântica e estética (Fig. III-10). Há leis que governam essas alternâncias em lapsos de tempo da ordem de 5 a 10 segundos, leis estas que dão acesso às estruturas da composição musical; reteremos:

a) que a originalidade de um *pattern* musical simples (tema melódico tocado à flauta ou ao piano sem acompanhamento) decresce com a repetição desse *pattern* como o

128 SOCIODINAMICA DA CULTURA

logaritmo binário do número de repetições: donde a importância de repetições, fugas, variações, etc. na composição;

b) no caso de temas complexos, onde os *patterns* evoluem no decurso da repetição (fuga), a originalidade decresce mais lentamente (Fig. III-6);

c) no caso de temas complexos com acompanhamento, etc., a cada apresentação de um novo *pattern* a originalidade apresenta uma pulsação brusca, variando por pacotes discretos sucessivos.

A lei fundamental que governa a atenção à música é que a taxa de originalidade — a vazão de informação — não deve *ultrapassar* e *manter-se* durante mais que uma duração máxima de presença à percepção (da ordem de 4 a 8 s) acima de um certo *limite de apreensão,* função crescente da cultura musical do ouvinte considerado. A arte de compor música, *na medida em que esta pretenda ser acessível à atenção espontânea ou dirigida,* obedece à regra de alternância de partes banais ou originais, semânticas e estéticas segundo duas políticas extremas:

a) a informação estética e semântica é fornecida por pacotes de densidade reduzida, separados por evoluções melódicas ou harmônicas que se desenvolvem na duração ou abaixam aos poucos a taxa de originalidade até o pacote seguinte (Mozart, Haydn, etc.);

b) a informação estética é fornecida por pacotes de densidade elevada nos intervalos em que a informação semântica diminui (Debussy, Stravinsky, Schoenberg).

Na duração da primeira percepção (5 a 10 primeiros segundos), a atenção é melhor atraída pelo primeiro modo: o da música "clássica".

Isso é verificado, por exemplo, pelos "prefixos musicais", carregados de sentido, altamente codificados, mas cuja originalidade tende a zero e que só valem por sua própria presença e pelo conjunto de significações a eles ligados: "são tantas horas, estamos ouvindo a emissão em alemão da B.B.C.", etc., quando já foram escutados centenas ou milhares de vezes. Encontramos aqui uma dialética entre *preguiça* auditiva, que tende a se orientar em direção ao mais fácil, e *vigor* da impressão nova, que recorda o princípio do menor esforço de Zipf.

O estudo aprofundado das estruturas da composição de peças clássicas ou modernas com base na densidade média e instantânea de informações estética e semântica permitirá portanto prever, conhecendo por outro lado a curva das capacidades de apreensão na população ouvinte, as reações estatísticas desta.

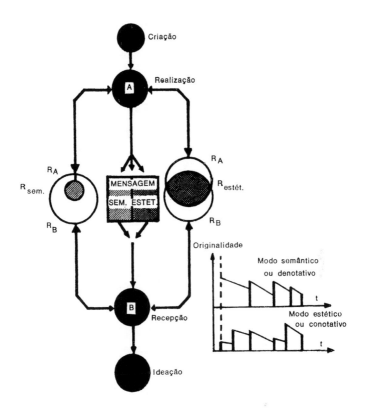

Fig. III-10. — *Modos semântico e estético de apreensão da mensagem.*

Em cada nível de comunicação entre o emissor e o receptor para um canal qualquer, é sempre possível distinguir dois aspectos na mensagem. De um lado, o aspecto semântico, correspondente a um certo repertório de signos normalizados, universais. De outro, o aspecto estético (MOLES) ou ectossemântico (MEYER-EPPLER), que é a expressão de variações que o sinal pode sofrer sem perder a especificidade em torno de uma norma; essas variações constituem um campo de liberdade que cada emissor explora de maneira mais ou menos original. A mensagem que chega ao receptor pode, portanto, ser considerada como a soma das informações propriamente semânticas H_s e estéticas H_e.

§ III — 8. *A arquitetura informacional da mensagem.*

Mostramos nos parágrafos anteriores que a mensagem do mundo exterior ao indivíduo, de que a obra de arte constitui um caso particular, é composta de uma multiplicidade finita de mensagens superpostas, cujos repertórios R_1, R_2, R_n e códigos C_1, C_2, C_n constituem uma hierarquia de níveis definíveis pelo observador. Esses repertórios de signos são superpostos, no sentido de que, em cada nível, signos de sub-rotinas de agrupamentos estereotipados constituem "supersignos", válidos como signos simples ao nível do repertório imediatamente superior. Assim, cada agrupamento estereotipado pela influência de certas regras de código edifica elementos, apreciados como simples pelos mecanismos da integração perceptiva, e esse processo se renova aos níveis sucessivos.

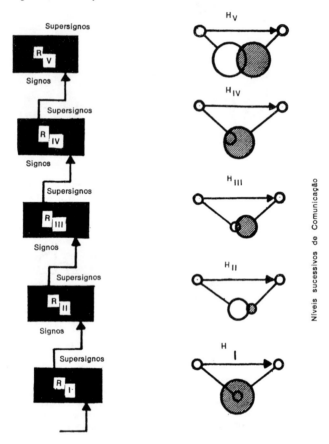

FIG. III-11. — *Arquitetura informacional da mensagem e hierarquia dos níveis.*

Sabemos que, em uma mesma mensagem real, entre operadores humanos, receptor e emissor distinguem espontaneamente uma hierarquia de níveis que correspondem a repertórios de signos diferentes. Assim: manchas luminosas, letras do alfabeto, palavras, expressões, elementos sintáticos, correspondem na linguagem escrita a uma série de níveis superpostos. Os signos em um nível aglomeram-se de maneira estereotipada para constituir supersignos — por exemplo, palavras — que, por sua vez, são signos elementares ao nível superior, etc. O ato de comunicação comporta pois, de fato, uma série de comunicações a cada um desses níveis, cada qual com seu repertório, com seu grupo de probabilidades, com suas estruturas próprias medidas pela redundância. A mensagem apresenta-se então como uma hierarquia de comunicações parciais que são relativamente independentes umas das outras.

Sabemos, por outro lado, que esta compreensão só é possível ao nível considerado se o excesso relativo do número de signos em relação ao número que seria estritamente necessário quando utilizados de maneira "ótima", isto é, eqüiprováveis, excesso este medido pela redundância da mensagem, for ele próprio suficiente, isto é, se a originalidade for diluída, empacotada em um número suficiente de signos isoláveis em relação ao prazo de apreensão.

Esse prazo é ele próprio determinado pelo modo físico de apercepção da mensagem (exploração, leitura, globalidade, etc.). Em outros termos, admitindo que o espírito humano não possa absorver mais que cerca de 16 a 20 *bits* de originalidade por segundo (Moles, 1956, Frank, 1960), é preciso que, ao nível em que se situa nossa atenção, a mensagem possua uma redundância tal que a vazão de originalidade que propõe seja desta ordem para que ela seja perfeitamente apreendida e compreendida. Se esta redundância for muito inferior, a informação, a originalidade, é então muito grande, o espírito do receptor "renuncia" para eventualmente reportar-se a níveis mais acessíveis. Se, ao contrário, esta redundância for muito superior (informação muito fraca), o espírito humano se desinteressa de uma mensagem muito banal, para eventualmente reportar-se a um outro nível mais "interessante".

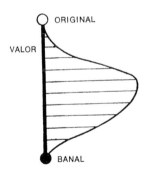

FIG. III-12. — *Ponderação de valores da mensagem em função de sua originalidade.*

A noção de valor de uma mensagem para um receptor dado equivale a associar a essa mensagem um "valor" numérico que exprime a importância que terá sobre o comportamento do receptor. Sabemos que, a um nível dado, para um determinado repertório de signos, a medida estatística mais geral da mensagem é a complexidade do agrupamento de signos que ela representa. Sabemos também que uma mensagem perfeitamente repetitiva, indefinidamente idêntica a si mesma, tem um valor nulo para o receptor, assim como uma mensagem perfeitamente desordenada, totalmente imprevisível, na qual ninguém pode reconhecer nenhuma forma. Entre os dois extremos, a mensagem adquire um certo valor máximo para um certo ponto da escala de oposição entre banal e original. Podemos, portanto, dizer que a curva de valor relativo da mensagem a esse nível tem uma forma derivada da aqui representada. Ela apresenta uma zona de valor máximo que decresce pouco a pouco de cada lado. Uma experimentação sistemática, tal como a efetuada nos laboratórios de Estética, permite concretizar, em alguns casos favoráveis, uma curva desse tipo (Berlyne).

A função realizada pela obra de arte é precisamente sempre levar ao receptor informação "demais", originalidade "demais"; é o que se chama de "riqueza perceptiva" da obra de arte. Esse "demais", contudo, deve ser em quantidade definida. Para especificar, suponhamos uma mensagem simplificada elementar, que se desenrola em um nível único, tendo um único repertório de elementos, um único nível hierárquico. A noção de *valor* da mensagem está ligada, entre outras coisas, ao afastamento entre a capacidade de apreensão de originalidade do receptor particular considerado e a quantidade H_1 efetiva que lhe é proposta pela obra, isto é, pelo emissor (a mensagem artística), ponderada, segundo uma curva decrescente, de ambos os lados, por um ótimo A_1 característico do receptor, ao passo que H_1 é característico da mensagem.

$$\text{Valor} = f(A_1 - H_1).$$

Retomemos então uma mensagem real, tal como nos é proposta pela obra de arte, caracterizada por uma multiplicidade de signos superpostos em uma hierarquia.

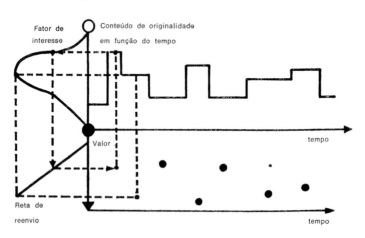

FIG. III-13. — *Flutuação de originalidade e atração do indivíduo.*

Uma mensagem longa (trecho de música, por exemplo) é apreendida pelo indivíduo no decurso do tempo por intermédio de uma janela de percepção temporária da ordem de uma dezena de segundos em torno do instante presente, durante o qual ele avalia a originalidade média da mensagem, grandeza ligada diretamente à atração ou interesse que tem, por intermédio de uma espécie de ponderação, não devendo a mensagem ser para ele nem muito original (muito complicada) nem muito previsível (muito banal). Podemos portanto estimar, como o fez em particular HILLER nos Estados Unidos, as

A TRANSFERÊNCIA DA MENSAGEM CULTURAL 133

variações globais de originalidade dessa mensagem no decurso do tempo e transportar, por intermédio de uma curva de ponderação dependente do indivíduo e situada à esquerda, as variações de seu interesse em função do tempo. Esse mecanismo corresponde bem ao da percepção musical, mas permanece, no estado atual de nossos conhecimentos, muito teórico, pois dispomos de muito poucos dados sobre o fator de interesse do indivíduo.

Sabemos, como observamos, de outra maneira, que:

os valores de redundância: $\qquad$ $r_1, r_2, r_3, \ldots, r_n$

ou de quantidades de informação: $\qquad$ $H_1, H_2, H_3, \ldots, H_n$

relativas aos repertórios: $\qquad$ $R_1, R_2, R_3, \ldots, R_n$

constituem uma verdadeira *descrição métrica* da mensagem, como a planta de um arquiteto para uma casa.

Sabemos também que a série de valores de apreensão característicos $A_1, A_2, A_3, \ldots, A_n$ relativos aos mesmos níveis do repertório $R_1, R_2, R_3, \ldots, R_n$, mas dessa vez no espírito do receptor, representa as *estruturas* respectivas desse. Vemos então que se trata de estabelecer uma correspondência, um ajustamento dos $A_1, A_2, A_3, \ldots, A_n$ com os $H_1, H_2, H_3, \ldots, H_n$ para ter a certeza de que ela estará em todos os níveis sucessivos que a obra comporta, precisamente na medida em que cada um destes se dirige a uma estrutura integrativa particular da "mentalidade" (Grey Walter) do receptor. A quantidade de originalidade deve sempre ultrapassar a capacidade do receptor em cada nível, mas trata-se de uma quantidade H muito crítica e que está ligada diretamente ao sentimento de valor artístico global.

Em outros termos, figuremos a hierarquia de repertórios:

$$R_1, R_2, R_3, \ldots, R_n$$

com seus códigos de agrupamento:

$$C_1, C_2, C_3, \ldots, C_n \qquad \text{de um lado}$$

e a dos níveis de apreensão correspondentes:

$$R'_1, R'_2, R'_3, \ldots, R'_n$$

com seus códigos de associações normais:

$$C'_1, C'_2, C'_3, \ldots, C'_n \qquad \text{de outro lado.}$$

O desequilíbrio relativo em cada nível estabelece, para cada um desses níveis, uma certa contribuição ao valor:

$$V_1, V_2, V_3, \ldots, V_n \qquad \text{etc.,}$$

que é legítimo chamar de artística ou perceptível, função ponderada de diferenças:

$$H_1 - A_1, H_2 - A_2, H_3 - A_3, \ldots \text{ etc.}$$

Admitiremos em primeira aproximação que esses valores parciais sejam aditivos:

$$V = V_1 + V_2 + \ldots + V_n$$

Disso resulta uma *compensação de níveis de apreensibilidade* que é uma das regras fundamentais da obra de arte. Sabe-se, por exemplo, que quem examina um quadro dissocia quase espontaneamente os diferentes níveis, de modo bem particular, quando o quadro não é perfeitamente satisfatório a este ou àquele nível, infletindo espontaneamente sua atenção para um outro nível no qual encontra uma satisfação particular. É possível, no plano experimental, fazer emergir esses níveis por técnicas tais como a ocultação por grades de diferentes espessuras.

Há, portanto, diferentes maneiras de apreender a mensagem, de atribuir-lhe um valor, e essas maneiras compensam-se umas às outras. Pode-se legitimamente pensar que aquilo a que se convencionou chamar de "obras-primas" corresponde a uma adaptação conveniente em todos os níveis sucessivos da hierarquia de excedentes de informação, proporcionando simultaneamente a riqueza de renovação e a plenitude que as caracterizam.

Fig. III-14. — *A arquitetura informacional da obra de arte como um sistema de comunicação múltiplo.*

Como vimos anteriormente, a mensagem apresenta-se como uma hierarquia de níveis fenomenológicos de comunicação que se correspondem entre emissor e receptor. A cada um desses níveis, oferece um modo estético e um modo semântico de apreensão. A cada um desses níveis, o receptor aprecia um valor diferente, função do afastamento entre seu ótimo de apreensão (máximo da curva de valor) e a complexidade da mensagem que lhe é proposta. Experiências simples de Psicologia parecem mostrar que o valor global para um indivíduo está ligado à soma dos valores parciais a cada um dos níveis que ele é capaz de distinguir, no plano semântico e no plano estético. Podemos mostrar que a estruturação espontânea em níveis, que o receptor discerne na mensagem, está ligada ao máximo da soma de diferentes valores parciais (hipótese de ofelimidade). A cada instante da duração da percepção, o receptor situa-se mais particularmente em um nível diferente segundo regras mal conhecidas, que foram sumariamente estudadas apenas na passagem de pontos de fixação de leitura, da escala de palavras à das letras, por exemplo, mas sobre as quais a Estética Experimental dá algumas indicações no domínio da Pintura. Sabe-se igualmente que se produz uma certa compensação entre complexidade semântica e complexidade estética no interior de uma mensagem musical "bem" composta. Esse mecanismo é, portanto, muito complicado, e só pode ser abordado em conjunto por modelos analógicos.

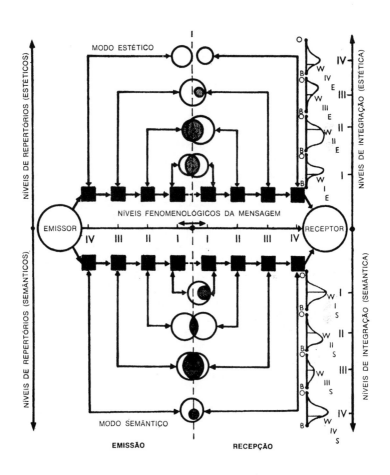

136 SOCIODINÂMICA DA CULTURA

Convém, enfim, relembrar que esta análise, para ser válida, é sempre associada a cada dimensão das mensagens, no caso presente, da obra de arte: em particular à dicotomia fundamental das dimensões — semântica (universal) e estética (sensível) — quanto a cada nível, e que a análise deve ser estendida nessas duas dimensões para cada uma das hierarquias que se podem nela apresentar:

$$V_{s_1} + V_{s_2} + \ldots\ldots V_{s_n} = V_s$$

$$V_{e_1} + V_{e_2} + \ldots\ldots V_{e_n} = V_e$$

Todas essas grandezas são adicionáveis por dimensões, para dar lugar à idéia de um valor global semântico ou estético da obra (Moles 1956 b; 1960) e, por outro lado, são adicionáveis por níveis para dar lugar a um valor hierárquico de níveis respectivos.

O que é interessante é que podem haver compensações semânticas ou estéticas de excedentes de originalidade, e isso está na base de algumas regras fundamentais da *composição*. Esta última parece ser, a partir desta descrição arquitetural da obra artística, um jogo de compensação entre as diversas hierarquias de originalidade para permitir ao receptor ter sempre um *mínimo de facilidade* de acesso à mensagem que lhe é proposta. Os exemplos desta maneira de fazer são extremamente freqüentes na Música e no Cinema, que provavelmente incluem-se entre as artes que levaram mais longe a teoria da "composição". Relembremos de passagem a dialética dos timbres e durações, a das percepções polares e lineares de Wellek, o jogo entre melodia e harmonia, etc. Todas as estruturas da mensagem sonora são regidas por uma compensação dialética entre duas categorias de mensagens, correspondentes a duas espécies de repertórios diferentes.

§ III — 9. *Os processos de difusão no campo sociométrico.*

A recepção de mensagens culturais emitidas pelos *mass-media* possui dois aspectos extremos no plano sociométrico. De um lado, a recepção pelo indivíduo isolado, o cenobita da cultura, eternamente solitário frente a seu receptor de rádio, com seu livro ou jornal ou ainda na torre de marfim de seu laboratório. De outro, a recepção por um indivíduo totalmente *imerso* naquilo que se pode chamar de campo social, ou, em suma, na coletividade. Nesse processo ele se encontra em comunicação quase permanente com seus congêneres. A audição familiar do rádio, a absorção de música em um concerto, a leitura do jornal em grupo no metrô ou em um *kibutz* são exemplos de recepção mais ou menos coletiva, na qual as reações do indivíduo ligam-se parcialmente a seu meio e determinam seu modo de percepção.

Esses dois modos extremos que descrevemos acham-se sempre confundidos; na prática, o indivíduo isolado praticamente não existe na cultura de massa, e sobretudo a retenção que tem da mensagem é *sempre* função da sua atividade de emissor secundário, dando lugar a um processo de difusão no interior do subconjunto social do qual ele faz parte. Isto conduz ao estudo desta difusão no campo social e ao problema da interação entre a estrutura desse campo e a percepção de itens pelo maior número.

A noção de campo social foi bem esclarecida pelos conceitos sociométricos provenientes da obra de Moreno, que se baseiam em uma teoria estruturalista desse campo, conduzindo a uma espécie de alquimia social. Os indivíduos serão considerados como *átomos* capazes de ligações uns com os outros, e serão esquematizados por círculos dos quais partem e aos quais conduzem flechas, interligando-os a outros átomos, sendo as flechas mais ou menos espessas segundo a intensidade das relações entre esses indivíduos. Observe-se, do ponto de vista epistemológico, que o termo "campo" aplicado a átomos unitários é um abuso de linguagem, pois a essência de um campo é ser *contínuo*. Esta extensão, na verdade, é cada vez mais válida exatamente na medida em que a sociometria considera os indivíduos cada vez mais "de longe", e tende a assimilá-los aos grãos de areia ou às partículas de um sistema em escoamento.

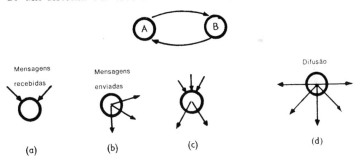

Fig. III-15. a, b, c, d. — *Simbolismo elementar da sociometria.*

A sociometria, criada por MORENO, representa graficamente as relações entre indivíduos por círculos que trazem os nomes de indivíduos e flechas que partem destes. Distingue-se a comunicação recíproca, como a da conversa, da difusão, como a do rádio, onde a razão de receptor para emissor é muito maior que 1. Os indivíduos apresentam-se então como átomos do campo social que se podem agrupar conforme diversas configurações, entre as quais a sociometria distingue: o par (díade), o grupo (3, 4, 5 participantes ou mais), na qual as trocas entre indivíduos permanecem todas equivalentes, a estrela, caracterizadas pela presença de um indivíduo cujas trocas são muito mais fortes que as dos demais e, enfim, o grupo de conselheiro secreto, onde esse último indivíduo, chamado *leader,* encontra-se ligado fortemente com um conselheiro, ou eminência parda, pouco conhecido pelos outros membros do grupo.

A sociometria, concebida como química social, partirá do *microgrupo* — objeto dos trabalhos de Moreno — e distinguirá de início os indivíduos por seu nome e por suas *propriedades relacionais*. Ela procurará caracterizar um certo número de tipos de "moléculas sociais" constituídas com diferentes modelos de átomos agrupados segundo estruturas definidas, e chamará de *microgrupos* todas as "moléculas" constituídas de elementos que se reconhecem individualmente pelo nome e, por conseqüência, que são estritamente individualizadas; uma família é um microgrupo, um grupo de trabalho também o é, o salão de Madame Z, oferecendo chá às quintas, das 5 às 7 horas, é um outro.

A Fig. III-15 lembra alguns desses tipos de moléculas elementares que a sociometria reconhece na base da intensidade das trocas. Ela é capaz de objetivar essas trocas: a observação ou a investigação sociométrica são de fato capazes de proporcionar uma medida da intensidade estatística das relações entre dois indivíduos por um coeficiente que será designado por A_{ij}, coeficiente que seria a medida exata da espessura da flecha que interliga o átomo *i* ao átomo *j*.

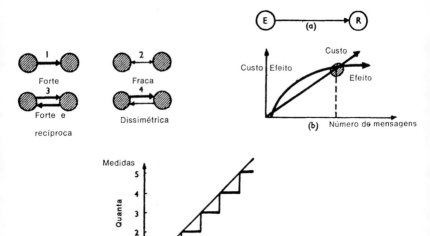

Fig. III-16. — *A medida da atividade de comunicação*.

A espessura e o sentido das flechas que interligam dois átomos sociais oferecem uma primeira esquematização das relações entre indivíduos. Podem-se fornecer medidas precisas desses, a partir do número de mensagens trocadas, como o indica a curva acima, e, aplicando a lei de FECHNER, quantificar essas trocas, em, por exemplo, 5 graus de atividade.

Esta flecha pode ter dois sentidos, de *i* para *j* — são as relações que o indivíduo *i* *emite* para o indivíduo *j* — e de *j* para *i* — são as relações que o indivíduo *i recebe* do indivíduo *j*. Na prática, o coeficiente A será medido em uma escala de valor logarítmico a partir da quantidade física de mensagem ou de signos que passam de *i* para *j* ou reciprocamente, isso de acordo com a lei de Fechner e com as leis fundamentais da Teoria da Informação (teoria de Hartley):

$$A_{ij} = K \log_2 \frac{N_{ij}}{N_o}$$

sendo N_{ij} a quantidade de mensagem ou de signos transmitidos e N_o uma grandeza de referência escolhida geralmente como sendo a *média* das relações no interior do grupo considerado, nas condições consideradas.

Os esquemas que se pode traçar a partir da ligação de flechas de diferentes átomos sociais quantificam geralmente, por razões de simplicidade, essas escalas em 2, 3, 5 ou 7 valores, aumentando, aliás, a similaridade dessas flechas com as valências da Química.

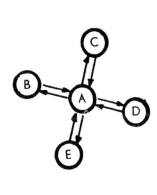

Fig. III-17. — *Quando um grupo conta com cinco ou seis indivíduos, pelo simples fato de cada um dentre eles possuir um potencial de relações (tempo médio disponível para a comunicação, por exemplo) limitado, um ou vários dos indivíduos acham-se mais aptos para a comunicação. Acontece que há aqui um fenômeno de automanutenção: quanto mais ele comunica, melhor encontra-se em situação de comunicar. Esse indivíduo A, na figura abaixo, acha-se conduzido progressivamente a "especializar-se" nesta atividade, isto é, a desempenhar o papel de* leader *de comunicação. É por ele que as comunicações dos outros tendem a passar, mais que pela comunicação direta: ele se encontra no centro da rede que se constitui em torno dele. É o que se conhece por microgrupo com* leader, *ou grupo em estrela.*

Essas relações podem ser de natureza bastante variada, segundo o tipo de atividade pela qual se interessa o observador; reencontramos aqui o delicado problema dos *planos fenomenológicos do real* que rege toda observação científica. As relações que os indivíduos podem ter uns com os outros podem ser de ordem muito diversa, e a sociometria clássica (Moles, 1964) reconhece geralmente três delas como importantes:

As relações emocionais: Até que ponto é um indivíduo atraído ou repelido por um outro, em uma "potencialidade" de relações"? Esses tipos de relação terão um signo: o "amor" será positivo e o "ódio" negativo, pois os psicólogos os consideram como de idêntica natureza, mas de sentido oposto.

140

SOCIODINAMICA DA CULTURA

As relações funcionais, por exemplo as que um indivíduo pode ter com outros *durante* e *para* a *execução* de seu trabalho (oficina ou escritório comercial): dedica tantas horas ou tantos minutos para falar a este ou aquele indivíduo a fim de trocar idéias relativas à sua função.

As relações hierárquicas, enfim, nas quais a estrutura é cristalizada, imposta *a priori;* as relações administrativas, por exemplo, definem de maneira dogmática as únicas pessoas com as quais o indivíduo *i* terá relações e o sentido destas relações.

Em toda estrutura particular, naturalmente, quer se trate de uma família, do público de TV ou de atores em um teatro, encontrar-se-ão ainda outros tipos de relação, e é tarefa prévia do sociômetra definir sua natureza e especificar a maneira de medi-las.

Quando o grupo aumenta de grandeza, os indivíduos praticamente não mais se conhecem pelos nomes, as relações emocionais *perdem importância* e interesse em proveito de relações funcionais ou de relações hierárquicas. Ao mesmo tempo, o sociograma, mapa do campo social, torna-se cada vez mais emaranhado pela multiplicidade de relações possíveis. Em um grupo de 50 pessoas, como pode ocorrer num anfiteatro universitário ou numa oficina, devem-se esperar 2 451 relações possíveis, e é visivelmente ilusório representálas graficamente com sua intensidade e seu signo. O sociólogo recorrerá então a um outro método — o da sociomatriz, exemplificado pelo Quadro III-III — método muito mais geral, aplicável tanto a pequenos grupos como a conjuntos praticamente ilimitados e ao qual o emprego de máquinas de calcular confere um valor operacional.

O quadro das matrizes, levando nos lados os nomes de indivíduos, repetidos horizontal e verticalmente, indica, na intersecção da linha *i* com a coluna *j*, a intensidade das relações emitidas de *i* para *j* e, reciprocamente, na intersecção da linha *j* com a coluna *i* a intensidade das relações emitidas desta vez por *j* e *recebidas* por *i*.

Sabe-se que a soma dos coeficientes relativos a uma coluna exprime a *atividade relacional global* do indivíduo *i* no que concerne à emissão de mensagens; a soma dos coeficientes relativos à linha *i* exprime a *atividade global de recepção* desse mesmo indivíduo. Se estes coeficientes são vizinhos, isso quer dizer que ele *fala tanto quanto escuta* (mas não necessariamente com as mesmas pessoas, ou seja, em conversação). Se recebe muito mais que emite, é um *absorvedor* de comunicações, é o caso do público de massa. Se fala muito mais do que escuta, é o caso dos grandes órgãos profissionais de difusão de nossa época, e é a partir deste átomo auxiliar, amplificador desse mecanismo, que os *mass-media* se constituem.

A TRANSFERÊNCIA DA MENSAGEM CULTURAL

QUADRO III-III. — *Exemplo de uma sociomatriz.*

Apresentamos: nas linhas os indivíduos emissores; nas colunas, os indivíduos receptores, e, no cruzamento de cada linha com cada coluna, marcou-se um coeficiente que dá a relação entre o indivíduo *i* e o indivíduo *j*. A soma das linhas indica a atividade emissora do indivíduo *i*, a soma das colunas, a atividade receptora desse mesmo indivíduo. O conjunto de todas as casas reflete a atividade comunicativa global da totalidade do grupo.

MATRIZ DE DADOS BRUTOS PARA A REDE SOCIOMÉTRICA DE 21 REVISTAS DE PSICOLOGIA PUBLICADAS EM 1956.

Entrada das Citações (ser citado)

	JASP	JAP	JCPhP	JCP	JEdP	JExP	PB	PR	AJP	EPM	JCIP	JGP	JGtP	JPI	JPs	JSP	PQ	P	PaQ	PaR	Totais de colunas
Totais por linhas	304	229	375	230	123	648	285	405	242	78	89	189	124	237	109	82	80	82	28		
PaR							1		1	4		1		2	1		1	6	1	3 8 6	33
PaQ	2							3	1									1	7	22 5	41
P	11							5	1			1	1	2	1		8	3	2		71
PQ	3	1	2	1	1	2	5	3	1	3	1	1	2		32	13	16	9			94
JSP	15	10	1	17	2	1	6	10	1	1	2	1	3	22	28	1	1	1			127
JPs	12	4	1	6	2	13	9	26	2	15	4	2	3	5	5	25	9	2	1	1	187
JPI	8	1	1	1	8	9	15	3	2	2	1	8		20	14	6	3	1			115
JGtP	7	9	21	5	43	24	19	13	2	17	1		12	47	4	12	1				235
JGP	14	7	15	6	63	27	38	1	15	3	5	28	2	12	9	3	3	1			269
JCIP	24	10	1	4	3	3	14	2	2	1	4	8	7	2	4	6	2	1	1		159
EPM	7	23	1	6	17	3	12	1	2	5	8	5	7	1	1	9	3				147
AJP	1	3	13	1	6	4	7	14	1	58	1	5	3	1	6	1					159
AJO	2	4	1	6	1	7	7	42	2	1	1	2	1	6	5	9	3	7	2		107
PR	17	1	40	1	48	12	57	22	1	12	4	9	9	1	1	1					272
PB	38	9	54	2	6	100	54	37	1	28	2	29	10	12	14	1	1	1			401
JExP	9	2	69	1	1	253	30	73	1	45	1	43	18	1	22	1	1	1	1		567
JEdP	1	10	1	2	18	1	3	1	2	1	3	3	1	2	8	1	1	1			69
JCP	29	30	1	57	1	2	16	4	7	4	2	20	1	2	24	1	3	2	1	1	267
JCPhP	4	1	130	1	1	62	10	29	1	8	1	1	9	6	1	6	1	1	1	1	275
JAP	1	97	1	18	12	2	8	1	2	4	6	5	1	1	17	9	1	1	1		193
JASP	78	9	4	21	7	10	16	38	11	8	7	10	10	1	10	23	20	1	3	1	288

Número total das citações em 1956: 4 046 (segundo OSGOOD e XHIGNESSE, 1963)

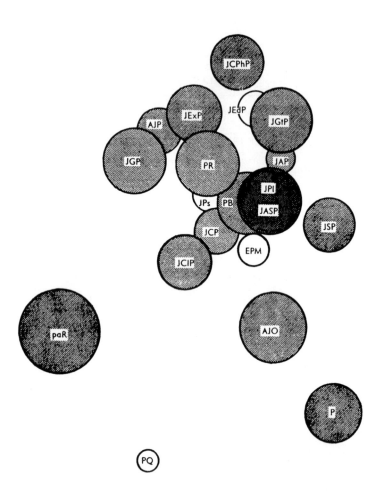

Fig. III-18. — *Distância relativa entre jornais científicos em função de seus "coeficientes de interação", isto é, do número de suas citações recíprocas.*

Conforme a tradição, o *Journal of Experimental Psychology (J. Ex. P.)* cita com muita freqüência o *American Journal of Psychology (A. J. P.)*. São, portanto, próximos em um espaço de relação. Em contraposição, a *Psychological Review (P. R.)* raramente cita *Psychology (P.)*. (Segundo Osgood e Xhignesse: "*Bibliographical Citation Characteristics of the Psychological Journal Network in 1950 and in 1960*", report of Institute of Communication Research, November 1963).

A TRANSFERÊNCIA DA MENSAGEM CULTURAL 143

§ III — *10. O conceito de potencial de relações.*

Na prática, a existência de diferentes tipos de moléculas relacionais não é o fato exclusivo do acaso. Toda espécie de relação entre os indivíduos requer o consumo de um certo tempo de vida deste: o "tempo", dizia Bossuet, "é o fundamento arruinador de nossa própria substância". Como esse tempo é limitado, pode-se considerá-lo como uma espécie de "capital relacional" de cada um dos átomos sociais, fato que implicará uma "economia política da comunicação". Se um indivíduo A comunica-se intensamente, portanto durante uma porcentagem apreciável de seu tempo, com outro indivíduo B, ele não poderá, por isso mesmo, deixar de comunicar-se *menos* com os outros indivíduos C, D etc.; eis por que os namorados estão sós no mundo.

Resulta disso, igualmente, uma outra conseqüência: as atividades relacionais dos indivíduos separam-se quase espontaneamente em *classes,* ou em categorias de importância; num grupo um pouco importante, por exemplo, encontrar-se-á quase sempre duas ou três "classes" ou *"status* relacionais": os *isolados,* aqueles que só se comunicam em um único sentido e que são os *out-cast* do campo de comunicação, a *classe média,* e alguns indivíduos cuja vida é a função de comunicar, quer por emitirem mensagens (os intelectuais fazem parte desta classe profissionalmente), quer por receberem-nas (os confidentes de tragédias): são os *"leaders" da comunicação.*

Vê-se emergir aqui, sob o ângulo da comunicação, o conceito de *camada* ou *classe* social *relacional* paralelo ao de camada ou classe *econômica* conhecido pela Sociologia clássica.

Enfim, sob o ângulo estatístico, a sociomatriz permite definir um certo número de *coeficientes* de transferência relativos a um conjunto social considerável. Assim, a soma de todos os coeficientes em todas as casas (emitidos ou recebidos) relacionada a um valor médio define a *atividade comunicacional do grupo:* por exemplo, o conjunto das trocas culturais. Caso se destaque somente o conjunto das emissões de mensagens, soma de todas as colunas, aparece o *conjunto de emissões* nesta sociedade; caso se destaque a soma do conjunto de todas as linhas, aparece o *conjunto das recepções* desta mesma sociedade, e a relação entre esses dois valores é uma grandeza sociológica que caracteriza o estado da sociedade. Em sociedades primitivas, ela não é muito diferente de 1 (reuniões, discussões, relações individualizadas), pois não há amplificador entre emissor e receptor. Nas sociedades modernas ocidentais, este coeficiente será muito diferente de 1, e é uma grandeza estrutural fundamental. A dissimetria da sociomatriz estabelecida entre camadas culturais da pirâmide social fornece um modo de medição da alienação cultural.

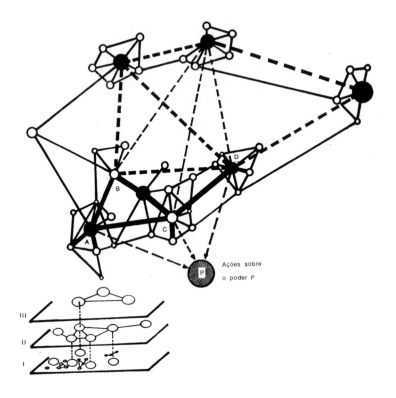

Fig. III-19. — *As super-redes de atividade sociométrica.*

Suponhamos que, em um conjunto social, um grande número de grupos sociométricos sejam constituídos, como pode ocorrer com empresas ou equipes artísticas. Em função de seu *status* sociométrico, os indivíduos se repartirão de maneira diferente. Há, primeiro, os membros dos diferentes grupos de trocas sociométricas médias ou fracas, cujas relações são polarizadas pelos líderes de grupos. Mas esses líderes têm, por sua vez, relações entre eles, amiúde estreitas, e constituirão um supergrupo de líderes. Os conselheiros, enfim, que constituem uma forma importante da vida social atual, irão, independentemente de suas relações com o líder, constituir uma rede de relações entre eles, uma nova estrutura sociométrica, por conseguinte, uma nova categoria. De fato, essas três redes superpostas, distintas, correspondem a espécies de classes sociométricas a partir do momento em que participantes dessas redes tomam consciência de sua pertinência. A sociedade intelectual em seu conjunto deriva do papel de "conselheiro" definido mais acima.

O conjunto desses coeficientes é capaz de variar em função do tempo. Quando se constitui um grupo qualquer de indivíduos, as relações entre eles após um certo tempo de adaptação começam a crescer seguindo uma curva logística (Fig. III-20) para chegar a uma *saturação*. O valor desta saturação, em relação ao valor máximo que se poderia imaginar se todos os indivíduos se comunicassem entre si durante a totalidade de seu tempo disponível, mediria a *taxa de estruturação comunicacional*. Na maior parte das sociedades, essa taxa será extremamente inferior a 1, mas suas variações, sendo todas as coisas iguais, aliás, exprimirão a influência estruturante, por exemplo, dos *mass-media* em uma sociedade moderna.

Enfim, esta curva logística, para desenvolver-se, requer um certo prazo caracterizado por uma *constante de tempo* θ para atingir, por exemplo, $1 - 1/e = 68\%$ da totalidade das trocas que se poderão realizar, constante de tempo que é, ela própria, função do modo de vida em comum desta sociedade e, por exemplo, do tempo médio que cada cidadão passa frente a seu rádio cada dia, do número de conversas diárias que os locatários de um prédio têm com o zelador, etc...

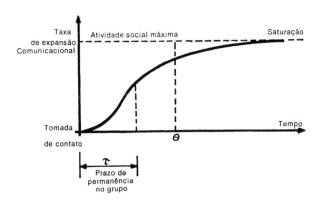

Fig. III-20. — *O desenvolvimento das relações em um grupo (coeficiente de maturação e de atividade).*

Quando um certo número de indivíduos encontram-se postos juntos, as ligações sociométricas entre eles, isto é, a coesão social, passa a crescer em função do tempo segundo uma curva logística. Ao cabo de um prazo limitado, chegam a uma certa saturação, e a relação entre essa saturação e o número máximo de relações que poderiam teoricamente existir entre esses indivíduos fornece um coeficiente de estruturação social. Existem muitos grupos ou equipes nos quais cada indivíduo passa apenas um tempo limitado τ, depois dá lugar a um outro, sendo esse tempo muito inferior ao prazo θ que seria preciso para que o grupo chegasse à plenitude de suas relações sociométricas. Nessas condições, o grupo jamais chegará à maturação, e a relação τ/θ é uma medida da taxa de maturação. É o caso de muitas equipes intelectuais.

146 SOCIODINAMICA DA CULTURA

Uma conseqüência deste processo logístico é que, para os conjuntos sociais de "transição" — definidos pelo fato de que os indivíduos que os constituem permanecem neles um tempo limitado, indo em seguida para outra parte — o grupo *nunca* atingirá uma estrutura de relação homogênea, nunca será maduro do ponto de vista dessas relações, uma vez que os indivíduos o deixam *antes* de terem esgotado seus modos de relação. O exemplo clássico nesse domínio, à escala de grupos médios, é o sanatório, mas, à escala que nos interessa principalmente aqui, seria o das grandes cidades de passagem, tais como Nova York, como porta da civilização americana à época do fluxo de imigração, ou Marselha, à época dos acontecimentos da Argélia. O imigrante recebia ali seus padrões culturais durante um prazo constante de "estágio" antes de ir fixar-se em outra parte. A noção de *cultura de transição,* concebida como o resultado de um processo de comunicação interindividual, está ligada a esse problema e ao que se poderia chamar de *índice de maturação m* nas estruturas relacionais: $m = \tau / \theta$ sendo τ o prazo médio de presença de indivíduos no conjunto definido.

§ III — *11. As distorções de mensagens nos grupos sociais.*

Um dos problemas essenciais colocados pela penetração de itens culturais ou de signos em um conjunto social mais ou menos estruturado é a distorção das mensagens que nele penetram, mediante o processo da difusão. Essa mensagem é emitida no campo social em um ou mais pontos que se podem chamar de *fontes,* quer se trate de criadores de mensagens propriamente ditos ou de repetidores, como ocorre com o porteiro que escuta o rádio e fala em seguida do que ouviu aos vizinhos que não o escutaram. Há, portanto, *difusão secundária* a partir dessas fontes, e pode-se perguntar qual é, finalmente, a forma tomada estatisticamente pela mensagem para que ela se incorpore em seguida na cultura do grupo. Se esse processo dá lugar principalmente a *rumores* e *distorções* na comunicação por imprensa e rádio e se tem um alcance limitado, ele é essencial no que concerne aos *culturemas,* estes átomos de cultura cuja agregação aleatória contribui para formar a *cultura.*

É de fato por difusão a partir de centros que se propagam os culturemas, que são conteúdos latentes, mais que mensagens definidas, e são pois, passíveis, no espírito de cada receptor, de transformação antes da repetição, em função de uma estrutura de pensamento de cada um deles.

Suponhamos portanto uma sociedade definida por suas relações interindividuais, seus microgrupos, seus líderes, etc., e concretizada por uma sociomatriz. No plano estatístico e em escala suficientemente grande, os coeficientes A_{ij} podem

A TRANSFERÊNCIA DA MENSAGEM CULTURAL 147

ser considerados como probabilidades *relacionais* nesta sociedade. Na prática, reduzir-se-á a variedade de indivíduos, tanto mais que o conjunto social, aumentando de dimensões, os papéis comunicacionais reduzem-se a alguns tipos *i*. Nesses papéis comunicacionais, deve-se fazer intervir explicitamente *subconjuntos* que tenham funções específicas de comunicação, tais como os fabricantes de jornais, de livros, de filmes, em resumo, de objetos culturais.

Que se passa quando se emite, em determinado ponto, uma *mensagem,* constituída como vimos de uma seqüência de elementos, itens ou signos, retirados de um repertório, conhecido ou cognoscível *a priori,* com freqüências enunciáveis e ligadas umas às outras por probabilidades de associação p_{kl} entre os átomos de cultura *k* e *l*. Os liames lógicos, as regras do código, todas essas leis de coerção que constituem o agrupamento tomam aqui um valor estritamente probabilístico; lógica, sentido e forma não são aqui outra coisa senão coerções particulares sobre as probabilidades de associação, não tendo, porém, nenhum valor privilegiado.

Pode-se nesse momento descrever a própria mensagem como uma estrutura-mosaico, como uma série de probabilidades de transição, e concretizá-la por uma matriz $\| A_{kl} \|$. Observe-se aqui a analogia entre estrutura da sociedade e estrutura da mensagem que vem difundir-se nesta sociedade. Sabe-se que, em alguns casos simples, a mensagem que resultará desse processo poderá ser ligada ao produto matricial:

$$\| \, p_{kl} \, \| \times \| \, A_{ij} \, \|$$

desde que se façam certas hipóteses simplificadoras.

De fato, semelhante sistema é muito difícil de apreender a não ser em casos muito simples, mas alguns desses casos são importantes.

Duas grandezas são interessantes em um processo passivo de transmissão: de um lado o *prazo* de transferência da mensagem a uma certa "distância sociométrica" da fonte; de outro, o *número de erros* nessa mensagem.

É no *grupo médio* que emerge o aspecto estatístico da comunicação de mensagens. Na díade ou no grupo é razoável admitir que toda mensagem é (aproximadamente) *instantaneamente* e *totalmente* conhecida por todos os átomos constituintes, vista a freqüência de suas relações, sua comunidade de nível intelectual e de interesses. Na estrela, o líder separa-se dos demais indivíduos, indo servir de orientação da informação recebida por um dos átomos periféricos, e o prazo de transmissão será de 2θ, sendo θ o tempo médio de comunicação elementar (funcionamento de um relé), supondo a própria mensagem *muito breve,* em relação ao tempo de transmissão. Se ϖ é a *esperança matemática de erro* em uma transmissão elementar, 2ϖ é a esperança de erro global no processo, isso supondo que a textura da mensagem é uniforme, o que raramente ocorre (criptogramas, longas colunas de números, etc.).

Lembremos que uma mensagem pode ser considerada como uma *seqüência de elementos:* $\alpha, \beta, \gamma, \delta, \ldots$ de probabilidade de ocorrência $r_{\alpha\beta}, r_{\beta\gamma}, r_{\gamma\delta}, \ldots$

Na transmissão em *cadeia* (Fig. III-21), sejam θ_{ij}, ϖ_{ij}, as constantes elementares de tempo e as esperanças matemáticas de erro; as esperanças matemáticas acumulam-se como os tempos de transferência:

$$\theta = \sum_{1}^{n} \theta_{ij} \qquad \varpi = \sum_{i=1}^{n} \varpi_{i(i+1)}$$

A "esperança matemática de erro" é aqui o produto da probabilidade de alteração de um elemento da mensagem pelo comprimento N dessa mensagem pN, supondo todos os seus elementos igualmente *prováveis;* na verdade isso raramente ocorre, o que implica um estudo separado da estrutura da mensagem.

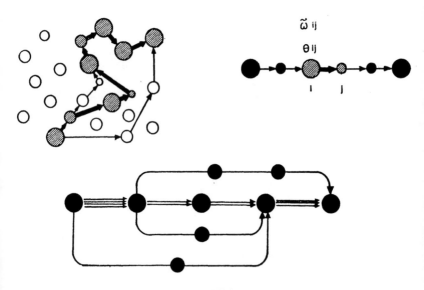

Fig. III-21.

As redes de comunicação sociométricas, em uma mensagem difundida, constituem-se a partir do campo social de uma maneira amiúde semi-aleatória: os indivíduos encontram-se ligados entre si quase ao acaso. O caso mais simples seria aquele em que estes indivíduos constituíssem uma cadeia de A a B, de B a C, de D a E, etc. Nesse caso, a transmissão da mensagem entre indivíduos toma um prazo médio *n* vezes maior que sua transmissão entre dois deles. Mas na maior parte do tempo a rede é mais complexa, e traduz-se por uma série de comunicações paralelas fragmentárias. Produz-se uma mescla dos diferentes itens da mensagem nos diferentes estádios, e vê-se às vezes aparecer uma mensagem complexa constituída, entre outros, de elementos que provêm da fonte, porém reagrupados de maneira totalmente diferente da mensagem original e, além disso, com outras

A TRANSFERÊNCIA DA MENSAGEM CULTURAL 149

frases criadas por uma tendência à racionalização pelos elos sucessivos em função de seus próprios interesses. É esse o mecanismo dos rumores, e que desempenha amplo papel na difusão da cultura.

Especifiquemos esse mecanismo por um exemplo em uma estrutura hierárquica em cadeia (o exército), um exemplo clássico de distorção da informação:

1. O capitão ao ajudante:

Como sabe, amanhã haverá um eclipse do sol, o que não acontece todos os dias. Envie homens às cinco, em uniforme de campanha, para o terreno de manobras. Poderão ver o fenômeno, e lhes darei as explicações necessárias. Se chover, não haverá nada para ver; nesse caso, deixe os homens na caserna.

2. O ajudante ao sargento da semana:

Por ordem do capitão, amanhã de manhã às cinco haverá um eclipse do sol em uniforme de campanha. O capitão dará no terreno de manobras as explicações necessárias, o que não acontece todos os dias. Se·chover, não haverá nada para ver, mas então o fenômeno terá lugar nos dormitórios.

3. O sargento da semana ao cabo:

Por ordem do capitão, amanhã às cinco da manhã, inauguração do eclipse no terreno de manobras; os homens em uniforme de campanha. O capitão dará as explicações necessárias no dormitório sobre esse raro fenômeno, se por acaso chover, o que não acontece todos os dias.

4. O cabo da semana aos soldados:

Amanhã às cinco, o capitão fará um eclipse do sol em uniforme de campanha com as explicações necessárias no terreno de manobras. Se por acaso chover, esse raro fenômeno terá lugar nos dormitórios, o que não acontece todos os dias.

5. Os soldados entre eles:

Amanhã cedinho, às cinco horas, o sol no terreno de manobras fará eclipsar o capitão no dormitório. Se por acaso chover, esse raro fenômeno terá lugar em uniforme de campanha, o que não acontece todos os dias.

(citado por A. Schützenberger)

Em um *grupo médio,* é sempre possível encontrar no campo sociométrico *trajetos* (Figs. *a* e *b*) em forma de cadeia que explicitem o trajeto percorrido e que serão submetidos às leis relativamente simples que precedem. Restringir-nos-emos de início aos casos em que a mensagem é *uniforme,* isto é, em que os elementos que constituem a seqüência:

$$\alpha - \beta - \gamma - \delta - \epsilon - \zeta - \eta$$

têm igual importância e igual caráter (longas colunas de números ou mensagem secreta desprovida de significação para o transmissor).

O campo social (Fig. III-21) comporta-se então como um condutor particular. De fato, a passagem da cadeia à totalidade do grupo far-se-á por adjunção em *paralelo* de circuitos derivados que reduzem as probabilidades de erros proporcionalmente a seu comprimento e podem ser assimilados a *condutividades,* abrindo caminho para um modelo analógico.

Supondo então, para deixar de lado os fenômenos de Psicologia Social, que o grupo tenha uma atividade unicamente funcional, e que tenhamos sabido ordená-la em um sociograma de atividades relacionais, colocando os indivíduos mais ativos no centro e os isolados na periferia. A mensagem sofrerá uma atração para os indivíduos de forte expansão comunicacional, e terá probabilidades maiores de chegar até eles. É a "posição do porteiro", do confidente de várias pessoas (Fig. 00).

Quando a mensagem chega por vários trajetos, a esperança matemática de sua destruição para cada trajeto sendo ϖ, $\sum_{1}^{n} \varpi_{1j} = n\varpi_0$ será diminuída, tanto mais quanto os trajetos em paralelo são mais curtos e mais numerosos, dividida, portanto, por um fator:

$$\Pi = \frac{1}{\sum_{l}^{m} 1/n \, \varpi_0}$$

Se m átomos sociais estão presentes no campo social, o número de cadeias de p átomos que aí podem ser traçadas é o número de arranjos de m elementos p a p:

$$A_m^p = \frac{m!}{(p-1)!}, \qquad (p-1 \text{ já que o emissor é sempre}$$

o mesmo).

Para essa classe de cadeias e com as hipóteses feitas, a esperança de erro E_p é:

$$E_p = \frac{p \, \varepsilon_0}{A_m^p} = \frac{(p-1)! \, p \, \varepsilon_0}{m!}$$

$$E_p = \frac{p! \, \varepsilon_0}{m!}$$

seja

Para a classe de ligações de $p+1$ átomos, ocorreria o mesmo:

$$E_{p+1} = \frac{(p+1)! \, \varepsilon_0}{m!}, \quad \text{etc.}$$

Portanto a esperança matemática de erro, após colacionamento da mensagem, será:

$$\sum_{p=2}^{m} = \frac{(p+1)! \, \varepsilon_0}{m!} = \frac{\varepsilon_0}{m!} \sum_{p=2}^{m} (p+1)!$$

A TRANSFERÊNCIA DA MENSAGEM CULTURAL 151

Vê-se que o problema se torna extremamente difícil de resolver desde que a estrutura do campo social se complique, mesmo quando as mensagens sejam de estrutura perfeitamente uniforme com probabilidades p_a de ocorrência de elementos definidos e probabilidades de digramas P_{ki} nulas (Fig. 00).

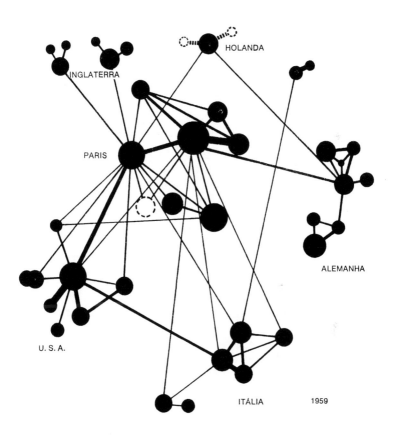

Fig. III-22. — *Sociograma de um movimento artístico internacional.*

O sociograma, inventado por MORENO, reproduz, por flechas de espessura proporcional à sua intensidade, as *trocas* entre os indivíduos, pessoas morais ou grupos, representados por círculos. O sociograma acima é relativo ao movimento intelectual da música chamada eletrônica ou concreta, que se desenvolveu na França há 10 anos e deu lugar a diversos grupos na Alemanha, nos Estados Unidos, na Itália, etc., com divergências e contradições, lutas de influência, etc... Observe-se a importância do grupo central, que comporta dois núcleos principais, e grupos anexos. O núcleo da esquerda corresponde a um grupo americano, e da direita a um grupo americano, e debaixo ao ramo italiano do movimento.

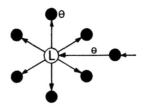

Fig. III)23.

A comunicação por difusão passa-se ao nível de microgrupo, por intermédio de um relé ou *leader* de difusão, atingido por uma mensagem exterior que pode provir de um documentador ou de um conselheiro em forte ligação com o *leader:* a mensagem é em seguida redifundida pelo *leader,* após reformulação, aos membros passivos do grupo. Assim, constitui-se uma outra especialização nas funções de comunicação entre ouvinte e emissor, podendo esse esquema sofrer grandes ampliações.

Esse caso é, na realidade, extremamente raro. Uma mensagem é, sem dúvida, constituída de uma seqüência de elementos, mas estes nunca têm uma importância igual, e associam-se entre si segundo leis que participam da lógica do discurso. Somos levados a definir a mensagem como seqüências de *key words* que possuem, cada uma delas, uma certa *pregnância,* capacidade de evocar em torno de si outras palavras inexistentes no texto original e uma força associativa de ligações com as palavras existentes efetivamente na mensagem, sendo esses diversos coeficientes de natureza *aleatória*.

Nessas condições, a mensagem final será obtida em relação à mensagem original pela soma de uma série de cadeias que constituem filtragens iterativas (isto é, renovadas a cada etapa) em cada uma dessas cadeias: p_L

1. As palavras iniciais serão perdidas ou conservadas segundo uma probabilidade de erro σ_L e segundo a soma do inverso das forças associativas $\dfrac{1}{\sum K_{AL}}$

2. Palavras complementares serão acrescentadas à soma das pregnâncias das palavras de partida: p_L

Na realidade, é a uma psicanálise social que conduz o papel de determinar os valores desses diferentes coeficientes em um repertório desses valores de transmissões em um grupo. Aqui a sociometria de comunicações reúne-se à lingüística estatística e psicológica com os estereótipos, sistemas de *key words* que exprimem qualitativamente em que os indivíduos diferem de um agrupamento perfeitamente aleatório de elementos padronizados. Nesta ciência da comunicação de mensagens através das redes sociométricas reencontramos o impacto da **Psicologia Diferencial** — fenômeno à escala individual —

A TRANSFERÊNCIA DA MENSAGEM CULTURAL 153

sobre um fenômeno social em larga escala, e é isso que constitui sua dificuldade. Somente o método dos modelos físicos permitirá dominar a complexidade do problema.

§ III — 12. Os processos de convicção.

Vimos que todo sistema cultural se baseia na transferência de mensagens constituídas de seqüências de elementos agrupados segundo certas regras, de um ponto a outro do campo social. Obtivemos mais acima os princípios gerais da percepção de formas no interior da mensagem, em oposição à simples recepção bruta de signos que se reduz a uma identificação destes em um repertório dado *a priori*. Vimos enfim que as formas podiam ser consideradas como "supersignos", isto é, como agrupamentos estereotipados, previsíveis *a priori*, e que constituem a textura essencial do material retido. O espírito humano, a cada nível da mensagem, retém os supersignos em detrimento dos signos, na medida em que "compreendeu" a mensagem.

A comunicação de um indivíduo a outro no plano semântico é caracterizada, entre outros fatores, por um valor psicológico particular, a *convicção,* que é uma espécie de pregnância de formas recebidas, de ação sobre o vir-a-ser ulterior, verbal ou ativo, ao receptor. No quadro da Teoria da Informação, o processo de convicção pode ser considerado como ligado a uma categoria particular de supersignos que são ligados diretamente ao que se poderia chamar de "idéias", formas mentais estáveis, independentes de signos particulares que as constituem, mas que representam estruturas latentes do pensamento; o termo idéia é portanto tomado aqui em um sentido platônico vizinho de "Eidos". A convicção, medida por uma "força de convicção", é a taxa de influência dessas formas sobre o espírito do receptor. O emissor que comunica com o receptor procura, em princípio, exercer sobre este uma coerção, isto é, uma adesão à mensagem que propõe; salvo casos muito particulares, a retenção de mensagens está ligada à pregnância das formas que contêm, e portanto à força de "con-vicção" de que falamos. Uma medida indireta da convicção seria proporcionada pela capacidade do receptor para reconstruir, com signos ou palavras inteiramente diferentes, o conjunto de formas que lhe foram propostas. A cultura, como sistema cumulativo de mensagens retido a um nível qualquer, depende, portanto, ao nível das idéias, da "força de convicção" das mensagens transmitidas. Podem-se distinguir, se se quiser, 4 graus na apreensão pelo receptor da mensagem de um emissor:

I   Receber.

II   Memorizar passivamente.

154 SOCIODINÂMICA DA CULTURA

III Racionalizar — ser coagido por estruturas de argumentação em cadeia.

IV Ser seduzido.

E a força de convicção exerce sua influência sobre a memorização. Um argumento que convence é mais bem memorizado do que um argumento que não convence. Todo o processo de comunicação científica pretende basear-se na *coerção racional* como base da comunicação. Ao contrário, a grande maioria das comunicações publicitárias funda-se na sedução; seduz-se para convencer, mas convence-se também para seduzir, isto é, para fazer agir segundo uma certa escala de valores, e Russell exprime muito claramente os diversos aspectos negativos ou positivos do processo de convicção.

Se, em nome da razão, você intimar um indivíduo a alterar suas metas fundamentais, a perseguir, digamos, a felicidade da humanidade em lugar de sua própria vontade de poder, fracassará e deverá fracassar, *pois a mera razão não pode determinar os fins de nossa vida.* Você também fracassará se atacar preconceitos profundamente enraizados com argumentos que permaneçam abertos a discussão, ou que são tão difíceis que só os homens de ciência possam aquilatar sua força. Mas se você puder provar, por testemunhos acessíveis a todo homem razoável *que se dê ao trabalho de examiná-los,* que dispõe de um meio para facilitar a satisfação de desejos existentes, então poderá esperar com um certo grau de confiança que os homens terminem por acreditar no que você diz.

BERTRAND RUSSELL

Há, portanto, diversos modos no mecanismo segundo o qual o emissor mobilia o cérebro do receptor. Após ter proposto uma mensagem, o emissor procura quase sempre também impô-la, isto é, constranger o receptor e modificar sua estrutura em função de sua mensagem. O processo de convicção implica, pois, muitos outros modos além do modo de convicção lógica, com o qual é confundido tradicionalmente, desde Aristóteles e Descartes. Não é com argumentos que se convencerão as massas, mas com sentimentos. De fato, as estruturas de argumentação são *estruturas latentes* da mensagem que não têm um aspecto racional a não ser no canal da mensagem científica ou de tudo que pode, em um grau qualquer, ser assumido pela Ciência.

Mas esses não são os únicos, e há entre convicção e retenção um perpétuo vaivém: se retemos bem aquilo de que estamos convencidos, uma vez que este constitui uma parte de nós mesmos e inscreve-se de algum modo em nosso cérebro, reciprocamente convencemo-nos facilmente, quer do verdadeiro quer do falso, daquilo que, por um processo mecânico, retivemos bem. É esta a base do condicionamento publicitário ou da propaganda. Observar-se-á que aqui "verdadeiro" e "falso", "a favor" e "contra", "sim" e "não", estão situados no mesmo plano; a convicção orienta o campo de valores da mesma maneira como os *leitmotive* dos ditadores no microfone, suficientemente retidos pela simples força repetitiva, orientam as escalas de valores das pessoas que os escutam, seja a favor, seja contra. Medir-se-á a eficácia convincente a partir do conjunto dos indivíduos reagentes, qualquer que seja o sentido desta reação. Convencer alguém da falsidade de uma tese que se sustenta é *também* uma maneira de convencê-lo, ainda que seja apenas da importância desta tese: finalmente, isso não importa tanto ao nível que nos preocupa, enquanto engenheiro de comunicação.

O poeta e o escritor, o artista em geral, convencem seduzindo e utilizando aquilo que chamamos em um parágrafo anterior de *modo estético* de comunicação.

No que segue, concentrar-nos-emos no nível acima evocado, da coerção racional, que é o essencial da mensagem científica, mas que generalizaremos a tudo aquilo que se pode chamar de *comunicação semântica,* isto é, decomponível em palavras ou em elementos isoláveis, tendo um caráter normalizado. Trata-se então de estudar as estruturas de agrupamento daquilo que chamaremos de *argumentação*. Esse tipo de mensagem continua muito importante, pois a cultura atual é tomada pela Ciência ou, pelo menos, pelo "modo" científico e tendemos instintivamente a crer na preeminência deste. Isso justifica a noção aristotélica do *entimema,* que é a substância da persuasão retórica; o entimema transcende o silogismo e, de maneira geral, todas as lógicas particulares; o entimema é a *pregnância da forma* em seu aspecto de influência sobre o comportamento do indivíduo.

Retomaremos aqui a análise de Toulmin sobre o processo de argumentação. Um argumento é um movimento do pensamento a partir de dados D aceitos por intermédio de uma garantia G no sentido de uma exigência que é a conclusão C. Temos nos dados, no início, fatos, materiais, testemunhos, acontecimentos, estatísticas, etc. A garantia é aquilo que desencadeia o salto mental efetuado de antemão, transporta o dado em uma recodificação, isto é, na construção de uma forma nova, daquilo que chamamos de um supersigno. Seria lógico denominá-lo, no sentido etimológico, de um *fator integrante,* uma vez que permite a recolocação de elementos antes díspares em um quadro que é a convicção, e por trazer consigo probabilidades de associação, ligadas ao quadro e não mais somente aos elementos. Exemplo:

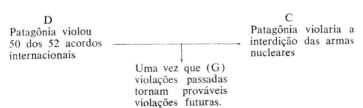

156　　SOCIODINAMICA DA CULTURA

O processo de argumentação, que como se vê bem aqui, não depende de nenhuma maneira da natureza dos elementos, mas de axiomas gerais de construção do pensamento, nem sempre é assim tão simples. Pode comportar uma segunda tríade de componentes apresentados para completar um argumento. São os *apoios* B, as *negações* R, as *qualificações* Q.

Os apoios B certificam a afirmação expressa na garantia; pode ser um item isolado ou todo um raciocínio acessório. Deverão ser introduzidos quando o receptor não está disposto a aceitar G por seu valor imediato, em outros termos quando o fator integrante não está *já* presente no espírito do receptor. Por isso implicam uma mensagem mais longa e que, portanto, pode escapar à capacidade de apreensão do receptor. Em conseqüência, só serão utilizáveis de duas maneiras:

— ou nos casos em que os receptores possuem uma capacidade de apreensão certamente superior à que é necessária, ponto que é possível controlar por experiências;

— ou deverão constituir em si mesmos um raciocínio autônomo prévio ao anterior, e ele mesmo suficientemente preparado para que se esteja seguro de sua presença na maioria dos receptores.

As negações R são válvulas de segurança ou de escape. São acrescentadas às conclusões C, delimitam e circunscrevem as condições de exigência da conclusão, mas, sobretudo, antecipam as objeções possíveis, isto é, o fato de que o receptor é também capaz de raciocinar, isto é, de retransformar-se por sua vez em emissor potencial de mensagens, pelo menos quando tiver *tempo,* força e vontade; é uma técnica bem conhecida reduzir o tempo de reação do receptor para impedi-lo de funcionar como emissor de idéias contraditórias.

As qualificações Q são coeficientes de ponderação que o emissor acrescenta à sua conclusão: "é possível, provavelmente, em 9 casos entre 10", etc. Não introduzirá tais significações a não ser quando estiver perfeitamente seguro da pregnância da forma que constrói, como o mostrou Hovland em seus estudos sobre a persuasão de massa; é bem sabido que uma mentira deve ser desferida sem restrição para ser eficaz, só uma verdade pode dar-se ao luxo de ser discutível. Isso nos conduz ao diagrama:

(D)　Dado ——→ (Q)　Qualificação ———→ (C)　Conclusão

　　　Uma vez
　　　que (G)

　　　　———→ (R)　Negação

　　　Pois (B)
　　　(Apoio)

Retomando os exemplos anteriores, obtemos então o esquema abaixo, que situa esse mecanismo da convicção como uma forma lógica. Observe-se que este mecanismo é totalmente independente de seu conteúdo, e que se pode nele deslizar igualmente bem um teorema matemático, uma informação política ou uma crítica artística.

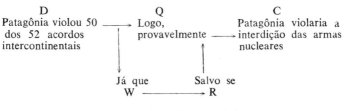

1. Outras nações, que adquiriram o hábito de violar seu compromisso, continuam a fazê-lo.
2. A experiência *x* demonstra que foi assim no passado... etc.

§ III — *13. Racionalidade e retenção.*

Se o entimema é o conteúdo do processo geral de convicção, este está longe, como vimos acima, de restringir-se ao silogismo tradicional tal como nos propõe a lógica formal e aristotélica. Há ainda muitos outros modos além da "coerção" da razão qualificada, sendo essa coerção, aliás, mais bem expressa pelo termo *universal* que *formal*. Se o coração tem razões que a razão desconhece, as razões do coração são estritamente pessoais, baseiam-se no padrão mental específico do indivíduo, em suas histórias passadas, sua experiência e seu condicionamento, e esses diferem de um indivíduo para outro. "A" razão, ao contrário, condensada nas regras da lógica formal, não é outra coisa além de uma pretensão a uma linguagem universal. Poder-se-ia, a seu respeito, transpor a máxima kantiana: "Exprime-te de maneira tal que as leis de tua expressão possam ser erigidas em regras universais do conjunto dos pensamentos humanos".

Pode-se dizer também que a lógica, conjunto de coerções que presidem o sistema silogístico, é uma espécie de *polícia de costumes* da Cidade intelectual cujo valor principal é ser válida para todos, sendo fato sua perpétua violação.

É esta idéia de uma norma da qual nos desviamos que rege a ética do pensamento. Se cabe a outros meios que não à racionalidade convencer os seres e incorporar mensagens em sua memória, ela é o único que pode pretender constranger a totalidade dos homens, *na medida* em que consintam em se deixar violar: somente os poetas e os inventores manifestam uma bela resistência.

158 SOCIODINAMICA DA CULTURA

De fato, esta última hipótese freqüentemente falha, pois muitos "receptores" de mensagens não dispõem do prazo necessário para apreender um raciocínio e, conseqüentemente, para aceitá-lo, achando o pensamento racional, portanto, seu valor pragmático diminuído: os homens não vivem segundo as normas da razão, e não obstante um erro freqüentemente cometido é o de referir-se a essa miragem do racional, sobretudo por parte de determinadas camadas sociais tais como os intelectuais ou os burocratas. Na época de uma cultura-mosaico particularmente, o pensamento lógico-universalista certamente não constituirá mais que uma parte bem diminuta dos modos de assimilação do quadro sociocultural.

Pode-se acrescentar que um segundo vício fundamental do pensamento racional é sua pretensão, baseada na contemplação da deusa dos matemáticos, a utilizar na vida corrente e nos *mass-media* a noção de *cadeias de raciocínio* emprestada de Descartes e dos escolásticos. O pensamento humanista imaginava facilmente "essas longas cadeias de raciocínio inteiramente simples e fáceis..." que permitiam ligar um ponto a outro do campo de semantemas por uma linha de coerção que obrigava o espírito a aceitar uma extremidade da corrente se aceitasse a outra.

Mas *é preciso tempo* para percorrer essas correntes e, se esse tempo não for oferecido ao receptor, a própria noção de corrente fica destituída de valor e a coerção do raciocínio perde muito de sua força: é bem sabido que o raciocínio matemático que se funda precisamente nesta noção é impermeável a um grande número de homens de boa vontade, e isso por duas razões: (*a*) porque estes não dispõem de tempo para percorrer suas sinuosidades, (*b*) porque também o raciocínio deve, para ser compreendido, ser apreendido em seu conjunto ao mesmo tempo que em seus detalhes, como a forma de um trajeto no mapa, e porque o lógico habituado por anos a um condicionamento altamente desenvolvido esquece geralmente que a maioria dos seres humanos não possuem essa amplitude de campo de visão racional que condiciona a capacidade de uma *Gestalt* mental. Somente as máquinas de silogismo, nova versão de Raymond Lulle, que penetram pouco a pouco na vida da cidade intelectual de hoje, serão capazes de substituir o espírito em suas operações de encadeamento quando este manifestar seu fracasso, e portanto de dar um alento de força convincente a longos raciocínios, apondo-lhe a fórmula mágica: "as máquinas mostram que...".

Não estamos ainda nesse ponto, mas podemos indagarnos se nas fórmulas como "o rádio disse" não há, no espírito dos receptores, uma certa referência à idéia: "o conjunto dos intelectuais habituados aos raciocínios e que administram nossos *mass-media* mostraram que... e conseqüentemente reporto-me a eles".

A TRANSFERÊNCIA DA MENSAGEM CULTURAL 159

Em resumo, no estado atual da cultura, o pensamento racional apenas intervém de maneira fragmentária, por curtas seqüências que servem para ligar conceitos vizinhos no campo do pensamento, e só opera na medida em que o receptor é capaz de aceitar a coerção.

A estruturação do campo cultural segue bem de perto a estruturação do modo de pensamento por essa via. O indivíduo que tem capacidades racionais procurará construir ligações racionais e haurirá no mundo de mensagens em que está imerso fragmentos racionalizados ou racionalizáveis em detrimento de outros. Reciprocamente, aquele que não é sensível às razões, mas aos sentimentos, procederá do mesmo modo com estes, e esta observação resulta de uma certa continuidade do espírito; a cultura de amanhã tem uma estrutura vizinha à cultura de ontem, pois a maneira como os indivíduos engancham os semantemas uns nos outros permanece sempre a mesma.

A cultura-mosaico em que vivemos usa cada vez mais modos de convicção diretamente ligados ao modo de associação de idéias do pensamento criador, cujas formas principais foram expostas por William JAMES: a associação por superposição (pôr em um cartaz uma banana e uma criança), a associação por estranheza, familiar ao Surrealismo (cortar o fígado da Vênus de Milo de molho em água mineral), a associação por contigüidade (colocar juntos em um mesmo texto um certo número de itens sem ligá-los de nenhuma maneira, exceto pelo quadro da folha impressa), a associação por homofonia, familiar ao poeta industrial, ao fabricante de *slogans* e aos autores de siglas comerciais, todos esses processos são outros tantos modos de convicção, no sentido amplo que demos a esse termo, como *fator de retenção* memorizado ligado a uma estruturação do campo semântico.

Desempenham na prática o papel essencial para a transmissão de um argumento desde o emissor até o receptor, conjuntamente com o *modo estético* de convicção, aquele pelo qual seduz-se ao invés de convencer para confundir as categorias de convicção e sedução. A bela tipografia de um livro, o erotismo agressivo da bela loura prestes a esfregar-se com o sabonete de banho, o coro das mocinhas cantando a previsão do tempo, são simples exemplos desta confusão sistemáticas das categorias, que se revela prodigiosamente eficaz e da qual a propaganda política tem sabido tirar notável partido, doravante totalmente integrado na cultura-mosaico.

Um método mais sutil de aplicação da distinção entre modo estético e modo semântico de acesso às mensagens poderia consistir em um emprego sistemático do contraponto estético-semântico nas mensagens culturais: tratar-se-ia, em lugar de breves itens inteiramente independentes, isolados uns dos outros, pequenas fibras do feltro de nossas percepções, de proceder a uma captação da atenção do receptor por

160 SOCIODINÂMICA DA CULTURA

um jogo sutil, guiado por leis estatísticas de apreensão e conduzido pelos engenheiros de comunicação, entre modos de convicção sucessivamente ou simultaneamente empregados para constituir um fio condutor através de mensagens relativamente complexas, em todo caso mais complexas que aquelas às quais nos habitua o campo publicitário. Os únicos exemplos que conhecemos desse modo operatório não são absolutamente sistematizados e se baseiam em uma série de acasos explorados de maneira feliz. A história em quadrinhos (*comic strip*) originária da tapeçaria de Bayeux, a ópera e o livro ilustrado são exemplos de mensagens múltiplas em que são explorados de cada vez diferentes canais de acesso ao receptor, renovando a cada instante seu interesse e explorando concorrentemente aspecto semântico, do raciocínio lógico, sentimentos de continuidade, sedução artística, aproximações variadas, simbolismo, para chegar a uma espécie de "mensagem total" que deve simplesmente respeitar a regra de jamais saturar ou submergir a capacidade de atenção do receptor.

Sabemos que as crianças são amiúde sensíveis a esse gênero de mensagens e as recebem plenamente, melhor que um modo de percepção lógica, mas da mesma maneira, uma vez que são capazes de memorizá-las. Parece que esse modo de retenção não tem sido verdadeiramente explorado do ângulo de uma doutrina geral, e que essa é uma das tarefas indicadas ao engenheiro de comunicações.

§ III — 14. *Acondicionamento de mensagens.*

O conjunto dos elementos que nos são fornecidos pela Teoria da Informação sobre os mecanismos de retenção da mensagem pelo indivíduo proporciona ao engenheiro de comunicações ou ao "culturalista" um certo número de dados sobre o modo técnico de acondicionamento das mensagens. O fim perseguido pelos *mass-media* é atingir o máximo de gente com o máximo de mensagens, ou cada uma dessas últimas encontra-se em competição para monopolizar a atenção da massa. Poderíamos medir o rendimento de retenção das mensagens pela relação entre o número de signos (no sentido amplo de "culturemas") retido pelo público dividido pelo número de horas-ouvintes no caso da radiodifusão, ou pelo número de exemplares vendidos no caso da imprensa. Quanto mais o público retém signos em relação à quantidade física de solicitações por ele sofrida, melhor é o *rendimento* da mensagem.

O modo de acondicionamento ou de embalagem aparece aqui como um fator independente, sobreposto ao conteúdo. Veremos no Cap. V que é efetivamente dessa maneira que o problema parece dever colocar-se no futuro. No limite, o autor não será mais escritor, e sim *fornecedor* de idéias e de conceitos, que serão escritos, isto é, formados por um outro. Do mesmo modo, no rádio, as idéias serão elaboradas e acondicionadas por produtores especializados, etc... Já conhecemos o esboço desse processo: é uma tendência no sentido da divisão do trabalho no domínio intelectual que se manifesta de maneira contínua desde Balzac e desde a separação entre editor e impressor.

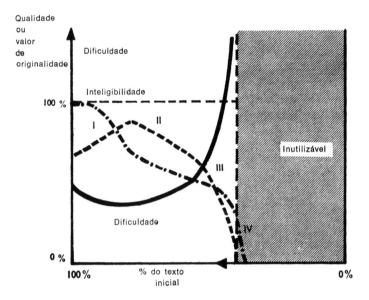

Fig. III-24. — *Os 4 estádios do* rewriting.

Quando um manuscrito escrito sob contrato é dado a um editor para ser inserido em uma obra coletiva, ocorre muito freqüentemente que o comprimento do texto fornecido é claramente superior ao espaço disponível, e que o texto não é perfeitamente escrito. Recorre-se então a um auxiliar muito importante, chamado *rewriter*. Este recorta e manipula o texto original com uma grande prática do estilo e da compreensão do público visado. Ele diminui o texto, e o valor do texto obtido varia em função da porcentagem abreviada, ao mesmo tempo que sua dificuldade. Com efeito, se o condensam demais, o texto torna-se demasiado compacto e, portanto, difícil.

As duas curvas acima indicam as variações do valor e da dificuldade em função da quantidade retirada (1):

Primeira zona: Quando se diminui um texto em um primeiro estádio, este melhora e torna-se até mais legível, em virtude da influência crítica exercida pelo *rewriter* sobre o pensamento do autor. contudo, se se vai mais longe, a redundância natural do texto, que dá lugar à inteligibilidade, começa a diminuir, a dificuldade aumenta e o valor diminui por sua vez.

Segunda zona: Se, por razões de espaço, leva-se ainda mais longe a operação anterior, destrói-se então uma parte da mensagem contida no texto, geralmente procurando manter a inteligibilidade constante.

Terceira zona: Se, nesta terceira fase, o texto é alterado no fundo e na forma, torna-se uma amostragem de frases, talvez importantes, mas sem ligação aparente para o leitor. Está definitivamente mutilado.

162 SOCIODINAMICA DA CULTURA

Especificaremos simplesmente aqui, abstraindo-nos de problemas tipográficos estudados em particular por Alsleben do ponto de vista da Teoria da Informação, aquilo que poderíamos chamar de elementos de uma *teoria do "rewriting",* esse processo que já desempenha um papel fundamental na confecção de jornais e revistas de divulgação científica e que parece começar a expandir-se na redação de livros escolares e mesmo de tratados técnicos.

A Teoria da Informação mostrou-nos que 3 problemas são colocados:

1. Redigir uma mensagem acessível a um certo público.
2. Interessar o público por essa mensagem (atração), o que é independente do fator anterior.
3. Esforçar-se para que o público retenha o máximo da mensagem.

Vimos que pelo menos em primeira aproximação e na escala da massa social cada indivíduo é capaz de apreender no máximo uma certa vazão de originalidade por unidade de tempo.

Sabemos igualmente que existe um período crítico de retenção no qual devem situar-se as *gestalts* temporais que lhe são propostas. Este período, que poderíamos chamar de "extensão da duração memorial" *(Span of memory)* é da ordem de 4 a 10 segundos e subdivide-se em intervalos cuja espessura é maior que 0,1, indo até 0,5 aproximadamente, sendo em períodos desta ordem que as formas que pretendemos ver apreender em seu conjunto pelo receptor (Bib. Moles, Frank) devem situar-se.

No domínio do texto escrito, admitiremos, pois, que o desenrolar de uma idéia ou de uma frase quando da leitura deva situar-se no interior dessa "janela temporal" de presença na memória. Esta relação justifica o fato empírico de que é possível propor às pessoas que leiam rápido frases mais longas.

A operação de acondicionamento ou de *rewriting* da mensagem partirá de um texto inicial bruto, dotado de uma legibilidade qualquer, amiúde fraca, e fabricará um texto que tenha uma legibilidade *constante,* função do nível da população que se deseja atingir, e do qual o quadro dado no Cap. I dá uma idéia.

a) O vocabulário.

Este é determinado por uma classe de acesso, medida pela proporção de disponibilidade que é conhecida a partir de dicionários de freqüência. Na prática, comporta, como o mostra Guggenheim, um vocabulário de "palavras disponíveis" às quais se superpõe a distribuição freqüencial. O esforço a fazer para atingir uma palavra é tanto maior quanto mais distanciada esta palavra por ordem de classe *(rang)* e o *rewriter* impõe-se no caso como regra eliminar praticamente todas as palavras acima de certa classe *com exceção* de 2 ou 3 palavras bem escolhidas que exercem um efeito homeopático de atração sobre o leitor. Na prática, os trabalhos de Guiraud, Yule, Herdan, etc. mostraram que havia uma certa relação entre o comprimento das palavras e sua classe: $\varkappa r = l^2$. A caça às *palavras longas,* bem conhecida dos *rewriters,* é portanto correlativamente uma caça às *palavras raras.*

b) *A forma da frase.*

A forma de uma frase é definida por uma "gramática estatística" que jamais foi escrita, mas da qual conhecemos alguns fragmentos: o comprimento das frases, que é um dos elementos da fórmula de Flesch, e que o *rewriter* se esforçará

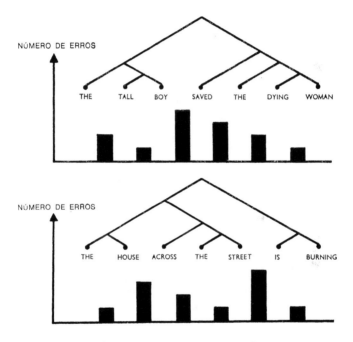

FIG. III-25. — *Dois exemplos de estrutura sintática e os erros que podem provocar (N. Johnson 1963).*

As estruturas sintáticas são uma das expressões essenciais da forma da frase, por uma árvore de relações constituídas decompondo a frase sucessivamente em séries — grupo nominal + predicação. Essas árvores constituem uma identificação estrutural da frase e, por isso, são um dos fatores integrantes da compreensão, respeitando ao que poderíamos chamar de "ordem distante" por oposição à ordem próxima de associações de palavras ou de conceitos contíguos uns aos outros, dita markoviana. O quadro sociocultural é constituído, como vimos acima, de elementos inseridos na memória do indivíduo e interligados por sua vez pelas coerções de ordem próxima e de ordem distante. Quando a ordem próxima é dominante, a cultura tende a assumir o aspecto de um mosaico; quando a ordem distante é dominante, ela tende a assumir o aspecto de uma estrutura bem integrada.

sistematicamente por manter o mais curto possível. Este sabe igualmente qual o comprimento médio que ela deve ter para assegurar uma legibilidade dada a x% da população, mas, na prática, trabalha na maior parte do tempo empiricamente, utilizando sua grande experiência.

O segundo fator de uma gramática estatística é aquilo que se poderia chamar de *taxa de encaixamento,* em referência às gramáticas gerativas de Chomsky. Muitos textos literários, Proust, Cícero, Hesse, utilizam freqüentemente inclusões sucessivas de subordinadas umas às outras, até a "resolução" da frase em uma proposição principal. Encontram-se facilmente em uma análise gramatical dois, três ou quatro desses encaixes sucessivos. O *rewriter* destruirá sistematicamente esse sistema de implicações, abrirá todas as caixas e as disporá umas ao lado das outras, em uma sucessão linear. O grau médio de implicação — número médio de caixas contidas na proposição principal que enquadra a frase — proporciona uma estimativa numérica desse processo.

Um terceiro fator de forma é a distância média das inversões, isto é, o número de palavras que separa uma palavra ou um membro de frase invertido de sua posição normal virtual, que um estilista pode facilmente indicar. A redução sistemática das inversões nas línguas lineares, tais como o francês ou o inglês, é uma regra fundamental do *rewriting.* Nas línguas em que a inversão pertence ao próprio espírito da língua, como o latim ou o alemão, o raciocínio é um pouco diferente, e devemos reportar-nos a uma estrutura normalizada da frase que os estilistas sabem (em princípio) definir.

c) Fatores de conteúdo.

O objeto do "acondicionamento" pode ser expresso como aquele que assegura uma redundância semântica tão elevada quanto possível, sendo essa redundância ligada à inteligibilidade. A vazão de originalidade em semantemas, isto é, o número de itens novos por elemento de mensagem, será aqui a grandeza característica.

Sabemos que a quantidade de inesperado nunca pode exceder 16 *bits*/segundo e que, na prática, deve ser notavelmente inferior. O exame de textos de romances mostra que seria, para estes, da ordem de 1 a 2 *bits*/segundo; para os textos científicos ou técnicos, que já exigem um grande esforço de atenção, não ultrapassaria de 3 a 4 *bits*/segundo.

Esses números não podem deixar de ser muito imprecisos, pois implicam, segundo as próprias bases da Teoria da Informação, que se conheçam as probabilidades de ocorrência de elementos que nos são oferecidos, e, portanto, que possuamos um "conjunto de probabilidade"; ora, aqui o repertório é mais ou menos aberto, pois estende-se a todo o conjunto de itens que o texto nos pode propor. Uma demo-

A TRANSFERÊNCIA DA MENSAGEM CULTURAL 165

grafia de atos ou situações da vida cotidiana poderia esclarecer-nos sobre esse assunto, mas esta não foi feita.

Em teoria o problema é insolúvel, mas na prática é possível fazer alguma idéia da vazão de inesperado proporcionada pelas frases de um texto por métodos derivados dos de Shannon, e que consistem em fazer adivinhar as palavras sucessivas e medir o número de malogros. Fizemos algumas experiências nesse sentido, mutilando "histórias" ou sinopses de romances e procurando em seguida reconstituí-las por séries de questões de resposta binária (sim/não), cujo número indica a informação semântica real ao nível das ações ou de elementos do pensamento.

d) A lógica do conteúdo.

Os liames entre os elementos de um texto são, antes de tudo, de natureza gramatical; em seguida, de natureza lógica e, por fim, de natureza social. As implicações lógicas pertencem precisamente ao tipo de fatores que o consumidor faz questão de reencontrar no texto, mas há aqui, na verdade, uma curiosa ilusão: embora o consumidor queira que a "lógica" seja respeitada, recusa-se a qualquer esforço de raciocínio, pois este exigiria a presença simultânea em seu campo de consciência de elementos que são na realidade apresentados sucessivamente em intervalos superiores a sua extensão memorial. Em outros termos, para que um raciocínio tenha um valor de convicção, seria necessário que todos os termos desse raciocínio fossem apresentados ao leitor em menos de 4 a 8 segundos. Caso contrário, este seria obrigado a retroceder e, portanto, a efetuar um esforço, sempre abusivo. Levando em conta a rapidez de leitura de diferentes indivíduos, pode-se fazer uma idéia da capacidade destes de apreender um raciocínio.

A este respeito, os sistemas de implicação por via gráfica, tais como os cartazes publicitários, têm uma superioridade de princípio sobre os sistemas lineares, pois são apreendidos em um único relance. Pode-se admitir enfim, segundo idêntico ponto de vista, que as cadeias de raciocínio feitas de enganchamentos de silogismos uns após outros devem obedecer às mesmas regras. Como na prática é impossível ultrapassar uma certa vazão de itens por duração de extensão memorial, isso equivaleria a dizer que é impossível transmitir ao leitor qualquer espécie de cadeia silogística um pouco longa. O *rewriter* fixará como sua meta, em geral, substituir as implicações por justaposições ou simples associações de idéias, jogos de palavras ou constelações de atributos que tomem o lugar das relações silogísticas ausentes.

As experiências feitas por Beighly mostraram, com efeito, que não havia nenhuma diferença na retenção de dois textos que contenham os mesmos itens, sendo um apresentado em associação lógica, e outro apresentado sem nenhuma ordem particular. Os melhores resultados cabiam a um terceiro texto que continha os mesmos itens apresentados segundo associações familiares, porém alógicas. De fato, aquilo a que a massa chama de "lógico" não passa de *bom senso,* isto é, a conformidade com padrões de associação anteriormente estabelecidos, e trata-se de uma regra que o *rewriter* deve levar em conta.

§ III — *15. Os fatores integrantes.*

Podem-se classificar sob o nome geral de *fatores integrantes* todos os elementos adicionados ao texto que aumentam a redundância geral, isto é, que o tornam mais verossímil. Esses elementos dividem-se em duas categorias: os de caráter propriamente semântico e aqueles desprovidos de relação com o conteúdo do texto propriamente dito, mas que desempenham um papel na apreensão deste.

Fatores integrantes semânticos.

Entre os fatores integrantes semânticos, assinalaremos de início as *palavras-chave* que são expressões que possuem um número muito grande de associações, uma constelação de atri-

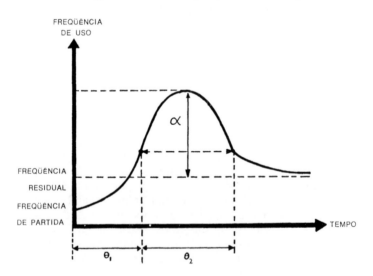

Fig. III-26. — *A vida das palavras-chave.*

Uma palavra-chave é caracterizada no plano estatístico por uma freqüência de utilização superior à prevista por uma estatística global e estável. A palavra deixa pouco a pouco o lugar que detinha, a freqüência de sua utilização aumenta enormemente em um curto intervalo de tempo, para descer em seguida a um patamar sempre superior ao patamar de partida. Alguns exemplos de palavras-chave da linguagem jornalística corrente: "Integração", "Terceira Força", "Escalada", "Cibernética", "Mensagem".

A TRANSFERÊNCIA DA MENSAGEM CULTURAL 167

butos particularmente rica (Fig. III-24). Essas palavras com freqüência pertencem às linguagens técnica ou filosófica, que se prestam particularmente, por sua própria origem, à ambigüidade e ao duplo sentido, e que em geral servem de elementos projetivos às pessoas que delas se servem de maneira errônea.

Quando procuramos estudá-las numa classificação do tipo Zipf, constatamos que a freqüência de seu emprego é anormalmente elevada em relação a sua classe, como resultaria de uma análise global de textos anteriores às amostragens adotadas (Fig. III-26). Essas palavras têm uma curva de vida extremamente característica na linguagem.

Um outro importante fator integrante é o indicado por Flesch sob o nome de *interesse humano*. Flesch argumentou, o que geralmente é verdadeiro à escala dos *mass-media,* que, se há uma coisa que interesse a todo mundo, são os seres humanos: a massa interessa-se mais pelos homens que pelas coisas, pois os objetos são produto de uma cultura artificial feita pelo *homo faber* desde há algumas dezenas de milhares de anos, enquanto os homens estão habituados à existência de outros homens (e de outras mulheres) desde muitas centenas de milhares de anos.

Assim, para tornar aceitável ao leitor a bomba atômica, o nascimento de enguias no Mar de Sargaços ou a topografia estelar bastará juntar-lhes alguns fatores humanos (!) contos, lendas ou aplicações. Essa é uma das regras mais constantes do acondicionamento de textos destinados à massa. Flesch forneceu uma medida bastante precisa do conceito de interesse humano dos textos correntes:

$$IH = 3,63 \ \mu w + 0,314 \ \mu s$$

μw : palavras "pessoais". μs : frases com modos de expressão pessoais definidos pelo autor.

Existem, enfim, outros fatores integrantes semânticos, tais como as *aplicações práticas,* a *repercussão* na vida quotidiana, a *predição do futuro,* etc., mas estes já são de menor importância. Reencontramos aqui alguns dos elementos propostos pela análise do conteúdo esboçada ao final do Cap. 1 (§ I-14).

Fatores integrantes estéticos.

Estes são elementos que vêm superpor-se ao texto para aumentar sua previsibilidade, e convém classificá-los em função da grandeza do prazo, do interesse humano que varia entre 0 e 100, ou da distância de autocorrelação à qual se aplicam. Esta distância pode estender-se de uma palavra a outra — a *rima interna* da poesia nos dá um excelente exemplo — ou constituir formas em grande escala (ordem longínqua)

168   SOCIODINÂMICA DA CULTURA

tais como as formas estilísticas, as *assonâncias, metáforas* ou *comparações*.

As diferentes regras técnicas de *rewriting* que acabamos de ver, todas inspiradas no conceito de informação, proporcionam um exemplo de acondicionamento de mensagens. Não seria impossível, *mutatis mutandis,* dar exemplos de uma doutrina correspondente na sintaxe fílmica ou na estrutura das imagens.

O problema mais interessante, a esse respeito é, contudo, a utilização daquilo que se poderia chamar de *canais múltiplos,* que agem sobre o receptor por vias distintas superpostas; o teatro ou o cinema sonoro são bons exemplos disto, constituindo o bailado, a história em quadrinhos ou o tratado técnico ilustrado exemplos menos freqüentes. Aqui, é feita uma utilização melhor dos sistemas de atenção periféricos para estabelecer uma redundância ao nível do sistema de integração central (Fig. III-14). A palavra acompanha a imagem, a figura ou a foto acompanham as palavras escritas, cada um dos canais transmite as idéias com sistemas de signos diferentes, gerando as idéias que se manifestam ao nível de uma percepção global (IV integração), uma redundância apreciável: se deixamos de lado as tentativas isoladas de cinema discrepante (Isou) ou de contraponto entre o *jazz* e a tragédia grega, podemos admitir que as mensagens em cada canal procuram assegurar uma continuidade maior, reforçar as formas, aumentar sua pregnância e portanto diminuir a quantidade de originalidade ou de informação global ao nível de percepção central, de conformidade com a arquitetura informacional da mensagem, esboçada no § III-8.

Se admitirmos que a capacidade de recepção a este último nível de qualquer modo não pode ultrapassar uma certa vazão--limite, concebe-se que haja muitas maneiras de realizar esta síntese entre canais, seja recorrendo a uma complementaridade sistemática entre os dois — gesto e palavra, rima e sentido, etc. —, seja por uma técnica de contraponto onde a preeminência é dada, ora a um canal, ora a outro, com base em uma harmonia geral. Exemplo: a figura geométrica e a demonstração, a ópera com sua música, seu recitativo e seus cenários. Uma aplicação interessante desse raciocínio encontra-se nas ilustrações de livros técnicos ou científicos por exemplos, imagens ou figuras, essas últimas geralmente acompanhadas de um breve texto de comentário. Um jogo dialético estabelece-se então entre o canal principal (texto) e os canais secundários (imagens) que fazem contraponto com ele.

§ III — 16. *Estruturas profundas da retenção e distorção da lembrança.*

A teoria da retenção esboçada nos parágrafos precedentes, baseada na síntese de diferentes elementos propostos pela psicologia da percepção e pela Teoria da Informação, continua sendo, contudo, um mecanismo bastante grosseiro, de natureza muito esquemática. Ela constitui mais um quadro que uma doutrina: sugere os principais elementos que convém estudar no processo de absorção de mensagens significantes desde o emissor até o receptor, mas certamente não poderia ser suficiente para a determinação direta dos fatores numéricos que entram em jogo. Se retomarmos a apresentação dada ao final do Cap. I, da influência que pode ter sobre o indivíduo um item ou uma mensagem proposta pelos *mass-media,* constatamos que esse esquema leva em conta a dimensão de "nível de abstração" ou "legibilidade", de um lado, e a dimensão de "distância ao indivíduo" de outro, deixando de lado, porém, uma dimensão complementar vista por nós, as *camadas de profundidade* da personalidade que correspondem em certa medida aos diferentes universos imbricados uns nos outros nos quais o indivíduo está imerso, segundo Poyer.

Os diferentes fatores de acondicionamento da mensagem que examinamos, principalmente os fatores integrantes que facilitam um texto intrinsecamente difícil, avivam uma mensagem apagada, e que apelam a fenômenos extra-semânticos, deveriam, para serem exatos, ser retomados nos diferentes níveis de profundidade da personalidade individual.

De fato, são sobretudo os níveis mais profundos do indivíduo que vêm interferir, de maneira bastante obscura, nos

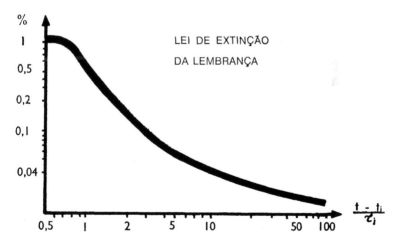

FIG. III-27. — *Lei de extinção da lembrança.*

FORSTER interpretou os resultados clássicos de EBBINGHAUS e mostrou que, para um estudo particular, uma lei geral do esquecimento é proposta, expressa em funções de unidades reduzidas de duração. De fato, essa lei vale quase somente para elementos isolados ou em condições muito particulares, mas sugere uma indicação sobre os mecanismos mais gerais de retenção nos quais intervêm estruturas de associação.

170 SOCIODINÂMICA DA CULTURA

níveis mais explícitos. Todo o enorme trabalho de psicologia profunda, e em particular dos psicanalistas, tem servido para lançar luz nos mecanismos de esquecimento que a Teoria da Informação, em sua forma elementar, tenderia a considerar de uma maneira mecânica como exclusivamente aleatórios, em tendências gerais de esquecimento seletivo e de censura que vêm precisar notavelmente o mecanismo de armazenamento na memória proposto pela cibernética. Sugere-nos, por exemplo, a distinção entre mensagens *neutras* e mensagens de *conteúdo emotivo*.

As teorias simples que esboçamos valerão, sem muitas dificuldades, para as mensagens aproximadamente neutras, que formam, na melhor das hipóteses, 80% da quantidade total absorvida pelo indivíduo. Mas, ainda assim, muitos itens escolhidos pelos engenheiros dos *mass-media* como proposta para nosso apetite cultural são, na verdade, determinados por fatores subjacentes, por inibições diversas cuja catalogação é tarefa dos psicanalistas.

O teórico da informação pedirá a estes que sugiram um certo número de vetores do campo de percepção, de polarizações variadas e "pontos cegos" nas constelações de atributos que constituem a trama da tela na qual projetamos nossas percepções. Pedirá ainda que dêem, a cada um desses elementos, valores numéricos capazes de ponderar os diferentes mecanismos da retenção.

Sabemos que um leitor é capaz de fazer um esforço de inteligência apreciável para compreender os fatos concomitantes que lhe são propostos por um romance policial, esforço ao qual se recusaria terminantemente se se tratasse de determinado artigo econômico de seu jornal, na realidade logicamente muito mais simples. Sabemos que o nascimento de um monstro de duas cabeças na Tcheco-Eslováquia é um item de jornal que tem probabilidades de ser retido pela maioria dos leitores e leitoras do jornal, em cada caso por motivos diferentes, mas cuja quase totalidade está situada em um plano profundo da pessoa, que depende diretamente da Psicanálise. Os repórteres de jornal conhecem empiricamente, portanto, certo número desses fatores, mas muitos deles lhes escapam e são qualificados de "faro jornalístico" para a notícia, etc.

No quadro da imprensa pode-se, por exemplo, salientar uma aritmética de valores de uma notícia: uma notícia é *primeiro* algo *insólito* em relação ao quadro de vida do jornalista que a recebe, percebe ou escreve. Por isso, ela repousa em um consenso geral relativo a certas categorias e em uma série de termos *aditivos,* justificando uma aritmética.

Assim, o nacionalismo é um valor seguro, qualquer que seja a tendência política do jornal — o *"Oiseau Blanc* de Nunguesser et Coli" é um valor seguro na França, na verdade é um valor nacional e, além disso, a história de uma morte. É portanto, um duplo valor, mas pode-se ir mais longe.

A TRANSFERÊNCIA DA MENSAGEM CULTURAL   171

a) Uma morte é um valor seguro, pois as pessoas ficam contentes de saber que outras morrem, enquanto continuam vivas: C. H. Vallabrègue fez um levantamento em um jornal parisiense (*Combat*) de 87 mortes por dia, em média. Enfim, os redatores-chefe interessam-se espontaneamente pelo que lhes interessou quando tinham 30 anos: Nungesser estava incluído nisso. Acreditam, portanto, que isso interessará os leitores, que supõem implicitamente terem a mesma idade que eles.

b) Um funcionário importante é um 1/2 valor em relação à morte, um crime é um valor duplo. O assassinato de um funcio. ário importante $= 1/2 + 1$ valor $= 1,5$. Um assassinato misterioso, ou seja, sem causa imediatamente explicável, é um valor duplo (coeficiente 2).

```
5 — | autor desconhecido
4 — | com sua esposa
3 —
2 — | importante

1 — | funcionário estrangeiro
0,5 — | assassinato
0 —
```

Crime de Lurs.

Eis um exemplo de exploração de um valor para os *features*: o correspondente de um jornal de Estrasburgo passeia pela antiga linha Maginot, vê que uma empresa trabalha no reparo de um abrigo que desmoronava e redige uma pequena nota de interesse local. Esta cai sob os olhos de um colega local que a utiliza, por estar embaixo da página datilografada e a preenche bem. É transmitida a Paris, onde não interessa a ninguém, salvo o correspondente de um jornal estrangeiro, que a expede a seu jornal; depois a notícia passa ainda por uma agência de notícias estrangeira, e é usada por um jornal de Nova York, na segunda página. Um redator parisiense a encontra, reproduzindo-a. Todos os jornais, ao verem esse jornal e o *New York Times,* reproduzem-na em "manchetes" que, eventualmente, exigirão explicações diplomáticas.

Em suma, diremos que os mecanismos da psicologia profunda vêm superpor-se aos da máquina de memória que está em jogo na aprendizagem cultural e que todo trabalho experimental nesse domínio deve levar em conta cuidadosamente os poucos dados de que podemos dispor sobre o assunto, tais como, por exemplo, os trabalhos de Rosenzweig sobre as freqüências de associações de palavras nas diferentes nacionalidades, as experiências de Jung, Karwoski e Schachter sobre as associações, os estudos de Leites sobre a psicanálise do filme, os de Bruner e Postman sobre a percepção das dimensões da propriedade de outrem, etc.

§ III — 17.   *Elementos de um modelo da retenção.*

Para terminar essas noções gerais sobre as características de canais de difusão de massa, daremos um modelo simplificado da retenção de um item (culturema), submetido sistematicamente ao mecanismo da propaganda por um grande número de canais superpostos cujos efeitos se conjugam. Esse problema é da mesma ordem que os problemas montados por Stuart C. Dodd no *Laboratory for Public Opinion* de Washington.

Seja um item (nome próprio de autor) difundido em um conjunto social infinito por uma série de i canais (cartaz, filme, conferência, rádio, etc.). Cada um desses canais é caracterizado por:

1.º Um coeficiente de difusão x_1, x_2... que exprime quantos indivíduos, atingidos por cada um dos i canais em número N_i, efetivamente perceberam o item.

2.º Uma constante de tempo de esquecimento τ_1... que exprime em quanto o número de indivíduos que receberam a mensagem $x_1 N_i$ reduziu-se ao cabo de um tempo t, segundo a fórmula de esquecimento exponencial:

$$N'(t) = N e^{-(t-t_1)/\tau_1}$$

sendo t_i a *data* da mensagem que contém o item. Suporemos de início que os públicos dos canais são independentes. O número total de indivíduos que possuem em sua memória será:

$$N = \sum N'_i = \sum x_1 N_i e^{-\frac{t-t_1}{\tau_1}}.$$

Tomando o resíduo (mínimo) desses números, e eliminando qualquer suposição de redundância ou reforço — com freqüência são os mesmos leitores que lêem os diferentes livros de um autor — obtemos os resultados condensados no quadro da página 174.

Quadro de extinção para um impulso isolado em um canal.

$\dfrac{t-t_1}{\tau_1}$	$e^{-\dfrac{t-t_1}{\tau_1}}$
0,5	0,61
1	0,37
2	0,135
3	0,05
4	0,018
5	ε

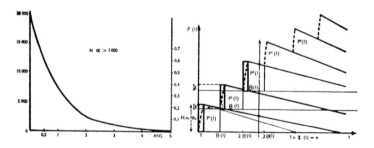

Fig. III-28. — *Curvas de celebridade.*

A TRANSFERÊNCIA DA MENSAGEM CULTURAL 173

Se supomos que a retenção de uma imagem pela sociedade em sua memória coletiva decresce de maneira exponencial, e se supomos igualmente que um indivíduo, origem desta imagem, ocupa sucessivamente diferentes canais postos à sua disposição pela sociedade — imprensa, cartazes, emissões de TV, filmes, conferência, etc. — renovando estes sua ação com uma certa periodicidade, a curva de crescimento da imagem deste indivíduo no público, medida pelo número de pessoas que a possuem (celebridade) assume a forma de um crescimento em escada, expresso qualitativamente pela curva acima.

Note-se que os canais desta celebridade agrupam-se em dois: os modos em grande escala, cartazes, T.V., filmes, cuja ação depende muito do reforço periódico do estímulo que conduzem, e os modos em pequena escala, cujo efeito, embora relativamente restrito, é muito mais previsível, e aproximadamente da mesma ordem, qualquer que seja o canal (cursos — conferências — artigos em revistas, no micromeio — etc.). É interessante constatar que esses últimos modos, atuando sobre o micromeio, têm uma ação que, embora inferior, não é, em muitos casos, de ordem de grandeza tão diferente assim quanto aos números mínimos de retenção que implica. Em outros termos, a ação sobre o micromeio é uma ação lenta, segura, e quase definitiva. O curso regular de um professor do Collège de France para vinte ouvintes por ano tem tanta influência quanto uma entrevista de televisão que atinge milhões de pessoas acidentalmente. Isso corrobora a noção de micromeio, fortemente ressaltada nesta obra.

Existem alguns casos simples nos quais os mecanismos de aquisição e de retenção em um conjunto social seguem praticamente leis racionais pelo fato de que os itens não têm efetivamente nenhuma repercussão emocional. Pode-se citar, por exemplo, os mecanismos de memorização do nome de indivíduos como um escritor, um bom cantor ou um prêmio Nobel: a maior parte do público ignora e ignorará a própria natureza de sua obra, nunca terá contato com eles e, contudo, retém seus nomes simplesmente porque estes se oferecem com determinada freqüência na massa de mensagens recebidas pelo consumidor.

Tomemos um exemplo:

Seja uma personalidade que:	Difusão N_i (média)	Percepção x_i
1. Aparece em cartazes = 1 vez de 4 em 4 anos	100 cartazes	5 000
2. Publica um livro de 2 em 2 anos	1 000	500
3. Conhece 100 pessoas por ano	100	90%
4. Dá 5 conferências por ano	50	140
5. Dá 3 cursos (diferentes) por ano (40 ouvintes)	120	110
6. Publica 8 artigos por ano	1 000	100
7. Realiza 2 radioemissões por ano	200 000	4 000
8. Realiza um filme de 4 em 4 anos	20 000	2 000
9. Realiza uma emissão de TV de 2 em 2 anos	400 000	20 000

QUADRO III-IV

CASO ESCOLHIDO: DIFUSÃO DO CONHECIMENTO DE UMA
PERSONALIDADE "SEMIPÚBLICA" (Literatura e Política).

Tipo de mensagem	Número de mensagens distintas n_i (concentrados)	Número de receptores de cada mensagem n_i	Taxa de percepção memorizada a_i	Constante de tempo específico de extinção τ_i		Período médio de renovação T_i		Resíduo de retenção MÍN. (estimado)	MÁX.
Canal sociométrico	120	1,5	0,9	1	ano	1	mês	100 a	200
Conferências	5	50	0,5	1	ano	3	meses	100 a	200
Cursos anuais	3	40	1	10	anos	1	ano	120 a	200
Artigos	8	1 000	0,1	3	anos	2	meses	600 a	1 000
Livros	1 000	2	0,5	1	ano	2	anos	400 a	600
Rádio	2	200 000	0,01	1/2	mês	6	meses	100 a	1 000
Filmes	1	20 000	0,8	1	ano	4	anos	500 a	1 000
Cartazes	100	5 000	0,20	1/2	mês	1/2 mês 1	ano	10 000 a	150 000
Televisão	1	400 000	0,5	1	dia	2	anos	400 a	1 000

A TRANSFERÊNCIA DA MENSAGEM CULTURAL 175

Construímos então, no computador, um *modelo de retenção* levando em conta o fato de que as diferentes mensagens renovam-se nos diferentes canais i de maneira quase periódica ou periódica T_i e que a retenção global é o resultado de uma série de exponenciais tendo constantes temporais bem diferentes. O trabalho de programação foi feito por A. Meyer e a análise dos quadros obtido no IBM 1620 forneceu os resultados seguintes:

INTERPRETAÇÃO DOS RESULTADOS

Os cálculos da "medida de retenção" foram efetuados para 9 canais de difusão ($i = 9$, QUADRO III-IV),

Os resultados deram margem a interessantes conclusões:

1º *Importância da constante de tempo* τ_i.

Quando a constante de tempo τ_i é pequena (canais nº 6, 8 e 9), ou seja, quando não há recrutamento, e a informação transmitida pelo canal é rapidamente esquecida (alguns dias ou meses), não há aumento de celebridade; em outras palavras, o canal age somente nos tempos: $t_1 = T_1, 2T_1,..., mT_1$ (ex.: cartazes, grande imprensa).

2º *Lei de saturação*

Para cada canal, calculando a "celebridade" nos diferentes máximos, isto é, nos tempos $t = T_i, 2T_i,..., m\,T_i$, constata-se que o crescimento da celebridade entre dois máximos sucessivos diminui progressivamente até atingir um valor nulo. *Assim, ao cabo de um tempo t (ex.: 81 meses para o canal nº 3), a retenção do nome permanece constante.*

3º *Relação: retenção* (t) / *retenção* $(t = 0) = K$.

É certo que o coeficiente $N_i n_i\, a_i$ precede os termos T_i e t_1 em importância para a "celebridade": esse resultado era previsível; a grande imprensa atinge maior número de indivíduos que as conferências.

Contudo, a relação K é muito maior para a soma dos 4 primeiros canais que para a soma de todos os 9 canais. Assim, canais de baixa amplitude, cujos τ_i são muito altos e que são utilizados freqüentemente permitem que uma personalidade aumente sua celebridade em uma relação K de 9 a 17; enquanto canais de alta amplitude, mas de baixos τ_i, utilizados em intervalos de tempo algo espaçados (televisão) agem *unicamente* no momento da emissão; K é por assim dizer constante, e igual a 1.

As aplicações desse modelo são muito numerosas. Empregado no estudo da propaganda ou da celebridade de um indivíduo, explica, com hipóteses relativamente simples (esquecimento exponencial), um certo número de constatações empíricas feitas pelos publicitários, agentes eleitorais, cartazistas, etc. Mostra também que os canais de difusão se re-

176 SOCIODINAMICA DA CULTURA

partem globalmente em dois tipos: os que agem de maneira durável sobre um micromeio restrito (revistas técnicas, rede sociométrica de conhecidos pessoais, etc.) e os que agem sobre a massa social com um esquecimento extremamente rápido. A ação global sobre o quadro sociocultural desses dois tipos é comparável. Esse modelo pode servir também a estudos experimentais sobre uma política de publicidade.

§ III — 18. *Conclusão.*

Nesse capítulo consagrado ao problema da transferência da mensagem cultural e à retenção de conhecimentos que ciências diversas, em particular: Psicologia, Teoria da Informação e Sociologia nos trazem sobre os processos de impregnação de indivíduos por uma cultura materialmente representada por um fluxo de mensagens, vimos que:

1. Uma *mensagem* é uma seqüência de elementos isoláveis, enunciáveis, que o indivíduo recebe de seu *Umwelt*.

2. Essa mensagem pode ser caracterizada pela *quantidade de originalidade* que proporciona ao receptor particular, diluída em um certo número de signos, sempre em excesso sobre a quantidade que seria estritamente necessária para transmitir a mesma quantidade ou *informação*.

3. A originalidade é mensurável pelo logaritmo da imprevisibilidade da complexão de signos particulares que essa mensagem oferece ao receptor, sendo os signos, por suposição, conhecidos e reconhecidos por ele. Em outros termos, trata-se do logaritmo do número de mensagens possíveis com a mesma estrutura estatística e entre as quais o emissor escolheu a mensagem em questão.

4. A profusão relativa do número de signos em relação ao ideal teórico é medida por uma grandeza denominada *redundância,* que é ligada à possibilidade que tem o receptor, com base neste mesmo excesso de signos em relação ao mínimo necessário, de prever qualquer coisa a *priori* sobre o desenrolar da mensagem antes ou durante sua recepção. Esse processo de previsão que chamamos de *inteligibilidade* da mensagem para o receptor particular considerado é ao mesmo tempo o processo de percepção de formas no interior da mensagem. A redundância é portanto, por isso mesmo, uma *medida de formas.*

5. Existe, portanto, uma medida de mensagens quanto àquilo que nos trazem de novo, mas esta medida só é definida em determinada situação, isto é: de um lado em relação a uma determinada categoria de signos isoláveis selecionados *a priori* na hierarquia de níveis de percepção possíveis e, de outro, relativamente a um determinado par emissor-receptor, possuindo um certo *set of expectations*. Se alteramos esse par, alteramos para uma mesma mensagem a

A TRANSFERÊNCIA DA MENSAGEM CULTURAL   177

quantidade de informação transmitida, subsistindo porém, no interior de um determinado conjunto social, um certo número de elementos comuns, uma correlação entre estrutura de repertórios que conduz à idéia de uma semiótica que consiste em uma descrição desta *parte comum* e de suas diferentes *possibilidades de variação.*

6. Devemos considerar, pelo menos a título de hipótese heurística fecunda, que uma característica fundamental do receptor humano é a existência de um limite da *vazão* máxima de informação, ou de originalidade, perceptível por unidade de tempo. Quando essa razão máxima é ultrapassada pela mensagem proposta, o indivíduo é coagido a abandonar a percepção de forma de conjunto e a dedicar-se a um processo de exploração e de armazenamento. Nos casos de mensagem visual, fará uma exploração ponto por ponto dessa última que, após um certo tempo, lhe dará a possibilidade de integrar na memória os elementos sucessivamente recebidos e de interligá-los em uma "forma" que é uma espécie de *subrotina* da percepção (no sentido da programação das máquinas de calcular) que, precisamente, abaixa a vazão de sua novidade aquém de seu limite crítico. Nas mensagens de desenvolvimento temporal, em particular sonoras, a exploração não é possível por causa de sua própria fugacidade; o indivíduo recorrerá, seja à repetição (audição musical), seja a uma espécie de percepção aleatória (audição de um curso demasiado difícil), que o conduza a um mosaico de percepções fragmentárias também submetidas às leis de um esquecimento mais ou menos aleatório.

7. Se a vazão de originalidade exceder demasiadamente a capacidade-limite do indivíduo, este será submerso pela mensagem, desinteressando-se dela e deixando de prestar-lhe atenção.

8. Se, ao contrário, a mensagem for exageradamente redundante, se transmitir muito pouca originalidade, o indivíduo desinteressar-se-á também, pois ela perde qualquer valor de informação sobre o mundo.

9. Daí resulta que o interesse ou a atração do receptor para a mensagem situa-se em *zona intermediária* que tem uma certa redundância ótima, para a qual a mensagem tem o máximo de valor comunicativo. Há aqui uma regra de adequação entre a quantidade de originalidade proposta pela mensagem e a quantidade que este ou aquele receptor pode aceitar. Em uma sociedade dada este valor médio é definível em relação ao quociente intelectual deste indivíduo. A inteligência geral (fator G de Spearman) é precisamente esta aptidão para perceber ou projetar formas em um conjunto de estímulos.

10. Na transferência operada pelos *mass-media* de elementos culturais sob forma de itens dirigidos ao indivíduo, esses mesmos *mass-media* encontram uma *regra de eficácia*

178   SOCIODINÂMICA DA CULTURA

nesta adequação de vazões de originalidade proposta, regra esta aceitável. Procurarão seguir esta regra na medida em que aspirem à eficácia para o nível intelectual e cultural da camada da sociedade que queiram atingir.

11. Para chegar a essa transferência, é possível modificar as mensagens, por exemplo, acondicionando-as, se têm uma originalidade demasiado concentrada, em um número maior de signos, isto é, aumentando sua redundância. Esse *acondicionamento* é assegurado na prática pelos *produtores* que servem de intermediários entre a fonte e a massa. Esses empregarão um certo número de técnicas, entre as quais o *rewriting,* a restrição do número de signos (vocabulário) aos realmente conhecidos pelo receptor, a supressão de formas demasiado amplas para entrarem no quadro de percepção temporal ou espacial deste (rejeição das cadeias de implicação lógica), utilização de um contraponto mais ou menos hábil entre as diferentes formas propostas pela mensagem aos diferentes níveis de signos que nela podem ser encontrados e, enfim, o emprego sistemático de probabilidades de associações mais banais, tais como as fornecidas por constelações de atributo de *palavras-chave* que desempenham o papel de *fatores integrantes.*

12. Os processos de percepção e de retenção são acondicionados e valorizados — ou desvalorizados — nas diferentes etapas do mecanismo por fatores profundos que dependem da psicanálise social ou individual, tais como a vontade de poder, libido ou dialética sado-masoquista, etc. Muitos desses fatores foram descritos qualitativamente pelos especialistas da psicologia profunda, mas um inventário de seu valor quantitativo, de seu coeficiente de ação sobre os diferentes repertórios entre os quais atua a percepção (morfemas, semantemas, etc...) jamais foi tentado, a despeito de sua importância para o publicitário ou o apóstolo da cultura.

13. Na maioria das mensagens normais de indivíduo a indivíduo, não somente existe uma série de etapas de percepção entre as quais a atenção do indivíduo oscila (grande forma, pequena forma, grande detalhe, pequeno detalhe, detalhe branco do teste de Rorschach constituem um exemplo característico), mas existe ainda uma espécie de *complementaridade* entre o aspecto normalizado e universal oferecido pelos signos reconhecíveis e o aspecto passageiro e flutuante oferecido por este ou aquele signo particular, que constitui um campo de liberdade em torno da norma.

O conteúdo maior ou menor de *originalidade de desvios* em relação a esta norma constitui um outro aspecto da mensagem que convém chamar de aspecto *estético* em oposição ao aspecto *semântico* desenvolvido mais acima. A ele corresponderá um modo de "percepção estética" em função da familiaridade mais ou menos esperada dessas variações. O fabricante da mensagem utilizará mais ou menos sistema-

A TRANSFERÊNCIA DA MENSAGEM CULTURAL   179

ticamente esta complementaridade de aspecto, utilização que está na própria base da composição de obras musicais, mas que está presente em toda espécie de mensagem inter-humana. 14. O conhecimento dessas diferentes técnicas, os diferentes aspectos numéricos da mensagem, da hierarquia exata de repertórios, de palavras-chave, de fatores integrantes e valorizações introduzidas por estruturas psicológicas latentes do indivíduo, estarão na base das técnicas empregadas pelos engenheiros da emoção para acondicionar e embalar as mensagens culturais de maneira que atinjam com máxima eficácia o maior número e que sejam retidas ao máximo. O termo "mensagem cultural" guarda aqui um sentido estritamente operacional e válido igualmente para a "má" cultura e para a "boa": os engenheiros da emoção serão técnicos ao serviço de uma escala de valores; servir-se-ão da atração cromática proporcionada por uma tela de Gainsborough para embriagar de cerveja a população londrina tão bem quanto da violenta sexualidade de uma bela loura para atrair os fiéis ao templo da virtude.

Os Circuitos de Difusão Cultural

*O homem recusa o espelho
de seu próprio caos.*

ADORNO

§ IV — *1. Necessidade de uma "teoria dos circuitos"
culturais.*

Nos capítulos anteriores, definimos a sociodinâmica
da cultura e mostramos a existência de reações entre os criadores de itens culturais, traduzidas por mensagens, e a massa
dos consumidores desses itens; estudamos em seguida a própria natureza da *mercadoria* cultural, seu preço de custo e
valor social. Mostramos, enfim, como esta noção sócio-eco-
nômica poderia conciliar-se com a teoria informacional das
mensagens que abordamos no capítulo precedente.

O objeto do presente capítulo será especificar a natureza
e a forma dos *circuitos de comunicação* da cultura cuja existência pressentimos, mas que mudam em cada caso, com a
própria natureza do canal cultural, isto é, com a natureza
física das mensagens que são transmitidas. Tentaremos, portanto, uma breve monografia de cada um dos principais canais transmissores de cultura, desde seus criadores até os
consumidores, e que conduzem reações em um estádio ulterior até o nível da criação para influenciá-la.

Sabemos que, desde o criador fabricante de mensagens
até o consumidor no sentido mais amplo, isto é, até à incorporação no cérebro individual médio de elementos díspares
cujo conjunto constitui a cultura, o caminho seguido pelas
mensagens culturais na sociedade comporta uma série de
etapas freqüentemente complexas e que, além disso, reagem
entre si. A idéia simplista de que o criador da obra de arte
ou do texto científico agitaria a massa do público em círculos
concêntricos, como uma pedra que provoca ondas na água,
não é válida aqui, porque existem *acoplamentos,* no sentido

182 SOCIODINÂMICA DA CULTURA

da teoria dos circuitos, entre os diferentes sistemas de difusão que se escalonam desde o indivíduo único até à coletividade.

É necessário, portanto, explicitar, para cada um dos canais culturais, um esquema suficientemente realista de seu mecanismo, que salientará os principais fatores em jogo. Estudaremos:

1.º O canal das artes da imagem, principalmente da Pintura.

2.º O canal do impresso ou do sistema simbólico que rege a Literatura e, em menor grau, a Poesia.

3.º O canal das *ciências* e *conhecimentos* pelos atalhos do periódico científico e do livro, correlativamente ao da *educação adulta*.

4.º O canal da *linguagem* considerada como um tipo de mensagem cultural em si.

5.º O canal das artes de *representação* tais como a Mímica, o Teatro e o Cinema, que desempenham um papel considerável no mundo atual.

6.º Enfim, o canal *musical* em seus três modos essenciais: a música direta, o rádio e a gravação.

Não tentaremos aqui uma classificação racional e exaustiva das mensagens culturais: são muitas, variam em sua própria definição e os elementos que entram em jogo para defini-las são de natureza extremamente díspar. As grandezas em questão são em si mesmas muito diversas e não distinguiremos, em conformidade ao espírito deste livro, os conteúdos dos continentes, contentando-nos em seguir as reações referentes à produção de objetos ou mercadorias culturais.

Assim é que o Cinema é uma arte popular, dirigindo-se a centenas de milhões de pessoas, enquanto o Teatro, cujas técnicas expressivas são muito próximas, é uma arte "antipopular", endereçando-se no máximo a algumas dezenas de milhares de pessoas. A Pintura, segundo passe ou não pelo canal amplificador da reprodução, dirige-se a *alguns* indivíduos ou a *alguns milhões* de indivíduos. A literatura científica, enfim, comporta uma série de etapas de difusão, estendendo-se praticamente até os limites do universo cultural.

Na massa, a Arte só existe de fato, em nossa época de transição, pela *Cópia*: o triunfo da cultura de nossa época liga-se à venda da *5.ª Sinfonia* na vitrina da loja de aspiradores de pó e à difusão da vida de J.-J. Rousseau nas histórias em quadrinhos da última página dos jornais diários. Esse triunfo é, está certo, unicamente quantitativo e corresponde exatamente à concepção pragmática que sustenta nesta obra a idéia de cultura. Qualquer que possa ser o valor qualitativo das mensagens transmitidas, vivemos na época de uma *cul-*

OS CIRCUITOS DE DIFUSÃO CULTURAL 183

tura-mosaico e é na perspectiva desta que se situa uma sociodinâmica do campo cultural. Esta concepção terá sempre em vista, portanto, a noção física de *ordem de grandeza:* assim, os circuitos das galerias de quadros, embora se estabeleçam em um micromeio reduzido a algumas dezenas ou centenas de indivíduos, representam quantitativamente, não obstante, uma massa enorme de capitais, de energia e de mensagens, mesmo sem passar pelo processo de cópia. Ao contrário, certos circuitos de cinema podem às vezes, sem deixar de representar milhões de indivíduos, ter ao final uma importância cultural reduzida.

De fato, a grandeza que fixará a colocação dos circuitos culturais em um conjunto corresponde aproximadamente à *soma de signos ligados* ao circuito considerado, qualquer que seja a natureza desses signos, confundindo assim em uma perspectiva estatística os signos fiduciários, as palavras, as obras e as mensagens a seu respeito em uma colocação inicial: é uma generalização da noção de "aquilo de que se fala", assimilando em sua influência numérica as palavras, os números e os valores sociais.

§ IV — 2. *Caracteres gerais dos circuitos culturais.*

Rapidamente se vê que esses sistemas têm sempre um certo número de aspectos comuns e constituem variantes de um esquema geral. É apreendendo esse esquema geral que encontraremos os mecanismos elementares que entram em jogo na situação do artista ou do criador científico, em relação à sociedade, e que obteremos algumas de suas instâncias motrizes.

Três elementos essenciais emergem nesses circuitos de difusão da cultura:

1.º A difusão da obra, quer se trate do manuscrito de um poeta, de um tratado técnico de eletrotécnica ou de uma escultura de Pevsner, comporta sempre várias etapas, no mínimo duas:

Uma é a relação do criador com um grupo de difusão (sociedade editora, círculo de amigos, galeria mais ou menos confidencial) no qual a relação é direta, de homem a homem, amigavelmente.

No outro intervêm os *mass-media* de difusão, isto é, o princípio da cópia, portanto da *multiplicidade* da obra, tendo esta multiplicidade em geral aspectos bem díspares, por exemplo no caso de uma escultura, onde a cópia deve ser fotográfica, ou seja, uma redução da obra a duas dimensões. Na maior parte do tempo vê-se intervir uma terceira etapa: a do *micromeio* cujos aspectos, em conjunto, constituem a "cidade intelectual".

2.º Todos os sistemas de difusão conectam-se consigo mesmos (Fig. IV-1) em cada estágio dessa difusão. Isso implica em que as ações de grupos ou de indivíduos criadores não são inconscientes e cegas, mas levam evidentemente em conta resultados. De fato, essas reações assumem aspectos muito diferentes nas duas categorias de estágios discernidos acima. A reação do grupo de indivíduos à ação do artista ou do cientista põe em jogo mecanismos essencialmente psicológicos, agindo sobre o estado de espírito do criador, sobre sua posição intelectual, sobre seus projetos, ou seja, sobre suas produções futuras. A reação ao estádio dos sistemas de difusão tem um caráter econômico, pertence à economia política da cultura criada pelos *mass-media,* parte de obras *existentes,* sobre as quais exerce filtragens sem alterar as obras propriamente ditas.

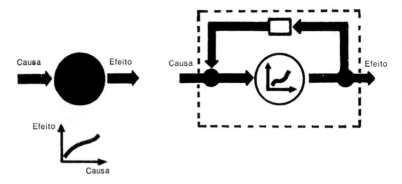

Fig. IV-1. — *Causalidade aberta e causalidade de estrutura.*

A teoria dos circuitos, quer sejam culturais ou materiais, considera fundamentalmente dois tipos de determinismo nos átomos que constituem um organismo:

1º As caixas negras (ou quadripolos) abertas, nas quais o efeito é uma função da causa determinada por uma lei unidirecional, chamada *característica.* Freqüentemente acontece ser o efeito proporcional à causa (linearidade).

2º As caixas negras fechadas ou em retroação, nas quais uma parte do efeito vem compor-se de alguma maneira com a causa na entrada do quadripolo (reações). Nesse momento, o efeito global desse sistema não é mais uma função simples da causa, e sim, simultaneamente, deste e da natureza de acoplamento entre a saída e a entrada. O determinismo provém ao mesmo tempo da causa e da estrutura. Assim, nos circuitos de difusão cultural, se há uma reação forte dos produtos sobre os amadores, a evolução da natureza desses produtos no decurso do tempo não é mais unicamente função da imaginação, do aleatório do gênio, e sim da natureza social deste circuto no qual o criador se encontra inserido. Por exemplo, o circuito da edição, comportando reações financeiras cada vez mais estreitas entre o sucesso de um livro e a faculdade de editar, é um circuito fechado sobre si mesmo; o talento toma o lugar do gênio, como o ressalta Edgar Morin.

3.º Os sistemas de reação, quaisquer que sejam suas naturezas, quase sempre são múltiplos: assim, a opinião pública reage sobre a política de uma galeria, os lucros do editor reagem sobre as obras futuras do autor mas, quase sempre, muitos sistemas de reação existem *em paralelo* e suas ações são às vezes contrárias.

Todo sistema de reação constitui em si mesmo um mecanismo: o da crítica de arte literária ou musical é bem conhecido, o das pesquisas de opinião pública é extremamente racional e objetivo, outros mecanismos são muito sutis, como as conversas na abertura de uma exposição, orientadas por fatores específicos.

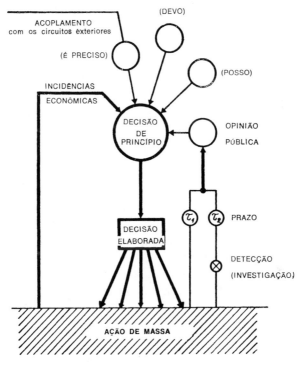

FIG. IV-2. — *A tomada de decisão em um organismo que atua sobre a massa.*

Trata-se do organograma teórico da psicologia de uma decisão, segundo as concepções de Kurt Lewin. Deve-se sempre distinguir, em uma decisão, duas etapas de decisão: princípio elaborado e execução. A decisão de princípio é uma ponderação de fatores diversos, tais como: "Devo" (imperativo categórico kantiano), "Posso" (naquilo que me concerne pessoalmente), "É preciso" (pressão do meio, e, em particular, de outros sistemas de decisão análogos) e as reações antecipadas à decisão; prefiguração das conseqüências econômicas (venda de um produto, por exemplo) e cons qüências psicológicas (imagem do produto, marca), enfim, "reflexão" do indivíduo que decide sobre a massa de pessoas sobre as quais "atua", imagem refletida que só chega a ele após um certo prazo.

186 SOCIODINÂMICA DA CULTURA

De qualquer maneira, todos esses canais de reação, denominados de "quadripolos" em teoria dos circuitos, são sempre, desde que definidos, caracterizados por duas grandezas numéricas gerais:

Uma é a *importância* de sua ação, o "peso" com o qual pesarão sobre o comportamento ulterior do organismo ao qual se acoplam: peso da opinião pública, peso da crítica, influência do interesse por uma doutrina científica, etc. Esta grandeza é algébrica: pode ser ação ou reação, conduzindo a amplificação ou ao bloqueio.

A outra grandeza, praticamente independente, é o *prazo* requerido para que esta reação se manifeste: a opinião pública é um mecanismo progressivo, desenvolve-se no correr do tempo e requer um certo prazo para influenciar as obras ulteriores do romancista ou a política da galeria de arte, ou ainda as decisões do conselho de programas de uma estação de radiodifusão. O papel da Ciência é recortar no real abstrações inteligíveis; um estudo dos circuitos culturais procurará apreender essas grandezas sob um aspecto estatístico, simplificando-as tanto quanto possível.

Assim, a crítica de arte age sobre as idéias de um artista (na medida em que lhe atribui um valor) alguns meses após a aparição da obra, e esta ou aquela produção de rádio dará lugar a reações telefônicas ou a cartas ao cabo de algumas horas ou dias.

O objeto desse capítulo consistirá em discernir os elementos em jogo nos principais tipos de canais culturais, esquematizá-los e dar, para cada um deles, uma ordem de grandeza dos elementos numéricos que o caracterizam.

§ IV — 3. *A mensagem impressa.*

A edição é uma técnica cultural que se baseia na impressão tipográfica, portanto exclusivamente na cópia. Em completa oposição à pintura, sua ação sobre a massa se funda em um princípio quantitativo; no mundo atual, as obras do espírito difundidas por via da carta do autor ou da escrita representam uma porcentagem absolutamente desprezível da massa de idéias em circulação no mundo, medidas em horas × leitor. As idéias só existem de fato quando impressas, e é a tarefa própria da edição imprimi-las e difundi-las. Sabe-se que o papel do editor não cessou de ganhar importância à medida que se tornou menos bem definido, enquanto o do impressor não deixou de decrescer na medida exata em que, melhor definido, se assimilava a uma técnica com um campo restrito. O editor era outrora antes de mais nada impressor; agora é, antes de tudo, entreposto da cultura, difusor, e seu papel cresce com a multiplicidade de suas funções.

O pensamento escrito e impresso representa um dos principais elementos da cultura. Põe em um molde comum as obras artísticas do pensamento — literatura, poesia, etc. — e obras científicas; é o *Universo da palavra,* preciso ou vago, semântico ou estético. De fato, a semelhança imposta pelo molde da imprensa à difusão de idéias tão diferentes como o pensamento científico e o pensamento literário apresenta-se mais como uma coincidência quando a vemos sob o ângulo de uma sociologia da edição, que recobre na realidade sistemas de difusão muito diferentes. Esta coerção imposta pelo canal, extremamente apontada na época atual, vem da heterogeneidade que a Renascença, por exemplo, não sentiu. Ocorre que o pensamento científico poderia ter desenvolvido sua difusão em um canal inteiramente diferente, por exemplo o do pensamento gráfico (desenhos e esquemas), o que não fez, e é obrigado a lutar para impor suas formas próprias (equações matemáticas, fórmulas, esquemas e figuras a traço) ao canal mal-adaptado da edição tipográfica.

A lacuna entre a cultura "universal", que se pretendia acessível a todos, e a cultura científica, ampliou-se sem cessar desde o fim do século XVIII, atingindo um máximo de 1920 a 1940: era consagrada pelos sistemas educacionais, e só recentemente a Ciência penetrou, à força, no mundo de todos os dias e no das crianças, essencialmente por via de um novo mecanismo, o da *vulgarização científica* ou *educação adulta,* cujos traços definitivos, em particular suas relações com a cultura geral, não são ainda fixos.

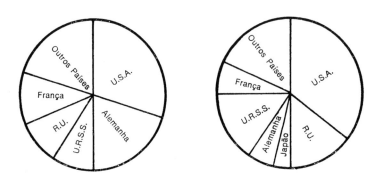

Fig. IV-3. — *As fontes da cultura científica em 1939 e em 1951.*

Sobre esses diagramas polares, muito aproximativos, estão representadas as porcentagens das contribuições de grandes países antes e após a guerra.

188 SOCIODINAMICA DA CULTURA

O canal de difusão do pensamento, que a edição constitui, comporta tecnicamente:

— a *criação* de idéias pelo autor, quer esta tenha um caráter puramente contingente, como na obra poética, quer corresponda à expressão de um meio, como no caso da obra científica;

— a *formulação*, que é a tarefa de redação propriamente dita, e implica qualidades especificamente diferentes da anterior;

— a *normalização*, que corresponde à tarefa atualmente realizada por datilógrafos e que, em particular, destrói a unicidade do manuscrito;

— a *aceitação* por um sistema de difusão que é um dos primeiros mecanismos de seleção do pensamento (filtragem);

— a *fabricação de cópias*, por impressão, cujo número nunca
. desce abaixo de alguns milhares;

— a *difusão* propriamente dita, que é tarefa das casas editoras e de um sutil mecanismo de relatórios, publicidade, crítica, etc., constituindo uma segunda filtragem;

— enfim, a *assimilação* pelos consumidores individuais; no caso do pensamento simbólico que é o escrito, separa-se claramente dos anteriores: existe um grande número de obras escritas, difundidas em escala muito grande, e que no entanto não exercem nenhuma influência no meio no qual são difundidas.

§ IV — *4. A edição.*

O esquema anexo exprime o circuito normal de difusão do pensamento impresso correspondente às principais etapas esboçadas acima. Os prazos nos diferentes ramos dados são médias provenientes do estudo da edição nos Estados Unidos e na Europa Ocidental. Esses prazos são na verdade extremamente variáveis, e uma parte da concorrência no plano das obras de ficção, para as quais diferentes editores disputam o tempo de leitura disponível do público, se baseia no jogo entre esses prazos (ESCARPIT).

QUADRO IV-I

Fundos disponíveis NF	Preço de custo total por exemplar e por 1 000 toques	Técnica de difusão	Tiragem por segundo incluindo composição	Número médio de receptores	
1	1,00	Escrita manuscrita (4 toques/s.)	4 t.	1	
1 000	0,60	Datilografia com correção de 5 exemplares	2,5 t.	5	Micromeio
1 500	0,10	Mimeógrafo a álcool	10	20	
2 000	0,05	Mimeógrafo a tinta	30	100	
10 000	0,02	Impressão da composição manual (relevo)	5 000	1 000	
100 000	0,01	Impressão da composição em linotipo *Pocket Book*	10 000	10 000	
200 000	0,001	Impressão da composição em monotipo (relevo)	20 000	100 000	Massa secundária
1 000 000	0,00001	Filmes da composição em linotipo + rotativa Rotogravura, *offset*	40 000	1 000 000	

Preço de custo dos elementos do sistema de difusão da impressão por 1 000 toques e por exemplar

Escrita manuscrita	1
+ Datilografia	0,60
+ Composição	10
+ Impressão	4
+ Preço do papel	0,01

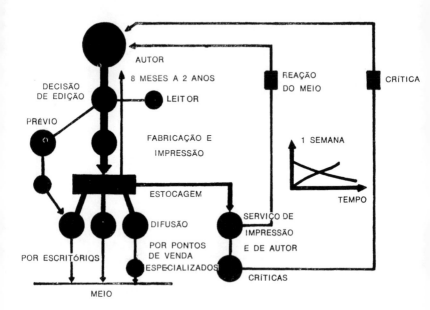

Fig. IV-4.

O organograma simplificado dos principais elementos que intervêm no circuito sociocultural do livro: reencontramos aqui, a partir do autor, a decisão da edição tomada com base no conselho de um leitor, os mecanismos de difusão, de estocagem e de difusão, e um certo número de circuitos de reações, do meio e da crítica, cada qual com prazos e formas de ação muito diferentes. É a partir desse esquema que se constitui o mercado do livro para o criador.

Note-se aí a influência relativamente grande do meio sobre o sistema de difusão, influência que, sendo *a posteriori*, finalmente quase não opera ao nível dos criadores propriamente ditos. Tudo se passa como se existisse um reservatório permanente de autores em grande parte independentes da difusão e quase que isolados, em suas reações, dos mecanismos das editoras. É entre as editoras e os autores, portanto, que o acoplamento é mais fraco, sendo esse domínio aquele no qual se podem esperar as modificações mais importantes em um futuro próximo.

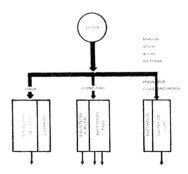

Fig. IV-5. — *Os modos de difusão do livro na França:*

O editor faz chegar seus livros ao consumidor por 4 métodos principais:
— a venda aberta (livrarias e mercados de livros);
— o empréstimo (bibliotecas públicas e particulares);
— a venda por encomenda antes da edição;
— a venda aos particulares por clubes do livro.

Esta última é caracterizada para o emissor por uma certeza de venda que dá uma enorme importância psicofinanceira a esse modo: a firma BERTELSMAN A. G. fabrica e vende 25 milhões de livros por ano.

A este respeito, as tendências à consolidação e à concentração nas editoras americanas e francesas são características. A situação é totalmente diferente nos países de capitalismo de Estado, onde a editoração é uma função pública e a seleção é efetuada pela reputação e pela concordância com determinado número de normas.

Nos Estados Unidos, as vendas de livros escolares duplicarão em 1965, em relação a 1960. As editoras tentam reforçar seu acoplamento com os criadores integrando-os em equipes, empreitando-os. O circuito apresentar-se-á então na forma indicada na Fig. 00. O custo de composição e de impressão duplicou em vinte anos, o que, em vista do progresso das técnicas, indica um atraso global na parte técnica da cadeia em relação à parte econômica. 20% da população de um Estado ocidental representa 70% dos leitores. Em um país de 200 milhões de habitantes, cerca de 5 000 manuscritos são escritos anualmente, vale dizer, cerca de 0,02% do conjunto social é "criador" — no sentido psicológico do termo —, e, como cerca de 5 000 livros são publicados no mercado, ou seja, cerca de dez por cento do número de pessoas que escrevem, por conseguinte, 2/100 000e da população são criadores no plano pragmático que nos ocupa aqui.

Enfim, estabelece-se uma tendência na separação das funções entre criadores de idéias e fabricação de manuscritos mediante intervenção do *rewriter* ou do *ghost-writer* que, na prática, é um recém-chegado no micromeio dos criadores. Este tem uma função bem definida, relativamente bem remunerada e põe-se ao serviço de criadores de idéias (o valor dessas idéias não está em causa nesse problema) para confeccionar a mensagem. O livro sob medida feito por encomenda do editor pela reunião profissional de um escritor profissional e de um intelectual puro, que não sabe, não quer ou não tem tempo para escrever, mas cujas idéias são reputadas como valiosas, portanto vendáveis, parece constituir-se na forma mais freqüente da literatura impressa de amanhã. Ao que parece esta literatura impressa deverá aumentar consideravelmente sua variedade, pois ela reflete uma necessidade objetiva e permanente da fertilidade intelectual de uma época.

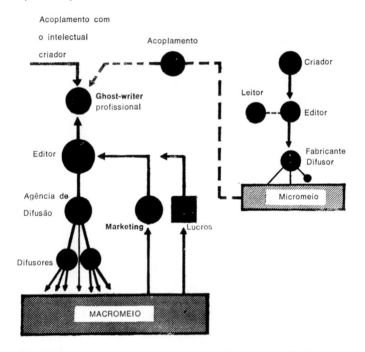

Fig. IV-6. — *A estrutura da passagem de uma obra literária ou cultural difícil do micromeio para o macromeio.*

É esta estrutura que irá, daqui a alguns anos, desenvolver-se de maneira intensa, a partir da tomada de consciência da diferença entre micro e macromeio. O sucesso obtido por um livro, quer se trate de um ensaio, romance ou estudo, devidamente controlado no micromeio, comporta uma parte que deve ser atribuída a um certo número de idéias gerais que podem talvez ser relançadas sob uma outra forma no macromeio: o empresário de comunicação procura realizar esse sistema. Para tanto, recorre em geral a um *ghost-writer* que irá mudar a forma sem mudar o conteúdo, recopiar, comentar, etc. O editor ataca, dessa maneira, um macromeio importante: é um dos mecanismos utilizados no livro de bolso. Isso prepara o livro por encomenda (cf. Fig. IV-7). Um esquema como esse pode ser igualmente aproximado de mecanismos vizinhos no domínio da música popular de sucesso (cf. pp. 248-249). Observe-se igualmente que é este o mecanismo de um outro elemento importante da cultura, o do objeto, fabricado em série e vendido nas grandes lojas, a partir de um sucesso inicial estabelecido em um micromeio que se encontra em posição de liderança em relação ao conjunto. Constitui uma parcela do esquema de uma cultura do objeto, onde a mensagem cultural e a forma são a função, ao invés de o serem idéia e o estilo.

OS CIRCUITOS DE DIFUSÃO CULTURAL 193

Em contraposição, o número de cópias ou tiragens de obras de nível intelectual elevado deve, ao que parece, reduzir-se consideravelmente em virtude da importância assumida pelas bibliotecas, sistemas de referência analítica e fotografia por encomenda, e da incapacidade dos homens de consumir os produtos da civilização escrita, achando-se a humanidade em vias de afogar-se em seu próprio papel impresso.

Entrevê-se a diferenciação de vários ciclos. O primeiro envolve o fabrico, sob encomenda, para necessidades definidas de mercadorias culturais, totalmente desprovidas de originalidade — livros escolares, cursos de aplicação técnica, manuais diversos, etc. — e pode-se muito bem conceber, como já acontece de tempos em tempos, a confecção por um escritor profissional de um manual de História ou de Geodésia a partir de tratados dificilmente legíveis: sua profissão seria precisamente *compreendê-los* e traduzi-los em uma linguagem suficientemente redundante para que tenha acesso ao público de utilizadores.

Ao lado desta cadeia, deve-se divisar a aparição de cadeias inteiramente diferentes, não regidas pelo sistema quantitativo, que terão o papel exclusivo de publicar um número extremamente reduzido de exemplares (100 a 400), as coisas mais variadas, mais bizarras e inesperadas, os tratados ilegíveis, as obras matemáticas tão abstratas que 2 ou 3 pessoas serão capazes de lê-las, afora seu autor: o termo publicação significaria aqui, mais propriamente a *atualização* do produto.

QUADRO IV-II

Número de livros por lar numa pequena cidade francesa
(80 000 habitantes)   (segundo Dumazedier).

1 a 5 livros	9%
6 a 15	19%
16 a 25	10%
26 a 75	24%
76 a 150	13%
151 a 250	6%
251 a 500	10%
mais de 500	4%
incertos	4,5%

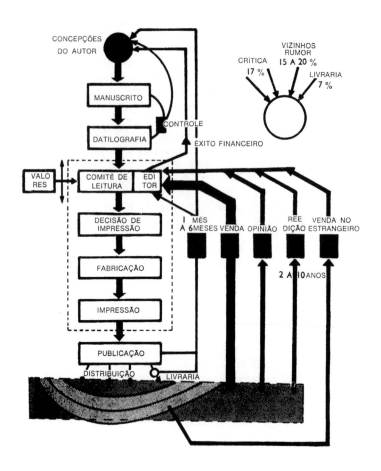

Fig. IV-7 a, b. — *Organograma pormenorizado da cadeia de produção de um escrito literário "personalizado".*

Este organograma é um desenvolvimento do que é visto na Fig. IV-4. Salienta efetivamente os dois blocos essenciais da edição de um livro, a *escala pessoal* — concepção do autor, manuscrito, normalização datilográfica — e *escala coletiva* ou burocrática, que está nas mãos do editor. Esta última comporta: o *comitê de leitura*, que julga em função de valores sociais ou microssociais, exteriores ao autor, e que decide da edição; a *fabricação*, a *impressão*, a *publicação*, a *distribuição*, enfim, que coloca a obra na massa. Esta tem um acoplamento extremamente forte com as decisões do editor, assegurada:
a) pela venda em um prazo da ordem de 6 meses;
b) pela crítica, que reage também sobre o espírito do autor;
c) enfim, o acoplamento de uma opinião geral, que se constitui independentemente da venda, como uma espécie de imagem da marca; vêm em último lugar os efeitos da reedição (1 a cinco anos) e da venda no estrangeiro dos direitos de tradução (entre 5 a 10 anos). Lembremos que, em um país de 200 milhões de habitantes, 50 000 manuscritos são escritos a cada ano, dos quais, 5 000 são editados, 500 têm sucesso, 50 dão dinheiro e 5 desempenharão o papel de *best-sellers*.

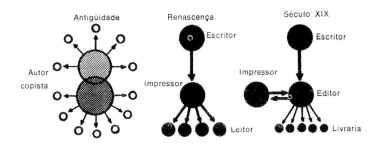

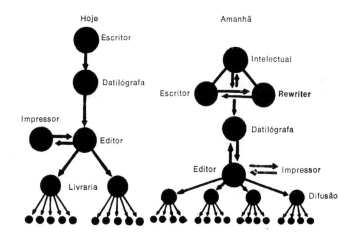

Fig. IV-8 a, b, c, d, e. — *A evolução das estruturas de edição, desde a civilização impressa.*

Outrora, ainda no século XVIII, o escritor tomava contato com o impressor-editor que se encarregava, pela cópia, de fazer com que sua mensagem chegasse a um conjunto de leitores. Havia relativamente mais leitores potenciais que escritores. No século XIX, o editor-livreiro, função social, relega a um ramo técnico lateral o impressor. O escritor está em relação com seu editor, que está, por sua vez, em relação com os difusores e estabelece seu preço de custo. Hoje, uma cadeia complexa se estabelece: o escrito e sua secretária normalizadora produzem a mensagem, que é transmitida ao editor, que quase não assume mais função de difusão, e a abandona à livraria ou à agência, que estão em contato com a massa social. *Amanhã,* a clivagem entre função criadora, micromeio e difusão se tornará total, com a obsolescência do romance. O escritor se decompõe em um microgrupo: o intelectual fabrica idéias, mais ou menos acessíveis, formuladas pelo escritor propriamente dito, que o compreende, é tradutor de seu pensamento, e que é, por sua vez, "reescrito" por um terceiro comparsa que representa as normas sociais. O manuscrito é normalizado pela secretária e o editor fornece o conjunto das coerções sociais ou das "regras do jogo" de publicação, que ele recolhe por *marketing* junto à classe consumidora. Trata-se de uma mecânica complexa em várias escalas — o grupo criador, o micromeio da edição, e, enfim, a massa: o impressor não passa de um agente técnico.

§ IV — 5. *O impresso científico*.

Daremos uma atenção toda particular à literatura científica. Se, com efeito, esta é na prática aquela que melhor se defende contra seus leitores eventuais, estabelecendo uma verdadeira dispersão objetiva das camadas de leitores em relação estrita com seu quociente intelectual e sua cultura anterior, é preciso levar a seu ativo o fato de que se tornou doravante, ao lado dos "acontecimentos", a única fonte sempre renovada de originalidade cultural, isto é, de materiais novos de pensamento.

Convém primeiro insistir aqui na generalidade da palavra "ciência". O termo ciência corresponde, no espírito do homem do século XX, às disciplinas de esquemas, de laboratórios, de retortas e aparelhos; opõe-se, por exemplo, às Letras e Artes que empregam uma outra aparelhagem. Contudo, no espírito de uma prospectiva, uma definição da palavra ciência deve estender-se a *todo* conteúdo objetivável do produto da atitude científica. Definiremos então as ciências como *todo sistema de cultura progressivo e enunciável*.

a. *Progressivo*.

Partindo a cada dia daquilo que foi concluído na véspera, é um sistema integrante que se baseia na memória do mundo materializada em bibliotecas, instituições e periódicos. É um sistema cumulativo no sentido da distinção clássica introduzida por Lefebvre.

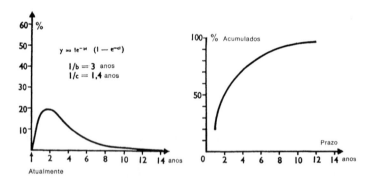

Fig. IV-9. — *A constante de tempo das referências bibliográficas e a autocorrelação da cultura*.

Estudaram-se, em um domínio bastante extenso das ciências físicas, as datas de referência bibliográfica citadas pelos autores, ou mais exatamente, o prazo entre essas datas e o da publicação. A curva superior indica o número da publicação em função desse prazo. Ela permite saber em que medida um autor que publica *hoje* se serve de um certo número de idéias desenvolvidas nas publicações anteriores. As publicações demasiado velhas são geralmente esquecidas: suas idéias ou desapareceram, ou passaram ao domínio comum. Observe-se que esta curva apresenta um máximo por volta de dois anos, e é

OS CIRCUITOS DE DIFUSÃO CULTURAL 197

notavelmente regular. Exprime a autocorrelação da cultura sob sua forma personalizada e, por isso, como se constrói a notoriedade de um criador cultural. Ao cabo de 14 anos, mais de 99% de autores, ou são esquecidos, ou têm suas idéias totalmente integradas na cultura (Burton, Green).

b. *Enunciável.*

Para isso, contudo, é necessário que o resultado de cada dia seja transcritível em termos universais. Nisso reside, precisamente, o sentido da função da literatura científica, que aparece como uma cristalização da Ciência, única capaz de objetivá-la.

Assim, na palavra "ciência", compreenderemos aqui a Egiptologia, a Sociografia e os tratados técnicos de receitas culinárias, tanto quanto as obras filosóficas ou os tratados de Matemática e de Química Industrial. *Há uma ciência para qualquer coisa,* o que não quer dizer que qualquer coisa seja redutível ao pensamento científico, pois, se é possível falar cientificamente de obras de arte, contar os personagens de Balzac e enumerar sua freqüência, é evidente que a obra de arte transcende a Ciência e que esta última jamais constitui senão a metade de um real ilimitado.

A Ciência, aqui e agora, é, pois, o imponente edifício dos tratados e dos cursos, é o conjunto dos traços escritos do conhecimento. É a obra semântica do homem e, mais prosaicamente, é antes de mais nada papel impresso.

QUADRO IV-III

COTAS DE ALGUMAS FONTES DE INFORMAÇÃO CIENTÍFICA NO DOMÍNIO DA FÍSICA ATÔMICA, segundo BURTON e GREEN, *Physics Today,* outubro de 1961, estimadas a partir do número de citação que são feitas dela.

Classe	Nome	Número Total das Citações
1	University of California Radiation Laboratory	72
2	Brookhaven National Laboratory ..	31
2	Oak Ridge National Laboratory ...	31
3	Argonne National Laboratory	20
3	AEC Technical Information Service TID Series	20
4	AEC New York Operations Office	14
5	US Naval Research Laboratory	9
6	AEC Technical Information Service AECU Series	8
6	Los Alamos Scientific Laboratory ..	8
7	Atomic Energy of Canada, Ltd. Chalk River Project	7
8	AEC Technical Information Service AECD Series	6
8	National Bureau of Standards	6
8	Atomic Energy Research Establishment	6
8	Wright Air Development Center ...	6
9	Atomic Energy of Canada, Ltd. AECL Series	5

198   SOCIODINAMICA DA CULTURA

Por isso, o estudo dos canais do impresso científico é, enfim, o estudo da *circulação da Ciência* na sociedade.

Assim, Lotka estudou o número f de pessoas que publicaram um número n de artigos nos *Chemical Abstracts* de 1907 a 1916, encontrando

$$f = R_n - 1,9$$

e, ao que parece, esta distribuição reflete a distribuição natural das aptidões especializadas (Davis).

Os circuitos do impresso científico comportam duas categorias essenciais: as *publicações periódicas* e os *livros,* às quais juntou-se, desde alguns anos, um terceiro tipo — os *relatórios multigrafados* —, indo de algumas páginas a umas centenas de páginas, e feitos por meios relativamente sumários para acelerar-lhes a rapidez e diminuir-lhes o preço de custo (DE GROLIER).

Todo o conjunto desses sistemas dirige-se especificamente, não somente ao micromeio cultural, porém mais precisamente à parte científica deste, e, mais precisamente ainda, à especialidade correspondente dos homens de ciência.

§ IV — 6. *A publicação periódica e seu público.*

A publicação científica é altamente diferenciada; tão altamente, que se tem a impressão de que, no limite, corresponde à comunicação de uma pessoa a outra, onde a noção de difusão está totalmente ausente.

Expliquemos:

Se avaliamos o micromeio cultural, isto é, a franja da pirâmide social correspondente a quocientes intelectuais iguais a 120, em 10% da população, isso representaria na França 4 milhões de pessoas capazes eventualmente de manter contato de algum tipo, ainda que apenas folheando-a, com uma revista científica ou técnica, sendo a palavra ciência tomada aqui evidentemente em sua acepção mais ampla.

Acontece que, na prática, o meio intelectual *científico* não ultrapassa 10 a 15% do número anterior: em outros termos, o público capaz de comprar ou de ler uma revista ou um livro de ciência situa-se em torno de 500 000 a 600 000 pessoas. Notar-se-á a disparidade entre essa porcentagem de pessoas capazes de entrar no domínio científico e a porcentagem que as ciências e seus domínios conexos representam no quadro cultural, em relação ao conjunto dos conhecimentos, como tentamos esboçar no Cap. I. Isso justifica a observação de Conant: "A cultura científica não está ainda realmente integrada na vida dos homens".

É, enfim, no interior desse micromeio que se distribuirão as publicações científicas por diferenciação — assim, os tratados de Metalurgia praticamente só serão lidos por metalúrgicos, contrariamente ao que se passa com o romance ou a obra de arte. As diferentes categorias de especialidade têm públicos extremamente variáveis, indo de umas dezenas de indivíduos a algumas dezenas de milhões de indivíduos no mundo.

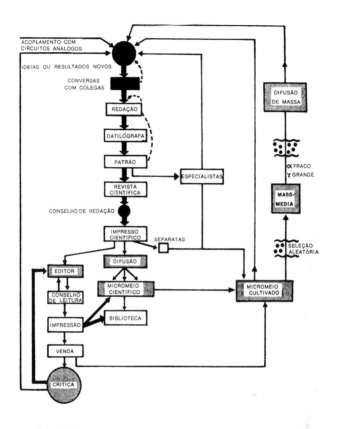

Fig. IV-10. — *A difusão das idéias científicas pelo impresso periódico.*

O impresso periódico desempenha no desenvolvimento cultural um papel dissimulado pelo menos igual ao da banca de jornais. Idéias ou resultados novos só existem socialmente a partir do momento em que são impressos em um periódico. A idéia inicial, amiúde vaga, depura-se e enriquece-se em contato com o laboratório ou com a conversa com colegas. Ela só existe para o próprio autor quando este a redige em manuscrito. Só existe para os outros de uma maneira confidencial e quase secreta, quando a datilógrafa preparou uma cópia em 7 exemplares. O "patrono" da empresa científica, censor benevolente, deixa passar esta idéia, temperada com resultados. Estabelece-se a cadeia: conselho de redação, impressão, difusão no micromeio, morte e ressurreição nas bibliotecas. Mas o impresso científico dá lugar a uma forma essencial de publicação: a "separata", que circula no micromeio de especialistas, reage diretamente sobre o autor em um sistema de microdemocracia e difunde eventualmente as idéias em um micromeio cultivado, onde, por vezes, sairão para atingir a massa. Sobre o impresso científico ramifica-se amiúde o circuito da edição de livros, que coleta, ao cabo de alguns anos, textos para com eles compor obras, refundidas ou não pelo autor, e vendidas comercialmente, com alguma preocupação de equilíbrio financeiro (cf. Fig. IV-12).

O caso limite, como a publicação de Matemática, Astronomia ou Malacologia, feita por um autor para um leitor quase que único, situado no outro confim do mundo, único capaz de lê-la e, em todo caso, de compreendê-la, leva a colocar a seguinte questão fundamental: "Por que se escrevem publicações científicas?"

Com efeito, a partir do instante em que a comunicação se restringe ao autor e ao único leitor capaz de compreendê-la, pode-se legitimamente indagar se há algum sentido em publicar, e se não seria mais simples o autor escrever uma carta a seu correspondente.

A principal resposta a esta questão liga-se à ética da cidade científica, que quer deixar por definição a "algum outro", que ao par desses indivíduos, a latitude de compreender e utilizar *de jure* aquilo que foi descoberto. De fato, esta latitude será explorada uma vez em 100 ou uma vez em 1000, como uma espécie de controle de amostragem. Esse princípio geral possui, portanto, também uma base nos fatos. Se examinamos a mensagem científica desse ângulo, somos levados a uma perspectiva inteiramente diversa da de partida: o impresso científico aparece como um *testemunho,* antes de ser uma *comunicação.*

A idéia geral da difusão de massa, ou de micromassa, é que as publicações, pelo fato de serem impressas e compradas, serão *lidas,* e que o fenômeno essencial é a difusão, e que, se alguns textos não forem lidos, isso constitui um acidente lamentável, mas de somenos importância.

Ora, a publicação científica assume uma atitude exatamente inversa. Dá a entender (afirmando o contrário) que, de qualquer maneira, os textos não serão lidos, mas devem ser redigidos como se isso pudesse ocorrer, e postos à disposição da sociedade como uma espécie de *matéria-prima* bruta, não diretamente utilizável, exceto por pessoas, os especialistas, que de qualquer maneira se encontram fora do circuito de comunicação propriamente dito, pois são conhecidos individualmente pelo autor, que utiliza, face a eles, uma extensão moderna da carta científica que constituiu o principal canal cultural nos séculos XVI, XVII ou XVIII — a *separata,* remetida gratuitamente pelo autor a seus amigos cientistas e, em princípio, exclusivamente aos *happy few* que são capazes de compreendê-lo. Estes, em conseqüência, não têm necessidade alguma da publicação propriamente dita, e esta adquire um caráter ainda mais esotérico. É feita para servir de material sedimentar nos arquivos dos institutos e nas bibliotecas, para o fim único de que, algum dia, um pesquisador devidamente equipado para esta aventura geológica venha exumá-la, mergulhando nela como se faz com um texto sagrado, e tomando assim contato com o pensamento de um autor longínquo, estranho à estrutura própria de seu espírito, pois a perempção das obras científicas é extremamente rápida.

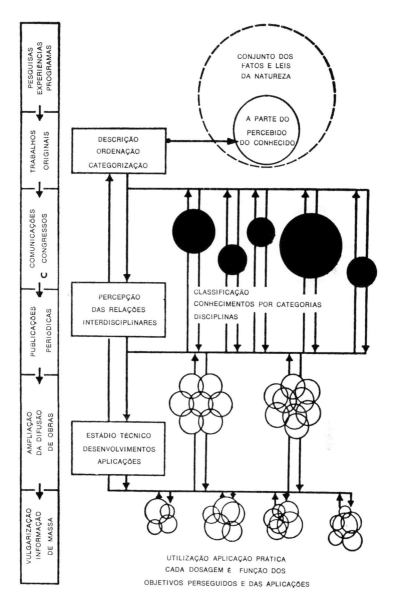

Fig. IV-11. — *Organograma geral do processo documentário.*

Assinalou-se à esquerda o conjunto das etapas do desenvolvimento de um trabalho, desde o laboratório até à difusão de massa; a figura à direita põe em evidência a relação entre o conhecido e o desconhecido; a seguir, o conjunto de processos de classificação, que se baseia por sua vez numa percepção de categorias e relações interdisciplinares; enfim, encontramos o estádio técnico, preparatório para a aplicação prática, e que introduz novas classificações e novos conhecimentos (segundo Dubas).

SOCIODINÂMICA DA CULTURA

Desse ponto de vista, familiar aos documentaristas, aos arquivistas e aos escritórios de estudos de propriedades industriais, a publicação científica assemelhar-se-ia um pouco aos testemunhos da cultura que diversas civilizações recentemente enterraram, por ocasião de exposições universais, no granito de Manhattan ou nas areias do deserto, com o fito único de vê-los reencontrados por civilizações futuras.

Lévi-Strauss, falando dos "arquivos", diz o seguinte: "Mas por que nos prendemos tanto a nossos arquivos? Os acontecimentos aos quais se associam são atestados independentemente de mil maneiras: vivem em nosso presente e em nossos livros, são em si mesmos desprovidos de um sentido que lhes vem inteiramente de suas repercussões históricas e de comentários que os explicam ao ligá-los a outros acontecimentos. Poderíamos dizer, que, afinal de contas, os arquivos são pedaços de papel. Por menos que tenham sido publicados em sua totalidade, nada seria alterado em nosso saber e em nossa condição se um cataclismo aniquilasse as peças autênticas. Contudo, sentiríamos esta perda como um dano irreparável, atingindo-nos no mais profundo de nosso âmago... Sua característica sagrada liga-se a sua função diacrônica... A virtude dos arquivos é pôr-nos em contato com a pura historicidade".

De fato, as publicações científicas desempenham muito mais o papel de *testemunho* que de agente de difusão; o que lhes é conferido pela publicação é a *acessibilidade* natural, mas de nenhuma maneira o *acesso* aos outros espíritos. Vê-se emergir desta análise uma tarefa complementar à redação dessas publicações, a de *explicitação* e de comentário que corre o risco de tornar-se, com a especialização crescente, cada vez mais árdua e de exigir uma nova profissão.

Convém, com efeito, lembrar que a própria forma da Ciência mudou profundamente de um século para cá. Precisamente na medida em que a árvore da Ciência se tornava mais ramificada, a comunicação de um ramo ao outro tornava-se mais difícil e o velho axioma, segundo o qual a Ciência é aberta a todos, cada vez mais falso: ela não é aberta nem mesmo aos outros cientistas, pois o *preço do tempo* e da tecnologia tornou-se tal que um especialista não pode cogitar em verificar o que disse o especialista de outro ramo; não é possível refazer as experiências de outro, sem tornar-se diletantes, a menos que essas experiências tenham sido a tal ponto banalizadas que pertençam a um processo industrial e não mais pertençam, portanto, à esfera da "experiência".

É nesse estádio que se coloca a questão do futuro da publicação científica e, eventualmente, de sua substituição pura e simples, uma vez que do papel de difusão ela passou ao de testemunho, e enfim por ter assumido tal papel, de uma maneira muito dispendiosa.

O relatório científico, ao contrário, partindo do texto datilografado, é reproduzido em condições técnicas amiúde duvidosas por fotocópia, mimeografia e outros procedimentos, e se baseia explicitamente na idéia de *não-difusão* (no

OS CIRCUITOS DE DIFUSÃO CULTURAL

sentido lato da palavra difusão). O relatório é destinado por um especialista a um outro especialista *autorizado* — no sentido mais forte do termo *(restricted Q clearance)* — e é concebido em um número de exemplares limitado para assegurar, com o mínimo de despesas, no mínimo de tempo, o máximo de uso.

No mundo atual, essa forma toma uma extensão cada vez maior e tende a substituir a separata, e, eventualmente, a suprimir a publicação. Uma conseqüência lógica do fato de só os especialistas autorizados terem acesso a esta fonte de informação é que a Ciência tende a transformar-se, em sua franja evolutiva, num sistema *iniciático,* no qual o acesso à verdade é condicionado pela prova de competência, isto é, pelo reconhecimento do indivíduo por seus iguais. Reside aí o início de uma revolução muito profunda que ainda não foi reconhecida pelos filósofos.

Sabe-se atualmente que todo o edifício do quadro sociocultural, pelo menos em sua parte científica, deve aqui alterar algo em seu caráter e tornar-se, não um elemento da cultura de cada um, mais ou menos rica segundo o caso, mas uma espécie de "teorema de existência" afirmando que neste ou naquele domínio existem coisas inseridas no conhecimento. Cultura e conhecimento divergem; a Ciência reduz-se exclusivamente ao edifício dos livros e pouco a pouco essa muralha de livros será reabsorvida por uma imensa *documentação universal,* situada em um ponto qualquer do globo, à qual o conjunto dos trabalhadores intelectuais poderá ligar-se por telescritores equipados com tradutores automáticos — colocando questões que substituirão o périplo bibliográfico realizado de ordinário pelos pesquisadores de laboratório, colocados diante de uma situação nova e ao sentirem a necessidade de contato com a memória do mundo. A documentadora universal responderá às questões, na língua desejada, oferecendo uma mensagem condensada de tudo o que a "Ciência" pode a cada instante oferecer sobre o assunto (Fig. IV-11).

§ IV — 7. *Os aspectos técnicos do problema da documentação científica.*

Existem no mundo cerca de 45 000 publicações científicas de periodicidade diversificada, geralmente irregulares, que publicam cerca de 300 páginas por ano, o que equivale a uma dezena de milhões de páginas impressas. Se admitimos que uma página impressa contém cerca de 4 000 signos, cada um dos signos correspondendo a 5 *bits,* isso representa uma *vazão de notícia* de 200 bilhões de unidades binárias de informação em *signos.* De fato, esta massa de signos é em grande parte redundante. Mostramos, em trabalhos anteriores, que, levando em conta sucessivas coações *lingüísticas,* coações *lógicas* (muito fortes em textos científicos), coações do *bom-senso,* que restringem a variedade dos enunciados possíveis e, enfim, coações propriamente *sociais* ligadas aos textos impressos, esta redundância ultrapassava 98%. Em outros termos, tudo aquilo que em cada ano

204 SOCIODINÂMICA DA CULTURA

é trazido de novo ao mundo cultural poderia ser condensado, por um espírito suficientemente vasto e suficientemente inteligente (QI > 150), em somente 2 centésimos desse volume de mensagens.

Pode-se estimar que o número médio de exemplares de cada uma dessas 45 000 publicações é da ordem de 500, levando em conta estoques e encalhes, e o fato de que nenhuma publicação é financeiramente saudável abaixo de mil exemplares impressos. Se 50 000 periódicos são difundidos a 500 leitores, o acesso de um qualquer desses periódicos destinados em princípio ao Universo é da ordem de 1/100. Levando em conta a língua na qual são difundidos, este acesso é extremamente baixo. Na prática, há 5 ou 6 línguas científicas — inglês, alemão, russo, espanhol, francês, italiano, japonês — nas quais toda informação, qualquer que seja, deve ser por fim encontrada se estiver destinada a preencher algum papel. O prazo de circulação de idéias novas fabricadas pelos criadores, pesquisadores ou artistas e redigidas sob forma de um texto datilográfico (1 mês), que é enviado a uma revista científica (15 dias), depois aceito por esta (dois meses) e, em seguida, impresso nesta revista (6 meses), e mais tarde difundido (1 mês) é, em média, da ordem de 8 a 10 meses. Certamente pode ser mais curto (ex.: relatórios da Academia de Ciências Francesa), mas geralmente é mais longo: existem revistas de Lingüística ou de Matemática que aparecem com uma periodicidade da ordem de um ano e um atraso da ordem de 2 ou 3 anos. Em resumo, as idéias novas só se inserem no quadro sociocultural após um prazo da ordem de 8 meses a 2 anos.

Ora, essas idéias são postas em circulação em um prazo muito mais breve nos micromeios de diferentes metrópoles culturais com um prazo muito mais curto da ordem de alguns meses no máximo. É aqui que aparece o valor próprio das concentrações de metrópoles da cultura, onde o chá do laboratório ou a cerveja no bar vizinho bastam para servir de modo de comunicação muito mais rápido e muito mais eficaz que qualquer publicação científica, qualquer que seja sua inexatidão básica. Lembremos, por exemplo, as discussões durante os chás no laboratório de Niels Bohr em Copenhague, das quais saíram um grande número de idéias gerais que levariam à construção da bomba atômica: *Gossips in labs,* dizia Oppenheimer, *make half the work of physicist.*

O número de livros científicos publicados muda de ano para ano no mundo, e é da ordem de 50 000. Pode-se estimar que, em princípio, cada uma dessas obras contribui com sua pequena parcela de originalidade, mesmo que apenas na forma em que apresenta as idéias.

Um livro pode ser estimado, em média, como uma mensagem de 1 milhão de signos por livro. Isso representa, portanto, um fluxo de cerca de 300 bilhões de unidades de originalidade. Mas a redundância de conjunto é aqui, pelo menos, o dobro da redundância dos periódicos, cuja missão definida é transmitir o novo. Em um livro, há sempre introduções, históricos, tomadas de posição, revisões de teorias passadas, etc. É bem raro que as idéias que apareçam em um livro não sejam, em alguma medida, o reflexo daquilo que já apareceu em revista, em conformidade com um mecanismo bastante constante do trabalho intelectual. Além disso, deve-se estimar que o conjunto de livros não traz ao quadro sociocultural quase nada a mais que os periódicos, mas o traz a um público nitidamente maior. Antes de tudo em sua própria apresentação: um livro é mais legível, mais desenvolvido e, finalmente, mais assimilável que uma revista. Em segundo lugar, em sua difusão. Os livros dependem mais que o impresso periódico da edição comercial, pois, se uma revista científica pode viver com 200 assinaturas e 800 leitores, mais ou menos subvencionada pelos organismos oficiais, um livro só pode vir à luz

OS CIRCUITOS DE DIFUSÃO CULTURAL 205

QUADRO IV-IV

ESTATÍSTICA DAS VAZÕES CULTURAIS DO CANAL "LIVRO"
Países de língua alemã (1959).

	TÍTULOS	%
Literatura geral, técnica da impressão	436	1,9
Religião/Teologia	1 559	6,2
Filosofia/Psicologia	505	2,2
Ciências Jurídicas e Administração	1 485	6,3
Economia e Ciência Social	1 601	6,9
Política e Estratégia	309	1,3
Lingüística e Ciência Literária	636	2,7
Belas-Letras	3 496	15
Livros para a juventude	1 059	4,5
Educação/Pediatria	764	3,28
Livros escolares	1 179	7,7
Artes visuais	860	3,2
Música, Dança, Filmes e Rádio	354	1,5
História, Cultura e Folclore	1 351	5,9
Ciências da terra e Geografia — Viagem, Etnologia	581	2,5
Cozinha	974	4,2
Medicina	902	3,9
Física e Química	1 436	6,2
Matemática	132	0,5
Técnica — Indústria	1 047	4,5
Comércio — Transporte	759	3,5
Ciências agrícolas e florestais	442	1,9
Economia Doméstica — Esportes e Jogos	197	0,8
Calendários e Almanaque	514	2,3
	23 000	

se no mínimo 500 leitores estiverem dispostos a comprá-lo, e se em média 1 500 a 2 000 exemplares forem distribuídos na sociedade ao cabo de 4 ou 5 anos. Essas considerações, válidas para línguas como o alemão ou o francês, seriam verdadeiras *a fortiori* para línguas como o inglês (40% das publicações mundiais), o italiano, o francês ou o espanhol, o alemão (15%) ou o russo (10 a 15%).

No conjunto das línguas-vetores de cultura, o escoamento normal equivale a uma vazão de 500 exemplares por ano. 60 000 títulos perfazem, portanto, 300 milhões de leitores dessas mensagens. Ora, sabe-se que a maioria das pessoas que lêem, lêem de 4 a 5 livros por ano no mínimo. Isso representa, portanto, um público da ordem de 60 milhões a 100 milhões de indivíduos — ou seja, de 3 a 5% da população do globo.

Contudo, essa análise permanece inexata, pois a Sociologia nos apresenta antes o mundo como constituído por 3 faixas distintas: as pessoas submetidas à influência dos *mass-media,* consumindo uma quantidade considerável de impressos (ver Quadro), as pessoas com um contato com a cultura e, enfim, a massa imensa dos iletrados.

206   SOCIODINAMICA DA CULTURA

Três caracteres fundamentais diferenciam essencialmente o livro do periódico científico:

1.º   O mais evidente é a *constante de tempo*. Embora a seqüência de operações seja sensivelmente a mesma, o livro representa, em relação às idéias originais que contém, um atraso médio de 2 a 3 anos, nitidamente superior, por conseguinte, ao periódico. Aqui, o termo "idéia original" reporta-se à síntese criativa feita pelo autor que escreve seu manuscrito; contudo, é quase uma regra geral, utilizar estes materiais já preparados nesse manuscrito e, principalmente para os universitários, o conjunto de seus cursos e o conjunto das publicações parciais que, às vezes, representam quase a íntegra da obra. Esta regra fundamental da redação em duas etapas do livro científico, conduz legitimamente a pensar que nunca há nada original em um livro de Ciência, pois tudo aquilo que poderia conter de original, no sentido puramente científico, já foi posto em circulação por outros canais alguns meses ou anos antes.

2.º   Contudo, o livro impõe-se como mensagem porque, ao contrário do artigo científico, é feito para ser lido e é efetivamente utilizado para tanto, ao menos parcialmente. A redação de idéias é melhorada, beneficia o amadurecimento do pensamento do autor a partir do conjunto das publicações parciais, propõe uma visão sintética e global do tema tratado e visa a uma atitude de difusão de massa.

3.º   Enfim, o livro é difundido de uma maneira muito diferente da publicação. Se amiúde permanece no interior do micromeio, há uma difusão marginal notável nas fronteiras de sua especialidade: se pouca gente, afora os malacólogos, é capaz de assinar anais de Malacologia, não se exclui que um tratado sobre caracóis possa, ocasionalmente, interessar não somente aos especialistas, mas também a especialistas de disciplinas vizinhas, a vendedores de verduras e mesmo, quem sabe, a um certo público culto, que poderia encontrar na vida dos caracóis temas de espanto filosófico. O livro é difundido por livrarias especializadas com um grau de generalidade superior às revistas. É analisado e comentado, não somente por essas revistas, mas também por um grande número de publicações que têm por objetivo registrá-lo; enfim, é submetido à publicação comercial. Esse terceiro fator compensa notavelmente a relativa falta de originalidade que possui.

Na prática, é sobretudo pela visão de conjunto que representa que o livro é precioso, o que compensa igualmente o atraso considerável que representa em relação às idéias novas.

Exemplo: as idéias fundamentais de Shannon sobre a medida da informação foram publicadas inicialmente em três números do *Bell System Technical Journal*, sendo, em conseqüência, conhecidos por uma elite extremamente restrita de pessoas que respondiam a três condições:

OS CIRCUITOS DE DIFUSÃO CULTURAL   207

a) receber o B.S.T.J.;
b) ler inglês;
c) interessar-se pelos problemas da Teoria da Comunicação, muito particulares na época.

De fato, o tema da medida da comunicação não passou, durante quase dois anos, entre 1948 e 1950, de um *rumor* em um certo meio estreitamente restrito a algumas centenas de indivíduos: a publicação de uma obra e sua difusão dois anos mais tarde assinalou a expansão real da "Teoria da Comunicação". Poderíamos citar numerosos exemplos análogos desse processo, tais como a difusão das idéias de Wiener sobre a Cibernética, conseqüência de entrevistas e relatórios datilografados que circulavam nas mãos de uma dúzia de pessoas no M.I.T. e na Universidade de Harvard.

§ IV — 8. *O circuito do livro científico.*

Os elementos do circuito de difusão do texto científico, quer se trate de livro ou de periódico, assemelham-se muito ao esquema da Fig. IV-12, no qual são dados. Note-se nele a existência de canais múltiplos de reações sobre o autor, além de vias difusas devidas às reações de conselheiros editoriais, que geralmente não vão além de questões de estilo, consideradas como relativamente secundárias em relação ao teor semântico. Quatro canais principais de reação intervêm:

Um é o da análise crítica feita por especialistas com prazos de vários meses no mínimo e de alguns anos no máximo (média de 1 ano), análises que, muito amiúde, conterão mais que uma estrita apreciação de valor. Os elementos originais poderão contribuir notavelmente para influenciar o pensamento do autor em seu trabalho ulterior.

O outro canal é o processo da própria Ciência; é originário da massa dos *utilizadores* potenciais da obra, massa que resulta da leitura, mas não coincide com a massa de leitores, pois há uma difusão de idéias originais no meio científico por via verbal. Essas idéias servirão para fazer novas teorias, novos conhecimentos, novas técnicas, novos aparelhos (ex.: o tensiômetro Lecomte du Nouy ou o cíclotron de Lawrence). Esse processo é, finalmente, o mais importante; é a função por excelência do livro científico, sua constância de tempo é muito próxima à do canal anterior, ainda que somente por haver um amplo recobrimento de públicos de crítica e de utilização.

O terceiro canal é o canal comercial da venda de uma obra. O livro é difundido na livraria pelo editor, a massa de leitores o consome e o dinheiro que daí resulta é uma espécie de medida bastante objetiva do valor cultural da obra, pelo menos no que concerne a sua influência nas pessoas que têm acesso a ela. O editor, por sua vez, reage sobre o autor, não somente pelo canal material dos direitos autorais (um ano), mas sobretudo por uma certa aprovação que desempenha notável papel, contrariamente ao que pretende a ética científica, no comportamento deste último.

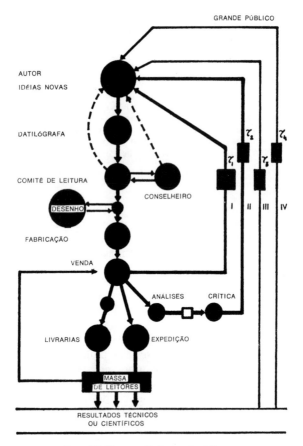

Fig. IV-12. — *O livro científico.*

A edição científica dirige-se essencialmente a uma massa restrita de leitores. O livro é antes de tudo um esforço de síntese do autor entre o que ele próprio fez e o que fizeram os outros; entre o estado da Ciência em sua época e a visão que ele tem dela. Com efeito, na maior parte das vezes, um livro científico retoma os trabalhos anteriores publicados em fragmentos em revista, sob a forma de notas curtas. É aí que o autor exprime seu estado de espírito. O livro é em princípio muito mais inteligível, mas muito mais tardio que a publicação (3 a 5 anos). O conselheiro científico do comitê de leitura desempenha um papel essencial: todo o mundo, aqui, faz parte, não somente de um micromeio em que todos se conhecem, mas também de um microgrupo onde todos os indivíduos estão ligados uns aos outros. O acoplamento da venda é menos importante que na edição ordinária, primeiro porque um editor científico amiúde é capaz, com um erro de 10%, de saber o número de seus leitores, e depois porque muitos livros são editados com subvenções diversas. O fator de acoplamento mais importante é a análise e a crítica, que reage diretamente muito mais sobre o autor que sobre o editor. O livro pretende ser um progresso de idéias, e é a esse título que será julgado. diretamente muito mais sobre o autor que sobre o editor. O livro científico por razões freqüentemente bem extraordinárias e que repousam na maioria dos casos em um mal-entendido.

OS CIRCUITOS DE DIFUSÃO CULTURAL

Convém, enfim, lembrar a existência de um quarto "circuito longo" de reação, no qual idéias novas e resultados técnicos, quando ultrapassam determinado limiar de importância, têm uma chance, segundo um mecanismo aleatório, de chegar aos *mass-media* da comunicação e assim ao grande público, influenciando destarte em um estádio ulterior o próprio criador ou seus congêneres, até à "descoberta" pela grande imprensa de sistemas conhecidos em micromeio há anos (ex.: microscópio eletrônico, teoria da relatividade, etc.). Aqui, a dispersão de tempos de reação do sistema é considerável, pois pode ir de alguns dias (estudo sobre a hereditariedade de caracteres adquiridos entre os patos, feito pelo Prof. Benoit no Collège de France) há alguns anos para itens que não apresentam nenhum caráter espetacular (ex.: hipergonar de H. Chrétien), isto é, não coincidindo com o quadro de valores do inconsciente coletivo.

No que concerne à cadeia de fabricação que se estende desde o autor até ao leitor, convém assinalar a importância de etapas intermediárias, comitês de leitura, conselheiros, etc., que amiúde reagem assaz diretamente sobre o autor, e o importante trabalho de fabricação, que torna a publicação de uma obra científica um trabalho de alto fôlego, ainda que o fosse apenas em virtude da multiplicidade das etapas intermediárias que compreende (figuras, desenhos, bibliografias etc.).

Este trabalho contrasta muito com a obra de imaginação ou puramente literária, na qual a tarefa de fabricação é tão reduzida que pode ser posta diretamente nas mãos do impressor, retirando assim do editor uma das funções que lhe é própria: a realização material.

O editor científico depende inteiramente da rede de seus leitores especializados, de seus tradutores e autores. Todo esse conjunto pertence a um micromeio, difundido em países como a Alemanha e os Estados Unidos, muito concentrado em países como a França, micromeio que pertence em grande parte ao próprio público de leitores. Há aqui, portanto, uma causa de acoplamento muito estreito e que desempenha um papel importante na criação intelectual científica.

Se o mundo científico deixou de ser estreito e aristocrático e tornou-se hoje vasto e profissional, contrariamente ao que diz, entre outros, BOUTRY, não deixou de ser *fechado* no plano da cultura geral. Mas a natureza de suas fronteiras tornou-se muito diferente; tratava-se outrora de fronteiras disciplinares: o literato ignorava as ciências e não podia penetrar nelas, por falta de conhecimento básico. Trata-se agora, antes, de uma espécie de gradiente de atenção e esforço: o diretor industrial, engenheiro ou técnico não é desprovido de bases para julgar ou utilizar uma obra científica, mas é desprovido de tempo, e cada vez mais. Ele mesmo é submetido a redes de comunicação orais e conhece

210 SOCIODINAMICA DA CULTURA

muitas novidades técnicas mais freqüentemente por uma conversa ou audição de exposição do autor de um livro do que pela leitura desse livro, depositado na biblioteca de sua fábrica. Recria-se assim uma *rede de comunicação oral,* e não é mais raro que especialistas conheçam os últimos trabalhos de uma especialidade vizinha por intermédio de meios de comunicação de massa, nos quais são imersos fora de seu trabalho profissional, a saber, o jornal diário ou uma revista de vulgarização.

Reencontramos aqui esta influência sobre as ações humanas e sobre a criação material do quadro sociocultural em seu conjunto, que destacamos nos Caps. I e II.

Assim, da análise desse circuito do livro e do impresso científico, que são tidos como constituindo as bases da cultura moderna, resultam numerosos paradoxos, entre os quais o aspecto de testemunho mais que de comunicação do impresso científico, e sobretudo a influência cada vez maior de sistemas de comunicações paracientíficas, verbais, ou passando pelos meios de comunicação de massa, para constituir um *Umwelt* impregnado pela Ciência, no qual a via mais rápida do criador ao consumidor pode ser eventualmente a do "contra-senso" e do "falso-sentido" inerentes a esses circuitos, que são longos quanto ao trajeto na sociedade intelectual, mas curto quanto aos prazos: sendo os modos de comunicação do macromeio (jornais, TV, rádio, etc.) definidos por uma tomada de posição instantânea no compromisso necessário entre rapidez e exatidão.

Ocorre cada vez mais freqüentemente que determinado especialista ouça falar de trabalhos de um outro especialista por intermédio de uma emissão de televisão ou de um artigo de jornal crivado de contra-sensos e praticamente incompreensível aos profanos, mas que, a partir desse texto, ele reconstrua de maneira aproximada o original e possa mesmo utilizá-lo seis meses antes de receber a separata de seu colega especialista, que não lhe ensinará nada que já não houvesse compreendido, além de detalhes experimentais — amiúde essenciais, é verdade.

Enfim, esta análise sublinha a importância da ambiência cultural da criação, e confere um argumento essencial à idéia segundo a qual existe todo um repertório de formas latentes em nossas percepções que transcendem a cultura particular na qual ela se apresenta, e que podem influir na criatividade não importa em que domínio. Recordemos, com efeito, que a criatividade foi definida como a aptidão particular de certos espíritos para rearranjar os elementos de seu campo de consciência de uma maneira original e capaz de dar lugar a operações em um campo fenomênico qualquer.

OS CIRCUITOS DE DIFUSÃO CULTURAL   211

§ IV — 9.   *A divulgação científica ou a educação adulta.*

O conjunto de paradoxos que, na época atual o circuito da cultura científica no sentido próprio cria, e que vimos no parágrafo anterior, provoca a emergência de um novo sistema de comunicação inteiramente novo, nascido de maneira formal há uns trinta anos no máximo, e que busca ainda suas normas e seu roteiro: é a divulgação científica, que se assemelha cada vez mais a um imenso sistema de *educação para adultos,* recortando a educação tradicional, mas que a continua até à idade, cada vez mais avançada, em que o homem renuncia a conhecer e compreender o mundo em que vive.

Esse sistema nasceu, curiosamente, de um desejo de distração por volta dos anos 1910-1930 (*Popular Mechanics, La Science et la vie, La nature*), embora tenha antepassados que remontem a muito mais longe. A idéia era a de que, entre as descobertas da Ciência, algumas podiam ser expostas em termos simples a uma minoria "cultivável" capaz de satisfazer-se com elas da mesma maneira que outros se interessam por palavras-cruzadas ou pelo deciframento da música. Pouco depois, mas sobretudo a partir de 1945, após a prova ruidosa de que as descobertas mais abstratas da investigação científica podiam conduzir a resultados concretos, brutais e imediatos, a divulgação científica mudou de caráter, transformando-se em um verdadeiro sistema de educação facultativo, aberto a todos e alimentado pelos mercados comerciais. A maioria das revistas e coleções de divulgação foram criadas para ganhar leitores e, por conseguinte, dinheiro, mas as estatísticas mostram que há pouquíssimos laboratórios e cientistas, exceto talvez entre os matemáticos, que não leiam esse gênero de revistas, e que, na prática, elas são efetivamente lidas ao mesmo tempo por cientistas, a título de distração e de informação, e por uma parte cada vez mais importante do grande público, uma vez que algumas dessas revistas atingem tiragens de centenas de milhares de exemplares. Tecnicamente, do ponto de vista da edição, isto é, da mecânica da cultura, representam sistemas assaz complicados, pois unem os órgãos de uma revista científica aos de uma revista artística e aos de um sistema de grande difusão, como um jornal.

Essas publicações fazem intervir no quadro cultural a noção fundamental de interesse ou paixão, agindo como difusores da cultura e requerendo material e pessoal importantes. As revistas são mais complicadas que os livros, e o organograma abaixo dá, aproximadamente, seu ciclo de realização.

Observe-se que neste intervém um novo tipo de educador, o que possui uma cultura científica extensa e descobre processos originais para exprimir, recorrendo a um mínimo de esforço intelectual de parte do leitor, fatos científicos atuais ou não, que o autor talvez não tenha visto com tanta simplicidade e clareza, pois tateava nos meandros do pensamento em vias de se fazer.

O que caracteriza o sistema de educação adulta ou de **divulgação** é, precisamente, que ele representa uma porção notável dos *mass-media,* situa-se à escala do milhão de exemplares e se faz sobretudo pela imprensa científica ou pelo livro, começando porém a manifestar-se pelo rádio ou cinema (curta-metragem). Pretende portanto atrair e reter os homens (e mesmo as mulheres) pelo interesse de uma participação na aventura intelectual de nosso tempo.

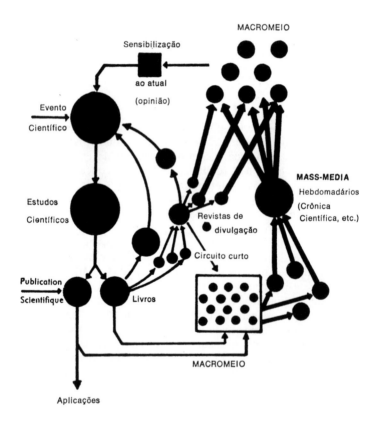

Fig. IV-13. — *O organograma da divulgação científica.*

A divulgação científica ou educação permanente está se tornando um dos fatores fundamentais da cultura ocidental. Em teoria, o micromeio intelectual é capaz de assimilar uma densidade de abstração relativamente elevada. Na prática, o próprio micromeio decompõe-se em subconjuntos especializados. Quanto ao macromeio, por

OS CIRCUITOS DE DIFUSÃO CULTURAL 213

razões estatísticas, é muito mais bem definido. A divulgação estabelece um circuito curto do mercado intelectual e um circuito longo que passa pelo macromeio. Exemplo: seja um evento científico, a "explosão da bomba atômica"; ele se difunde de maneira inteligível junto ao subconjunto social muito reduzido em número dos *físicos*, que o integram instantaneamente em sua rede mental, em seu quadro cultural. Eles o compreendem, embora possam ignorar um grande número de pormenores. O micromeio, por seu lado, já necessita de um certo número de explicações de caráter intelectual e cultural, que é capaz de aceitar se lhes forem fornecidas (circuito curto de divulgação, exemplo: *La Science et la vie, La Nature, Umschau*). O macromeio, em contraposição, só é sensível, em um primeiro momento, ao espetacular do fato. Exigirá do micromeio, por intermédio dos jornalistas, considerações interessantes "acerca de". Esse é o circuito *longo*. Pouco a pouco, para um evento importante, far-se-á presente um desejo de saber, uma curiosidade global, exigindo um retorno à fonte: o circuito está fechado.

A divulgação científica é um produto da cultura-mosaico tal como a definimos no Cap. I. Ela constitui um dos elementos de reação contra o superficialismo ligado à própria idéia de um pensamento em mosaico, mas convém admitir que esta reação só é válida na medida em que o indivíduo admite a existência de fato desta cultura em mosaico, e a aceita — existe um certo número de intelectuais orgulhosos que consideram, rebaixar-se à leitura de revistas de informação científica geral, pretensamente acessíveis, prostituir-se ou dispersar-se.

O homem de nosso tempo deve admitir desde o início que não pode conhecer tudo; em seguida, que não existe "estrada real" para o universo dos conhecimentos científicos, nem chave secreta que permita integrar a compreensão do que quer que seja em algumas fórmulas mágicas. Em conseqüência, deve aceitar explicitamente o recurso ao especialista em qualquer domínio que seja, mesmo que compreenda pela via da divulgação o que o especialista realiza. No campo de uma cultura em mosaico, o indivíduo isolado está perdido, e mesmo que aprenda de maneira perspectiva alguns altos cumes desta cultura, deve admitir que é incapaz de ligá-los por uma rede harmônica de vias de comunicação, como pretendia a antiga cultura humanista. Mas, uma vez adquirido esse ponto de vista, não lhe é vedado, e é o que lhe propõe a educação adulta, detalhar e aprofundar um pequeno domínio particular que o interesse ou o seduza. A imtervenção progressiva da instrução programada, que decompõe metodicamente, ilustrando a tese estruturalista, todo conhecimento em itens de dificuldade de apreensão sensivelmente iguais, vem abrir aqui uma nova perspectiva a esta educação permanente.

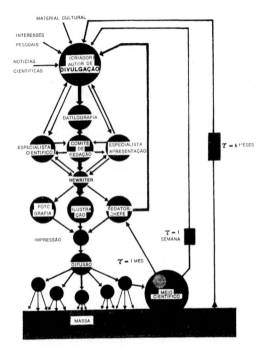

Fig. IV-14. — *O organograma de uma revista de divulgação.*

Esse diagrama é um desenvolvimento do indicado na Fig. 59. Corresponde ao caso mais *estruturado* que encontramos, cada vez mais, nas "empresas culturais" de divulgação tais como o *Scientific American,* nos Estados Unidos, ou *Science et Vie,* na França. O "autor de divulgação" deve ser considerado como um *criador:* ele inventa *ex nihilo* não o fato ou a idéia a vulgarizar, mas a fórmula marcante, a imagem artificiosa, o exemplo bem escolhido, a maneira simples de dizer, que se juntam à descoberta, mas são totalmente separados dela, da teoria científica que deu origem a eles. Deve, portanto, *alimentar-se* na fonte das notícias científicas, a partir de um interesse pessoal que é uma paixão: deve estabelecer a conexão entre a novidade científica e a trama geral da cultura de sua época. Deve estar no movimento da sociedade, muito mais talvez que o próprio criador científico. Enfim, naturalmente, é movido pelo interesse, pelo êxito e pelo dinheiro. O organograma das operações é bastante preciso. Seu manuscrito, normalizado pela datilógrafa, é transmitido ao *comitê de redação,* que, por sua vez, está muito ligado a especialistas *científicos* exteriores, pois o campo da novidade científica ultrapassa qualquer comitê, e a especialistas de *apresentação* (ao menos em teoria). Com muita freqüência, o texto inicial será reescrito sistematicamente e recortado segundo critérios quase mecânicos. O produto passa pelas mãos dos ilustradores, dos fotógrafos e dos redatores-chefes, que compõem o número de uma revista. Ele passa então à fabricação, depois à difusão direta, ou por assinatura, e reencontra dois tipos de meio: a *massa* à qual é distribuída essencialmente, mas também o *meio científico* que lê, muito mais atentamente do que pensamos, as revistas de divulgação, com um olho crítico e por vezes com um contato direto com o autor, que se sente responsável. Daí decorrem dois tipos de reações inteiramente distintas, completamente exteriores ao circuito do editor.

OS CIRCUITOS DE DIFUSÃO CULTURAL 215

Em outros termos, a inspiração cultural não está ausente do espírito de homens coagidos a um mobiliário aleatório de seu cérebro. Nunca lhes é vedado experimentar o desejo de saber, e não é fútil satisfazer esse desejo, pois o exercício do pensamento proporciona automaticamente seu próprio benefício, mesmo que seja praticado em um domínio diferente das preocupações imediatas.

É a esta função exploratória, que se baseia fundamentalmente no aleatório quanto à escolha de assuntos, introduzindo porém "a ordem a curta distância" (*Nahordnung*), que responde a função de *divulgação científica*: o indivíduo utiliza seu tempo vago e sua energia marginal para conhecer as leis da proibição do incesto no Novo México ou as do celibato dos elétrons, mais que as intrigas sentimentais da Rainha da Irlanda com o amante de sua prima.

A divulgação científica comporta, pois, dois circuitos distintos, dos quais um é similar ao do impresso científico e o outro ao da grande imprensa periodística, fazendo-se a articulação ao nível da edição. O talento literário conjuga-se então ao talento científico, o que torna o número de *criadores* extremamente limitado nesse domínio. Aqui, a criação não consiste em descoberta científica, como tampouco em sedução literária. Consiste em criar, a propósito de uma descoberta, *mensagens semânticas* que sejam assimiláveis por um indivíduo qualquer possuidor de um mínimo de cultura e de capacidade de concentração, tomado em um conjunto bastante grande.

É uma *descoberta a respeito da descoberta,* às vezes tão difícil quanto a própria descoberta. A melhor prova disso é que os artifícios assim encontrados são às vezes repetidos de autor a autor, de geração a geração, para finalmente encontrar um lugar nos manuais e cursos.

O que é interessante do ponto de vista da dinâmica cultural é que o organograma geral da divulgação comporta muitos circuitos mais ou menos longos. Assim, os *mass-media* haurem diretamente alguns de seus *features,* de seus elementos de atração, na divulgação científica, paralelamente à informação propriamente dita. Mas também, assinalamos acima, os próprios cientistas fazem um emprego muito amplo, embora pudicamente refreado, dos principais sistemas de divulgação para se informarem superficialmente em seu próprio domínio, reconstituindo elementos ausentes. Tudo isso estabelece o esquema de circuito da Fig. IV-14, que leva em conta os principais elementos obtidos nesse parágrafo.

§ IV — 10. *A linguagem como mensagem cultural.*

Como vimos no Cap. I, a linguagem é em si um produto da cultura. Não somente é o canal de um grande nú-

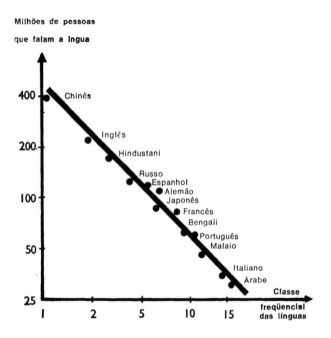

Fig. IV-15. — *Estatística das línguas utilizadas no mundo em coordenadas: classe, importância.*

A reta representativa é um fenômeno bem conhecido na Economia Política. Ela testemunha o fato de que os elementos culturais seguem leis vizinhas às dos objetos econômicos.

mero de mensagens culturais como, em sua estrutura e vocabulário, representa um certo tipo de mensagem da sociedade ao indivíduo e reciprocamente. Saber designar, saber nomear, saber abstrair, saber combinar conceitos entre eles por intermédio de palavras que os suportam, representa um tipo definido de canal cultural no sentido em que evocamos em nossa introdução. Há artistas da linguagem, sábios da linguagem, distintos, dos críticos, gramáticos ou outros reguladores da mensagem lingüística cujo papel é puramente passivo.

A "linguagem", à qual aludimos aqui, é o que há de comum à linguagem escrita e à linguagem falada. É essencialmente um repertório de palavras, uma sintaxe, isto é, um modo de agrupamento, enfim uma retórica, isto é, um progresso do pensamento: Dicionário, Gramática e Retórica resumem os elementos do canal lingüístico.

A linguagem é sempre relativa a um conjunto social definido, mas a experiência mostra que as partes mais interessantes do ponto de vista da economia cultural — construção

OS CIRCUITOS DE DIFUSÃO CULTURAL 217

de palavras novas, de palavras-chave, de sistemas de formulação de tipos de argumentos — são muito próximos na maioria das línguas mais evoluídas. Uma fórmula nova, uma nova palavra-chave, um novo tipo de raciocínio, nunca permanecem encerrados na língua particular que lhes deu origem, mas encontram rapidamente, pela tradução, pela adaptação ou pela poesia, equivalentes em outras línguas, às vezes equivalentes literais, como é o caso do jargão científico que representa, de fato, a conquista pelo greco-latino de todas as línguas ocidentais. Observe-se que diferenciamos aqui com muita clareza a *linguagem,* no que tem de mais comum com os homens, como ferramenta de conversa, como material de pensamento da literatura da Ciência, etc., do conjunto de *conteúdos* intelectuais que essa linguagem veicula. Sem dúvida há interação entre uns e outros, e nos dedicamos em uma obra sobre a criação científica, a mostrar as fontes de inspiração que a Ciência tira de considerações estritamente lingüísticas, porém vocabulário, gramática e retórica situam-se a um nível diferente, são o mobiliário do cérebro em estado elementar e é a esse título que merecem aqui menção particular.

A linguagem é um produto essencialmente coletivo. As palavras raramente são personalizadas, mesmo que tão-somente por serem pequenas demais para conter o nome do autor, mas há inúmeras exceções a esta regra, especialmente no domínio científico. Quanto às formas gramaticais, representam provavelmente o aspecto da vida social em que as noções de censura, de respeito humano e de convenções são mais categóricas. Pelo menos em todas as línguas ocidentais, representam formas fixas, embora se possam augurar esforços conjugados de lingüistas, máquinas de traduzir e compor e de poetas rumo a um degelo próximo das estruturas gramaticais.

a) *O vocabulário.*

O vocabulário está contido em obras coletivas chamadas dicionários: o Larousse, o Duden, o Meyer Lexikon, o Oxford Dictionary, o Webster, contêm entre 40 000 e 150 000 itens diferentes. Sabemos, desde os trabalhos clássicos de Zipf, que esses itens têm circulações muito diferentes no interior de uma mesma língua, como o sugere a figura anexa (GUGGENHEIM).

A uma determinada época da cultura e em determinada língua, o dicionário apresenta-se como um sistema fechado: uma palavra está ou não está no dicionário. Se não está, dois casos são possíveis. Ou a palavra é fabricada por um indivíduo que, por uma razão qualquer, é considerado como um criador de palavras qualificado — os escritores, os filósofos e os cientistas pertencem a esta casta —, e esta criação será

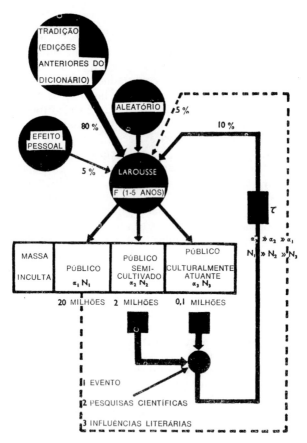

Fig. IV-16. — *Esquema do circuito sociocultural lingüístico relativo ao vocabulário.*

A linguagem é um enorme volume de material cultural, o mais evidente e mais imediato de nossa sociedade. Está cristalizado, na França, no *Larousse* ou em outro equivalente. Este é reeditado por um *comitê permanente* que se baseia na *tradição* — isto é, na edição anterior —, em um certo aleatório, em reações pessoais de cada um dos membros, e em um *acoplamento considerável* com o quadro lingüístico, a massa dos consumidores da linguagem, isto é, a sociedade, que se divide em quatro categorias com influências muito diferentes segundo a posição que ocupam na pirâmide social:

1. Os criadores de palavras (escritores científicos, técnicos).

2. O público letrado que pretende ser capaz de fazer um juízo sobre essas palavras.

4. A massa passiva.

As duas fontes fundamentais da linguagem permanecem, portanto, um meio extremamente estreito de criadores culturais e de técnicos que importam uma quantidade fenomenal de palavras, mas de uso restrito. Os eventos, em particular do exterior, vêm completar as fontes da linguagem.

OS CIRCUITOS DE DIFUSÃO CULTURAL

aceita, para ser posta em circulação em um desses meios culturais cuja descrição constitui nosso objeto. A palavra deve, para isso, satisfazer um certo número de regras complementares — as "leis" de formação de palavras —, cuja fragilidade é, aliás, dissimulada pelo termo "lei", mas que os filólogos, vigilantes censores da virtude lingüística, pretendem conhecer. Ou então, se a palavra não obedece às regras da derivação e é criada por um desconhecido ou por determinada categoria social, os carregadores por exemplo, não tem nenhum direito de cidadania e está, em princípio, destinada a desaparecer.

O presente esquema, embora abusivamente rigoroso, corresponde a um estado de vocabulário conhecido pela maior parte das línguas ocidentais sob influência da imprensa, que, normalizando muito rapidamente letras e palavras, constitui um fator de estabilidade enorme do devir lingüístico. É muito diferente do que um Voiture ou um Vaugelas poderia ter escrito há três séculos, quando, por exemplo, esses últimos pretendiam ir buscar seus mestres de fala entre os carregadores da Pont-Neuf.

Um certo número de organismos no interior de cada língua têm como objeto enunciar e portanto cristalizar o vocabulário em determinado instante. Procedem, seja por via contínua — por exemplo, as crônicas lingüísticas em certos jornais ou periódicos —, seja por *quanta* de duração, como os comitês de redação dos grandes dicionários — Larousse, *de l'Académie Française* — no decurso de edições sucessivas desses repertórios. Todos esses sistemas possuem uma enorme inércia. Os *quanta* de duração de que falamos calculam-se facilmente em 5 ou 10 anos e, ademais, o vocabulário é tratado por eles de maneira extremamente diversificada. Na prática, esse vocabulário comporta três camadas sucessivas, correspondentes aproximadamente à estrutura dos núcleos lingüísticos que evocamos no Cap. I.

Há antes de tudo uma massa, quase inalterável, de palavras básicas que praticamente só evoluem ao ritmo de séculos e que representam de 4 000 a 5 000 itens. Depois, há um vocabulário de palavras técnicas que se enriquece continuamente, há séculos, em ritmo relativamente rápido, e que se empobrece muito pouco: em outros termos, esse vocabulário cresce regularmente e parece refletir bem a própria evolução do mundo tecnológico em que vivemos. Contudo, o fato de esse vocabulário, que atinge facilmente dezenas de milhares de palavras, não pertencer realmente a ninguém em sua totalidade, ser subdividido em subvocabulários especializados, reduz de muito seu valor de mensagem cultural no sentido que evocamos.

De fato, a criação cultural em Lingüística incide sobre uma franja relativamente estreita de palavras que não são nem especializadas, nem dessuetas, nem banais, e que são

220 SOCIODINAMICA DA CULTURA

o domínio próprio do escritor ou do poeta, do jornalista ou do retórico, considerados como ourives da linguagem. São as palavras por eles criadas que passam à antecâmara dos salões de filólogos ou da Academia, aguardando ou intrigando para serem admitidas e para receberem a sanção impositiva do Dicionário.

O mecanismo de difusão dessas palavras se baseia igualmente em uma fração muito restrita do campo social. 90% do público não se aventura à criação lingüística (deixamos aqui de lado a gíria e seus derivados, que correspondem a um problema inteiramente diverso). Somente cerca de 10% do público representa consumidores efetivos de palavras novas, isto é, pessoas que as tomam e as compreendem mais ou menos laboriosamente, reformando-as e utilizando-as ao colocá-las em circulação. Reencontramos aqui mais uma vez o micromeio de um público culturalmente operante que, em um país como a França ou a Alemanha, não é abusivo contar em uns cem mil indivíduos no máximo, contribuindo realmente, não somente para pôr em circulação palavras, como para criar palavras novas ou a dar sentidos novos a palavras antigas pelos processos de derivação, neologismo ou falso sentido: é o caso, por exemplo, das *palavras-chave* na linguagem jornalística. As figuras anexas delineiam alguns elementos do circuito cultural lingüístico e mostram que, de fato, esse sistema é extremamente pouco acoplado com a massa social. Produz-se quase exclusivamente no micromeio evocado acima: a língua é uma questão privada do mundo intelectual. O restante da sociedade serve-se dela, mas em conformidade com os ucasses desses senhores, os literatos, os cientistas e os jornalistas.

b) *A gramática.*

A situação é ainda mais característica no domínio gramatical, onde se trata, não mais de fazer palavras, porém de empregar regras para colocá-las umas ao lado das outras. Essas regras são em número bem restrito, são perfeitamente enunciadas e constituem o feudo incontestável de algumas centenas de especialistas em cada língua, que dispõem de um tal poder, na França por exemplo, que são necessários decretos ministeriais para contradizê-los (decreto de 1904, relativo à concordância de particípios). Tão-só alguns poetas e escritores, representando algumas dezenas de indivíduos, arriscam-se — por sua conta e risco — a contrariar as leis da Gramática e a inovar nesse domínio. Esta criação, contudo, é extremamente pequena em quantidade.

Ao que parece, há aqui uma norma social muito forte, ligada à própria função da linguagem. Ultrapassaríamos o objeto desta obra se tentássemos especificar suas modalidades, já que nossa meta é simplesmente estabelecer sua existência no circuito da cultura.

OS CIRCUITOS DE DIFUSÃO CULTURAL 221

c) *A retórica.*

Enfim, convém mencionar aqui, ao lado do vocabulário e da linguagem, a Retórica, concebida como a lógica da construção de mensagens de comunicação interindividuais, incluída também entre as criações do espírito humano. Não há dúvida de que pouco mudou desde o silogismo aristotélico e a teoria do entimema, sendo as criações nesse domínio infinitamente raras. Talvez o cinema, na linguagem do roteirista, tenha atraído mais claramente a atenção para esse título muito particular de criação. Aqui, as próprias formas dos produtos culturais são mal definidas. Correspondem a modos de emprego praticamente instintivos: modos retóricos baseados em exemplos, na acumulação estatística, nas repetições, na alusão repetida, no paradoxo, não passam de casos isolados que apenas podemos mencionar. Convém, entretanto, assinalar métodos novos, como o pensamento estatístico, como a acumulação dos exemplos, a redundância sistemática, a repetição pura e simples etc., que são métodos de convicção essencialmente modernos, em todo caso em sua aplicação. O raciocínio por voluntária ausência de raciocínio é um dos métodos correntemente mais empregados na transmissão dessas mensagens culturais de baixa qualidade que representam a publicidade em todas as suas formas: quer se trate da venda de produtos para lavar o cabelo ou de uma falsa argumentação da República para incitar seus cidadãos a jogar na loteria federal. Quantitativamente, essas mensagens são importantes, e se os processos básicos que empregam raramente se renovam, as combinações com eles realizadas, produto do trabalho criador de engenheiros de raciocínio publicitário, dignos sucessores de nossos antigos retóricos, são sempre renovadas. No domínio do cartaz, G. Bonsiepe estabeleceu os elementos de uma retórica visual.

Convém situar bem a linguagem como material, tal como estudada nesse parágrafo, no conjunto das mensagens culturais. Consideramos aqui a soma (*a*) do vocabulário disponível, (*b*) de regras de agrupamento deste e (*c*) de regras de constituição de um pensamento razoável em sentido amplo como partes integrantes do mobiliário cerebral dos indivíduos, isso sem considerar as *obras* propriamente ditas que podem ser feitas com a linguagem e que constituem, por sua vez, formas intelectuais ou artísticas, tais como os textos literários ou outros. Respeitamos assim a regra enunciada na introdução metodológica desta obra: interessarmo-nos pelos fatos na ordem de importância em que estas intervêm no mobiliário cerebral.

O circuito lingüístico que acabamos de esboçar é muito importante, muito mais, por exemplo, que outras mensagens culturais tais como a poesia ou a arte da tecelagem, correspondendo, além do mais a mecanismos inteiramente especí-

222 SOCIODINÂMICA DA CULTURA

ficos, motivo por que desenvolvemos em pormenor seus principais aspectos.

§ IV — 11. *A mensagem teatral.*

A obra teatral desempenha na cultura moderna um papel declinante, embora ainda importante. Foi, no século XIX e na primeira metade do século XX, um dos canais essenciais da cultura. Cristalizava uma sensibilidade, como o fez a ópera, que, mediante o intérprete desse "canal múltiplo" que era a representação musical, fixou como sua meta estereotipar estados de alma que fornecessem, a seus inumeráveis espectadores, um repertório de formas mais ou menos simbólicas que os ajudasse a construir para si uma sensibilidade aos pedaços, e não seria abusivo descrever certos tipos de sensibilidade da época de 1900 por fragmentos de romantismo wagneriano, combinados com o estado de alma de Dom Camilo no 2.º ato da *Carmem,* logo encadeados a um fragmento de idéia tirado da *Prisioneira de Bourdet,* isto é: encadear verdadeiras "frases de agitação interior" constituídas de elementos emprestados, em notável proporção, ao teatro e ao romance. Do mesmo modo, não seria tão abusivo assim descrever a atitude de um estudante de 1960 pelas porcentagens de papéis caracterizados pela *Antígona* de Anouilh, o *Crime e Castigo* de Dostoiévski, a atitude de Hugo nas *Mains sales* de Sartre, etc., em uma verdadeira "combinatória discursiva" do pensamento. Certamente, tais representações seriam muito aleatórias, porém o seriam precisamente da mesma maneira que é difícil obter as "palavras" de uma linguagem e imobilizá-las sem, por isso mesmo, perder o fluxo do discurso, pois, como diz Valéry, "só compreendemos graças à rapidez de nossa passagem pelas palavras": em outros termos, esses "átomos de cultura" teatral ou romanesca constituem as "palavras" de uma língua sentimental ou situacional. São as primeiras aproximações de um repertório de situações preliminares a uma *demografia* dessas situações.

Se o cinema e a televisão passaram a refletir essa *linguagem situacional* que povoa nosso cérebro com elementos de situação de caráter assaz estruturalista, esses elementos derivam de situações teatrais e o mecanismo cultural do teatro lhes confere alguns elementos importantes.

Os canais próprios ao espetáculo teatral são todos determinados por um importante elo técnico: a sala de espetáculos, ponto de concentração do campo sociocultural onde a obra entra em contato com o público. Sua importância tem sido muito subestimada na Literatura, pois a complexidade de seu papel não apareceu claramente. No quadro sociocultural, o teatro é um dos difusores essenciais dessas disciplinas que chamamos também de Filosofia, Ética, Sociologia das Situações, Psicologia, etc.

OS CIRCUITOS DE DIFUSÃO CULTURAL

Em todas as línguas modernas, a palavra "teatro" é ambivalente e significa indistintamente um lugar da cidade ou o ato que aí se representa. É ao mesmo tempo um espetáculo e a sala onde este tem lugar. Esta ambivalência parece ser, de fato e não de palavra, a expressão de um fator de estrutura essencial que liga de maneira indissolúvel uma arte às condições materiais de sua atualização: reencontramos aqui a tese funcional.

Etimologicamente, teatro vem de uma palavra que significa "contemplar", um teatro seria finalmente condicionado por uma *assistência* e esta definição um pouco larga incluiria na periferia o orador político empoleirado em um tonel de bebida, os debates de um Parlamento e as cerimônias religiosas, o que, afinal de contas, não é uma extensão abusiva, no sentido de que acentua dois aspectos eminentemente sociais da representação:

1. Não há teatro particular para uma pessoa.

2. Teatro implica uma troca de mensagens entre *atores* e *assistentes,* uma audiência; digamos ainda um grupo *ativo* diante de um grupo *receptivo.*

Os pontos de vista sociológico, psicológico, arquitetônico e técnico, estão portanto intimamente ligados, e estabele-se uma troca dialética entre o lugar da ação e a própria ação, que procuraremos expor aqui dentro da evolução rápida sofrida atualmente pela arte teatral. Deixaremos de lado o cinema, que dele difere essencialmente quanto à mensagem que envia ao espectador, e que será condicionado por fatores técnicos diferentes.

§ IV — *12. Situação e evolução do sistema de comunicação teatral.*

A arte teatral de hoje é uma espécie de decomposição da herança do século XIX, seguida de uma renascença, muito laboriosa e freqüentemente desprovida de segurança. Esta herança do século XIX consiste essencialmente da ópera, da ópera cômica e de seu sucedâneo, a opereta, que propiciaram, com base em uma utilização sistemática do recitativo, a expansão e o lucro daquilo que se convencionou chamar de *teatro lírico.* O século XIX é, com efeito, a idade de ouro do teatro lírico, ilustrado por uma forma artística cujo argumento vem indiscriminadamente de Victor Hugo, Da Ponte e autores de libretos e partituras, argumento baseado no *postulado* de que é possível contar uma história em música, cantando frases coerentes sobre uma partitura. As extravagâncias e os paradoxos aos quais conduziu a aplicação desse postulado, hoje tão flagrantes para nós, mesmo nas peças mais bem sucedidas, não impressionavam na mesma medida ao espectador de fins do século passado, que se dei-

224

SOCIODINAMICA DA CULTURA

xava levar pelas convenções bizarras de lirismo de um Verdi ou de um Puccini, apreciando a beleza do canto sem manifestar uma preocupação exagerada de seguir integralmente seu conteúdo lógico. O espectador admitia sem problemas os esforços do encenador para obter uma verossimilhança tão grande quanto possível por meio de efeitos especiais nos quais Châtelet se especializou e de um cenário mecânico que era considerado como inseparável da grande ópera, dando lugar a uma verdadeira competição entre os diretores dos teatros; contudo, admitia também, sem problemas, que o traidor, a prima-dona e o tenor, completados às vezes por um outro acólito, emitissem simultaneamente e em música seus pontos de vista recíprocos sobre a situação.

A aparição do cinema — especialmente em cores — e da trilha sonora de grande dinâmica, suscetível de registrar uma margem considerável de níveis entre os *fortissimi* e os *pianissimi*, parece acarretar o fim definitivo desse gênero de obra, pois toda a parte visual, que constituía um dos encantos do espetáculo, pode ser infinitamente melhor apresentada com um luxo de recursos técnicos, trucagens, fusões, transformações de perspectiva, cenários cambiantes, panorâmicas, etc., dos quais o mais bem equipado dos teatros jamais poderia dispor *(Os Contos de Hoffmann, West Side Story)*. Além disso, o equilíbrio financeiro dos filmes baseados na transcrição moderna de uma ópera clássica é bem melhor assegurado pela presença de um público de milhões de pessoas em um circuito de salas de projeção do que se correspondesse à amortização em um ano de algumas dezenas de apresentações.

Nesta arte difícil, parece que não há mais, no palco teatral, energia criadora suficiente: os repertórios continuam limitados a um número bastante restrito de obras-primas do gênero, já velhas, às quais se tenta reinsuflar vida original por esforços cênicos tais como os realizados em festivais, que, contudo, se colocam antes de mais nada todos sob o signo da música, apresentando, como a pedir desculpas, as melhores obras de Mozart acompanhadas de um libreto de Da Ponte, escrito, aliás, em italiano, o que não incomoda ninguém, nem mesmo aos que não entendem o italiano.

Assim, o teatro lírico dissocia-se, de um lado, em uma fantasmagoria de cenário e de música que o cinema toma a seu encargo, e, de outro, em sua parte propriamente musical, quando seu valor é suficiente, e que o rádio ou a orquestra separam completamente do espetáculo em si, para dar-lhe vida autônoma (o *Amour Sorcier, Petruchka, O Tricorne, as Aberturas,* etc.). Assiste-se, assim, a uma verdadeira decomposição do teatro lírico, e as salas a ele dedicadas, deverão, ao que parece, perder a função antes que lhes seja dado um novo emprego.

Esta enorme máquina de cenários, atores, figurantes, orquestra, etc., que um Wagner ou um Verdi manipulavam à vontade, e para a qual Mozart compôs algumas de suas melhores obras, requeria au-

OS CIRCUITOS DE DIFUSÃO CULTURAL 225

tomaticamente da sala na qual era apresentada um certo número de qualidades, para as quais o teatro italiano em forma de ferradura, com um palco bem largo e contendo de oitocentos a dois mil espectadores, convinha à perfeição, pois tinha sido feito para elas.

O início do século XX encontra-se, pois, provido de uma "sala" típica, bastante aperfeiçoada, em seu conjunto, e é com este instrumento que deve encarar o futuro. Se o teatro é uma expressão da vida social, a evolução de espírito e da cultura deve levar, na cidade, a um desejo de renovação que se arrisca a entrar em conflito com os instrumentos atravancadores e excessivamente especializados de um tipo de espetáculo em si mesmo estagnado.

Naturalmente, era preciso algum tempo para que esta evolução se tornasse bastante clara, e se construiu até por volta de 1930 um grande número de salas que procuravam, tardiamente obedecer o máximo às concepções de um espetáculo já morto. Mas a situação econômica geral do teatro lírico é reveladora a este respeito: sabe-se que, desde a Primeira Guerra Mundial, os palcos líricos têm estado em constante declínio.

A despeito de esforços às vezes consideráveis para renovar o interesse do espectador pela ópera cômica ou pela ópera, percebe-se um decrescente interesse por estas, o que progressivamente diminuiu o repertório dos palcos líricos, diminuiu o nível cultural dos espectadores, diminuiu os recursos financeiros e, finalmente, diminuiu o número de palcos em atividade lírica, fazendo com que seus diretores as dedicassem — afora alguns grandes teatros subvencionados e em perpétuo *deficit* — a espetáculos ao mesmo tempo rentáveis e correspondendo melhor ao gosto do público. A mentalidade do espectador muda igualmente: o ouvinte de ópera italiana, em seu camarote ou frisa, onde estava mal situado para ver e escutar, mas muito bem colocado para ser visto por outros espectadores, praticava aí um ato de representação social, freqüentemente comentado na literatura estilo 1900.

O teatro moderno, nascido dos esforços de alguns inovadores entre 1914 e 1935, teve suas raízes na Europa em algumas minúsculas salas de grandes cidades, salas que, em sua totalidade, na opinião dos próprios protagonistas do teatro de vanguarda, formaram aquilo que chamamos de um *microgrupo* no sentido de Moreno, isto é, um grupo de participantes atores-ouvintes, ligados potencialmente por um quadro cultural comum. Trata-se, portanto, em princípio, de um "pequeno teatro" no sentido geométrico, no qual os espectadores vinham participar de uma ação cultural. Esse teatro, que já não é de vanguarda, mas se impôs nas grandes capitais, bem como nas metrópoles de província, em detrimento do teatro lírico, encontrou suas regras e seu equilíbrio: exige do espectador um esforço intelectual e cultural notável, e também um esforço de imaginação, em virtude da destruição progressiva do cenário; assegura seu equilíbrio financeiro por

226   SOCIODINAMICA DA CULTURA

meio de preços relativamente elevados, sabendo que um certo público estará disposto a pagá-los; é íntimo. O espectador estabelece uma comunidade com o autor, projeta-se em um dos personagens, que é uma parte de seu eu, e deve, pois, encontrar-se no mesmo nível que a ação. Moreno estabeleceu, em seu "Teatro da espontaneidade", um certo número de regras relativas indistintamente ao psicodrama ou ao teatro *tout court*.

Ao que parece, é a fórmula do "teatro íntimo" que representa um dos aspectos essenciais da evolução teatral de hoje. Se não é forçosamente um teatro de bolso, é pelo menos um teatro *pequeno*: o espetáculo não perde aí nada de sua qualidade, por menor que seja a sala, desde que esta esteja repleta. São salas desse gênero que representam em Paris, Nova York, Munique, Moscou e Londres a maioria da atividade teatral, vivendo sem repertório, com peças que são montadas e fracassam sucessivamente até que seja encontrada uma que reembolsa, decuplicados, os esforços dispensados. Há nisso um elemento ao mesmo tempo de incerteza, de acaso e de renovação que sempre foi o signo de um florescimento artístico, em qualquer domínio que seja.

Tal é, portanto, uma das tendências essenciais do teatro moderno, e, se a considerarmos sob seu aspecto exclusivamente financeiro, é sem dúvida a principal: é a que sustenta os profissionais. Esse tipo de teatro apóia-se na massa social de microgrupos que formam as audiências sucessivas de cada noite, mas que, por força das próprias condições requeridas para sua formação, não são de modo algum uma amostragem correta da população urbana. Ora, o teatro lírico, de que falamos antes, representava, muito ao contrário, um teatro popular no sentido de que nele se encontrava uma amostragem de todas as categorias sociais, desde as notabilidades urbanas que ocupavam camarotes bem à vista, até o estudante e o encanador apaixonado pelo *Bel Canto* e que vinha, com seu sanduíche, instalar-se na arquibancada uma hora antes da abertura.

O conjunto dessas considerações estabelece os principais fatores que no plano sociocultural, influem sobre o canal teatral. Intervirão, portanto, entre outros fatores, no estágio do processo de criação:

1. A tradição, expressão da continuidade. Uma peça de teatro dura apenas um número de horas limitado e propõe necessariamente alguma espécie de anamorfose do tempo real.

2. Um meio social ao qual está acoplado o indivíduo.

3. Eventos que inspiram ou condicionam o autor.

4. Uma atitude filosófica subjacente originária de uma época passada da vida do autor e do encenador.

5. Ao nível da realização da obra, situam-se os recursos financeiros que com freqüência realizam um *acoplamento* entre a obra e um certo número de outras, pois se trata

OS CIRCUITOS DE DIFUSÃO CULTURAL 227

geralmente de investimentos de lucros obtidos em uma outra empresa teatral.

6. Intervém, enfim, o preço dos lugares, que é um valor normalizado articulado no acoplamento entre a representação teatral e a massa dos consumidores potenciais.

§ IV — 13. *O circuito cultural do teatro.*

A ação crítica se exerce por intermédio de indivíduos e por intermédio dos *mass-media*. Isso nos conduz ao esquema da Fig. IV-17.

Esse esquema nos propõe, mais uma vez, um circuito fechado entre a cadeia criadora (autores, diretores, atores) e a sala: amostragem renovada, cada noite, da massa social que constitui o "conjunto de partida". Esta reação comporta três canais distintos. Primeiro um canal direto, imediato, "espontâneo" no sentido de Moreno: a reação muda ou ruidosa da sala sobre os atores; o grupo de atores testa a cada noite uma amostragem da população relativamente à transmissibilidade de um determinado tipo de mensagem. Esse acoplamento é extremamente forte, age imediatamente sobre o grupo criador em sua totalidade, e é sua espontaneidade que o torna tão importante. A constante de tempo é nula, a taxa de reação muito elevada. Esta reação, contudo, só se exerce sobre a própria forma de uma determinada mensagem, a peça, isto é, sobre aquilo que poderíamos chamar de parte estética da mensagem cultural proposta pelo autor. A parte semântica, isto é, as idéias isoláveis, a atitude filosófica subjacente, a intriga (*plot*) ou, mais precisamente, aquilo que poderíamos chamar de roteiro no cinema, permanece mais ou menos independente desse mecanismo de reação.

Certamente o autor permanece influenciado por seu público, as idéias que fabrica são expressão de sua época e de seu meio, mas está longe de determinar a peça seguinte a partir de idéias expressas em sua peça anterior e de reações do público a suas idéias, não fosse senão pelo fato de que, de início, o público é uma matéria essencialmente lábil, tendo apenas uma sensibilidade muito difusa a idéias contidas em uma obra teatral ou literária, romântica ou cinematográfica, sendo necessário ir até o plano político (peça *Coriolano* na Comédie Française, em 1936) para que o público reaja realmente a idéias; em segundo lugar, porque o autor está inserido em um sistema social que lhe assegura uma certa independência quanto a suas idéias. Pode fazer passar praticamente qualquer idéia, desde que tenha êxito no plano estético: o importante não é aquilo que se diz, o importante é dizê-lo bem.

Em conseqüência, o que irá determinar a originalidade semântica ou o valor cultural de sua mensagem não será de modo algum a reação do público, influenciado quase exclusivamente pela forma, mas uma evolução mais difusa

SOCIODINAMICA DA CULTURA

ao nível do micromeio no qual evolui, condicionado por suas leituras e por sua vida política, econômica ou sentimental com um atraso que é considerável e não diferencia de modo algum o autor teatral do autor literário.

Em resumo, no plano das idéias, dos temas, das atitudes sociais, no plano de tudo que é exprimível em frases e em teoria, não há autor especificamente teatral ou especificamente literário; há pura e simplesmente autores e modos de comunicação com o público.

Pode-se mesmo ir mais longe, observando que o conteúdo semântico (o roteiro) de um grande número de obras é regido, em sua evolução temporal, por dois pontos de vista contraditórios e igualmente importantes:

Um é o de uma similitude de temas, isto é, uma variação em estilo de fuga a partir de uma idéia essencial: é o caso do autor que repete a mesma história através de todos os seus romances, quer se trate de Delly ou de P. Benoit.

O outro, ao contrário, é a tendência sistemática a renovar seus temas e seu "roteiro" (sinopse), conservando ao mesmo tempo um "jeito" idêntico: esse seria o caso de muitos autores de teatro de *boulevard* que procuram situações novas para tratá-las da mesma maneira. Reencontramos aqui a noção de *estilo*.

Na figura, é na escala do circuito da crítica, da revista periódica muitas vezes trimestral e lida por um micromeio,

FIG. IV-17. — *O esquema sociocultural do teatro.*

O teatro é um sistema inverso ao da edição. Enquanto o circuito da edição é fortemente fechado sobre si mesmo (ver Fig. IV-6), o circuito pelo qual passa a mensagem teatral é, ao contrário, em grande parte aberto. A mensagem teatral comporta, como as demais, um aspecto semântico — a história contada, as idéias sustentadas, a tese apresentada — e um aspecto estético — o jogo dos atores, a escolha das palavras, o calor comunicativo, etc. Uma peça de teatro fracassa ou obtém êxito quase exclusivamente sob o ângulo da mensagem estética e praticamente nunca sob o ângulo do que ela diz: más idéias fazem boas peças, boas idéias fazem más peças. É isso que determina a estrutura do circuito aqui apresentado. Este é centrado em um *anteparo*: a iluminação na boca de cena, unindo dois universos, o cubo da cena, universo fictício, e o cilindro da sala, pólo social do público. Por trás do cenário situa-se o diretor, que "opera" esteticamente os atores, a partir de um texto que contém as idéias fornecidas pelo autor. Este constitui sua peça a partir do aleatório do gênio, decerto, mas também de um quadro filosófico amiúde muito importante — o teatro pôde ser considerado como uma escola de vulgarização da filosofia e de uma cultura ambiente fornecida por seu micromeio. A sala é um sistema de difusão quantificado que recorta o público em pequenas quantidades cada noite, até esgotá-lo. Críticos de opinião vêm reagir muito fortemente no plano estético, ao nível do diretor e do produtor intermediário; muito debilmente ao nível do autor, cujas formas estéticas são fixadas por seu talento, geralmente de uma vez por todas. A bilheteria reage diretamente sobre o produtor com um *coeficiente de acoplamento* muito forte, onde o sucesso é determinado pela mensagem estética. As reações ao tema são raras, fracas e lentas. Este constitui um exemplo de sistema fortemente subordinado ao plano estético e quase inteiramente livre no plano "semântico" das idéias expressas.

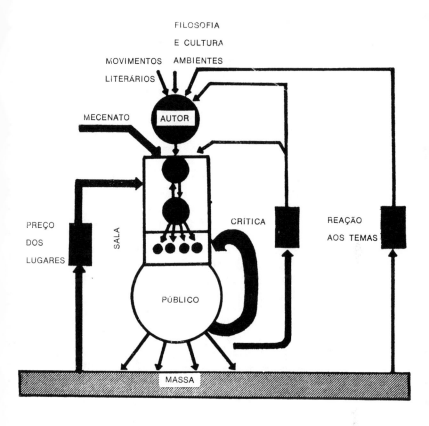

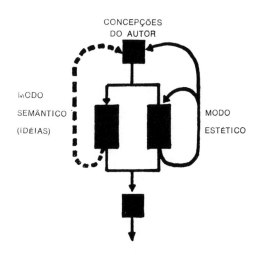

230 SOCIODINÂMICA DA CULTURA

que se exerce uma reação real sobre as idéias do autor. O sistema dos críticos de teatro revelou total inércia para descobrir as razões e os valores do êxito de uma peça de teatro, e resignou-se há muito a subscrever com "considerandos" e "vistos que" o sentimento difuso de êxito que pervade a sala no momento do espetáculo, utilizando simplesmente sua experiência para tentar avaliar, às vezes de uma maneira quase numérica (muito bom, bom, razoável, etc.) a comunicabilidade da mensagem teatral. Em contraposição, no plano das idéias de fundo, da sinopse e da atitude filosófica, muitas vezes é o crítico quem será capaz de desentranhar os aspectos fundamentais que escapam à massa do público ou que esse seria demasiado preguiçoso para localizar de uma maneira explícita e codificável: para escrevê-lo. O crítico, freqüentemente está, nos países centralizados — Paris, Londres ou Nova York constituem bons exemplos —, ligado pessoalmente ao autor: em todo caso, vivem no interior de um mesmo micromeio no qual o coeficiente de influência mútua é muito elevado; com muita freqüência o autor integra uma série de opiniões ou de teorias mais ou menos contraditórias enunciadas pela função crítica ou de comentário, e esta age de maneira mais ou menos forte sobre sua obra ulterior.

Esse mecanismo, mais sutil que a reação direta, dificilmente é objetivável e computável, mas a dificuldade situa-se sobretudo ao nível da integração pessoal, mais que ao nível do evidenciamento desse canal de reação. De passagem, a existência desse mecanismo e desse micromeio ativo justifica pragmaticamente a importância que têm de fato as metrópoles da cultura, que imporão em seguida suas opiniões já preparadas aos outros pontos culturais, ao passo que há pouquíssimas possibilidades de que o redator teatral do *Sunday Dispatch de Louisville* (Kentucky) tenha uma influência apreciável sobre as opiniões filosóficas e sobre a atitude criadora de Eugene O'Neill em Greenwich Village.

Enfim, convém não esquecer o terceiro canal de reação difusa e a longo prazo da massa sobre a obra teatral: o preço dos lugares, que, ao cabo de alguns anos e de maneira global, vêm influenciar substancialmente a criação literária ou teatral, reduzindo o leque de possibilidades oferecidas ao autor ou, pura e simplesmente, o número de canais de que este dispõe: o número de palcos nos quais pode representar suas obras. Este efeito de reação, que só adquire pleno valor com anos, é bastante assimilável à noção de preço do livro, e, a esse respeito, os problemas do teatro assemelham-se aos da edição.

O *Espetáculo de Massa* é um sistema oposto ao "pequeno teatro", que acabamos de descrever. As manifestações desta tendência são multiformes, difíceis de analisar ou englobar em uma única fórmula: seria prematuro e perigoso fixar onde se detém o teatro popular, onde começa a mani-

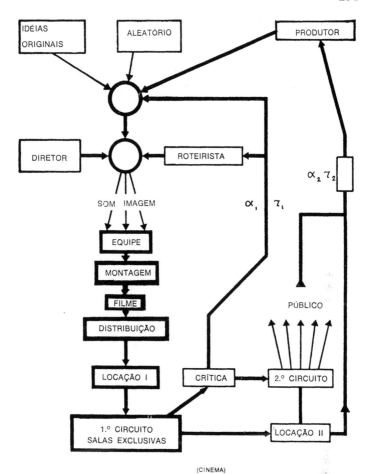

FIG. IV-18. — *A organização do canal cinematográfico.*

De uma *idéia* original produzida por não importa quem, de uma conjunção de circunstâncias favoráveis, e da presença de um *produtor* inflamado por esta idéia, nasce o *projeto* de um filme. No contato com o diretor, se não foi este quem teve a idéia, e do roteirista, esta idéia transpõe-se em um *roteiro* que comporta um canal "som" e um canal "imagem" que irá alimentar o trabalho de uma *equipe*. Esta equipe, com o dinheiro do produtor, irá produzir o filme, que se destina a ser distribuído, isto é, *alugado,* de início a salas *exclusivas,* que representam uma amostragem do público; a crítica, as reações, serão exercidas então sobre os roteiristas, sobre a equipe, sobre a idéia, podendo reagir sobre o programa futuro da própria equipe. Mas, após esse circuito, e em função desses resultados, virá um outro: o circuito de *massa,* que atua verdadeiramente sobre o público, representa a massa dos lucros e que regirá sobre a política financeira do produtor ao cabo de um prazo muito mais longo. Muito recentemente, acrescentou-se um terceiro circuito, o dos cinemas de arte ou das salas especializadas, que procuram selecionar obras cinematográficas para com elas constituir um repertório, como no teatro. Esse circuito, exemplificado pelos cineclubes, parece capaz atualmente de representar uma mais-valia muito apreciável, e, portanto, de reagir efetivamente sobre o sistema cultural cinematográfico.

festação esportiva, o *music-hall,* ou a revista suntuosa. O grande teatro é de natureza essencialmente sintética, agrupa aspectos, procedimentos e estruturas culturais diferentes, e podemos nos perguntar quais são as proporções relativas da parte cultural, da distração, do evento político ou da manifestação "religiosa" — no sentido etimológico da ligação entre indivíduos — em um teatro popular de grandes espetaculos, na representação clássica na muralha de Orange, nos Congressos de Nuremberg, nos Concertos Espirituais e nos Mistérios nos adros de grandes catedrais.

O que liga manifestações sociais de aspectos tão disparatados é, ao mesmo tempo, a existência de uma ação, segundo um protocolo estabelecido previamente, embora por vezes completamente desprovido de valor propriamente lógico ou mesmo inteligível (cerimônias religiosas, manifestações e espetáculos políticos) e a participação de uma assistência: isto é, de uma multidão dotada de uma alma coletiva, com tudo que isso compreende de arquétipos, sentimentos comuns, inter-reações, etc. — em alguma coisa maior que cada um dos indivíduos que a compõe. É isso mesmo que eles vêm procurar: uma espécie de comunhão no valor social que corresponde no mais alto grau à noção de "mentalidade coletiva" tal como definida pelos psicólogos da vida social.

Seria imprudente tentar especificar normas do espetáculo de massa — termo mais conveniente que espetáculo popular, pois este nada tem de especificamente popular — mas é bem evidente que sua grandeza e sua tendência para a grandeza devem definir melhor suas características.

O espetáculo de massa tem atrás de si um passado bem longo: afinal de contas, o teatro antigo foi essencialmente um espetáculo de massa no qual participava toda a coletividade urbana, e o anfiteatro era tido como contendo toda a cidade. O ressurgimento do teatro de massa em nossa época, algumas vezes nos próprios lugares em que a Antigüidade tinha criado centros de cultura, ensina-nos portanto algumas regras imutáveis, por exemplo a relativa à necessidade de um palco enquanto núcleo de atenção e a tradução pelo arquiteto de regras essenciais da presença: ver e ouvir simultaneamente de todos os pontos o emissor colocado em cena.

As poucas tentativas modernas de adaptação da fórmula antiga do teatro ao ar livre, na medida em que não são uma retomada pura e simples da Antigüidade, têm visado remediar a inadequação entre o tamanho da assistência e as possibilidades limitadas do ator individual suprimindo esse último e substituindo-o por um "coro", cujos movimentos, orquestrados com muita precisão, formam a própria substância da ação teatral. Contudo, parece que essas tentativas nem sempre foram coroadas de êxito, salvo, talvez, nas manifestações propriamente políticas, onde o coletivo

OS CIRCUITOS DE DIFUSÃO CULTURAL   233

funda-se mais naturalmente na pluralidade dos participantes individuais.

Na realidade, é preciso notar que um dos principais problemas técnicos do espetáculo de massa diz respeito ao deslocamento do centro de gravidade das civilizações de países mediterrâneos ensolarados para regiões de condições climáticas incertas, que requerem imperiosamente uma modificação das soluções técnicas introduzidas. Laurence Olivier dava uma ilustração pitoresca desses fatores sobre o estado de espírito do assistente, na seqüência de seu filme *Henrique V*, onde a chuva vem perturbar o desenrolar da ação teatral em uma "sala elisabetana" a céu aberto. O retorno dos centros de cultura nos países do sol (América do Sul) é capaz de provocar uma renovação do grande teatro e de seus espetáculos, da qual a política dos festivais oferece uma prefiguração (Teatro de Mendoza de 40 000 lugares).

No Congresso Internacional do Teatro, o problema era assim colocado: convém lotar cem vezes uma sala de mil pessoas ou dez vezes uma sala de dez mil pessoas? É fora de dúvida que, tendo eliminado o teatro íntimo de caráter psicológico, o grande teatro de caráter sociológico deve esforçar-se por encontrar a ambiência da multidão, sendo a "peça", ou antes a "representação", concebida inicialmente por ela.

O aspecto financeiro do problema apresenta-se então de maneira completamente diferente daquela do pequeno teatro. A multidão está aí: nos países totalitários, o aspecto político ou religioso da manifestação transcende o problema da rentabilidade e, nos outros países, o núcleo dos problemas financeiros é a amortização da construção e a manutenção de tais edifícios, que se apresentam sob o aspecto de "grande trabalhos", a serem colocados no mesmo plano das rodovias ou das grandes represas, e capazes de serem financiados de maneira análoga — o exemplo dos grandes edifícios desportivos mostra, aliás, que, mesmo do ponto de vista estritamente financeiro, podem existir soluções rentáveis. O deslocamento da estrutura econômica rumo às atividades terciárias provocado pela expansão dos lazeres dá a esse problema de "economia cultural" uma importância que ele não podia conhecer há 20 anos.

A questão concentra-se em torno da técnica de construção de uma verdadeira "sala fechada". Há trinta anos, podia-se legitimamente considerar esse problema como ilusório, mas desde então foram propostas soluções técnicas para ele. Embora elas nunca tenham sido mais que objeto de tentativas de aplicação embrionárias ou parciais, seu conjunto é, não obstante, suficiente para que se conceba uma influência decisiva sobre a criação de um teatro de massa, para o qual a evolução social apresenta uma procura certa em um futuro bastante próximo. Os esforços em direção ao teatro total, dentre os quais as experiências de J. Polieri são

234 SOCIODINAMICA DA CULTURA

das mais significativas, convergem todos rumo a uma aplicação da concepção do espetáculo de massa que busca para si um conteúdo semântico a partir de um certo número de fenômenos estéticos.

É importante reter desta análise do canal teatral que, em sua presente divisão entre teatro de massa e teatro de bolso, reflete a importante distinção entre *micromeio* e *macromeio* culturais, o papel preponderante dos fatores técnicos: — dimensões das salas, disposições dos palcos, capacidade para ver ou ouvir, anfiteatro com degraus ou à italiana etc., — sobre as mensagens que são transmitidas por esse canal. A sociodinâmica da cultura deve, na época dos *mass-media* — quando adquire sua importância —, levar em conta de maneira mais precisa possível os elementos *técnicos,* uma vez que é precisamente com eles que ela lida. Cinema, televisão e rádio são outros tantos exemplos, mas vale a pena ressaltar que não passam de herdeiros de uma situação mais antiga e que a difusão da cultura permanece sempre um compromisso entre *psicologia* das massas e *técnica.*

§ IV — *14. As artes visuais.*

A arte das representações em duas ou três dimensões (Pintura e Escultura) é um dos elementos principais daquilo que se convencionou chamar de "Cultura", mas não se encontra ainda submetida ao fenômeno essencial da *difusão* de maneira tão estreita quanto pode ocorrer com a Literatura, a Música ou o Cinema. *Fala-se* de "obras de arte", de pintores célebres, de grandes escultores e de suas obras, elas se tornam próximas por meio da fotografia e da revista de arte, mas não estão *diretamente* nas mãos do público da mesma maneira que o burguês médio pode ser possuidor da *VI Sinfonia* de Beethoven-Fricsay, ou da *Patética* de Tchaikóvski-Karajan. A esse respeito, o mecanismo surgido sob o nome de Museu Imaginário, tal como descrito por Malraux, permanece ainda *paralelo* ao mecanismo da difusão de obras originais, sem ser nele integrado: sua ação social permanece longe de ser tão imediata e tão brutal como o mecanismo da edição em relação ao romance, ou o do circuito de distribuição em relação ao filme. Pintura e Escultura não são ainda artes coletivas; a noção de "Original" em relação à "Cópia" guarda aqui um sentido, precisamente na medida em que a duplicação da obra de arte pela reprodução não atinge aí uma perfeição razoável.

Pintura e Escultura são pois, antes de tudo, *coisas* de que se fala, e de início é a esse título que impregnam a vida cultural, de preferência às obras propriamente ditas, que só existem na sociedade no estado de monstros sagrados

OS CIRCUITOS DE DIFUSÃO CULTURAL 235

— as Giocondas das tardes de chuva no Louvre — ou por um processo de difusão oligárquica em um *subconjunto* da população: o "meio" dos amadores de arte. O conjunto da arte visual das formas e cores é dominado por esses circuitos de criação, de compra e venda em um público restrito que irradia ulteriormente, mas por outras vias, na massa. As galerias de arte desempenham aqui um papel central, e é possível descrever seu circuito conforme a Fig. IV-19.

O caso das Galerias de Arte.

Em 1920, teria parecido estranho colocar uma galeria de quadros no mesmo plano que uma fábrica de sapatos. Em 1925, ainda se podia pensar que a superfície de papel impresso, consagrada às aventuras do espírito de gratuidade e de suas expressões, não passava de um reflexo da agitação da sociedade. Doravante, somos conduzidos a ver aí a prefiguração de uma era social regida industrialmente pela automação. Isso significa que, após certo número de ajustamentos, o fabrico de objetos de civilização no sentido amplo não mais dará lugar a problemas fundamentais; a atividade do homem será ocupada quase exclusivamente pelos *produtos da gratuidade:* as obras artísticas e científicas tornar-se-ão os signos principais dos movimentos da evolução. A era do lazer, proposta pelos economistas, seria a era de uma expansão de produtos culturais de toda espécie que reencontraria as preocupações essenciais dos homens.

Uma galeria de quadros é uma empresa econômica de um tipo novo: o fundo de seu lucro se baseia em um raciocínio vizinho ao de uma sociedade que gerisse uma cavalariça. Esta comparação implica — com um lucro muito elevado quando o "cavalo" ganha — uma notável parcela de jogo, muito superior, em todo caso, à encontrada no fabrico de produtos industriais. Podem-se enunciar as seguintes características:

1. Reúne as funções de fabrico e venda. É a oficina de agrupamento de peças (a coleção) fabricadas por indivíduos sob contrato (os artistas).

2. Realiza investimentos não-materiais que não se confundem com a simples publicidade feita por uma marca de sabão.

3. Inflete um mercado estreito, ao mesmo tempo que vende.

4. Deve assegurar um *giro* entre os objetos culturais que fabrica e assegurar sua colocação no mercado. Levará em conta o *desgaste* do estilo de um artista a partir da falta de renovação de seus produtos culturais.

5. De fato, a maioria dos artistas, figurativos ou não, haure um número limitado de idéias gerais de vias que

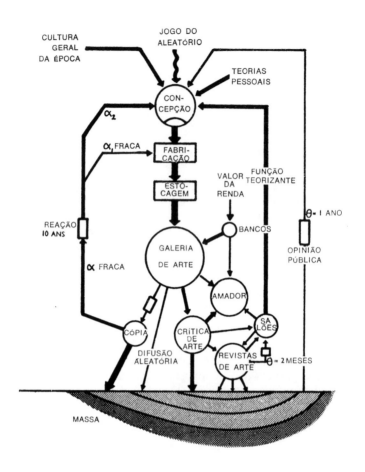

Fig. IV-19. — *O circuito das galerias de arte.*

A galeria é o pivô deste organismo. É ela quem recebe as obras do artista, feitas a partir de suas idéias *a priori* (pertinência ou reação a um movimento: exemplo: o neo-realismo), de seu acoplamento com o meio ambiente (formas a ver) e, naturalmente de seu gênio. O artista está acoplado à galeria, seja por uma vassalagem, seja, quando começa a ter êxito, por um contrato. A galeria trabalha sobre um micromeio muito bem definido: os intelectuais publicistas, os amadores, os críticos, os colegas. Somente por intermédio de críticos que escrevem nos jornais e em outros locais o macromeio conhece, por uma via "mítica", a produção da galeria. Dois quadripolos intermediários vêm reagir sobre a produção ulterior do artista: os *mecenas* que subvencionam a galeria, os críticos e os artistas, *comprando* as telas amiúde em função do valor da renda; os "salões onde se fala", que influenciam e são influenciados pelos críticos e que atuam às vezes muito diretamente sobre o artista. O contato da obra artística com o macromeio só tem lugar ao cabo de um prazo considerável (10 anos, por exemplo), por intermédio da cópia. De fato, o circuito artístico e quase fechado no interior do micromeio, e só excepcionalmente se abre para o macromeio (*Angelus* de Millet, Buffet, Picasso).

OS CIRCUITOS DE DIFUSÃO CULTURAL 237

traçam para si, do "campo dos possíveis", aplicando-lhes um ou dois "estilos" que são mais ou menos constantes em sua vida: (idéias criadoras) $\times$ (estilos) = (obras).

6. O número de "estilos" é bem menor que o das idéias. A maioria dos artistas só possui *um,* o que os remete à noção de "assinatura". O número de "idéias" é também estritamente limitado: um artista que teve cinco ou seis idéias em sua vida artística é um gênio da descoberta.

Que é, pois, uma galeria de arte? Myriam PRÉVOT a define como: "o organismo fiduciário que, a partir de um valor artístico, fabrica um valor econômico". Funcionalmente, a galeria de arte desempenha o papel de um editor, para os artistas, e de um intermediário, para seus clientes. A galeria de arte compra, armazena, apresenta, vende e publica as obras do artista nesse subconjunto do público evocado acima, e seu funcionamento tornou-se suficientemente preciso, no decurso dos dez últimos anos, para que ela possa exercer uma influência considerável sobre as artes individuais.

Se o princípio de funcionamento da "galeria" remonta aos príncipes da Igreja (cardeais, bispos, arcebispos), os elementos básicos de sua técnica de difusão foram estabelecidos ao final do século XIX, por um certo número de comerciantes de quadros dos quais VOLLARD e DURAND RUEL são os mais célebres. Contudo, não adquiriram sua verdadeira importância senão com a difusão da arte não-figurativa e a desaparição de certos critérios de valor ("o tema"), imediatamente inteligíveis e acessíveis a qualquer um, e sua substituição por critérios mais sutis, guardados entre as mãos de uma sociedade iniciática: galerias, críticos, grande aficionados e, eventualmente eles próprios artistas.

Como em todos os esquemas que examinamos nesse capítulo, o circuito cultural das artes pictóricas comporta vários *laços* fechados nos quais uma certa *ambiência* cultural, traduzida por uma opinião "pública", reage lentamente sobre as criações novas. O artista cria, às vezes com meios materiais extremamente sumários, suas obras são escolhidas por uma galeria que as expõe ou por um mecenas que, dando-lhe a possibilidade de expô-las, desempenha o mesmo papel. A galeria cria o contato com os quatro ramos essenciais da difusão:

1. Os *críticos de arte,* que falarão dela pelo canal das revistas artísticas.

2. Os *salões* cuja importância é considerável em países como a França, em virtude de sua centralização.

3. Os *amadores* atraídos pela publicidade dos salões e das revistas, e que convém, com Rheims, distinguir dos *colecionadores,* que vivem no passado e não agem sobre a criação.

4. Enfim, a *difusão aleatória* pelos curiosos, que não pode ser negligenciada.

238 SOCIODINÂMICA DA CULTURA

A galeria estabelece assim, a partir da soma de despesas de trabalho do pintor, do salário-mínimo mensal deste, aliás reduzido, e do conjunto de despesas contraídas, um preço de custo mínimo das obras do pintor. É a partir desse preço mínimo que se estabelece o sistema especulativo que conduz o pintor à celebridade e suas obras à inserção no mercado cultural, segundo um mecanismo vizinho ao que descrevemos no Cap. II. A galeria multiplica este valor mínimo de rentabilidade por um coeficiente que é função da apreciação, sempre incerta mas nunca totalmente arbitrária, que faz do valor do artista. Em um estádio ulterior, o preço de custo mínimo indicado acima torna-se uma fração desprezível do preço de venda.

O tempo médio de apresentação das obras de um pintor é da ordem de um mês, e o tempo de reação dos canais que acabamos de enumerar varia entre algumas semanas e alguns meses. O conjunto desses canais de reação age pouco sobre o artista, a essa escala. Este sente-se relativamente isolado, pouco acoplado com a sociedade ambiente, recebe ainda mensagens de seu meio imediato de galerias e revistas de arte, mas a "opinião pública", em sentido amplo, só agirá sobre ele ao cabo de alguns anos e no caso em que o circuito que estabeleceu penetre efetivamente na massa: o êxito. Enfim, a galeria de arte que, pela escolha que fez das obras e a difusão que assegura para elas, desempenhará o papel essencial na importância que a obra global do artista poderá assumir sobre o sistema social, importância quantitativa que tem com o "valor", no sentido estético clássico, apenas uma correlação débil. De maneira geral, Myriam Prévot observa que, quanto melhor o artista e melhor a galeria, mais fraco é o acoplamento entre o público e a obra criadora, o que introduz uma teoria da função da galeria na perspectiva da cultura: a galeria tem por papel reduzir o acoplamento entre artista e meio, livrar o artista dos imperativos da massa social.

Enfim, deve-se mencionar, para um certo número de artistas consagrados, esse processo de *reprodução por cópia* que funciona de maneira algo análoga à da edição para os textos escritos, cópia reduzida nos livros de arte, cópia em escala e visando a simular o original nas casas de arte especializadas (Braun, Tisné, Skira, etc.), que constituem uma espécie de coroamento social da obra do artista. Esses canais, que têm uma enorme importância do ponto de vista da inserção de obras pictóricas na massa, têm, na verdade, uma reação muito pequena no futuro de um artista como Picasso ou Dali, em virtude do enorme prazo que esta reação requer para se exercer.

Vemos pois, no circuito cultural aqui examinado, três tipos de circuitos: um circuito a curto prazo (dois meses), o dos críticos de arte e das galerias; um circuito relativo à

OS CIRCUITOS DE DIFUSÃO CULTURAL 239

opinião dos meios especializados (um ano), e, enfim, um circuito a longo prazo, relativo à reprodução (dez anos); o *conjunto destes,* porém, *tem um coeficiente de reação muito pequeno* sobre a obra pictórica (há algumas exceções, por exemplo Gabriel Domergue). Vimos que o conjunto dessas ações, por exemplo, faz com que o artista se sinta livre, com a impressão de seguir seu caminho autônomo através do meio social e independentemente dele. Quase não é condicionado pelos resultados de sua própria ação, e sim, muito mais, pelos grandes acontecimentos do quadro sociocultural — idéias políticas, descobertas, estilos arquitetônicos ou grandes "teses" estéticas —, percebe com muito maior clareza a influência do aleatório ou da técnica que a influência da opinião que os outros têm dele. O acoplamento que suporta com sua época é, portanto, difuso, ligado à matéria de viver, à tecnologia e à história cultural de cada artista, e a galeria de arte exerce seu papel muito mais por *seleção* através de uma grande escolha de possíveis que pela *reação* reguladora sobre um número limitado de criadores.

Eis alguns dados numéricos: Há na França 125 000 pintores, dos quais 75 000 em Paris. As galerias de arte decompõem-se em três classes: as "grandes galerias", que, retomando a tradição dos Durand Ruel, Bernheim etc., dispõem de um *mecanismo* que põem em ação conscientemente e agem sobre o futuro artístico em grande escala. Há umas quinze delas em Paris, duas ou três em Colônia, cinco ou seis em Nova York e em Londres etc... A segunda comporta os *marchands de tableaux,* que exercem uma influência direta notavelmente menor, mas se comportam de fato como "amplificadores" de tendências das precedentes, adicionando-lhes portanto sua ação (150 em Paris). Enfim, a terceira classe comporta essencialmente aquilo que um conhecido crítico chama de "casas de tolerância", onde os artistas alugam uma instalação técnica e um mecanismo publicitário que substitui o lugar público. Estas são extremamente numerosas (mais de 300 em Paris), mas exercem uma influência reduzida, não chegando nem mesmo a constituir uma "Bolsa de Valores".

§ IV — *15. O canal da música.*

O último elemento fundamental da cultura de uma sociedade moderna que examinaremos aqui será o material musical, cujo modo de transmissão e de retenção pelo indivíduo vimos em um capítulo anterior.

Esse material permitir-nos-á discernir os elementos de transferência e de evolução de um tipo de mensagem temporal caracterizado antes de tudo por sua *inatualidade.* A música integra-se de maneira bem particular a nosso quadro cultural. Para situá-la em relação aos outros elementos que já vimos — arte visual, mensagens impressas, linguagem ou teatro — é preciso voltar à definição original da cultura: todo elemento artificial de nosso meio ambiente.

No mundo atual, a música representa alguma coisa de muito importante, ao menos do ponto de vista quantitativo. O cidadão médio de um Estado do Extremo Ocidente tem

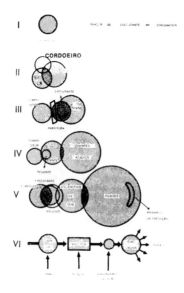

Fig. IV-20. — *As etapas sucessivas da separação do criador e do consumidor musical.*

I) Quando Tityre, sob uma alfaia, perfura uma cana para tocar uma melodia improvisada, é ao mesmo tempo criador e consumidor. "Toca" *(joue)* no sentido original do termo (desfrutar).
II) Entre os primitivos, uma parte da tribo especializa-se na fabricação artesanal de instrumentos, mas uma parte muito grande desta tribo executa espontaneamente esses instrumentos enquanto uma outra escuta e vice-versa. O criador executante, o consumidor e o fabricante têm uma superposição muito grande.
III) No século XV, começa a aparecer uma separação entre os que *escutam* e os que *compõem*. O compositor cria o fenômeno sonoro sem preocupar-se com partitura.
IV) Na Renascença, a notação musical se constitui; ela *separa* o compositor dos executantes, pois pode transmitir-lhes instruções por uma mensagem simbólica: a partitura. Com a intervenção da orquestra, o executante divide-se, ele mesmo, em duas partes: o que dirige e os que fazem o som, os músicos.
V) No início do século XX, a religião musical se estabelece. O compositor está distante, respeitado e incompreendido pelos ouvintes que ignoram sua linguagem. Transmite uma folha de papel ao "apóstolo" da religião, que, no palco do templo, a sala de concerto, realiza o mistério sonoro empregando hilotas, os fabricantes de notas. O público adora, em particular, quem vê: o regente.
VI) Com o advento do rádio e sobretudo do disco, um último avatar intervém na cadeia que vai da idéia ao prazer, de maneira amiúde decisiva: o engenheiro de som, supermaestro secreto, que manipula a seu bel-prazer a mensagem estética para adaptá-la aos cânones da percepção sensível. Um novo micromeio realiza-se no meio da massa de ouvintes, em função de um conhecimento discófilo da Música que é uma nova forma de *autenticidade*. O disco submerge rapidamente o concerto: a Música torna-se de novo íntima. Podemos pensar que, com o advento das máquinas de música e, especialmente, da composição mecânico-musical, surgirá uma última etapa em que o compositor será recrutado espontaneamente no interior mesmo dos ouvintes. A Música, começada como um jogo, tornar-se-á de novo um jogo?

OS CIRCUITOS DE DIFUSÃO CULTURAL 241

uma ração de cerca de duas horas de mensagem musical por dia — qualquer que seja a "qualidade" dessa mensagem e o interesse que tenha por ela. Trata-se, pois, de um grande fenômeno, e é por isso que lhe damos aqui alguma atenção, pois oferece um ponto essencial de comparação.

A música nasceu do exercício de um jogo, mas mudou rápidamente de caráter e sua evolução passada parece propor três etapas sucessivas correspondente, cada uma, a uma situação diferente.

A primeira etapa é a da espontaneidade musical. Remonta às origens da música que, na perspectiva dos homens de hoje, estira-se sobre todo o período de estabelecimento dos instrumentos até a aparição da notação musical. A noção de público é aqui praticamente inexistente — o prazer da música está em tocá-la —, e ouvintes e artistas coincidem sensivelmente. Esses dois conjuntos apenas pouco a pouco se diferenciam, com a aparição de instrumentos de escuta coletiva, isto é, com um volume sonoro apreciável, e cujo primeiro testemunho importante é o orgão hidráulico, originário de Bizâncio por volta do século X.

Um mínimo de cultura, a prática de um instrumento e uma certa disponibilidade de tempo definem esta primeira forma do estado musical caracterizada pela espontaneidade, a ausência de "obras" no sentido em que o entendemos — e de partituras para cristalizar essas obras. A música está bem integrada na cultura, que, de fato, é rudimentar.

A segunda etapa resulta da fixação de instrumentos e da notação musical. Ela corresponde à intervenção de uma memória, de um desejo de reter o fugidio fenômeno temporal. Ela vê a dissociação do público ouvinte e do realizador da música — pessoas reúnem-se para ouvir música, na igreja ou no salão. Este período divide-se, de fato, em dois, o da emergência da obra, de um lado, até cerca de inícios do século XVIII, e depois o da separação do microgrupo emissor de mensagem em compositor e executante, devendo esses dois elementos divergir cada vez mais.

A música propõe-se, no final do século XIX, como um rito, com uma consagração do papel quase místico, primeiro do *compositor,* ser divino vindo à terra para criar obras-primas e no qual qualquer eventual humanidade, tal como as contas de lavanderia, não passam em um acidente bizarro e pitoresco, e, em segundo lugar, do *executante,* simbolizado pelo solista ou pelo regente, que pode, pela magia de sua arte e de um sistema complexo como a orquestra ou o piano, "exprimir" a obra concebida *ex nihilo* pelo compositor. Pouco a pouco a música destaca-se da espontaneidade para chegar à religião; o Estado musical é criado, como uma oligarquia teocrática, cujo poder está nas mãos de seres superiores que detêm a prática de um instrumento, passaram pelo rito iniciático da leitura de partituras e governam uma plebe de ouvintes admitidos a assistir às celebrações do culto: o concerto. Estes Estado musical desenha um certo número de instituições que dão lugar a uma vida musical intensa mas relativamente limitada em extensão: o público do Estado musical constitui apenas uma pequena fração da sociedade humana. As reações entre criação e difusão passam pelo estádio do concerto ou da Ópera, monstruosa máquina que empilha sobre a obra teatral uma obra musical e uma obra visual, por cima do mercado. O público é uma máquina de reagir e aplaudir, pois é difícil conceber um culto sem fiéis. O campo da descoberta musical é tão largo que, de fato, as reações, seja da oligarquia, seja da plebe, praticamente não influenciam os criadores que exploram um campo de possíveis delimitado por algumas leis: a tonalidade, a existência da orquestra como máquina de produzir sons e o sensualismo sonoro.

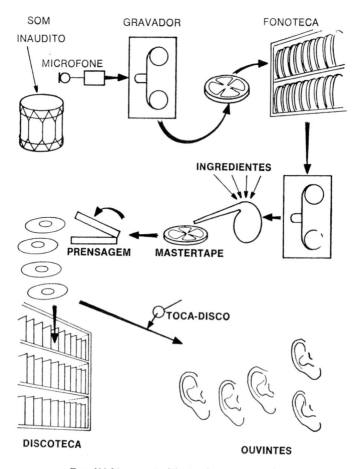

Fig. IV-21. — *A difusão do som gravado.*

OS CIRCUITOS DE DIFUSÃO CULTURAL 243

A terceira etapa é caracterizada pelo processo de cópia e pela intervenção dos *mass-media*. Inicia-se por volta de 1936, época em que o prazer proporcionado pela gravação torna-se *espontâneo*, isto é, praticamente não exige mais que uma audição atenta. É a época em que a gravação elétrica (*Scherazade* de Stokóvski) conquista o mercado. É nela que vivemos, em sua plenitude, atualmente. Foi o lançamento em escala industrial de sete bilhões de discos que a provocou. A obra não tem mais nada de único, nem, *a fortiori*, de transitório. Toda obra musical tem direito, pela magia do rádio e do disco, a existir em uma quase infinidade de exemplares, todos indiscerníveis em primeira aproximação. A obra existe potencialmente em todo lugar e em toda a época. É universalmente acessível. Uma revolução opera-se no Estado musical, que de oligarquia se transforma em democracia, onde a "autenticidade" adquire um sentido inteiramente diverso da assistência a um culto. Comprar um disco torna-se o ato musical normal e o concerto não é mais que um *sistema publicitário* ou uma *sondagem de opinião* (SCHERCHEN).

O executante, tornado perfeito pela magia da repetição ao gravador, apaga-se pouco a pouco do mundo musical; é o declínio do regente de orquestra e do solista, com a pletora destes. O compositor adquire aqui uma nova importância, mas *se distancia* cada vez mais de seu público. Ao lado de uma massa de música escrita, herança de séculos passados, e que constitui 85% do consumo musical, cria-se uma nova música que dá lugar a uma nova camada social, um micromeio que evolui independentemente da massa, sempre muito conservadora.

Esse micromeio abre-se à experimentação sob todas as suas formas. Vê-se emergir, no interior da obra, primeiro uma certa forma original e, paralelamente a esta, um grande número de realizações, todas aceitáveis. É uma espécie de caldo de cultura de formas que jorram umas a partir das outras: a variação, a fantasia, o *pot-pourri*, o plágio e o arranjo são alguns desses desenvolvimentos.

O Estado musical comporta, pois:

1 . Uma massa de ouvintes de discos, muitas vezes extremamente informados, e representando uma nova forma de cultura de massa, comportando, de um lado, o *ato voluntário*, o da compra de um disco e sua audição, e, de outro, *o consumo imposto*, a proposição que o rádio faz de um trecho qualquer ao ouvinte e que este, pela viscosidade inerente a seu comportamento, aceitará passivamente, na medida em que o esforço de girar o botão do rádio esteja acima de suas forças (Cf. III-7).

2 . Um micromeio de musicófilos, no sentido próprio, que põem ao lado do valor *prazer* o valor de *enriquecimento*.

244 SOCIODINÂMICA DA CULTURA

Esse micromeio praticamente não representa mais que 1 a 2% da população ocidental. Constitui uma classe esclarecida, que possui às vezes tradições musicais. Esta assiste aos concertos de vanguarda, participa da vida musical, lê revistas e compra discos difundidos em somente poucos mil exemplares. O disco desempenha o papel do livro e representa o modo normal de comunicação.

3. No interior desse micromeio, um subconjunto muito pequeno de *criadores* definidos pela tecnicidade elevada da composição musical. Muitos desses criadores evoluem rumo a novas formas artísticas, tal como o movimento considerável representado pelas "músicas experimentais" que efetuam uma espécie de composição autêntica (Meyer-Eppler). Os compositores agrupam diretamente em uma forma mais ou menos original objetos sonoros saídos de um acontecimento qualquer do mundo dos sons, ampliando assim enormemente o próprio sentido da palavra música, que tende cada vez mais a coincidir com uma arte sonora generalizada.

4. Enfim, o Estado musical comporta uma série de funções práticas de caráter técnico — a radiodifusão, empresa de fabrico de discos, engenheiros de som, técnicos de toda espécie, fabricantes de matérias sonoras — que correspondem a um fluxo considerável de capitais financeiros. Essas empresas, que são estruturadas do ponto de vista jurídico e administrativo como uma sociedade produtora qualquer do Estado industrial, são os únicos sistemas que dispõem de capitais suficientes para desempenhar um papel determinante na difusão das obras musicais. O rádio é o maior mecenas dos tempos modernos, sendo seguido de perto, na cristalização da obra, pelas sociedades editoras de discos.

É nesta última classe que é preciso fazer entrar as poucas centenas de músicos executantes que, em cada país, bastam para assegurar a realização sonora da música tradicional, bem como da música moderna, na medida em que esta ainda recorra a instrumentos.

Em suma, uma obra musical passou a ser, antes de mais nada, uma certa *Idéia* no espírito de determinado membro do micromeio sensível às influências do *Umwelt* e muitas vezes abundantemente nutrido de teorias estéticas, filosóficas, matemáticas e outras: a função "teorizante" desempenha na arte musical um papel considerável.

A partir desta idéia — quer seja um ponto de vista relativamente ao emprego da percussão, uma idéia sobre a distribuição dos instrumentos numa sala, sobre o papel da lógica algébrica na escolha dos intervalos ou sobre a sensualidade do público — o criador potencial "comporá" um determinado plano que corresponde àquilo que, outrora, poderia ser chamado de partitura; aliás, com muita freqüência compõe uma partitura. Depois, por diversos canais sociais do micromeio, põe em circulação esta idéia de maneira a

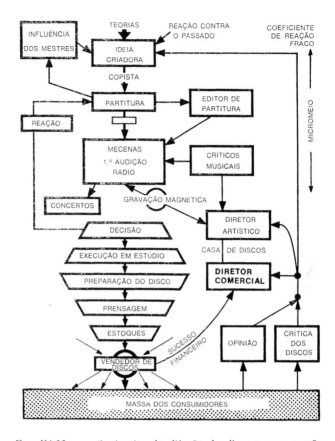

Fig. IV-22. — *O circuito de difusão do disco e suas reações sobre a música erudita.*

A idéia criadora nasce no cérebro do compositor sob a influência de suas teorias pessoais, de uma reação contra o passado ou o meio e, contraditoriamente, de seus mestres, que o influenciam sempre em grande medida. Ela dá lugar a uma partitura manuscrita para a qual o compositor procura um mecenas; em vistas de uma execução, e que é muito amiúde uma cadeia de radiodifusão ou uma sociedade de concertos subvencionada. Esta primeira audição dá lugar a uma gravação magnética. É com esta, muito mais que com a partitura, que o compositor procurará entrar no grande circuito realizado pelo disco, propondo sua obra ao diretor artístico de uma casa de discos, que, eventualmente influenciada pela crítica musical, tomará a decisão de edição, e exigirá geralmente alguns remanejos na partitura. Uma execução tem lugar no estúdio. O disco é preparado e prensado, depois estocado, amiúde durante muito tempo, no caso da música "séria". Vendedores de discos relativamente bem informados difundem o disco em uma massa restrita de consumidores. Os vendedores de discos reagem por intermédio de sua vendagem sobre a direção comercial da casa de discos. Os consumidores reagem pela opinião, e a crítica, sobre o diretor artístico e, sobretudo, sobre o próprio criador, em seu trabalho ulterior, mas de uma maneira muito fraca (às vezes negativa). O sistema está fortemente acoplado ao nível da criação musical, donde o perigo de esoterismo.

246   SOCIODINÂMICA DA CULTURA

entrar em contato com os empresários. Seus protetores, nesse domínio, compositores famosos, membros da administração do Estado da Música, membros dos conselhos diversos de programas, desempenham um papel essencial. Chega então a uma primeira execução baseada em um contrato, que lhe permite de fato transformar sua idéia em obra propriamente dita, muitas vezes com numerosas modificações devidas a contingências extremamente variadas. Esta execução proporciona-lhe os meios materiais de que precisava: estúdio, gravadores, repetição, técnicos de som e instrumentistas (também).

Nesse momento, esta obra é difundida em um concerto público, em uma *première* teatral ou principalmente no rádio, em um micromeio cujas reações constituirão uma primeira sondagem. Basta que essa primeira sondagem dê resultados claros, quer sejam estes positivos ou negativos (curva em J) para que a obra satisfaça um critério de valor — importa relativamente pouco que a sondagem dê resultados positivos (a favor) ou resultados negativos (contra).

Mas, e o que é mais importante, a obra é registrada em fitas magnéticas e, por conseguinte, *existe* no sentido estrito sob uma forma reduzida, mas suficiente para testemunhá-la: isso seria o equivalente do manuscrito datilografado, no domínio do escrito, mas convém observar que a obtenção desse "manuscrito" representa um emprego de fundos e esforços muito superior à datilografia de uma obra literária, poética ou científica.

A obra musical não é, como para o cientista, uma secreção da vida de seu autor em seu laboratório; participa muito mais do caráter de um fim. O músico, como o romancista ou o matemático, vive para compor, enquanto o químico vive o desenrolar da química em seu laboratório e de quando em quando publica um relatório da visão do campo fenomênico ao qual chegou.

Esse manuscrito que é o magnetograma irá agora ser proposto, após um prazo variável entre alguns meses e alguns anos, seja a outras difusões acidentais ao micromeio, seja a um editor de discos, que irá transformá-lo em uma multiplicidade de cópias. Esta multiplicidade comporta geralmente duas escalas: de início a edição do disco de música nova, à escala de alguns milhares, e depois, uma vez em cem, a edição em grande escala, que sai do micromeio para dirigir-se à massa, após alguns anos de períodos probatórios.

Esse processo obedece a regras de seleção muito rigorosas, e pode-se admitir que estas sejam muito mais precisas que as que regem o mercado de artes visuais ou do romance, por exemplo. O compositor que obtém êxito quase sempre passa um certo número de anos aprofundando sua orientação e seus pontos de vista com um certo caráter artesanal. As razões produzem-se, pois, em múltiplas escalas nas quais

OS CIRCUITOS DE DIFUSÃO CULTURAL

o êxito nos *mass-media* só intervém em última escala, como uma espécie de consagração.

Convém mencionar aqui, contudo, que a partitura, que perdeu a quase totalidade de seu papel no que concerne à música moderna, permanece um valor importante no domínio da música popular, que, embora quase não tenha importância no plano cultural, compensa a debilidade dessa contribuição pela enorme extensão de seu mercado. A compra da partitura, isto é, a impressão por um editor de música de uma canção popular, ainda desempenha um papel importante, tanto que toda uma indústria intelectual — letrista, harmonizador, arranjador, orquestrador, etc. — se cria nesse domínio. Aqui, mais uma vez, desenha-se uma evolução no sentido de uma separação entre a fabricação de idéias no sentido amplo e de obras propriamente ditas.

Entre os sistemas de reação que devem entrar em jogo nesta cadeia de processos, convém assinalar três principais, cada um com prazos extremamente variados. Dissemos que o domínio musical é bem melhor estruturado que a maioria dos demais domínios da cultura. A primeira reação atua sobre a própria idéia teórica, sobre a seleção entre idéias boas e más, sob a influência — perfeitamente sensível — dos "mestres" que ainda desempenham, em música, um papel apreciável. A dialética do mestre e do aluno: a "escola" agrupada em torno de um compositor que logrou êxito e que influencia os alunos por determinado número de idéias subsiste ainda, tanto na Música como na Ciência. O mestre exercerá, portanto, uma primeira crítica estreitamente acoplada às próprias idéias de um jovem compositor *in statu nascendi*.

Uma segunda seleção da mesma natureza, mas um tanto mais extensa, se produzirá no estádio da concretização, quer seja esta uma partitura ou um projeto que, em muitos músicos modernos, tenderia a tomar a forma de um roteiro ou de uma sinopse. Aqui, contudo, já intervém em notável medida uma certa quantidade de aleatório, uma parte de acaso proveniente da própria situação em que se encontra o criador, aleatório quanto à forma que toma esse primeiro estádio de composição e aleatório, sobretudo, no modo de execução que lhe será oferecido — o concerto, o rádio, o teatro, o estúdio de música concreta atuarão notavelmente sobre a criação da obra. Praticamente só nos contratos de música de filmes alguns caracteres precisos da obra artística — duração, número de temas principais, comprimento das partes "de recheio" que ligam os temas, acidentes sonoros — se acham estreitamente definidos desde o início.

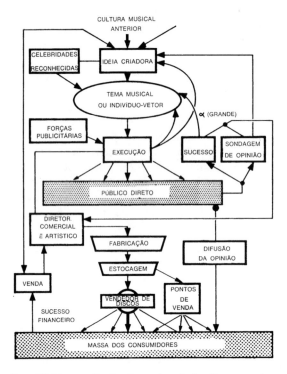

Fig. IV-23. — *O circuito cultural do disco popular.*

Tomamos aqui o caso extremo de "Schlager". O mecanismo é profundamente diferente do da música tradicional. A idéia criadora freqüentemente tem apenas longínquas relações com uma idéia musical. Ela pode ser uma observação de um agente publicitário, um artifício técnico novo, a extração da massa de um "artista", que é denominada, polidamente, de "prospecção de jovens talentos". Ela comporta quase sempre um indivíduo-vetor: uma canção lançada por X, Y ou Z ou reciprocamente. O criador de música popular que não é forçosamente músico pedirá a um especialista que lhe faça uma melodia para alguém. Pensamos imediatamente no lançamento por uma execução feita para um público já considerável nas manifestações *ad hoc*. O sucesso expresso pelos aplausos e pelas sondagens de opinião reage imediatamente sobre o criador, bem como sobre o indivíduo-vetor, em um primeiro ciclo. Mas, o que sai essencialmente da execução e do sucesso sobre o público é a ação sobre o diretor comercial da casa de discos, que se confunde, nesse caso, com o diretor artístico para o lançamento do disco: fabricação com uma estocagem muito breve e venda, não somente nos vendedores de discos, mas também em um grande número de lojas, onde a mercadoria vendida não interessa ao vendedor. O sucesso comercial atuará sobre a casa de discos, assim como sobre o criador. Uma grande firma de discos estabelece seu sucesso pela venda de:

2 a 3 discos em 5 000 000 exemplares
15 a 20 discos em 1 000 000 exemplares
50 a 100 discos em 20 000 exemplares
100 a 200 discos em 20 000 exemplares

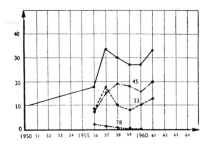

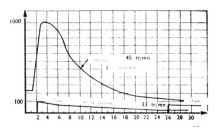

Fig. IV-24. — *Difusão de uma obra de música clássica e de uma obra de música ligeira pelo disco.*

Uma obra de variedade é lançada imediatamente em várias dezenas de milhares de exemplares. Atinge o ápice de sua difusão em dois ou três meses, depois apaga-se de maneira exponencial. Ao cabo de alguns anos, representa apenas uma venda de poucas centenas de exemplares por ano. Uma obra de música clássica é difundida em um número muito mais reduzido de exemplares desde o início, sua venda decresce sempre, mas muito lentamente. Ao cabo de um certo tempo, uma outra interpretação da mesma obra tomará seu lugar, e o processo recomeça quase indefinidamente. A área global dessas duas curvas, estendida suficientemente longe e para um número suficiente de obras, é aproximadamente a mesma: os vendedores de discos sabem que os lucros globais da música clássica e da música ligeira são de mesma ordem. Um disco popular de grande êxito vende-se em 500 000 exemplares. Existem atualmente "em vida", isto é, não destruídos, de 7 a 10 bilhões de discos fonográficos no mundo.

No estádio da execução, intervém a opinião dos críticos e de membros do micromeio musical. Esta opinião influirá, ao mesmo tempo, em uma possível modificação que, considerando-se cuidadosamente, é muito freqüente, e na possibilidade de mercados nos *mass-media,* constituindo os críticos e o micromeio uma primeira amostragem para o empresário musical de certas reações de um certo público. O estádio da difusão de massa comporta, como dissemos, duas etapas: a

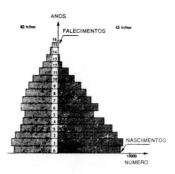

Fig. IV-25. — *A pirâmide demográfica do disco.*

O diagrama da esquerda é traçado por analogia com a pirâmide demográfica de uma população, conforme os métodos de uma demografia dos objetos. Os discos nascem no mercado com os vendedores de discos 45 corresponde a uma população jovem, a dos 33, a uma mais ou menos ativa, e distribuindo-se em gerações anuais. A curva de discos 45 corresponde a uma população jovem, a dos 33, a uma população adulta. O quadro da direita dá, segundo Dauzats, alguns elementos numéricos do preço de custo de um disco de 45 rotações. de *twist,* que, para ser rentável, deve ser vendido a 3 000 a 5 000 exemplares em 6 a 12 meses (cf. Fig. IV-23).

Elementos do preço de um disco 45 RPM de *Twist*

Artista	:	0,50
Gravação	:	1
Prensagem	:	1
Capa	:	0,80
Despesas comerciais	:	1,50
Vendedor de discos	:	2,70
Taxas	:	2,50
Preço de venda	:	10 francos

etapa dos milhares de exemplares que muitos compositores jamais ultrapassam e a etapa das dezenas de milhares de exemplares, que atuará realmente sobre a sensibilidade musical da época. É nesse ponto que se faz a clivagem entre música popular e música erudita, que desempenham um papel quantitativamente mais ou menos equivalente no barômetro musical da época, mas exercem esse papel de uma maneira muito diferente, traduzida por curvas de difusão de que as figuras dão exemplos.

Anualmente, uma multidão de milhões de ouvintes recebe e apaixona-se por quatro ou cinco melodias de sucesso cuja "vida", assemelhando-se muito à de um produto radiativo, é da ordem de dois a três meses em média. Certos aspectos dessas obras reagem sobre o público: dinamismo, origem folclórica, instrumentação etc. Lembremos a cítara do *Terceiro homem,* a buzuca de *Nunca aos Domingos,* a guitarra espanhola de *Brinquedo Proibido,* a execução eletrônica de *Das Jungfrau Rosemarie.*

OS CIRCUITOS DE DIFUSÃO CULTURAL

A cada dois ou três anos emerge uma obra musical importante que se difunde em um público cultivado muito grande, algo como círculos que uma pedra produz na água, o que justifica uma multidão de interpretações distintas — critério definido do êxito discográfico. Esta maré musical não conta com um público superior a um décimo do público da música ligeira ou extraligeira, mas sua ação sobre a criação musical é muito mais forte. Do ponto de vista que nos interessa aqui, o da dinâmica da cultura musical, ela desempenha um papel bem superior ao da precedente.

Em suma, o criador da música permanece muito mais acoplado com seu micropúblico do que o compositor de canções de sucesso com o dele. Este último recebe passivamente aquilo que lhe é proposto, festeja-o ou fá-lo fracassar, mas nem uma nem outra reação atuarão praticamente sobre o estilo das produções seguintes.

Na prática, acima de um certo estádio de difusão, a mensagem musical inscreve-se no quadro sociocultural conjuntamente através do disco e do rádio. Este último age como um acelerador potente da difusão e como o micromeio dos ouvintes discófilos inclui em seu seio 98% dos produtores de rádio, toda obra musical que chega a esse estádio se encontrará automaticamente proposta por esses últimos às centenas de milhares de ouvintes das cadeias de radiodifusão do espaço de poucas semanas. O Quadro IV-V dá alguns caracteres desse meio de ouvintes da radiodifusão, que se mistura de maneira inextricável ao meio discófilo.

§ IV — 16. *O canal da radiodifusão.*

O rádio é em si um mecanismo de *mass-media* particularmente bem definido quanto a seu funcionamento. As leis de seu funcionamento são extremamente próximas, qualquer que seja a natureza da mensagem transmitida: mús.ca, produção teatral, literatura de vanguarda ou quadrada. O rádio comporta (Fig. IV-26) um conselho de programas que controla a longo prazo o nível e o teor cultural destes em função de uma certa ordem de imperativos financeiros, legais, concorrenciais, etc., entre os quais conviria sempre citar uma notável parte de aleatório. Dessas decisões de princípio, que seriam na realidade mais vetores de influência no sentido da análise do conteúdo, resulta a efetivação de um certo número de decisões elaboradas, parciais, isto é, de programas e de séries de produção. Essas são realizadas por indivíduos mais ou menos responsáveis ligados muito estreitamente a seu círculo imediato e muito mal ao público e seus ouvintes: o técnico de estúdio tem mais possibilidades de atuar sobre a forma ou nível de certas produções que uma

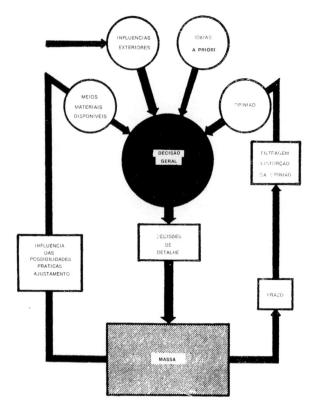

Fig. IV-26. — *Mecanismo de decisão em um sistema de comunicação de massa.*

Em todo sistema social que comporta um certo número de indivíduos, as decisões são tomadas segundo um padrão, sempre o mesmo, que obedece a uma certa racionalidade e que se pode traduzir sob a forma de um organograma. Uma decisão comporta sempre pelo menos dois aspectos: a decisão geral ou uma "idéia de ação", depois um texto, uma carta, uma ordem escrita ou uma circular, etc., que se defronta com os diferentes casos particulares e divide as responsabilidades. Esse último aspecto é extremamente importante e foi durante muito tempo deixado de lado pelos psicólogos... A decisão geral, no mundo racional de uma empresa humana é quase sempre um balanço de fatores. Entre esses, há decerto uma idéia *a priori*, nascida no espírito de uma das pessoas que toma a decisão de grupo. Mas fatores concretos também intervêm, tais como influências exteriores — uma editora levará em conta as necessidades do mercado ou da política de concorrentes para editar um livro, assim como a opinião pública traduzida pelas sondagens, ou pelas vendas, meios disponíveis e recursos implicados na execução da decisão. Tudo isso se conjuga na decisão geral, que dá lugar a uma decisão prática e que incide geralmente, após um certo número de intermediários, sobre a massa: essa *reage* ao cabo de um certo prazo, de um lado por sua opinião própria, e, de outro, por suas ações (compra de um produto ou de um livro), que reagem por sua vez sobre os meios materiais disponíveis. Temos aqui, portanto, um ciclo de dupla reação, parcialmente subordinado.

OS CIRCUITOS DE DIFUSÃO CULTURAL 253

massa importante de ouvintes passivos e longínquos, aos quais a emissão em princípio é destinada.

O produto acabado, a emissão, irradia-se e chega aos ouvidos de um público de centenas de milhares de pessoas, que resulta, no limite, em uma massa de microgrupos isolados, que comporta uma boa parte de indivíduos solitários.

Os mecanismos de audição familiar ou em grupo, de cristalização parcial em torno de uma emissão, foram abundantemente estudados na literatura e não voltaremos a eles (Bib.). Esses são determinados, como vimos em um capítulo precedente, pelo índice de audiência (*Listenability*) da música, dependente de seu nível sonoro (!), de sua situação na ambiência que envolve o ouvinte, de sua instrumentação, etc. Sabemos que, enfim, o acaso desempenha aí um papel muito importante, assim como o lugar nas faixas horárias.

O que nos interessa aqui é a reação do público às mensagens que lhe são propostas, podendo as observações acima

Sabe-se que a massa amorfa dos ouvintes reage sobre o sistema produtor, o rádio, por intermédio de três canais distintos:

1. *O correio de ouvintes* que, contrariamente ao que o público acredita, é minuciosamente escrutinado e estudado estatisticamente, mas que corresponde a uma amostragem extremamente particular do conjunto do público: os que escrevem constituem quase que uma aberração dos que escutam, pois o rádio é um objeto demasiado banal do ambiente sonoro quotidiano para que um ouvinte normal possa levar seu esforço até consagrar uma hora de seu tempo a escrever uma carta "ao Rádio".

Os que o fazem são indivíduos algo anormais, o que não significa que suas cartas devam ser forçosamente desprovidas de sentido. O correio dos ouvintes corresponde, em um sistema de radiodifusão nacional, a alguns milhares de cartas mensais, enviadas em geral em um prazo de algumas horas a alguns dias após a emissão que lhes deu origem.

2. O segundo canal de reação é a *crítica musical ou radiofônica* dos jornais diários ou especializados. Cada vez mais reduzida na medida exata em que o rádio se reduz à banalidade de um serviço público, sua influência continua importante, pois quem escuta é, agora, um profissional, supostamente não só cultivado, como competente e munido de aspirações culturais, independente e parcial. O que escreve será lido pelos próprios produtores, pelos compositores, pelos diretores de programação, com escrúpulo e avidez, e qualquer que seja o modo como estes julguem o fato, quer o aceitem ou o recusem, o que julgarem sobre ele será importante. O prazo de reação é relativamente constante, da ordem de uma semana no máximo, e conjugarse-á com a opinião do correio dos ouvintes.

3. Enfim, o último canal de ação, o mais exato qualitativamente, porém o mais tardio, é a *sondagem de opinião*, praticada por quase todas as grandes cadeias de radiodifusão, utilizando, seja as técnicas de Painel, que agrupa algumas centenas de ouvintes e segue suas reações de testemunho durante no mínimo alguns anos (B.B.C.), seja os métodos de amostragem aleatórios (Radiodifusão Francesa) ou os artifícios mecânicos tais como os contadores de escuta Nielsen instalados em receptores, que permitem saber qual programa o Senhor X escuta em tal dia e a tal hora.

QUADRO IV-V — CORRELAÇÕES ENTRE ELEMENTOS DO QUADRO SOCIOCULTURAL TRANSMITIDO PELO CANAL DA RADIODIFUSÃO (segundo Porte e Oulif).

		a	b	c	d	e	f	g	h	j	k	l	m	n	p	q
a	grande música sinfônica		86	18	—46	—22	—15	27	00	—21	—25	18	65	66	72	07
b	ópera			71	—53	—06	—33	40	17	—08	—06	10	56	53	36	—07
c	opereta				23	—21	—28	58	48	06	56	11	12	04	09	04
d	canções					82	32	—18	20	39	64	—07	—51	—25	—12	80
e	música de dança						92	—27	—*07	35	30	—34	—34	—26	—14	39
f	jazz							—20	—19	40	—17	—16	—14	—03	—37	12
g	teatro								93	09	50		32	35	14	16
h	peças radiofônicas									06	65	26	27	17	07	36
j	esporte										30	43	01	—20	—19	23
k	variedade											13	03	05	—01	38
l	reportagem												59	22	54	11
m	emissão científica													18	52	09
n	poesias														75	36
p	religião															63
q	produções infantis															

OS CIRCUITOS DE DIFUSÃO CULTURAL 255

relativas à música ser estendidas, *mutatis mutandis,* ao conjunto dos demais programas.

As sondagens se baseiam em técnicas científicas experimentadas e sem dúvida alguma dão ao organismo que as faz a imagem mais objetiva possível de seu público: "quem escuta realmente o quê". Permitem, por artifícios estatísticos, eliminar as polarizações culturais, tais como aquelas que levariam a crer, com base na simples audição de testemunhos, que a *Suíte para Percussão* de Darius Milhaud não tem segredos para 80% do público radiofônico.

Infelizmente, as sondagens de opinião, com exceção de sondagens telefônicas sempre muito pobres, dão seus resultados no máximo *alguns meses* após a causa que as produziu, isto é, não podem atuar sobre as produções de um indivíduo definido ou sobre as obras de um compositor, e sim sobre os *vetores de ação* que nos são sugeridos pelo mecanismo do rádio (OULIF).

O conjunto dessas observações conduz-nos então ao esquema da Fig. IV-27, que constitui um verdadeiro organograma da ação cultural da radiodifusão. De uma maneira geral, vê-se aqui que as reações do público só constituem um acoplamento parcial, combinando-se a outras motivações em uma porcentagem muito variável segundo a natureza do sistema de radiodifusão público ou privado, em regime concorrencial ou não-concorrencial, alimentado ou não pela publicidade.

A teoria desses sistemas foi levada bastante longe pelos economistas e ciberneticistas. Pode dar lugar a modelos analógicos que, ponderando as diferentes influências que constituem a escala de valores do sistema face a face às reações da saída sobre a entrada, permitem prever o futuro do sistema. Lembremos simplesmente que, segundo o valor das reações globais, veremos intervir no sistema oscilações de caráter semiperiódicos que correspondem bem ao que constatamos na prática.

Assim, sabemos que há uma periodicidade anual do nível de emissões e, em cada gênero de programa, uma periodicidade da ordem de algumas semanas, perfeitamente sensível nas séries de emissão que constituem uma boa parte dos programas.

O quadro exprime as correlações em porcentagem encontradas em um público extenso de ouvintes de radiodifusão entre suas diversas preferências por diferentes tipos de conteúdos de programas. Estabelece portanto uma *estrutura* da "alma das massas" no plano cultural.

No mecanismo que acabamos de descrever intervêm dois tipos de fatores exteriores: um é o *acoplamento concorrencial* do sistema de radiodifusão com outros sistemas análogos; o outro é a *intervenção* ao nível das decisões de princípio e, mais raramente, ao nível das próprias produções.

256   SOCIODINÂMICA DA CULTURA

Esse último desempenha um papel essencial na criação artística e interessa-nos em princípio mais diretamente que o mecanismo do rádio, que, do ponto de vista cultural, se reduz a um vasto alto-falante. Observe-se a analogia desse esquema com o esquema do ciclo sociocultural evocado no Cap. II (Fig. II-7). Desenvolveremos no Cap. V algumas conclusões que resultam desse esquema.

§ IV — 17. *Conclusão.*

Nesse capítulo, consagrado ao estudo de circuitos de difusão cultural, mostramos essencialmente que, através da disparidade dos canais particulares de difusão da cultura — imprensa, rádio, cinema, disco, impresso científico, livro, teatro, etc. — emergia de todo modo um certo número de caracteres constantes entre os quais a existência de um *circuito fechado* entre consumidores e criadores é decerto o mais importante.

Reencontramos, através da variedade de esquemas muitas vezes complexos, uma *cadeia criadora* que vai, por etapas sucessivas, desde o *fabricante de idéias* novas até uma sociedade *consumidora* irrigada pelos *mass-media*.

Vimos, em outro sentido, remontar uma *reação* no sentido dos criadores de mensagem desde cada um dos estágios desses meios consumidores, diferenciados essencialmente por sua extensão, ao cabo de prazos extremamente variáveis.

Como em todo sistema de reação, duas grandezas pelo menos a caracterizam: primeiro, a *importância qualitativa* desse acoplamento em troca; em seguida, o *atraso* deste em relação à causa que o produziu.

O conteúdo desse capítulo acha-se pois resumido pelo conjunto de esquemas que o ilustram e constituem, cada um, um organograma do setor cultural ao qual se aplicam.

É o grau maior ou menor com que em cada disciplina intelectual — artes visuais, artes do movimento, música, pensamento científico, criação literária, etc. — o criador se acha acoplado com os produtos de sua atividade que irá caracterizar as formas dinâmicas da cultura, e é esta análise relativamente pormenorizada dos circuitos culturais que mostra de maneira convincente a importância considerável que podem ter as etapas da criação, que, sob o ângulo da cultura humanista, poderíamos desprezar como triviais: em que medida as relações pessoais que este ou aquele autor entretém com este ou aquele membro de uma revista científica intervêm no futuro da própria Ciência? Em que medida os atrasos de impressão de uma revista podem atuar sobre a nacionalidade de uma idéia? Todos esses pontos aparecem em evidência em um estudo detalhado dos ciclos, que guarda, entretanto, um caráter geral; tornando-o passível de tratamento científico, ao invés de continuar no estádio anedótico da história das ciências e da cultura.

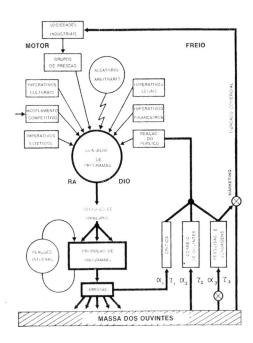

FIG. IV-27. — *O organograma-tipo da radiodifusão.*

Este organograma desenvolve, para o organismo radiofônico, o esquema geral de decisão de uma figura precedente. O conselho de programas de uma cadeia de radiodifusão estabelece uma "política" resultante da ponderação de um certo número de imperativos ou de coerções culturais, financeiras, legais, estéticas etc., sendo estas em proporções muito variáveis, conforme a natureza e as finalidades da cadeia considerada. Entre esses imperativos, um certo número acopla-se com os resultados a obter (reações); assim, o grupo de pressão ou a competição com as outras cadeias vêm eventualmente compor-se com as reações do público. Essas decisões gerais não são totalmente determináveis, e convém levá-las em conta pela intervenção de uma certa dose de arbitrário. Esta produção rege à produção de programas, a aceitação, o repertório de idéias, de elementos ou de fatos que, hauridos no micromeio, são aceitos ou rejeitados em função desta política e dão lugar a produções. Os programas constituídos por essa reunião de produção são emitidos por um canal técnico (rádio ou televisão) e irrigam a massa dos ouvintes. Esses reagem de três maneiras principais:

1. Por intermédio de um *correio de ouvintes* ou pelas razões telefônicas, escrupulosamente pesadas e analisadas por um serviço particular.
2. Por intermédio do *crítico,* indivíduo escolhido, atento, competente (em princípio), cujo ofício é escrever suas reações na imprensa.
3. Por intermédio de pesquisas ou sondagens, que informam sobre o estado de espírito, a longo prazo, com uma precisão e uma fidelidade bem superiores às precedentes.

Enfim, nas cadeias comerciais, há a *reação à publicidade,* que é fator importante para os grupos de pressão. Convém igualmente mencionar a importância das "reações internas" ao meio do rádio (colegas, produtores de uma dada emissão) sobre as produções ulteriores.

O que interessa a uma sociodinâmica da cultura não é traçar de novo as peripécias de uma descoberta ou da rodagem de um filme, e sim definir estruturas permanentes da circulação da cultura sobre as quais pode ser construída uma *tecnologia* e, a partir daí, uma política: é o ponto que examinaremos agora.

Uma Teoria Sociodinâmica dos Modos de Comunicação de Massa: O Caso do Rádio e da Televisão

Somos os funcionários da Aurora.

ERNST BLOCH

§ V — 1. *A auto-reação entre a cultura e a criação.*

Nos capítulos anteriores, salientamos a existência de um ciclo fechado de criação de idéias ou de formas novas na sociedade por indivíduos específicos, imersos no meio social, recebendo sua cultura deste e criando por sua vez, com os elementos proporcionados por este *Umwelt,* idéias novas, mensagens culturais novas, que irão, em um estádio ulterior, incorporar-se ao quadro sociocultural e depois difundir-se, por sua vez, no conjunto do meio social.

Mostramos que, a cada canal da cultura — escrito ou falado, pintura, cinema ou música, textos impressos, publicações científicas — correspondia um circuito diferente, com características diferentes: em particular, o prazo de reação do meio sobre os indivíduos nele imersos e a intensidade desta reação são, em cada caso, elementos característicos do circuito particular em mira. A Sociedade em seu conjunto nos oferece então imensa rede de circuitos culturais, todos diferentes e entrelaçados, obedecendo porém, não obstante, a algumas leis gerais que evidenciamos nas conclusões.

Desta noção fundamental de um *ciclo* de reação entre produtor e consumidor de cultura, que assimila esta a uma das mercadorias que constituem o objeto da Economia Política, decorrem regras de ação que deveriam permitir a ação sobre as constantes características desses ciclos, e, assim, atuar sobre a própria cultura de um conjunto social, considerado como um sistema mais ou menos fechado. Esta ação possível é fundamental no futuro humano, na medida mesmo em que o homem está integrado em sua cultura.

Esse problema, que é o de uma sociodinâmica propriamente dita, é particularmente importante em uma época em

260   SOCIODINÂMICA DA CULTURA

que a maioria de nossa cultura passa por intermédio dos meios de comunicação de massa, elementos essenciais do ciclo de difusão, e onde esses organismos de comunicação devem refletir sobre si próprios e definir uma "política" (*Policy*): uma Doutrina de ação. Tais organismos estão nas mãos, seja por via burocrática, seja por via da empresa privada, de um número *restrito* de indivíduos, os *gatekeepers* da cultura (Wright Mills) que se tornam assim titulares de um imenso poder sobre a evolução da sociedade, ligado às vezes de muito longe ao poder do dinheiro.

À primeira questão — Como funcionam os *mass-media?* — sucede normalmente a questão — Que devemos fazer deles? O rádio e a televisão, por exemplo, são enormes máquinas culturais postas, na era da tecnocracia, nas mãos de produtores e diretores. A experiência mostra que muitas vezes esses tecnocratas guardam uma curiosa inceiteza quanto ao papel exato que devem representar; de fato, têm políticas incoerentes. Contrariamente a uma opinião difundida no grande público, não são forçosamente, em virtude de sua situação na elite do poder, inteiramente dependentes das forças do dinheiro ou da doutrina; no sentido exato da palavra, são "homens de boa vontade", mas de boa vontade para fazer *o quê?* Ora, o mesmo ocorre com quase todos os meios de comunicação de massa. Poucos dentre eles, no mundo atual, exercem ações deliberadas com um fim definido à escala da própria humanidade, e talvez seja a desordem resultante da contradição de ideais parciais que proteja mais eficazmente os indivíduos contra a ditadura tecnocrática.

Nesse capítulo desenvolveremos, a partir do exemplo preciso da radiotelevisão considerada como um dos grandes "amplificadores de mensagens", os elementos de uma doutrina dinâmica da cultura por ação sobre os órgãos de seu ciclo de evolução, tal como o enunciamos no Cap. II e desenvolvemos em pormenor no Cap. IV.

§ V — 2. *Revisão dos elementos principais do circuito cultural.*

Em tudo o que foi visto anteriormente, admitimos um certo número de hipóteses básicas que procuramos justificar com exemplos. Mostramos que era legítimo considerar *a priori* a cultura como uma mercadoria particular submetida a um certo número de leis particulares, à qual, porém, podíamos ligar um *preço de custo* e um *valor social* cujas grandezas relativas determinam movimentos culturais — é tip.camente o caso da pintura.

Admitimos que era possível aceitar uma representação estruturalista da cultura e admitir a existência de fragmentos de idéias, de imagens ou de formas: o papel do criador consistiria então em hauri-los e destilá-los em seu *Umwelt*

UMA TEORIA SOCIODINÂMICA DOS MODOS... 261

para combiná-los em um mosaico original de elementos banais, portador de uma forma nova, que irá se incorporar, pelo canal dos *mass-media,* ao conjunto da sociedade para dar lugar, ulteriormente, a um novo processo similar. É esse esquema que chamamos de *circuito cultural.*

Colocamos sobretudo em evidência as seleções semi-aleatórias que intervêm em diferentes estádios do processo de amplificador de cultura que pode ser o rádio ou um jornal, levantando itens de uma maneira errática no micromeio em que se alimenta. Esses itens são propostos a um público que os 'seleciona uma segunda vez, sempre ao acaso, mas também segundo certos critérios; esse processo corresponde de maneira bastante exata ao que se conhece como *iteração* em teoria dos circuitos.

Pode-se pensar que a renovação ilimitada desse processo deve levar a uma espécie de *cristalização* do próprio estilo de pensamento da sociedade que o pratica. Admitamos, por exemplo, que cem informações de caráter científico e outras cem de caráter literário sejam apresentadas, mantendo-se todos os demais fatores iguais, no mesmo quadro, com a mesma legibilidade, o mesmo coeficiente de atração, ao mesmo público, e que uma reação espontânea envolva por parte desse público uma escolha 10% mais freqüente de itens "literários" em relação ao itens "científicos" (qualquer que seja a significação exata desses termos). É fácil ver que, ao cabo de alguns anos, se nada vem contrapor-se a esse processo, ele estabelecerá por *iteração* um desvio progressivo dos canais culturais: as pessoas que o fazem são influenciadas pelas pessoas que o recebem e assim por diante. O processo é cumulativo, o quadro sociocultural evolui pouco a pouco e certos aspectos emergirão com muita clareza, em detrimento de outros.

De fato, esse processo se dá continuamente e o vemos a cada instante sob nossos olhos nesta inadequação permanente que os filósofos denunciam entre a "cultura" de cada um e o "estado do mundo" a cada instante, entendendo por isso precisamente uma forma qualquer da soma de conhecimentos humanos. Assim, é certo que o peso de um escritor particular, ainda que fosse um gênio — Goethe, Racine ou Shakespeare — é infinitesimal diante da massa enorme de conhecimentos atuais, importantes e acessíveis, que nos são propostos pela "memória do mundo". A melhor prova disso é dada pelo fato de que se poderia com bastante certeza descobrir pessoas muito "cultivadas" — da maneira mais evidente, espontânea e utilizável — que estritamente nunca tenham ouvido falar em Racine e que não conheçam nenhuma de suas obras — para isso, talvez bastasse tomar um físico japonês. O que enunciamos aqui é, finalmente, o desacordo entre uma vida quotidiana do espírito e uma amostragem dos conhecimentos. Aqui, emerge, pois, um primeiro aspecto de uma política

262 SOCIODINÂMICA DA CULTURA

cultural: a reação eventual contra o fenômeno da rotina intelectual, do *freezing* do conhecimento pelo jogo das filtragens reiteradas efetuadas pelos *mass-media*.

Afortunadamente, esse mecanismo não é o único em jogo, e é por isso que não aparece sempre em evidência. Periodicamente, filósofos, pedagogos ou inovadores, tomam consciência de suas próprias rotinas intelectuais e procuram quebrar o ciclo ao impor essa ou aquela idéia, obscura mas importante, essa ou aquela atitude em reação ao ciclo contínuo favorecido pelo mínimo esforço intelectual; a tomada de consciência da importância das línguas em relação ao humanismo, tradição no ensino, a tomada de consciência da existência das ciências humanas, a reação pró-científica na educação são exemplos desse tipo. De tempos em tempos, esse ciclo reiterado é quebrado e a humanidade avança em ziguezague rumo à consciência de seus conhecimentos.

O papel dos *mass-media* seria precisamente agir nesse domínio. Na prática, é o papel desempenhado por certos grandes organismos paraculturais — Fundações, Unesco, etc. —, que se propõem justamente, de uma maneira muitas vezes algo inconsciente, remediar esse deslizamento da cultura sobre a linha de maior inclinação dos conhecimentos, e que a conduz a ignorar, ou a deixar de lado em mãos de um pequeno número de eruditos num grande número de suas próprias aquisições. São esses os organismos que, achando-se afastados do lucro, acham-se, em princípio, afastados de uma das funções de reação cultural mais importantes dentre as que analisamos em um capítulo anterior. Podem eventualmente efetuar o *inventário* de nossos conhecimentos e tentar coincidir o conjunto das mensagens dos *mass-media* e o conhecimento, no sentido amplo de "o que se sabe", conectar, em outros termos, o quadro sociocultural e o quadro dos conhecimentos.

Um primeiro aspecto de uma política da cultura consistiria em aumentar o *coeficiente de diversidade* desta cultura, reagir, por uma alimentação conveniente, contra o fato fundamental de que o grande público se alimenta sistematicamente daquilo a que está habituado, quer se trate de Música, de Pintura ou de Ciência, e isso independentemente de toda e qualquer consideração de acessibilidade, inteligibilidade ou importância. Aumentar a *dispersão dos elementos* do *quadro sociocultural* pode, pois, ser uma política dos canais de comunicação de massa.

Assim, na época da Europa nova, é certo que as informações que cheguem a Paris de Brindisi, de Colônia, Copenhague ou de Yokohama devem sistematicamente *pesar* relativamente mais em relação às que cheguem de países de língua francesa do que pesariam na época do nacionalismo florescente.

UMA TEORIA SOCIODINÂMICA DOS MODOS... 263

Jornalistas e homens políticos muitas vezes têm consciência deste aspecto particular da doutrina moderna dos *mass-media,* mas raramente percebem que este não passa de um aspecto de uma tendência mais geral à universalização dos conhecimentos, que, na verdade, se choca com a inércia do público, inércia esta à qual é sempre mais fácil obedecer que se opor. Em outros termos, no mundo atual a *importância real dos conhecimentos nunca é um critério obrigatório de seleção pelos "mass-media".* Esses invocam quase sempre, em sua política do mínimo esforço, o critério de *acessibilidade:* é o que ocorre tipicamente com as informações científicas. Pode-se conceber, à luz dos mecanismos salientados no Cap. III, que seja legítimo inverter o problema e afirmar que, a partir do momento em que um certo conhecimento é importante, ele *deve* ser acessível, e que basta consagrar-lhe os meios convenientes: é aqui que interviria uma teoria geral da educação adulta, quer se trate de conhecimentos científicos ou de difusão artística. Poder-se-ia dizer: qualquer coisa, seja a teoria de Einstein ou a doutrina do salário e do investimento de Keynes, é acessível a todo indivíduo, desde que ele queira consagrar-lhe os meios necessários. Em outros termos, ainda que se envidem esforços seguindo a linha do desenvolvimento técnico, para fazer chegar as mensagens ao maior número possível de pessoas, poder-se-iam envidar esforços seguindo a linha de acessibilidade psicológica para a compreensão integral das mensagens emitidas.

Na realidade, a dificuldade não está nisso. Quem julgará o coeficiente de importância cultural desse ou daquele item de conhecimento, quem estabelecerá o quadro dos valores culturais? É aqui que interviria em princípio uma função nova em uma sociedade que pretendesse ser consciente de seu próprio destino, em vez de sentir-se conduzida por impulsos espontâneos. Esta função nova ou, mais exatamente, de importância renovada, seria em princípio a dos *filósofos da cultura,* reunidos em um sistema planetário qualquer do qual organismos como a Unesco nos dão uma imagem imperfeita.

Sem dúvida, convém sublinhar que, em pequena escala, são simplesmente os eventos do dia-a-dia que determinam o programa dos sistemas de difusão de massa, e não uma doutrina geral da cultura. Um terremoto no Chile possui um gradiente de importância geográfica relativamente definido: desempenha um papel no comportamento dos chilenos, um papel um pouco menor no de seus vizinhos, no sentido amplo dos que lhes são próximos no espaço e no tempo. Mas, na verdade, para os berlinenses ou os habitantes de Marselha, não exerce estritamente nenhuma outra função a não ser a de uma *distração,* e é a esse título que se incorporará no quadro sociocultural do europeu médio.

264　　　SOCIODINÂMICA DA CULTURA

A respeito de eventos topograficamente localizados, economistas e geógrafos são desde já capazes de proporcionar aos industriais dos *mass-media*, se esses se derem ao menos ao trabalho de lhes pedir, *coeficientes de valor de influência*, redes de ambiente igual para indivíduos dados, um "perspectivismo" dos acontecimentos. Sabemos em particular, pelos trabalhos de Zipf, que a proximidade espaçotemporal — a distância relativa em um sistema de coordenadas, pondo em jogo o espaço e o tempo de propagação (prazo de acesso) — é um dos fatores essenciais desse perspectivismo: assim, os discípulos de Zipf mostraram que o número n de comunicações telefônicas entre duas cidades de populações N1, N2, separadas por uma distância x, pode ser posto na forma

$$n = k \frac{N1 . N2}{x}$$

Chegaram a estabelecer uma lei idêntica para a importância de notícias em escala local que um jornal consagra a uma localidade mais ou menos distanciada e mais ou menos povoada, etc. Encontramos aqui o esboço de um *perspectivismo de acontecimentos* que estabelece sua importância efetiva em coordenadas iguais à que definimos a respeito da análise do conteúdo.

§ V — 3. *O canal de radiotelevisão.*

Um dos problemas mais constantes e mais gerais que se coloca a uma rede de radiodifusão é determinar seus próprios fins e seu próprio quadro de valores. Esse problema readquire atualidade toda particular com respeito à promoção cultural de um número muito grande de países subdesenvolvidos. Sabe-se hoje, como observava Anglès d'Auriac, que o problema técnico da radiodifusão passou a segundo plano. Em outros termos, se dizemos ao engenheiro o que queremos e os meios financeiros que colocaremos à sua disposição, este é agora capaz de responder de maneira lógica e coerente por um plano adequado de equipamento: número de estações, potência, horário, comprimentos de onda, distribuição geográfica, etc.

O problema importante, portanto, não está mais aqui; é, sim, saber o que se deseja; é um problema de relação entre os programas e o público, é um problema cultural: como deve ser organizado o conjunto das produções radiofônicas. É o problema de uma *doutrina* da radiotelevisão.

Foi preciso muito tempo para colocar o problema nesses termos: de fato, o rádio, como observava Lazarsfeld, está mais ou menos no estádio da imprensa no ano de 1480. Tem 40 anos de existência, mas sua influência sobre a sociedade está longe de ser completamente definida: Quem poderia ter previsto, no ano de 1480, a quase extinção do manuscrito e o estabelecimento do romance policial ou da imprensa sentimental?

O rádio, há trinta anos, limita-se a explorar seu campo de possíveis, a definir estilos ou gêneros de produção, e tem consagrado nos últimos dez anos a delimitar seu papel face à televisão, sem, aliás, ter conseguido totalmente esse objetivo. Resta-lhe ainda, ao que parece, definir-se como campo de comunicação, como uma conexão permanente e facultativa do indivíduo e da sociedade; como será a ordem

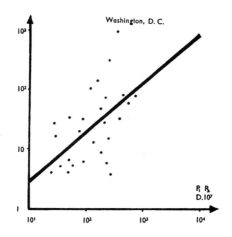

FIG. V-1. — *Número de itens diferentes em um jornal*
(segundo ZIPF).

Encontrados no *Chicago-Tribune* a respeito de comunidades urbanas de população P_2 situadas a uma distância de Chicago, cuja população é P_1. Há aqui uma regressão muito curiosa, refletindo o que se poderia chamar de perspectivismo da imprensa quotidiana: (o jornal) fala tanto mais de uma comunidade do horizonte social quanto mais importante for esta, e tanto menos quanto mais distante ela for.

Quando um acontecimento desce abaixo de um certo limiar de repercussão sobre um leitor, ouvinte ou consumidor, integra-se aos elementos da cultura, por exemplo, sob forma histórica — "A dois de dezembro de 1880 a Montanha Pelada (Vulcão da Martinica) entrou em erupção e matou 10 000 pessoas" — exatamente da mesma maneira que um acontecimento cultural: "a estréia da *Sagração da Primavera* foi a 2 de junho de 1913, no teatro dos Champs Elysées". O "acontecimento" é um aspecto particular da erudição e, de fato, tem importância extremamente pequena. Para adquirir importância, esta erupção vulcânica deve ter dado lugar a um fenômeno cumulativo qualquer em algum domínio cultural: foi a partir desta erupção que algum estratígrafo pôs em evidência alguma lei particular, que um médico descobriu uma técnica original para cuidar de queimaduras ou que um marinheiro imaginou amarras de segurança para os barcos. É finalmente esse último aspecto de *descoberta* e *invenção*, de *gen ralidade* arbitrária, que será retido pela cultura, e não o acontecimento que lhe deu origem. Reencontramos aqui o dilema clássico entre atitude histórica e atitude científica.

266 SOCIODINÂMICA DA CULTURA

do mundo quando todos os homens tiverem uma gravata e um transístor?

Aqui, a diferença entre rádio e televisão torna-se desprezível: um e outro devem estabelecer uma doutrina de seu papel social, a partir do momento em que se revelam, sobretudo a televisão, como forças essenciais da sociedade. Distinguiremos aqui quatro doutrinas essenciais.

§ V — 4. *A doutrina demagógica dos publicitários.*

A *primeira doutrina* que nos propôs o exercício do rádio teve um caráter extremamente *demagógico*. Emergindo em um país de livre concorrência, após a euforia da descoberta da comunicação a distância — Honolulu no quarto do estudante — ela realizou-se *muito depressa* como um sistema de conexão de um indivíduo com o campo social e como um elemento desse campo social. Seu aspecto técnico passou a segundo plano: dispositivos como a radiodifusão por fio se confundem com o rádio propriamente dito quanto a seu papel social.

O primeiro emprego desta conexão definiu-se como a imersão do indivíduo no campo publicitário (Maletzke); o rádio é um sistema destinado a fornecer a este motivações econômicas inextricavelmente mescladas de prazer. O rádio é um móvel dos espaços mortos da duração; é o mecanismo de radiodifusões privadas em países capitalistas que precisam manter um equilíbrio permanente entre o coeficiente de atração do programa e as mensagens publicitárias fabricadas pelos engenheiros da emoção.

É assim que se define a política imediata de uma cadeia de radiodifusão: como atrair e reter o maior número possível de ouvintes durante o maior tempo possível? É o coeficiente *horas-ouvintes* que mede o valor do sucesso. Resta saber qual deve ser a política a longo prazo, e aí o processo correntemente adotado é o da influência da opinião ou do estudo do comportamento; a soma dos fatores — (sucesso de certas produções), mais (correio de ouvintes), mais (reação de anunciantes) dá lugar a uma espécie de "boletim médico" permanente do sistema segundo o mecanismo indicado na figura seguinte.

A maior satisfação do maior número: é este, pois, o critério daquilo que chamaremos de *doutrina demagógica*. É a que será adotada sempre que o rádio for considerado como um auxiliar técnico do campo publicitário, ao mesmo título que, por exemplo, as páginas de anúncios ou os cartazes publicitários. A essência do Rádio-TV é imprimir um certo número de mensagens estereotipadas dentro da cabeça de ouvintes ou telespectadores, atraindo seus olhos ou ouvidos a partir de *features*, elementos de distração, que são escolhidos para agradar ao maior número. Cataclis-

UMA TEORIA SOCIODINÂMICA DOS MODOS... 267

mos, revoluções, sinfonia pastoral ou energia atômica, não passam de manchas de cor mais ou menos vivas no anúncio audiovisual. O padrão real é a estrutura publicitária, que é a única *Gestalt* em grande escala permanente através do tempo e que deve realmente ser transmitida do emissor ao receptor.

Esta doutrina, naturalmente, é uma doutrina *limite*, nunca presente em toda a sua pureza em nenhum dos responsáveis dessas cadeias de comunicações. Mescla-se sempre, em certa proporção, com outras preocupações, outros elementos do quadro de valores, segundo o esquema que demos no Cap. IV. Ao que parece, é nos Estados Unidos que encontramos esta doutrina levada ao extremo nas cadeias de radiodifusão privadas, cujos fins são estritamente econômicos. Mas conhecemos na Europa numerosos exemplos.

Naturalmente, a ação cultural dessas cadeias de radiodifusão é inteiramente oposta a toda criação. De fato, os criadores a empregam de modo extremamente limitado — ao menos em princípio — em seu próprio domínio, mas sabemos que a criação intelectual, é, em grande parte, um sistema de utilização de formas mentais *transportadas* de um domínio a outro de uma maneira artificial. Acontecerá que os indivíduos criadores obtenham uma idéia, que é original em seu domínio, a partir de mensagens de um outro domínio onde ela é perfeitamente banal — esse é um dos aspectos positivos da cultura-mosaico.

Assim, lembremos, no domínio musical, o artifício de John Cage, ao fazer um concerto com ajuda da reunião de alguns instrumentistas e de 17 receptores de rádio, todos sintonizados em estações diferentes e inseridos no momento oportuno (?) pelo regente. Encontramos aqui o análogo das colagens e decolagens de Schwitters e dos dadaístas. Mas, de todo modo, aqui, e é o que importa destacar, a mensagem sonora intencional do rádio encontra-se inteiramente afastada de seu fim e acha-se reduzida ao estado de matéria-prima.

Um outro modo de *explorar* esses programas demagógicos" consistiria, para um criador, em servir-se deles como um artista utiliza uma bugiganga em um antiquário, isto é, isolar determinado elemento particular, esquecendo o restante, e reestruturá-lo, dando-lhe um quadro e um colorido novos e, em seguida, servir-se dele para seus próprios fins. Essa é a transfiguração do "mercado das pulgas" da cultura!

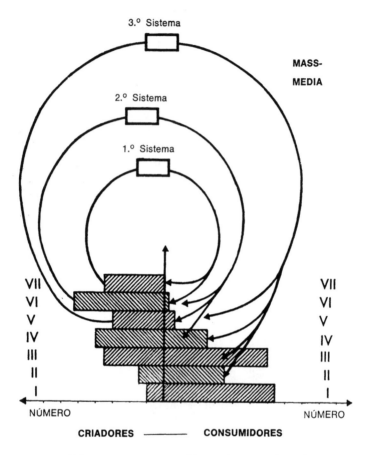

Fig. V-2. — *O sistema de difusão de massa baseado na pirâmide cultural.*

A figura acima representa a pirâmide cultural, dando à direita a distribuição dos consumidores em centenas de milhões e, à esquerda, a distribuição dos criadores de mensagens novas ou de idéias novas em centenas de milhares. A divisão é feita em 7 camadas, como indicado no Cap. I.

Uma grande cadeia de radiodifusão ou um grande sistema de comunicação de massa, como um truste de imprensa, pode ter como propósito satisfazer cada uma das camadas de consumidores com um certo tipo de programa adaptado exatamente a esta camada. O aparelho de difusão apresenta-se então como uma série de sistemas mais ou menos isolados uns dos outros, interligando uma camada de criadores a uma outra de consumidores. É essa, por exemplo, a política seguida por certas estações de rádio, que possuem 3, 4 ou 5 programas distintos, cada qual dirigido a um nível cultural diferente, podendo o último, por exemplo, ser uma emissão confidencial para uso exclusivo de intelectuais, isto é, do micromeio. Reencontramos esta política nas empresas de imprensa nacionalizadas a serviço de um Estado totalitário. Encontramo-la também na decomposição de cinemas em salas exclusivas, cinemas de arte e de vanguarda, salas de grandes estréias, salas de bairro, cada qual passando gêneros de filmes diferentes.

Aqui o Rádio empresta do quadro sociocultural fatores de retenção segundo uma técnica que não é totalmente elucidada em pormenor, mas que comporta algumas regras simples:

1. Situar sempre o nível do que é dito a uma taxa de inteligibilidade correspondente a um quociente intelectual cerca de 10 pontos inferior ao quociente médio da camada social que se pretende atingir.
2. Nunca exigir do ouvinte nenhum esforço de memória ou esforço de tenacidade.
3. Dispor a produção de tal maneira que qualquer pessoa, não importa quando, possa conectar-se com ela em um prazo inferior ao da memória instantânea (6 a 8 segundos).

Disso resulta que todo programa será, afinal, um mosaico de microidéias simples, cambiantes, expostas em 6 a 10 segundos no máximo, conectadas de uma maneira bem frouxa, na qual a estrutura em grande escala (*Fernordnung*) é uma *forma fraca* em relação à estrutura em pequena escala.

Os modos de conexão empregados serão os mesmos que a cultura-mosaico que definimos sugere: associação, contigüidade, semelhança, etc. Exemplos: se o tema B está próximo do tema A, é porque A é a causa de B. Se a palavra N assemelha-se à palavra M, é porque há uma ligação entre elas.

Todos esses modos de pensamento correspondem, em seu conjunto, a uma espécie de *sistema do "logos"*, a uma "infralógica". As estruturas em grande escala subsistentes nunca se estendem sobre espaços de tempo muito consideráveis, pois, de qualquer modo, devem ser alojadas em intervalos separados por lembretes do ou dos principais *temas publicitários* que devem voltar com uma freqüência imposta pelas leis da psicologia da aprendizagem; isto é particularmente notável nas produções de TV americanas.

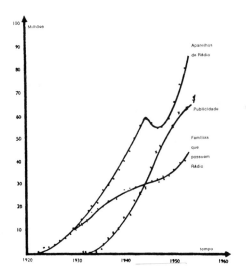

Fig. V-3. — *Orçamento de publicidade e desenvolvimento do rádio nos Estados Unidos.*

Observe-se o paralelismo extremamente estreito entre a curva quase logística do orçamento de publicidade por rádio e o desenvolvimento dos receptores, estando o afastamento ligado à política do segundo receptor. Um diagrama desse tipo é característico de uma radiodifusão comercial.

270 SOCIODINÂMICA DA CULTURA

De qualquer modo, esses modos de utilização criadores têm por característica essencial afastar o sistema dos *mass-media* de seu fim deliberado por um artifício e um esforço original do criador. Não corresponde aos fins perseguidos, e seu rendimento é enfim, muito fraco, são subprodutos: sinfonias de música moderna inspiradas por programas de canções de sucesso do rádio, inscritas no repertório das obras de arte, são raras e sem importância artística real para a evolução da música.

§ V — 5. *A doutrina dogmática.*

Um segunda doutrina que o estudo das cadeias de radiodifusão nos sugere é o que chamaremos de *doutrina dogmática.* O sistema de comunicação está nas mãos de um Conselho de direção que, só ele, possui um quadro de valores categórico e preciso, mas diferente da idéia de apoio de um mercado econômico, isto é, de um aprendizado de *slogans* publicitários. A Radiodifusão pertence aqui a um Partido político, a uma doutrina religiosa, a um Estado que quer refazer o mundo segundo uma ideologia definida.

De fato, esse sistema não é mais que uma variante importante do precedente. Aqui também o quadro de valores é fixado *a priori,* mas *não é fixado por critérios econômicos.* O sistema da radiodifusão não tem por fim exclusivo ser escutado pelo maior número de pessoas durante o maior tempo possível e não tem por principal recurso o dinheiro recebido de anunciantes para imprimir nos cérebros motivações econômicas definidas. Esse é, levado ao limite, o sistema dos estados totalitários; é o da *propaganda.* Aqui, mais uma vez, há composição de forças entre os diferentes fins e, se o quadro de valores comporta essencialmente elementos de propaganda, comporta *também* elementos culturais ou sociais que vêm concorrer em cada uma das decisões elementares. Assim, na Holanda, as cadeias de radiodifusão são partilhadas entre as principais religiões que existem no país e devem obedecer a um certo número de imperativos comuns.

Um dos *métodos-limite* que uma radiodifusão propagandista empregaria reduzir-se-ia aos métodos da publicidade, simplesmente com uma substituição dos *slogans* publicitários por *slogans* dogmáticos. Pode-se imaginar, no limite, uma rádio calcada sobre os processos demagógicos e utilizando sua taxa de atração sobre o público para inserir, de 10 em 10 minutos, em lugar de um *slogan* sobre "a Felicidade oferecida pelos refrigeradores X", ou "o poder nutritivo do açúcar", um outro *slogan* sobre "Deus Salvador dos homens" ou "O poder da idéia malasiana na União dos povos trans-africanos".

Aparentemente, esta maneira de ver foi a que moveu efetivamente certas doutrinas de radiodifusão totalitária em países ocupados durante a última guerra, mas essas doutrinas, em virtude mesmo de sua coerência, não podem ser levadas até o extremo sem meios consideráveis que não atingiram seu pleno apogeu até o presente: a alma coletiva, que se sente livre quando confrontada com uma dúzia de *slogans* relativos às virtudes das sardinhas em lata, da margarina, do sabão ou dos automóveis, *slogans* cuja relação interna não vê, apreende muito depressa a coerência profunda de

FIG. V-4 a, b. — *O contraste entre os quadros de valor de dois tipos de cadeias de radiodifusão.*

Representou-se aqui, por flechas de espessura diferente, a importância estimada dos fatores que influenciam as diretivas seguidas por uma cadeia de radiodifusão nacionalizada ou comercial.

Distinguimos 4 espessuras de flecha (escala de 1 a 4) e marcamos os principais fatores que intervêm sob os nomes de fator estético, fator competitivo, fator cultural, influência de pressões exteriores, quantidade de arbitrário, coerção legal, coerção financeira originária de interesses capazes de atuar e enfim, reações dos próprios ouvintes. Observe-se a diferença entre os valores desses fatores nos dois casos.

slogans relativos às virtudes do Partido no poder, e torna-se pouco permeável a esses, exigindo por isso o emprego de meios demasiado consideráveis. Não é, por conseguinte, por meio da via da "publicidade do dogma" que as doutrinas dogmáticas procederão de preferência, e sim pela utilização de *fenômenos culturais subliminares,* isto é, situados abaixo do limiar de percepção ou de consciência de cada indivíduo receptor: é a idéia de enviesamento (*bias*) ou de polarização.

O mecanismo real de doutrinas dogmáticas, na medida em que elas são eficazes, se baseia diretamente no *desvio* do quadro sociocultural, no sentido mesmo da geometria no espaço: ele deriva de um paralelo entre o termo "censura" no sentido político e "censura" no sentido psicanalítico, isto é, da combinação da repressão *estatística* de um certo número de elementos e da promoção de um certo número de outros. O que é importante aqui, e que não foi ressaltado claramente até o presente, é este aspecto estatístico, que resulta ele mesmo do mecanismo cumulativo de

272 SOCIODINÂMICA DA CULTURA

pequenos desvios, acumulados sempre no mesmo sentido, e não de ações deliberadas e nítidas. *Honesty is the best policy*: é sempre mais proveitoso ser honesto quanto aos fatos que suprimi-los deliberadamente, pois é preciso em seguida reconstruir a imagem do real progressivamente a partir desta omissão inicial e esta é uma tarefa que exige uma coerência acima das forças humanas. As experiências feitas por Hovland nos Estados Unidos são concludentes a este respeito, uma vez que revelam que é sempre preferível, em um meio que possui informações muito diversas, difundir uma colocação da *totalidade* dos itens de informações disponíveis do que eliminar alguns deles, cuja fal.a, precisamente, corre o risco de se tornar invisível.

Em suma, a "doutrina dogmática" do rádio atua, realizando uma filtragem seletiva e progressiva dos itens que irá difundir. Esses itens, quer digam respeito a acontecimentos ou à cultura, serão *todos* apresentados nas mensagens, mas a *polarização* dessas mensagens na direção desejada se realizará por intermédio de diferentes acentuações, muitas vezes extremamente sutis, segundo o item considerado aja no sentido do dogma adotado ou contrariamente a ele. Assim, uma radiodifusão religiosa pretende ser bem informada, completa, eclética, etc. Difundirá todos os itens que chegarem até ela, com uma *fraca* polarização, que deve ser tão fraca que se situe abaixo do *limiar de sensibilidade semântica* do receptor médio, polarização que afetará a totalidade ou uma porcentagem importante de elementos. Estes dispersam-se na massa, influenciam, discretamente, o conjunto dos criadores da mensagem, que escolherão nos assuntos de que dispõem temas ligeiramente afastados daquilo que uma "cultura objetiva" proporia. Estes, por sua vez, serão estatisticamente difundidos com a mesma polarização que antes, e o processo torna-se cumulativo.

Dispomos, na história dos modos de comunicação, de numerosos exemplos desse modo, que se manifesta por ocasião de todos os grandes acontecimentos políticos, ocupações e guerras: ao que parece, um dos sistemas mais constantes e mais eficazes das culturas religiosas.

Nesse desvio generalizado do ciclo sociocultural pelos modos de comunicação de massa, a reação da massa sobre os criadores e sobre os difusores desempenha um papel menor que no precedente. Na realidade, esta própria reação da massa é *controlada* pelos organizadores desses sistemas de difusão, servindo-lhes de *feedback* para determinar a noção essencial de limiar de sensibilidade médio do receptor, abaixo do qual eles devem, em uma política coerente, situar-se sempre. O quadro sociocultural que resultará dos modos de comunicação de massa será, portanto, em re-

UMA TEORIA SOCIODINÂMICA DOS MODOS...   273

sumo, uma imagem reduzida, completa, *mas* ligeiramente anamorfoseada, da cultura global a cada instante.

Um dos inconvenientes desse sistema, que foi amplamente comprovado, pois que é uma espécie de exploração de fenômenos subliminares, é que ele reclama uma extrema *coerência* do difusor, quer se trate da imprensa ou do rádio, ao mesmo tempo que uma estimativa muito precisa das reações, exigindo desse sistema difusor uma organização interna muito alta, ao mesmo tempo que discreta. O sistema deve perseguir em seu conjunto uma verdadeira política cultural, política que poderá legitimamente pretender e ainda por cima demonstrar ser imparcial, uma vez que enuncia todos os aspectos e todos os elementos do problema.

Aqui, o público receptor não será forçosamente o maior número possível: dispondo o sistema de outros recursos, pode dar-se ao luxo de não satisfazer totalmente a seu público, na medida em que não o decepcione totalmente. Em particular, terá interesse em levar seu esforço à pirâmide social em diferentes camadas e, sobretudo, em camadas superiores, onde se recrutam principalmente os criadores, em virtude do interesse que tem em que estes sejam sensíveis à *coloração* que dá a suas mensagens.

Essas camadas superiores da pirâmide cultural pertencem ao micromeio e influenciam indiretamente o restante da sociedade cultural de maneira desproporcional a seu número. Sendo o alvo perseguido uma influência difusa sobre o conjunto da sociedade, é proveitoso para os *mass-media* utilizados a serviço de um dogmatismo qualquer explorar o relé amplificador que o micromeio constitui, pois este acrescenta sua ação à dos canais de difusão de massa, enquanto, no caso da propaganda econômica por exemplo, tende a suprimir esta ação. Os intelectuais talvez aceitem ser pagos por uma fábrica de sabão para uma tarefa definida que são capazes de realizar com lealdade a seu compromisso, mas é muito difícil conseguir que acreditem na propaganda mais ou menos hábil que podem construir no exercício de seu talento profissional e que, por simples entusiasmo, o poeta industrial, que fora de suas horas de trabalho colabora na redação de uma revista de vanguarda, espalhe em suas colunas seu entusiasmo pelas virtudes do sabão X. Em contraposição, o jovem jornalista, membro de um partido político ou de uma religião, é muito mais aderente a estes e não tem nenhuma descontinuidade entre sua atividade profissional e fora de sua profissão; será, pois, sensível a argumentos dos *mass-media* orientados em sua direção, dará nova forma a eles, amplificando-os nos canais de difusão que lhe são próprios, contribuindo assim para uma ação mais eficaz.

Por outro lado, os *mass-media*, em virtude de funcionarem segundo a doutrina dogmática que acabamos de expor.

274   SOCIODINÂMICA DA CULTURA

podem permitir-se uma certa taxa de desafeição de parte do grande público, uma vez que sua ação é, a longo prazo, cumulativa, convergente, e que estão seguros de ganhar novamente, em um momento ou outro, a fração extraviada.

Vemos emergir nesse processo a possibilidade, para o modo de comunicação, de recortar as fatias em seu programa, correspondendo cada fatia a uma *camada* detinida da sociedade cultural: em outros termos, vemos aqui a possibilidade de vários ciclos culturais paralelos, correspondentes a mecanismos de isolamento das camadas da pirâmide cultural segundo o mecanismo da **Fig. V-2**, ponto a que voltaremos em seguida.

§ V — 6. *A doutrina eclética ou culturalista.*

A exploração do princípio fundamental da circulação da cultura por intermédio dos micromeio e *mass-media* pode conduzir então, em reação às precedentes, a uma terceira doutrina cultural que seria legítimo qualificar de doutrina *eclética* ou *culturalista.*

É a própria noção de quadro de conhecimentos, de cultura humana em sentido amplo, que irá servir de base a esta doutrina. Ela utilizará o quadro da cultura universal, tal como o expusemos no primeiro capítulo, e do qual aquilo que chamamos de "memória do mundo" não é mais que o vestígio material.

Se admitimos que é possível, por uma análise estatística, remontar, ao menos parcialmente, do conjunto dos acontecimentos culturais e dos materiais-suporte do conhecimento, até à estrutura deste próprio conhecimento, poderíamos legitimamente propor-nos como meta dar ao indivíduo, membro da sociedade, um mobiliário cerebral, uma cultura individual, que seja de alguma maneira um reflexo não-destorcido, uma imagem reduzida, uma "boa" amostragem em sentido estatístico, desta cultura humana mais geral, que os filósofos costumam pensar constituir o próprio sentido da aventura do homem: a conquista do mundo pelo poder das idéias.

Isso equivaleria a dizer essencialmente que o indivíduo se encontraria, por sua vida, posto em contato direto com o universo dos conhecimentos, que não teria em princípio distorção notável nesta redução maciça da imensa rede de conhecimentos à modesta rede apreensível pelo cérebro humano, e que o papel dos *mass-media* seria precisamente realizar esta função. Em outros termos, e se deixamos de lado as polarizações inevitáveis que o indivíduo introduz em sua percepção do fluxo de mensagens que chegam de seu ambiente, o quadro sociocultural seria, ele mesmo, uma imagem reduzida do conjunto da cultura do mundo a um instante dado. Satisfaria o ideal de uma boa comunicação entre o

UMA TEORIA SOCIODINÂMICA DOS MODOS... 275

homem e seu meio social, estético e material; em outros termos, de uma adequação do ser às próprias condições de sua vida.

Reencontramos aqui, em uma forma estatística, o ideal muitas vezes enunciado de "informação objetiva", de uma cultura que seria ao mesmo tempo uma permanente educação adulta, que permitiria saber a cada instante tudo o que existe no mundo, no sentido do movimento de idéias e de conhecimentos, e que o faria precisamente com a importância que cada uma destas idéias e conhecimentos têm realmente no devir do universo cultural.

Isso equivaleria a identificar *cultura* e *valor,* a admitir que não há outro valor além da própria cultura, que esta secreta espontaneamente o sentido da vida ou pelo menos da vida social: o ser na sociedade não tem outra significação além de seu papel no progresso coletivo da humanidade. Sua vida individual é uma "flutuação" em relação ao devir social, podendo esta flutuação atingir índices consideráveis e representando uma liberdade individual ilimitada, "ortogonal" ao futuro social.

Esta doutrina é em princípio o fim que atribuímos à educação, como às comunicações de massa — imprensa, livros, etc. — na época democrática e liberal, mas que estas últimas jamais seguiram realmente por razões resultantes de seu mecanismo técnico e que só recentemente foram claramente enunciadas (Mills). Na medida em que afirma que a cultura humana secreta sua própria escala de valores, independentemente dos valores morais, dos quais o caráter arbitrário e a impotência foram tão claramente denunciados no decurso dos séculos (Bentham — Nietzsche — Marx — Sartre), poderíamos dizer que é um *mito permanente* da humanidade, uma ética culturalista. As noções enunciadas por Kant sobre os imperativos categóricos tiram seu valor, não de uma transcendência que a cultura recusa, mas do simples fato de que são, em um determinado momento da evolução histórica, "conceitos-encruzilhada" de uma doutrina de comportamento de uma parte notável do gênero humano, passíveis de análises freqüenciais, mas ao mesmo tempo passíveis de perempção por uma evolução que ultrapassa qualquer indivíduo, mas se limita à humanidade.

Podemos esquematizar esta doutrina culturalista, que deve encontrar o campo de sua aplicação em uma política de meios de comunicação de massa considerados como determinantes modernos do indivíduo e da sociedade, perguntando *em que medida uma enciclopédia universal secretaria seu próprio quadro de valores,* determinando o comportamento estatístico dos seres que a leriam em função da importância quantitativa dos diversos elementos de conhecimento que conteria. Com efeito, é bem exato que o comportamento dos homens é em grande parte determinado pela

276 SOCIODINÂMICA DA CULTURA

integração, em sua memória de sua experiência passada e do fluxo permanente de conhecimentos que recebem de seu meio. Tal ética culturalista não diferiria essencialmente de uma ética transcendental, a não ser pela introdução de fatores objetiváveis, quantitativos, resultantes dos progressos do conjunto de conhecimentos em cada instante.

Em sentido histórico, poderíamos perguntar em que medida a Enciclopédia do século XVIII continha uma "moral", e se o fato de que, a partir de Cook e Bougainville, um escritor relate esse ou aquele aspecto particular da sexualidade no Taiti não propõe, em si mesmo, a substituição da dicotomia do Bem e do Mal, sugerida pelos sistemas morais explícitos da época, por uma "ética do mais freqüente", que difere fundamentalmente de uma ética do conformismo por introduzir, com o conceito de freqüência, o conceito de *desvio* aceito como fenômeno natural.

Vê-se, em todo caso, que semelhante "ética culturalista" poderia seduzir, por sua ausência total de transcendência, pelo menos alguns setores da sociedade, precisamente os micromeios intelectuais.

Esta doutrina supõe um certo número de postulados. Primeiro, admite que é possível efetivamente conhecer a rede da cultura universal através do processo de sedimentação que a memória do mundo dela apresenta. Supõe ainda, contudo, que todo item, todo átomo de cultura, é assimilável pelo ser humano exclusivamente em função de sua importância fundamental e *não* em função de sua dificuldade de apreensão; em outros termos, que os meios de comunicação de massa, coincidindo aqui com os da educação permanente, sejam capazes de *tornar apreensível o que quer que seja a não importa quem,* contanto que esse "o que quer que seja" tenha uma importância suficiente, quer se trate da distinção sutil entre "velocidade de grupo" e "velocidade de fase" nas ciências da natureza ou do valor do claro-escuro na renovação da pintura italiana.

Na verdade, esses postulados nunca são verdadeiramente satisfeitos, assim como os de uma absorção pelo indivíduo de mensagens do quadro sociocultural sem distorção apreciável. Porém o que há de novo nesse domínio é que conhecemos muito melhor, graças à Psicologia Social, a natureza e o funcionamento dessas distorções, algumas das quais examinamos no Cap. III.

Ademais, entrevemos a possibilidade de princípio de regular à vontade a acessibilidade das mensagens. A tarefa dos "engenheiros de comunicação" dos quais nossos vulgarizadores oferecem uma imagem bem pálida, seria tornar a teoria do nêutron ou a dialética marxista da alienação tão simples e tão acessíveis quanto os padecimentos sentimentais das estrelas internacionais, e podemos admitir que esta é mais uma questão de *meios,* isto é, de vontade, que uma questão de possibilidade.

UMA TEORIA SOCIODINÂMICA DOS MODOS... 277

Vê-se, em todo caso, que uma doutrina como essa poderia servir de política de ação para os meios de comunicação de massa, elementos do campo de percepção e dos quais a radiotelevisão é um dos casos mais importantes.

A que corresponderia, enfim, uma doutrina dessas do ponto de vista prático? Ela equivaleria fundamentalmente ao fato de que o quadro sociocultural constituiria uma "boa amostragem" do *aumento* do quadro dos conhecimentos — se quisermos, que a freqüência dos principais temas, domínios ou assuntos seja aí representativa de sua freqüência no aumento dos conhecimentos, e que sejamos capazes de apreciá-los. Uma de suas conseqüências práticas seria a diminuição do papel que desempenham, no quadro sociocultural, os *acontecimentos* em relação aos *fatos de cultura*.

O quadro sociocultural aparece, então, como o elemento principal que caracteriza os atos do sistema de comunicação, e isso foi bem evidenciado, por exemplo, nos trabalhos que Silbermann realizou sobre a sociologia do rádio. O quadro sociocultural é, por assim dizer, a derivada em relação ao tempo da cultura, exprimindo seu permanente crescimento.

O quadro sociocultural é indicativo do conteúdo dos programas, permite discernir neles linhas gerais de tendências e organizar essas tendências segundo uma cultura que é a política efetiva. A doutrina eclética pretende aproximar, tanto quanto possível, o conteúdo desse quadro do conteúdo da própria cultura, em uma determinada época, isto é, velar para que cada um desses elementos seja apresentado pelo sistema difusor à massa social em uma quantidade (com uma importância) proporcional à freqüência relativa ou à ponderação do item correspondente na cultura global a esse instante, como se revela por uma análise do gênero da que fizemos no Cap. I, análise que incide sobre os repertórios de cultura que denominamos de "memória do mundo" ou "enciclopédia universal", que são os produtos da logosfera, da atividade da "sociedade" como fabricadora de signos.

Para resumir o mecanismo da doutrina culturalista das comunicações de massa, suponhamos pois um *item* cultural, que aparece sob a forma de uma publicação científica no micromeio, sobre um *acontecimento,* que aparece como uma mensagem no noticiário das agências. Esta mensagem, após um certo prazo de amadurecimento, função de sua natureza, vai ser analisada e avaliada quanto a seu grau de originalidade, sua taxa de abstração, a freqüência de sua situação por cópia, comentário, citação, etc.), no micromeio, sua taxa de implicação para o cidadão, etc. Receberá então um sistema de valores $x_1, x_2, \ldots, x_n$ que a situa neste espaço dimensional no tempo t. Em função de sua posição neste espaço, vai ser afetada por um coeficiente de transmissão que caracterizará o lugar que deverá conquistar nos m ios de comunicação de massa, pela ação de *mediadores,* ou *intercessores* (Lazarsfeld), cujo papel será transformar algumas dessas coordenadas, em particular aquelas relativas à acessibilidade, redundância, interesse humano, etc... Esse mecanismo, muito esquematizado, equivale a uma teoria matemática muito simplificada da produção cultural. O conjunto desses itens transformados constituirá, a partir da análise do conteúdo, o esquema abstrato do novo quadro sociocultural do tempo $t + \triangle t$.

Observemos que esta própria atividade do sistema de comunicação vem inserir-se em pequena medida na logosfera, na memória do mundo, no sentido em que a definimos — trata-se de um processo *cumulativo* regido, no plano matemático, por um sistema de equações integrais, pois a produção quotidiana é a derivada ponderada de uma função global. Um exemplo desta função de derivada, a "fonoteca", coleção de gravações de cada cadeia de radiodifusão, virá periodicamente enriquecer o fundo comum das fonotecas nacionais ou internacionais, isto é, ajuntar-se à enciclopédia universal de signos, sons e imagens cuja estrutura latente é precisamente o que chamamos de cultura. No setor musical, a análise dos elementos mais importantes nesse domínio servirá então para orientar o programa musical.

Em suma, a doutrina eclética ou informacional equivale a fazer do conjunto dos programas um reflexo da cultura, no qual os acontecimentos desempenham um papel relativamente secundário. A ferramenta essencial é então o quadro sociocultural ele mesmo, piloto dos engenheiros de comunicação, e isso conduziria à criação no sentido próprio de um serviço sociocultural encarregado da análise do conteúdo. global das produções do ângulo estatístico e encarregado, ademais, de definir aquilo que chamamos, de maneira enfática, de "cultura universal", e que, de fato, se reduz a um estudo muito mais modesto dos eixos principais do pensamento e da sociedade.

Convém observar imediatamente aqui que o sistema que descrevemos existe de fato, de maneira fragmentária e difusa. A maioria dos meios de comunicação de massa, seja o rádio ou os jornais, têm pretensões culturais, pretendem na verdade representar o reflexo da atividade universal do espírito, e o que chamamos de imperativo cultural no organograma dos quadros de valores significa, aproximadamente, a doutrina informacional que acabamos de definir.

Mas, de um lado, trata-se aqui mais de impulsos de veleidade que de uma política coerente. A noção de análise do conteúdo escapa à maioria dos produtores ou diretores de programação; quanto à noção de estrutura geral dos conhecimentos humanos, a cada instante, ela está acantonada em setores particulares — o dos signos impressos, de um lado, e o dos signos musicais de outro, e o da mensagem científica em outro ainda —, permanecem isolados uns dos outros e sua interação é ignorada. Somente alguns indivíduos de cultura muito ampla, que muitas vezes desempenham o papel de eminência parda na maioria desses organismos, têm uma idéia de conjunto deste equilíbrio geral a realizar e exercem um papel, aliás irregular e a curto prazo.

UMA TEORIA SOCIODINÂMICA DOS MODOS... 279

De outro lado, os responsáveis pelos meios de comunicação de massa desviam-se sistematicamente desta política cultural, que não obstante sentem de maneira confusa como desejável, em nome, entre outros motivos, da *acessibilidade* das mensagens. Na maior parte das radiodifusões de países que funcionam segundo o axioma do *laisser faire, laisser passer,* herança do capitalismo do século XIX, as preocupações que regem a escolha de produções e sobretudo a realização destas são todas regidas por fatores a prazo muito çurto e por preocupações bem imediatas de *mínimo esforço* por parte dos produtores.

Por isso, a seleção que efetuam em suas produções, em relação ao quadro geral da cultura, é guiada na verdade quase exclusivamente, de um lado por sua especialização própria — atuando os produtores, músicos, homens de letras e cientistas cada um de seu lado — e, de outro, pela escolha do assunto *mais fácil de tratar* e que requer o mínimo de informações, e, enfim, pela escolha de assuntos *mais fáceis de fazer compreender* sem esforço particular de formulação. Isso elimina por exemplo, de maneira seletiva, a maioria dos problemas científicos ou técnicos que regem, de fato, o mundo atual, e é porventura uma das principais razões pelas quais os *mass-media* são tão totalmente infiéis a sua missão informacional, mesmo quando pretendem, ao menos implicitamente, pagar tributo a esta doutrina eclética que deve contrabalançar as doutrinas dogmática ou publicitária.

É certo que o mundo atual é regido principalmente pela aventura científica e a análise do conteúdo das bibliotecas basta para demonstrá-lo (ver quadro no Cap. I). Entretanto, os produtores, em lugar de pesquisar aquilo que é importante e conceber sua tarefa como sendo a de levá-lo ao nível de legibilidade ou de audibilidade conveniente à camada cultural que seu público representa, conforme definido pelos fatores técnicos (horas de acesso ao rádio, entre outros), procuram seletivamente aquilo que é de mais fácil acesso para eles e que seja mais fácil de apresentar. Não existem atualmente engenheiros de Psicologia da Educação nem engenheiros de Educação Adulta ou de vulgarização científica, musical ou literária.

O rádio é o que fazem dele os produtores; este organismo fundamental que é o "conselho de programação" aceita ou recusa projetos de produção que lhe são propostos mas praticamente não exerce *ação* positiva para exigir, como o faria por exemplo em uma ética social dos meios de comunicação, que fosse apresentado esse ou aquele item fundamental da música moderna ou alguma descoberta recente sobre a não-conservação da paridade em microfísica, considerando que a tarefa do produtor seria *precisamente* vencer, em primeiro lugar para si, e depois para os outros, as dificuldades de acesso aparentes desses itens e tornar atraente a música de Mahler, Webern ou Boulez ou a noção de *Spin* do nêutron, ao conjunto amplo do público. Ora, no mundo atual, esses conhecimentos têm decerto um valor de dinâmica cultural pelo menos tão grande quanto as fábulas de Florian ou de algum gentil músico da Renascença italiana que constituem o campo de escolha dos produtores de rádios mais preocupados com sua função cultural.

O axioma que enunciamos acima, baseado em trabalhos recentes da Teoria da Informação, segundo o qual todo conhecimento pode ser tornado acessível a não importa que membro da sociedade, sob a condição de que se consagrem a ele os esforços necessários, permanece no mundo atual, ou em todo caso no mundo ocidental, uma pura afirmação de princípio, já que não se consegue recrutar na sociedade intelectual — guiada também pelo princípio do máximo de resultado aparente para o mínimo esforço — indivíduos em número suficiente para fazer com que esses axiomas passem à prática corrente. A pesquisa de "engenheiros de comunicação" e de técnicos de comunicações culturais ainda não deu lugar a um começo de sistematização. Os psicólogos e homens de vasta cultura, que seriam os primeiros designados para interessar-se por esta tarefa são, na prática, ocupados por outros problemas mais inseridos no fluxo quotidiano da evolução de sua ciência.

Em poucas palavras, a doutrina eclética ou informacional dá aos meios de comunicação de massa o fim deliberado de constituir, por sua produção, um *reflexo* permanente de uma cultura global; está, de maneira difusa e quase inconsciente, na base das motivações de todos os sistemas de rádio ou imprensa que recusam a doutrina demagógica ou a doutrina dogmática. Os instrumentos essenciais de que necessitam:

— análise das características estatísticas dos culturemas em um espaço abstrato de configuração,
— extraídos do quadro sociocultural,
— emergência de linhas diretrizes da cultura de base à qual se refere,
— técnicas que permitam a acessibilidade de todo item importante a toda camada social por modos apropriados,
— indivíduos que saibam e tenham o desejo de se servir dessas técnicas.

Todos esses meios existem apenas em estado de fragmentos mais ou menos rudimentares, de esboços ou mesmo de afirmações teóricas cuja possibilidade só algumas experiências poderão demonstrar.

Apesar de tudo, parece que é esta doutrina que anima, de maneira difusa, muitas das cadeias de rádio estatais, nos países de pretensões democráticas, ou, de maneira mais

UMA TEORIA SOCIODINÂMICA DOS MODOS...   281

nítida as cadeias culturais tais como as estações de rádio universitárias nos Estados Unidos, os programas noturnos na Alemanha, o 3.º programa da BBC na Inglaterra, o IVº programa na França. Esses resolvem a dificuldade fundamental da *acessibilidade* maior ou menor das coisas importantes de uma maneira muito parcial, dirigindo-se deliberadamente a uma *fração* do público, que supõem possuir um nível de educação muito elevado, sendo portanto capaz, em princípio, de interessar-se e compreender. Contam pois, todos, com a colaboração ativa de receptores, com a dádiva de sua atenção e sua inteligência. Esta solução, aliás, não é mais que uma indicação, uma tendência inteiramente rudimentar.

No domínio científico, por exemplo, o distanciamento entre a ciência e a sociedade, que diminuiu muito largamente de 20 anos para cá, permanece ainda enorme; é preciso admitir, com Conant, como princípio diretor, que, "de maneira geral, a Ciência tem sido considerada como um objeto à parte e não tem sido integrada em nossa cultura". Não foram vistas até agora, na época atual, emissões de rádio ou televisão consagradas a explicar ao grande público as conseqüências práticas que o fenômeno da "ressonância magnética nuclear" pode ter na técnica, embora *nunca* tenha sido demonstrado ser impossível explicá-lo de maneira simples, e que não haveria no público pessoas capazes de interessar-se pelo assunto, se as tornássemos aptas a compreendê-lo.

§ V — 7.   *A doutrina sociodinâmica.*

Todo o conjunto das três principais doutrinas que expusemos anteriormente como aplicação da existência de circuitos culturais pertence ao que conviria chamar de uma *sócioestática* da cultura. Cada uma dessas doutrinas define:

a)   Um estado de coisas cultural.

b)   Um quadro de valores ou um princípio de base.

Depois, procura deduzir-lhe princípios de ação, que visam a satisfazer esses valores.

Entretanto, sendo a cultura um processo cumulativo, haverá, pelo simples fato da existência desses circuitos, um certo efeito dinâmico da evolução da sociedade, uma variação em função do tempo em uma direção definida. Os criadores imersos no campo dos meios de difusão reagem a ela, consciente ou inconscientemente, realizando outras criações que eles mesmos vão incorporar, pelos diversos caminhos que descrevemos, ao camplo global que reage, por sua vez, sobre outros criadores, etc.

Um exemplo muito bom desse processo é a influência do Surrealismo, que foi outrora um movimento cultural revolucionário, em tendências artísticas, e que se incorporou tão bem no espírito

282 SOCIODINÂMICA DA CULTURA

dos criadores, quer sejam músicos, pintores, poetas ou jornalistas, que praticamente não há no mundo atual objeto estético que não revele, à análise, uma pequena quantidade de surrealismo, que algumas vezes é possível dosar — nos cartazes, por exemplo. Foi por uma reação no micromeio de início (circuito curto), depois no meio de massa (circuito longo) que o processo de incorporação da atitude surrealista no pensamento do homem do Ocidente se produziu.

Há pois, em resumo, mesmo nas doutrinas de caráter estático, onde os quadros de valor são fixados através do tempo, um *processo dinâmico* nos resultados, uma evolução cumulativa. Mas é possível, a partir da doutrina precedente, tal como é resumida pela idéia de um reflexo de uma cultura de base, discernir ainda outra atividade, menos passiva, na qual é o próprio quadro de valores que é posto em questão, em nome da orientação de seus elementos para o *passado* (conservação) ou para o *futuro* (evolução).

Em outros termos, é possível sugerir uma *sociodinâmica* que represente uma ação, não sobre a evolução cultural, mas uma ação sobre a *própria* cultura. Como esta varia a cada instante, mudando em cada época de conteúdo, não seria portanto sobre elementos de conteúdo — idéia de Deus, idéia de Pátria, idéia de Frigidaire — que se poderia fundar uma dinâmica semelhante, mas ela poderia referir-se à própria evolução, em conformidade com as duas atitudes fundamentais que o indivíduo pode assumir face a uma evolução: desejar que ela se *acelere* ou que ela se *retarde*. O circuito cultural — criador, difusor, consumidor e retorno — oferece precisamente aos homens, ou pelo menos aos *gatekeepers*, a possibilidade de atuar sobre a evolução, segundo as duas atitudes que pode assumir a seu respeito, sem prejulgar de modo algum a orientação desta evolução. Elas constituem as duas atitudes fundamentais de uma "política" no sentido etimológico do termo, a atitude *progressista* que visa a acelerar a evolução, a atitude *conservadora* que tende a retardar esta evolução.

Para retomar uma imagem de Huxley, se o homem for encerrado em um automóvel cujo volante esteja bloqueado — que ele chama o calhambeque da civilização — os únicos recursos que lhe restam são pisar no freio ou no acelerador, para obter, finalmente, ou a sensação de prazer de ver o mundo desfilar mais depressa, ou a sensação de conforto de não se sentir ultrapassado por seu meio: convém aqui observar, no quadro desta imagem, que *de qualquer jeito* não é possível que o motorista tenha uma visão de conjunto do destino da estrada em que está, e que, por conseguinte, toda doutrina baseada neste destino é pura metafísica.

Numerosos trabalhos de Psicossociologia (Likert-Lasswell — Lazarsfeld — Osgood — Stagner) mostram que esse dipolo dialético — que é expresso por diferentes fórmulas de oposição, como progressista-conservador, ativo-passivo em determinada direção, radical-reacionário — constitui um dos fatores fundamentais de explicação das atitudes huma-

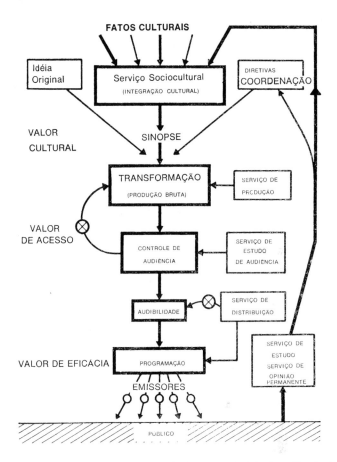

Fig. V-5. — *O organograma possível de uma cadeia de radiotelevisão conforme a doutrina sociocultural.*

Compare-se este organograma ao dado anteriormente (Fig. IV-27). A doutrina sociocultural propõe-se a oferecer à massa, por intermédio do rádio, uma *amostragem* mais correta possível do conjunto do quadro sociocultural da sociedade em um instante dado. A cadeia de rádio baseia-se, portanto, num "serviço sociocultural" que mostra os fatos importantes que aparecem a cada instante na sociedade. Esse serviço extrai deles uma *sinopse* que é uma grade de temas de programas ponderados em função de seu valor. Coleta então, para cada um dentre eles, idéias originais, que permitam apreender cada um dos temas (modo de apresentação, anedotas, idéias filosóficas subjacentes, etc.). A sinopse é então transformada em uma produção bruta. Esta é filtrada, controlada quanto à sua acessibilidade ao público em função das capacidades deste, conhecidas pelos estudos de psicossociólogos. A produção é então *estocada* até a utilização. É um serviço de distribuição que irá estabelecer a programação de conjunto desses temas, em função da disponibilidade material ou temporal do público ou de suas diferentes camadas. Um serviço permanente de opinião controla as reações deste, que são, em si mesmas, um fenômeno cultural entre outros, tirando delas diretivas de coordenação.

nas. No sentido da teoria da análise fatorial, explica uma parte bastante notável da variância de atitudes, quer à escala individual — reação de um indivíduo face ao mundo material que o envolve —, à escala das opiniões políticas, à escala das opções religiosas, etc. Todo item, todo culturema, pode ser situado em uma dimensão universal de valores: "orientado para o passado — orientado para o futuro".

Ora, a existência de encruzilhadas nos circuitos culturais, de pontos críticos no percurso desses circuitos pelas mensagens, torna possível a um número de homens muito reduzido — precisamente os *criadores* e os *condutores* dos *mass-media* — situados em pontos estratégicos do circuito cultural, exercer sobre ele uma ação decisiva. É isso o que justifica o interesse operacional de uma análise da cultura, e é esse o poder que possuem, por exemplo, um conselho de programação, um conselho de redação de um grande jornal ou um conselho de leitura de uma editora, com relação aos quais observamos que, bem freqüentemente seus titulares não têm idéia muito nítida da maneira como poderiam utilizá-los. Ante a confusão entre meios e fins e a complexidade do mercado cultural, e na medida em que não procuram *exclusivamente* ganhar dinheiro, o que é mais freqüente do que o público tende a imaginar, estão *à busca de uma doutrina* relativa à sua ação possível, que sabem, não obstante, ser importante, ainda sem saber em quê.

Os dirigentes de um sistema de rádio podem precisamente, fora de qualquer quadro de valores dogmáticos, e na medida em que esse sistema atinge uma massa importante da sociedade, perguntar-se *em que* podem agir sobre o futuro, e aqui uma única opção lhes é oferecida: retardar ou acelerar o dever, sem prejulgar o futuro.

Uma doutrina sociodinâmica que parta da doutrina culturalista precedente dará, pois, um passo a mais, apondo a cada item de seu quadro de partida um coeficiente positivo ou negativo, maior ou menor, que se poderia chamar de coeficiente de evolução, e escolhendo um valor "conservador" ou "progressista". Em função deste valor, será conduzida a selecionar, promover ou censurar, de maneira *estritamente estatística,* um número maior ou menor de itens orientados em cada sentido, sabendo que o mecanismo cumulativo da sociedade global terá por papel reforçar e amplificar esta ação inicial. Ela exercerá, portanto, uma ação de *freio* ou de *acelerador* da evolução.

No fluxo dos acontecimentos, que guardam de qualquer modo uma certa parcela do material dos *mass-media,* com freqüência é possível discerni-los em função de uma atitude prospectiva face a acontecimentos passados ou voltados para

UMA TEORIA SOCIODINÂMICA DOS MODOS... 285

o futuro, que vêm fundir-se na escolha polarizada que é o fundamento de uma doutrina dinâmica do rádio.

Em suma trata-se de uma atitude, a qual é perfeitamente perceptível em determinados países em que o amor sentimental pela época de 1900 ou pelos baús estilo Henrique II, inerente aos corações dos homens, é compensado por uma acentuação sistemática das virtudes conquistadoras das profundezas do átomo, do espaço ou da complexidade dos organismos.

Podemos nos perguntar, porém, se o retrato básico da natureza humana que serve de ponto de partida aos engenheiros de comunicação de países novos que fizeram alguns esforços nesta direção não é algo simplista e se, recusando-se a penetrar nas instâncias psicológicas mais profundas do amor pelas coisas velhas, esse retrato não se condena, por isso mesmo, a uma certa ineficácia, ao criar frustrações.

§ V — 8. *O aspecto prático das doutrinas socioculturais.*

As doutrinas de base cultural que acabamos de descrever, quer se trate de uma doutrina dogmática, eclética ou sociodinâmica no sentido em que definimos esses termos, fundam-se *todas* na idéia de um quadro sociocultural em oposição à doutrina demagógica, que se baseia essencialmente na sondagem de audiências; elas implicam, pois, a existência de um certo número de instrumentos associados aos *mass-media,* e que serão utilizados por cada uma dessas doutrinas de maneira algo diferente. Entre esses instrumentos da política cultural, convém mencionar: os *serviços socioculturais,* as *indústrias de transformação de mensagens,* os *controles de produtos acabados.* Convém notar aqui que, na verdade, nenhuma das quatro doutrinas, que isolamos claramente por necessidade de exposição, não está jamais presente em estado puro em nenhum dos sistemas de comunicação de massa: nenhuma cadeia de televisão se reconheceria integralmente publicitária ou demagógica.

Todos os sistemas participam, de fato, de uma mistura das quatro doutrinas expostas, em proporções variáveis.

Já possuem, sob formas diversas, um certo número de mecanismos enunciados, correspondendo a serviços tais como os que acabamos de enumerar acima. Tais serviços serão associados a cada um dos canais de comunicação (rádio, imprensa, televisão, cinema, etc.) ou, no interior desses canais, a cada uma das empresas de comunicação, na medida em que sejam independentes ou mesmo, eventualmente, competitivos.

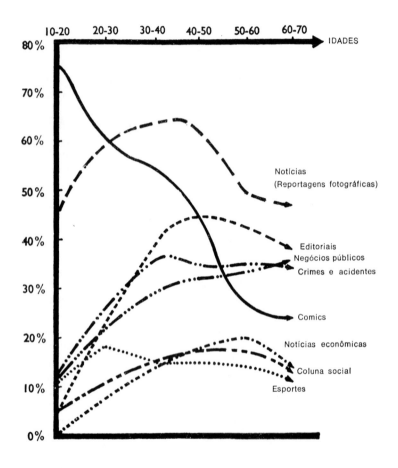

Fig. V-6. — *O que lêem as pessoas nos jornais em cada idade de sua vida.*

As 8 curvas acima indicam o gênero de interesse do leitor em função de sua idade. Note-se o decréscimo regular dos *comics* (história em quadrinhos), desde os 10 anos até à velhice; o interesse dado às notícias fotográficas e às reportagens (*features*) na idade adulta. Os negócios públicos só interessam pessoas de bastante idade, e, de modo assaz curioso, aos que gostam de notícias criminais ou de acidentes. Enfim, o jornal contém um certo número de elementos **especializados**: **notícias econômicas, colunas sociais, seções esportivas**, que são inexpugnáveis, embora cada uma delas represente uma parcela muito limitada de leitores.

UMA TEORIA SOCIODINÂMICA DOS MODOS... 287

Esses serviços terão um papel consultivo, mas determinante, já que serão eles que explicitarão o quadro sociocultural do canal estudado em uma forma quantitativa, por uma análise freqüencial permanente do conteúdo.

Poderíamos dizer que representam as estações meteorológicas do clima cultural, encarregadas de fazer-nos conhecer o que existe para determinar o que irá existir. Tecnicamente, sua tarefa se baseia:

a) Na análise do conteúdo, em um inventário tão exato — se não tão completo — quanto possível dos "culturemas" de uma sociedade.

b) De outro lado, em uma atualização do valor cultural que os acontecimentos assumem, a cada instante.

Recordemos que todas as doutrinas socioculturais se baseiam, em suma, em uma comparação ponderada em função de um quadro de valores particulares e da representação, pelo canal de comunicação, daquilo que este transmite e do inventário daquilo que constitui a bagagem intelectual *latente* da sociedade, tal como condensada na "memória" do mundo.

Visto desta forma, poder-se-ia pensar que este instrumento dos circuitos culturais é uma mecânica bem artificial, e que esta demografia permanente do conhecimento dificilmente pode existir na realidade. Contudo, o fato é que existem numerosas aproximações, que constituem uma função *latente* da sociedade, significando esta latência simplesmente que a dita sociedade não tem uma consciência muito clara de sua existência, mesmo quando a utiliza.

Existe, com efeito, um número muito grande de instituições ou de organismos preocupados com a análise permanente do conteúdo cultural de uma sociedade. Assim, sociedades comerciais de informações gerais, tais como aquilo que se chama, na França, de 'S.V.P.", têm precisamente por fim realizar um inventário permanente da curiosidade do mundo, a fim de poder responder a ela mediante pagamento. Pertencem a esses organismos tipicamente modernos que exploram comercialmente a mercadoria cultural, a necessidade de informações, e que teriam sido inimagináveis há somente 40 anos.

O sistema conhecido na França sob o nome de "S.V.P." é um organismo criado por volta de 1936 por um ministro de Estado, Georges Mandel, que notara a necessidade sentida por muitos meios comerciais, financeiros, industriais ou intelectuais, de dispor de um meio de responder às questões mais heterogêneas sem precisarem penetrar eles mesmos nos arcanos complicados da documentação. Criou então um serviço de informações gerais telefônicas para uso do público que adquiriu na França uma amplitude considerável e serviu de protótipo a organismos de venda ao público de informações sob a forma mais geral.

Para vender informação é preciso tê-la, e um serviço desses deveria portanto estabelecer uma rede de fontes de informação racionalizada; o que nos interessa aqui é que deveria ser racionalizado *em função* de necessidades de conhecimento no sentido mais amplo. O conjunto dos fichários de semelhantes organismos representa, pois, uma espécie de *inventário permanente da curiosidade* do público, uma vez que é construído para responder a ela.

288 SOCIODINÂMICA DA CULTURA

Uma análise do conteúdo e da estrutura das questões revelará portanto os fatores de desenvolvimento deste apetite de conhecimento que é polarizado por aplicações concretas, pois que a resposta a essas questões implica, segundo modalidades bastante sutis, uma retribuição financeira. A análise fatorial das questões colocadas a esses organismos nunca foi feita — embora não levante dificuldades fundamentais —, mas sabe-se, por exemplo, que o reflexo que ela dá das necessidades de informações do público já é muito mais próximo da evolução cultural do que, por exemplo, as agências de notícias que alimentam os *mass-media,* e que os "acontecimentos" desempenham aí um papel muito menor que os "conhecimentos". Mais precisamente, os indivíduos ou as pessoas morais interrogam um organismo desses justamente para aceder a um fenômeno cultural, a alguma coisa que foi *retida* permanentemente pela sociedade, a um conhecimento em sentido próprio: só retêm "acontecimentos", isto é, acidentes históricos do contínuo espaço-temporal, naquilo que têm de permanente, de previsível ou de repetitivo, isto é, *naquilo em que* um acontecimento se inscreve na cultura, por recorrerem a eles para agir. Por isso, os acontecimentos, em geral de caráter histórico, e portanto transitório, constituem apenas uma parte reduzida da atividade de todo sistema de documentação, ao passo que constituem a parte principal dos meios de comunicação de massa.

Mas existem muitos outros organismos que participam das preocupações de uma análise cultural da sociedade. A *análise do conteúdo* ou análise temática começa a ser praticada por muitos institutos de psicologia, amiúde com o fito científico de conhecer melhor a sociedade, mas, às vezes, com o fito bem prático de servir de base a uma ação nesta sociedade, por exemplo na procura de *motivações.* Aqui, a descoberta de fatores é levada muito mais longe, é feita por especialistas atualizados com as técnicas e com a teoria das estruturas latentes que, de fato, subjaz à sistemática de seus trabalhos. Se esses trabalhos são fragmentários, díspares e totalmente desprovidos de coordenação, revelam contudo, aqui e ali, fragmentos de ossaturas do edifício da cultura, no sentido definido no Cap. I.

Alguns dos meios de comunicação de massa mais importantes já utilizam sistematicamente seus resultados, vagamente integrados por alguns "conselheiros de programação", eminências pardas da cultura que fazem a síntese em sua cabeça, de uma maneira certamente muito imperfeita.

Ao nível da linguagem, que mostramos ser em si mesma um canal cultural autônomo, subjacente aos outros canais que a utilizam para transportar mensagens feitas com palavras, existem sondagens permanentes, inventários culturais, tais como, por exemplo, *o conselho de redação* das edições sucessivas dos *grandes dicionários,*

UMA TEORIA SOCIODINÂMICA DOS MODOS... 289

entre os quais, na França, o *Larousse* é o mais conhecido e o dicionário da *Académie Française* é o mais rigoroso, na Alemanha o *Duden,* na Inglaterra o *Oxford Dictionary.* Os comitês de reedição dessas obras têm precisamente por preocupação constituir a cada instante um inventário tão realista quanto possível da evolução dos materiais da linguagem, da cultura verbal. Os dicionários populares — *Larousse, Duden,* etc. — têm por cuidado principal seguir de mais perto possível a evolução cultural da sociedade ao nível das palavras, tendo, ao contrário, os comitês oficiais tais como a *Académie Française,* preocupações mais fundamentais — e um atraso sistemático da ordem de uma década em relação à evolução cultural — conjugadas a preocupações de ética lingüística, uma vez que pretendem dirigir a linguagem.

Na prática, esses organismos mesmos são conduzidos a refletir a evolução da sociedade, e a criação de subcomissões para a linguagem científica e técnica é característica a este respeito, destacando suas discussões a ligação entre a palavra e a coisa na qual, aliás, insistimos tanto.

Enfim, ao próprio nível dos conhecimentos, convém recordar na perpectiva presente o trabalho dos *documentadores,* das grandes instituições da "memória do mundo" cuja preocupação material de indexação dos documentos, de constituição de fichários ou de livros em bibliotecas, discos nas fonotecas, imagens nas filmotecas, e que visa simplesmente a poder reencontrar esses documentos para sua utilização, passa na verdade a corresponder a uma organização dos próprios conhecimentos, a uma verdadeira administração da cultura. Cada vez mais percebe-se que a função de documentador reveste-se de uma enorme importância filosófica, e que aquele que organiza um fichário organiza, ao mesmo tempo, os conhecimentos que estão contidos neste e estrutura em certa medida o próprio edifício dos conhecimentos. Uma teoria geral da documentação em si é uma teoria geral da cultura, como bem o mostram os trabalhos recentes de Lattes, Gardin, de Grolier, Pagès, Moers. Em que medida o trabalho considerável efetuado, por razões bastante práticas, com a documentação, é utilizável para uma política da cultura, para uma sociodinâmica dos circuitos culturais? Esta questão ainda permanece imprecisa, mas não indecisa.

Em todo caso, é certo que esse trabalho requer análises freqüenciais em número considerável, e a taxonomia estatística propõe-se, ao mesmo título que a lógica das relações, como um instrumento fundamental da organização cultural.

Finalmente, deve-se observar que a própria idéia de uma doutrina eclética ou culturalista das comunicações de massa não é outra coisa senão uma amplificação moderna e uma conscientização social do ideal Enciclopédico. Ora, o projeto de enciclopédia é uma *constante* do espírito ocidental através das civilizações, desde Aristóteles e a Biblioteca de Alexandria. Com eclipses diversos, mas sobretudo desde a

290 SOCIODINAMICA DA CULTURA

grande enciclopédia do século XVIII, o caudal de pensamento que visa à acumulação sistemática de conhecimentos humanos jamais secou. As Enciclopédias se sucedem umas às outras nas línguas variadas, com concepções freqüentemente muito diversas, em que a acessibilidade prática ou a acessibilidade lógica são os dois aspectos principais.

A Enciclopédia comporta subconjuntos muito numerosos, desde as coleções de manuais práticos para os diferentes ofícios, até as grandes coleções de biblioteca, mas seu ideal comum é sempre o de uma imagem completa, a um nível qualquer de acessibilidade ou de especialidade de um aspecto da cultura humana. A biblioteca universal, registrando por uma análise automática a totalidade do que há de novo publicado a cada instante na superfície da terra, que representa o ideal moderno de enciclopédia, não pretende mais que constituir a cristalização desta cultura universal subjacente.

Eliminando suas redundâncias e traduzindo-as por um coeficiente de ponderação de importância, relativo à maior ou menor freqüência de utilização de conceitos, ela nos faz tocar na diferença entre uma *Biblioteca,* nacional ou internacional, onde se acumulam documentos numerosos sobre um mesmo assunto, embora sejam raras sobre outros assuntos — o que chamamos de "memória do mundo" — e a *cultura* da sociedade na qual os elementos de pensamento são simplesmente associados a um coeficiente de *importância* relativa.

Uma enciclopédia pretende, pois, ser uma imagem mais ou menos reduzida, ou mais ou menos localizada no universo do saber desta "Enciclopédia Totalitária", ao contrário do quadro sociocultural, que pretende ser uma imagem reduzida da *derivada* (crescimento relativo em função do tempo) da soma das próprias mensagens.

Em resumo, existem, portanto, no mundo em que vivemos embriões de organismos, ou organismos fundados para outros fins, que assumem a tarefa de representação do quadro da cultura e da análise quantitativa e qualitativa deste. Entre estes, é preciso citar os serviços de documentação com fins interessados ou não, os comitês de reedição dos dicionários, os institutos de análise do conteúdo, as enciclopédias e coleções de toda ordem e espécie. Bem ou mal, esta função da cultura está, portanto, assegurada, de uma maneira em grande parte inconsciente. Em todo caso, parece possível conceber uma utilização mais sistemática dela.

§ V — 9. *A indústria de transformação dos itens culturais.*

O segundo instrumento essencial de toda doutrina sociocultural deve corresponder à noção de formulação de *acondicionamento* dos itens de conhecimento cuja importância

UMA TEORIA SOCIODINÂMICA DOS MODOS... 291

assinalamos, uma vez que, mesmo quando um organismo de difusão pretende mais ou menos conscientemente servir de reflexo da atividade intelectual do homem, fracassa espontaneamente em sua tarefa porque esbarra no obstáculo da *inacessibilidade* de certas coisas importantes e desliza espontaneamente para o mais fácil.

O problema básico, como colocamos acima, é pois acondicionar um culturema qualquer, ou uma mensagem por qualquer que seja, para torná-lo apreensível por todas as espécies de homens definidos *a priori*. Há aqui uma tarefa imensa, que, como mostramos, *jamais* foi abordada praticamente, de maneira sistemática, até o presente. Pode-se conceber o trabalho de vulgarização ou de educação de adultos como o de um engenheiro de comunicação encarregado de transmitir uma mensagem de um ponto da pirâmide cultural a um outro; desde o criador até o consumidor.

Os recentes desenvolvimentos da Teoria da Informação sugerem que, contrariamente ao que estaria inclinada a fazer acreditar uma certa aristocratização do pensamento, praticada em particular pelos matemáticos e pelos filósofos, há *sempre* uma solução para esse problema. Sabemos que a redundância está ligada à inteligibilidade das mensagens, isto é, mede a capacidade, para um receptor que possui um repertório e um tempo de acesso dados, de *construir formas* sobre a mensagem que chega a esse receptor, de percebê-la portanto, ou ainda de integrá-la. Esta idéia especifica a possibilidade de atuar sobre a acessibilidade da mensagem e dá ao problema uma forma mensurável e solúvel. Pode-se definir, ao menos no plano estatístico, um tipo de receptor particular pela extensão de seu repertório de signos e por sua capacidade de agrupar ou reencontrar os agrupamentos desses signos. Esta noção é recoberta por certos aspectos do "quociente intelectual". Da mesma maneira, inteligibilidade ou redundância são fixadas pelo conjunto das ligações impostas à mensagem pelo emissor. É sempre possível aumentar à vontade esta redundância, e portanto esta inteligibilidade, aumentando o número de signos, isto é, o comprimento da mensagem, sem aumentar a informação, isto é, a quantidade de novidade. Seria este o aspecto técnico da tarefa dos engenheiros de comunicação, escritores, psicólogos ou culturalistas que teriam como papel transformar as mensagens para uso de um determinado público de receptor.

Também aqui, o mundo tal como ele é nos oferece numerosas amostragens desta função na realidade, suficientemente para estabelecer a possibilidade de uma sistematização. Existem na literatura científica alguns vulgarizadores de grande vulto, situados em graus diversos da pirâmide cultural, graus definidos pelo ponto de partida e pelo ponto de chegada da mensagem que transformam. Alguns são capazes de apreender os aspectos mais elevados da ciência matemática mais abstrata, e transmiti-los com um grau muito alto de acessibilidade a um público de jovens estudantes de nível de conhecimentos bem mediano; outros são capazes de revelar o que há de importante, de fascinante ou simplesmente de válido nesta ou naquela descoberta ou em alguma obra literária, musical ou artística, a públicos por vezes imensos. Mais que vulgarizadores, seu papel exato seria o de *mediadores,* ou *intercessores,* no sentido em que Lazarsfeld observava a necessidade, para a cultura moderna, de um "3.º homem" destinado a efetuar a ligação entre a criação intelectual, cada vez mais abstrata, e a necessidade de conhecimentos situada no universo do lazer ou da educação permanente.

É certo que o número dos especialistas na transferência dessas mensagens culturais é extremamente restrito, pois corresponde a um padrão muito particular de aptidões que não é favorecido pela ética atual da cidade do espírito. Esta indústria de transformação não foi desenvolvida na escala de necessidades que permanecem potenciais na sociedade ocidental de 1960, o recrutamento é aqui puramente aleatório e a tecnologia da educação de adultos não é expresso em nenhuma parte, reduzindo-se a um conjunto de receitas descobertas empiricamente pelos que a praticam. Trabalhos recentes, contudo, como os de Frank, em particular, parecem estabelecer em bases científicas, que se ligam à Teoria da Informação, esta *transformação* do material cultural que deve incidir essencialmente sobre o conteúdo. Deve-se, em seguida, acrescentar um *acondicionamento* incidindo exclusivamente sobre a forma exterior, por exemplo o estilo literário para as mensagens escritas, o estilo falado ou a apresentação para as mensagens verbais, sonoras ou visuais. É esta atividade que é denominada, na imprensa impressa, de *rewriting*: separa-se, em sua função, da precedente, pois requer aptidões *diferentes.*

Vê-se atualmente que muitos livros futuros serão escritos, como se começa a fazer nos Estados Unidos, por uma *cadeia* de produção. Partindo de escritos ilegíveis, porque muito abstratos ou muito condensados, de um grande criador, quer seja físico, biólogo ou especialista em moda feminina, estes serão assimilados por indivíduos de quociente intelectual elevado, capazes de extrair deles os elementos importantes do raciocínio, os pontos de inserção no real e as relações com outros assuntos, e serão depois formulados por especialistas de Educação Adulta, que não mais serão chamados de "vulgarizadores", em vista da acessibilidade a um dado público. Estes determinarão a redundância ótima que o produto acabado deverá ter, o número de imagens, a porcentagem de alusões, as ressonâncias emotivas que convém enxertar nos assuntos abstratos, a qualidade e a quantidade de exemplos, etc.

UMA TEORIA SOCIODINÂMICA DOS MODOS... 293

Esse texto básico, sob a forma de um programa acompanhado de esquemas e ilustrações, será então retomado por técnicos em enformação — escritores profissionais, jornalistas, produtores de rádio, etc. —, cujo papel será fazê-los *passar* em um canal específico de comunicação — escrito, de imagens, falado, etc. — e "trabalhar" na relação entre o que chamamos de informação "estética" e "semântica" no Cap. III. Essas mensagens serão enfim transmitidas ao realizador técnico: engenheiro de som ou impressor. Esta cadeia de transformação, ilustrada na Fig. 00, poderá naturalmente sofrer um grande número de variantes segundo os níveis culturais de partida e de chegada e segundo as diferentes combinações de canais múltiplos que já têm tendência a multiplicar-se como, por exemplo, textos científicos ilustrados por imagens, emissões televisionadas e musicais, etc.

§ V — 10. O sistema de colocação.

O último instrumento necessário à aplicação das doutrinas socioculturais é o sistema de colocação ou de inserção das mensagens no canal. Não se trata aqui do aspecto técnico deste, no sentido dos engenheiros de som por exemplo, que está bem resolvido e que, de qualquer maneira, não é nosso propósito nesta obra. Trata-se da *disposição no meio* do sujeito receptor. Esse provavelmente é o ponto no qual os sistemas de *mass-media* têm efetuado os progressos mais conscientes desde seu início, e analisamos, por exemplo, no Cap. II, a situação do indivíduo que escuta música no rádio.

As doutrinas demagógicas que visam a colocar o indivíduo em um campo publicitário (Maletzke) têm há muito realizado estudos estatísticos bem detalhados sobre a freqüência e a disposição temporal das conexões deste ou daquele membro da sociedade com este ou aquele emissor. As curvas da Fig. 00 dão alguns aspectos dos resultados básicos nos quais se fundam as cadeias de radiodifusão; permitem distinguir vários fatores, tais como o *acesso* do indivíduo ao canal de radiodifusão, qualquer que seja este, a *escolha* do canal, e, enfim a *força de atração* deste.

Estudos menos precisos têm sido feitos por sociólogos sobre as condições nas quais o indivíduo compra e lê um jornal, e que se baseiam em grande parte, na grande cidade, na noção de "tempo morto", bem desentranhada por Lefebvre em sua sociologia da vida quotidiana. Todavia, esses estudos estão longe de revestir a precisão e a sensibilidade dos que são efetuados pelos sistemas de radiodifusão ou para eles, e que são renovados a cada semana para dar lugar a um verdadeiro boletim médico dos organismos interessados, sendo a saúde, naturalmente, confundida aqui com a influência quantitativa.

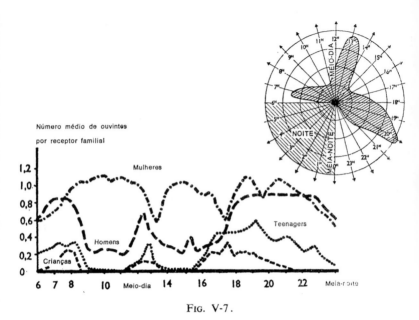

Fig. V-7.

Quem escuta quando? Eis um diagrama polar da audiência da radiodifusão: o comprimento do vetor saído do centro do círculo horário dá a ordem de grandeza da massa de população disponível para escuta a cada instante. Esse diagrama será muito diferente para a televisão, que exige a imobilização do espectador. As curvas abaixo dão a audiência por categorias sociais de uma estação regional dos Estados Unidos. Note-se a oposição de curvas de audição de mulheres em relação aos homens. As mulheres escutam o rádio quando os homens estão ausentes, mas escutam muitíssimo o rádio. As duas curvas abaixo são relativas aos adolescentes e às crianças.

Quem escuta o que, a que momento e com que grau de atenção: é esta a noção básica que deve ser utilizada por um serviço de colocação, cujo papel é determinar em que lugar do ambiente espaço-temporal insere-se a mensagem radiodifundida, televisionada ou impressa na esfera da percepção do indivíduo. É esta esfera de percepção que, com efeito, irá por assim dizer *sedimentar* para dar lugar ao que chamamos de mobiliário de seu cérebro.

Vimos que, se as doutrinas demagógicas procuram reter o maior número possível de consumidores durante o maior tempo possível em um campo publicitário que os submete a estímulos de condicionamento, as outras doutrinas, por contraste, procuram outros modos mais sutis de acesso.

Assim, a doutrina dogmática interessa-se, mais que pelos mecanismos relativamente grosseiros do reflexo condicionado, pelas possibilidades de entrada em ressonância do receptor, e, mais precisamente ainda, dos receptores que são capazes, como dizíamos acima, de efetuar uma espécie de *relé*

UMA TEORIA SOCIODINÂMICA DOS MODOS... 295

da convicção, de semear a boa palavra, de influenciar outros indivíduos à sua volta. Porá em ação, pois, todo o arsenal das forças de convicção: saberá que é pouco propício ao depósito de um fermento místico ou nacionalista no cérebro do receptor, utilizar para isso a hora em que este terminou de comer bem. Saberá também verter o ressentimento no espírito das pessoas na hora precisa em que estas se encontram em período de angústia, no *pattern* de seu dia.

As doutrinas ecléticas ou culturalistas procurarão, mais sobriamente, ponderar o nível de atenção que requerem, pois não pode existir mensagens sem um mínimo de atenção, por pequena que seja, segundo a rede de disponibilidade provável dos diferentes receptores.

De fato, os canais são, por definição, sistemas *concentrados* e unitários, mais especialmente ainda na época atual, em que, se há uma certa escolha deixada à disposição do receptor, esta praticamente incide apenas sobre duas cadeias de televisão, quatro ou cinco cadeias de rádio no máximo, três ou quatro jornais. Podia-se pensar, por volta de 1930, que o rádio era uma janela aberta sobre o mundo; esta janela rapidamente reduziu-se a uma fresta para transformar-se finalmente em uma simples torneira conectando o indivíduo em algumas fontes. A idéia de *infinidade de recursos* que é, por exemplo, a que pode ter o homem ao penetrar em uma livraria para comprar um livro ou penetrando em uma biblioteca para consultar um documento, não existe no rádio. Este é, por exemplo, um importante contraste com a discoteca de música em conserva, possuída por muitos adultos civilizados, diferença esta perfeitamente percebida pelo público. A própria noção de escolha reduz-se à de opção, que difere da precedente por seu caráter estreito. O indivíduo conhece *a priori,* de uma maneira às vezes precisa, freqüentemente vaga, o *pattern* de encadeamento temporal das emissões e este *pattern,* sentido de maneira confusa, determina a política de suas opções.

O problema colocado a semelhante "serviço de inserção" consiste em ponderar as mensagens elaboradas, situando-as na grade do emprego do tempo. Esta grade possui duas dimensões; uma dimensão temporal à qual se acrescentará, aliás, eventualmente, uma dimensão hebdomadária ou anual e uma dimensão relativa à massa auditora presa ao emissor: quantas pessoas estão a cada instante atrás do microfone ou da antena? (Fig. V-7). Esse diagrama é perfeitamente conhecido pelas estações de radiodifusão. Para ir mais longe, essa grade deverá compreender uma última dimensão, a das *camadas sociais* de "quotidianidade", isto é, uma repartição dos indivíduos em função de seu padrão pessoal de vida quotidiana: há pessoas que escutam o rádio de 7 e 1/2 às 8, de 8 às 9 estão em seu trem de subúrbio, e retomam o rádio às 6 em sua casa, enquanto uma parte considerável da metade feminina da humanidade põe-se a escutar o rádio no momento em que a outra metade o deixa (Cf. Fig. V-7).

QUADRO V-I

ESTRUTURA CULTURAL GERAL DAS EMISSÕES DE INFORMAÇÃO DE DIVERSAS TELEVISÕES EUROPÉIAS
(segundo Silbermann, Moles, Ungeheuer).

Conteúdos Difundidos	Alemanha	Holanda	PAÍSES Bélgica	Inglaterra	França
Política	27,5	19,2	15,6	20,3	22,5
Questões econômicas e sociais . .	27,7	29,8	13,4	31,7	26,9
Cultura geral . .	7,7	12,5	9,4	11,2	11,6
Ciências	2,9	3,5	3,5	3,2	3,5
Esporte e diversões	14,6	16,0	27,8	19,3	15,0
Notícias diversas .	19,6	18,9	30,3	14,2	20,5

Deveria portanto existir um padrão de acessibilidade máxima, respondendo à questão: quem escuta o quê? De fato, o estudo demográfico mostra que existem correspondências não desprezíveis entre o modo de vida e o nível cultural; a elasticidade dos horários dos intelectuais, que constituem uma parte do micromeio, é bem conhecida, a ligação entre intelectuais e citadinos é bem estabelecida, etc.

Por isso, a política de programas múltiplos, isto é, da multiplicação de canais, que pretende explicitamente responder a classes de gosto do público, é de fato uma política de classe cultural e, em grande medida, de uma classe de modo de vida. Nos países mais evoluídos nesse plano, os programas distribuem-se em quatro canais distintos para cada um dos quais deveria ser definida uma grade tridimensional respectiva.

Tais serviços de colocação existem pois efetivamente em todas as cadeias de difusão de massa, trabalham em ligação estreita com o conselho de programas e com o serviço de sondagem e de detecção do público. Em uma dinâmica sociocultural seu papel se encontraria simplesmente reforçado e submetido a uma doutrina muito mais explícita que a da acessibilidade quantitativa medida em ouvintes-hora. Esta doutrina deveria, aliás, levar em conta desenvolvimentos trazidos atualmente pela Teoria dos Jogos ou pela pesquisa operacional; por exemplo, levará em conta a regra fundamental que consiste em introduzir conscientemente uma certa taxa de flutuação em uma estratégia definida *a priori,* traduzindo-se por uma espécie de dispersão ao acaso da disposição de programas fáceis, permitindo guardar, no acesso aos *mass-media,* um (pequeno) sabor de inesperado que pode ser precioso para reter um ouvinte vivo em um mundo cultural certo demais.

§ V — *11. O controle do produto acabado.*

Enfim, nesta pesquisa de uma política cultural que se baseia na circulação de um certo número de produtos de cultura que são mensagens elaboradas por serviços especiali-

UMA TEORIA SOCIODINÂMICA DOS MODOS... 297

zados, um serviço de controle dos produtos acabados representa um corolário evidente da estrutura dos *mass-media*. Cada uma das mensagens realizadas para a difusão deve ser submetida a este *feedback* sobre suas produções, que pode ser um controle sistemático da legibilidade ou da audibilidade de um lado, uma verificação da vazão de palavras-chave ou de idéias-chave, uma determinação, com base na Teoria da Informação, da relação entre mensagens estética e semântica, que será comparado ao valor escolhido para essa relação pelo engenheiro de comunicação.

Enfim, será esse o serviço que estabelecerá o quadro sociocultural instantâneo do sistema de comunicações que deve servir de *feedback* ao comportamento geral desse último no decurso do tempo.

Duas noções correntemente utilizadas para esse controle por diversas estações de radiodifusão são as de *audiência* — quantidade A de ouvintes de uma emissão ou porcentagem da população radiofônica à escuta A/A máx.% — e a de *índice de satisfação* (BBC, ORTF) definida por uma média ponderada linearmente sobre o número de respostas n_1, n_2, n_3, n_4, n_5, segundo a tabela seguinte:

Ter-se-á, então, para o índice de satisfação:

$$IS = \frac{4n_1 + 3n_2 + 2n_3 + n_4}{4A}$$

O índice varia de 0 (quando todos os ouvintes estão descontentes) a 100 (quando todos os ouvintes ou telespectadores acham a emissão excelente).

VALOR		
1	Excelente	n_1
2	Muito bom	n_2
3	Bom	n_3
4	Médio	n_4
5	Mau	n_5
$n_1 + n_2 + n_3 + n_4 + n_5 = A$		

Notar-se-á a analogia desse mecanismo com o de uma produção automatizada, no qual uma consciência muito mais nítida, muito mais exata, muito mais minuciosa das ações a cada instante, serve de condição permanente às ações por vir.

De fato, esta é uma tendência geral de todos os organismos de produção do mundo atual, quer se trate da burocracia administrativa, das fábricas de produtos alimentícios ou de fábricas de produtos intelectuais, e reencontraremos esta mesma tendência — *mutatis mutandis* — em todos os outros circuitos culturais que pudermos descrever. Não é exagerado pensar que muitas dessas determinações, que parecem abusivamente metódicas no estado atual dos *mass-media* e sobretudo do rádio, mas cujos elementos básicos vimos que existem realmente, se encontrarão submetidas a uma certa mecanização, assim como já o é a fábrica automatizada.

298 SOCIODINÂMICA DA CULTURA

A fábrica de emoção, quer o queiramos ou não, está a instalar-se em todos os sistemas culturais, e provavelmente seria ilusório tentar destruí-la. De fato, ao que parece, é mais prudente desenvolver-lhe a concepção de uma maneira explícita para chegar a um domínio desta em vista de uma utilização para os fins de uma cultura que permanece o único elemento transcendente no destino do homem do século XX.

§ V — 12. As conseqüências da teoria sociodinâmica da cultura.

No curso de todo este capítulo, concentramos nossa atenção nesse canal bem particular dos *mass-media,* que é a radiotelevisão. Com efeito, oferece um exemplo excelente por sua modernidade que lhe permitiu, sem herdar tradição alguma, construir-se sob o império de uma única necessidade interna, sem precisar recuperar uma massa de instituições envelhecidas, como foi o caso, por exemplo, do teatro, ou da imprensa, que ainda guarda muitos traços de seu grande período do século XIX. Esta última poderia pretender então, aliás falsamente, ser a auxiliar fundamental da democracia pela "sondagem" permanente que fazia da opinião pública. A televisão, entretanto, não é mais que um exemplo entre outros, e tomamos o cuidado, neste capítulo, de mostrar incidentalmente, a respeito de cada teoria enunciada ou de cada órgão descrito, que estes encontravam uma correspondência estreita em outros canais, entre os quais a imprensa.

Por isso, poder-se-ia desenvolver a teoria sociodinâmica da cultura a respeito da reprodução em pintura, do filme cinematográfico, etc. Na prática, cada um desses canais requereria um estudo aprofundado, cujo essencial teria por fim destacar as grandezas realmente eficazes, grandezas que são percebidas por todos nós, mas que não são concebidas explicitamente pelos especialistas.

A medida de acessibilidade de um quadro, em reprodução ou em original, de Milet ou de Pollock, certamente não é definida de maneira clara atualmente, pois a estética pictórica informacional não passa de uma rubrica nos tratados de estética experimental. A venda do *Angelus* de Milet aos milhões de exemplares é sem dúvida um fenômeno social importante, mas que se encontra mesclado de fenômenos extraculturais (os calendários da Administração dos Correios) que alteram sua inteligibilidade. Aliás, não é certo que seja mesmo possível aplicar o essencial da teoria sociodinâmica às obras do passado, pois estas, em uma sociedade que se funda na escassez e não na abundância, acham-se presas a uma confusão de valores onde o fenômeno histórico pôde representar um papel essencial. As teorias dos circuitos culturais só podem ser validadas por uma certa estabilidade desses circuitos, portanto pela presença de um certo número de elementos especificamente modernos, cujo processo de cópia é provavelmente o essencial. Toda obra cultural é ubiqüitária, pode existir em toda parte, não importa em que momento, mediante um tempo e um desejo de acesso suficientes, que constituem, finalmente, os seus elementos métricos fundamentais.

O que, não obstante, é essencial na teoria sociodinâmica da cultura e esta *reação* entre o meio e o criador que torna o processo cumulativo. O indivíduo, qualquer que seja ele, está sempre, de alguma maneira, em contato com a cultura social do meio em que vive. Mesmo encerrado em um claustro, não pode escapar dele e este ambiente cultural possui fatores subjacentes que vêm fertilizar ou reduzir seu campo de possíveis. O que ele cria é função do que já está criado e a televisão é um dos exemplos mais importantes desse crescimento do acoplamento entre sociedade e criadores.

Há muito poucos intelectuais, quer sejam matemáticos, arquitetos ou pintores, quer estejam isolados em uma aldeia da Floresta Negra ou vivam em Saint-Germain-des-Prés, que não se encontrem submetidos ao fluxo ocasional do rádio, que não ouçam pronunciar as palavras "integração", "mercado comum", "trocas", "satélites" e que não reajam, de uma maneira obscura mas certa, a esses fatores latentes independentes do conteúdo específico das mensagens.

O rádio é, antes de tudo, um elemento muito *forte* da cultura moderna. É portanto o elemento de escolha, ainda que apenas em virtude de sua concentração, sobre a qual pode incidir uma política cultural deliberada e explícita. Está submetido já a um controle social bem considerável e não é ilusório fazer esse controle passar da incoerência à coerência.

Certamente, se isso não foi feito até o presente, salvo pelas doutrinas publicitárias e dogmáticas, é porque a consciência do ciclo da reação da cultura sobre si mesma em um processo cumulativo nunca foi sentida claramente por dirigentes que expedem perpetuamente negócios correntes e para quem as árvores encobrem a floresta.

Vivemos em um mundo cada vez mais integrado, no qual as conseqüências a longo prazo de cada ato imediato tornam-se cada vez mais previsíveis. Convém, por conseguinte, reclamar a nossas futuras máquinas de memória, um suplemento de consciência naquilo que passou a constituir o próprio destino do homem do Ocidente: a construção desse meio artificial que se conhece por cultura.

300 SOCIODINÂMICA DA CULTURA

§ V — 13. *Conclusão.*

Neste capítulo, consagrado ao estudo detalhado da aplicação do ciclo sociocultural a um aspecto importante dos canais de comunicação de massa — a televisão —, mostramos como, pela própria existência de circuitos de transferência da cultura fechados entre o grupo do criador e o público, resultava um certo número de *doutrina de ação* sobre a cultura, por meio desses canais.

A cultura se apresenta ao indivíduo imerso na sociedade atual como um sistema essencialmente aleatório, como o que chamamos de uma cultura-mosaico. Este indivíduo recebe do mundo exterior um fluxo de informações não valorizado, onde o pormenor histórico tem exatamente o mesmo aspecto que o fenômeno fundamental que rege a sociedade. Podemos atribuir isso ao fato de que o ser humano está ,em permanente desnível em relação ao universo intelectual que criou para si (*cultural lag*) e ao fato de os valores pelos quais se interessará permanecerem valores individuais — caracterizados pela noção de interesse humano destacada por Flesch —, ao passo que o problema de sua adequação ao mundo em que vive consiste em *elevar-se* ao nível do *abstrato*.

Resulta daí que o homem se interessa pelo homem (e pela mulher), enquanto a civilização lhe exige o *interesse pelas idéias.* Ora, o pormenor histórico dos enredos sentimentais, verdadeiros ou falsos, das atrizes de cinema, incidem em *seres humanos isoláveis*: são mais interessantes que a morte pela fome de alguns milhões de indivíduos em uma estatística abstrata. As idéias, ao contrário, são desencarnadas por sua própria generalidade. O homem participa nelas profissionalmente, sistematicamente, por um esforço de vontade no qual tira o melhor de si mesmo para raciocinar sobre as relações entre o microscópio eletrônico e a peste na Índia de maneira operacionalmente eficaz, para recair contudo, ao sair de seu escritório, de seu laboratório ou de seus instantes de exaltação criadora, ao nível do vivo e do presente que é destituído de qualquer alcance para a maioria dos homens.

Portanto, apenas para o especialista em *mass-media* — que talvez conviesse chamar aqui de "o culturalista" — estes manifestam, por intermédio da estatística, uma *estrutura de conjunto* sobre a qual é possível raciocinar e da qual é possível deduzir ações. O culturalista constata então que este aleatório à escala dos receptores individuais está longe de ser perfeito, que há *vetores de escolha* que polarizam a expressão de culturemas, ou, se quisermos, que os canais *filtram* os elementos de cultura. Ele constata, em todo caso, o fato de que a importância real dos culturemas *nunca* é um critério obrigatório de seleção pelos *mass-media*.

UMA TEORIA SOCIODINÂMICA DOS MODOS... 301

A análise dos canais de radiodifusão mostrou-nos, em resumo, os fatos seguintes:

1. Toda radiodifusão, como todo sistema de comunicação de massa, necessita de um certo nível de *doutrina* relativamente ao fim que persegue. É esta doutrina que determinará sua estrutura técnica, contrariamente ao que se passou no início de sua história.

2. Podemos discernir quatro doutrinas principais dos *mass-media,* segundo levem mais ou menos em conta valores culturais, doutrinas que são aplicadas pelos dirigentes desses meios de comunicação de massa, supostamente de "boa vontade".

3. *A doutrina demagógica* visa a imergir o indivíduo em um campo publicitário e a mantê-lo nele durante o maior tempo possível, por um recurso permanente a sua tendência ao mínimo esforço. Procura condicioná-lo nesse campo à adesão a um certo número de *valores* que constituem para ele motivações permanentes, sendo esses valores os de uma sociedade de consumo. Considera a cultura como um elemento de atração "decorativo" que será ligado, à vontade, a um elemento díspar qualquer do campo de valores.

4. *A doutrina dogmática* procura também colocar o indivíduo em um campo de influência orientada. Seus valores são permanentes e hierarquizados, pertencem às abstrações sociais — o Estado, a Religião ou a virtude — e são estes os valores que irão deformar, de maneira discreta, subliminar, os *culturemas* escolhidos. Em virtude da reação entre público e criadores, esse processo torna-se *cumulativo* e pode modelar, ao cabo de certo tempo, a própria face de uma civilização.

5. *A doutrina eclética* ou informacional propõe-se como uma reação às doutrinas precedentes. Procura basear-se na própria existência de ciclos socioculturais, e, portanto, do funcionamento dos meios de comunicação de massa. Pretende então substituir todos os valores extrínsecos por valores tirados da própria noção de cultura, isto é, por uma espécie de "enciclopedismo" que visa a elevar o indivíduo ao nível da cultura da sociedade em que ele vive. Se quisermos, propõe como *único valor a adequação do homem a seu meio cultural.* Esta doutrina pretende chegar a esse fim governando os canais culturais de tal maneira que, levando em conta eventualidades muito diversas da transferência entre quadro dos conhecimentos e mobiliário do cérebro, este último seja, de um ponto de vista estatístico, um reflexo não muito destorcido do precedente — o indivíduo aí seria um microcosmo da sociedade; seus conhecimentos, seus interesses e seus valores constituiriam uma "boa" amostragem dos indivíduos presentes, nessa época, nessa sociedade.

6. Isto implica a possibilidade de que um culturema qualquer possa chegar *convenientemente acondicionado* a um indivíduo qualquer, o que implica, por sua vez, a exis-

tência de uma doutrina da educação adulta e de uma nova espécie de engenheiros de comunicação social capazes de aplicá-la, e em número suficiente para fazê-lo.

7. A teoria culturalista terá por primeira conseqüência desvalorizar o aspecto fatual ou histórico da vida quotidiana em proveito de um aspecto propriamente intelectual, em outros termos, valorizar as idéias em lugar de fatos e insistir na integração de fenômenos históricos pelo espírito.

8. A doutrina culturalista não é realizada de maneira extensiva na sociedade atual principalmente devido à falta de "engenheiros de comunicação" que sejam capazes de levar a cabo esta valorização do interesse das idéias de forma conveniente; essa falta traduz-se, quando muito, por uma certa necessidade potencial, muito mal atualizada. Mas esta doutrina culturalista não é ignorada em modos de comunicação de massa tais como o rádio, e existem já numerosos fragmentos de realização dela. Em todo caso, já vale de maneira latente para os micromeios que são alimentados por canais especializados que funcionam em um "circuito" pequeno da cultura. As Radiotelevisões universitárias ou as do Estado, especialmente nos Estados socialistas, constituem as abordagens mais ou menos conscientes nessa linha.

9. Além deste instrumento específico que seria a conscientização explícita do quadro de conhecimentos, a cada instante extraído da memória do mundo, a doutrina culturalista requer a análise do quadro sociocultural, técnicas de acondicionamento de itens, seu controle. Enfim, ela exigiria uma integração sistemática de todo o conjunto dos canais de comunicação, que todos participem de uma ação comum. Assim, não é possível, no plano prático, definir uma política cultural de um modo particular de comunicação de massa, como a radiotelevisão, sem levar em conta todos os demais; há mensagens que encontram espontaneamente e às vezes quase necessariamente seu lugar em um canal particular e não em outro, em particular mensagens estéticas; não é possível substituir um filme por sua descrição, assim como não é possível substituir uma obra sinfônica por sua partitura. Esta especificidade dos canais, contribuindo para uma ação comum, irá portanto acondicionar as partes do quadro cultural de que cada um se encarregará. Assim, por exemplo, recordamos a relação entre o *rádio*, retransmissor de notícias, e a *imprensa*, que nos oferece um suporte material que permite sobretudo um retorno a uma origem que não é mais fugidia, e que integra os acontecimentos inesperados igualmente bem e nos mesmos prazos. Modo de acesso e modo de retenção são elementos essenciais do sistema.

10. Além da doutrina culturalista, mas baseada nela, podemos desenhar uma 4.ª *doutrina dinâmica*, que acrescenta à idéia culturalista do reflexo da sociedade sobre um indivíduo como condição de adequação desse último a seu

ambiente, o vetor fundamental da *tomada de posição* do ser de uma sociedade em seu conjunto ante sua própria evolução — *acelerar* ou *retardar esta evolução* —, uma vez que devemos admitir que não é possível, e talvez pouco desejável, orientá-la qualitativamente, isto é, prever seu resultado, e que tudo o que esta sociedade pode fazer é agir sobre a velocidade de sua própria evolução.

11. Para chegar ao fim precedente, uma política dos *mass-media* derivada da política culturalista procurará *associar* a cada culturema um novo coeficiente, munido de um signo que poderíamos chamar de *vetor de evolução*, orientado ora para o passado, ora para o futuro, e o canal de comunicação filtrará o fluxo de culturemas com uma escolha preferencial, *seja para o futuro* (atitude progressista), *seja para o passado* (atitude conservadora). Sendo o ciclo cultural de natureza cumulativa, essa filtragem poderá ser extremamente discreta e fraca, já que sua ação se acrescenta a si mesma a cada ciclo: os criadores que reagem aos materiais intelectuais que seu meio lhes oferece.

12. Os diferentes sistemas de comunicação de massa já utilizam, a títulos diversos, geralmente de maneira inconsciente, as quatro doutrinas enunciadas, que operam em proporções variáveis, muitas vezes função do quadro de valores pessoal dos *gatekeepers*, dos responsáveis.

13. Um certo número de *serviços* encontra-se na base de cada uma dessas doutrinas: serviços socioculturais, indústrias de transformação de mensagens, controle de produtos (legibilidade, audibilidade, acesso), sistemas de colocação enfim. Já existem de fato, na sociedade, esboços diversos desses "serviços" realizados pela sociedade para outros fins: documentação, análise de conteúdo, pesquisas de opinião etc.; o problema é utilizá-los para os fins de uma ação consciente do poder cultural.

Ao que parece, toda doutrina sociodinâmica *deve antes de mais nada* ser precedida da colocação efetiva de uma doutrina culturalista que proponha e resolva previamente as dificuldades essenciais da mudança do mobiliário cerebral do ser humano em função de uma sociedade evolutiva e criadora de cultura, antes mesmo de tomar uma posição relativamente à posição acima; Einstein dizia, com pertinência, que "uma nova maneira de pensar é necessária se a humanidade quiser sobreviver". Isso conduz, a partir da existência de circuitos culturais, à idéia de uma nova maneira de considerar o problema da cultura, pois é esta última que acondiciona o pensamento.

Dinâmica da Cultura e Sociedade Intelectual

> *O próprio desenvolvimento das ciências tende a diminuir a noção de saber.*
>
> VALÉRY.

§ VI — *1. Rumo a uma ética da cultura?*

A noção de cultura é, de fato, uma noção moderna. Desenvolvida no decurso do século passado, não assumiu importância real senão a partir do dia em que os meios de comunicação a transformaram em uma característica da sociedade — e também em uma alavanca desta. Praticamente não se falava de cultura na época de Newton, de Haydn ou dos Enciclopedistas; os historiadores são quem projeta o conceito de cultura sobre os séculos e civilizações passadas. A idéia de cultura como diferente da de civilização ou de ambiente material do ser humano vale sobretudo a partir do momento em que existe uma massa importante de indivíduos cuja presença basta para construir um sistema produtor-consumidor, isto é, uma comunicação unilateral ou pelo menos dissimétrica. Em suma, diremos que a cultura individual, mobiliário do cérebro dos indivíduos, bem como a cultura da sociedade que atravanca as bibliotecas, só existe no momento em que, em uma dada sociedade, a soma das mensagens recebidas é muito superior à soma das mensagens emitidas, em virtude de uma *amplificação* social devida ao processo de cópia ou difusão.

Ora, o pensamento do homem é, entre outras coisas, o produto de sua palavra; a idéia é posterior à palavra que a exprime, a palavra é fornecida pela sociedade como um vaso mais ou menos vazio cujo preenchimento cabe ao indivíduo. A partir do momento em que este recebe infinitamente mais do que emite, podemos nos perguntar se o exercício do agrupamento de palavras entre si, que constitui o aspecto verbal do pensamento, não se encontra por isso mesmo reduzido, e se, por conseguinte, o campo de exercício do pensamento não é restrito, ainda que o indivíduo possua mais "conhecimentos". Em suma, podemos perguntar-nos se não há correlação negativa entre a grandeza dos dois termos fundamentais que adotamos no Cap. I para medir a cultura — quantidade de semantemas e realização de associações entre eles — e, portanto, se não existiria uma espécie de princípio de *incerteza do conhecimento,* de caráter estatístico.

Um dos problemas éticos fundamentais colocados pela cultura de massa é a influência de um *conhecimento sem esforço* sobre a criação de elementos novos. Poder-se-ia pensar à primeira vista que a difusão de um número maior de culturemas deveria ter como resultado a existência nos indivíduos de um número maior de associações entre estes culturemas, isto é, mais idéias novas. Contudo, vimos no Cap. I que não há nenhuma necessidade disso. A teoria do *circuito cultural,* que desenvolvemos, mostra ao contrário que o processo que observamos é inteiramente regido pela existência, no meio social, de um certo número de indivíduos criadores que polarizam este último e contribuem quase exclusivamente para a fabricação de idéias novas. Em outros termos, ao lado da especialização por *domínio* do conhecimento produz-se uma diferenciação cada vez maior entre a *atividade* intelectual, isto é, a aparição de um número, cada vez maior em valor absoluto, mas cada vez menor em relação ao conjunto da população, de indivíduos especializados na fabricação de idéias novas: trata-se, de fato, do aparecimento de uma *nova sociedade intelectual.*

A radiotelevisão é um dos canais de comunicação de massa mais importantes do mundo atual, uma vez que é capaz de superar a imprensa quotidiana por sua instantaneidade, o cinema pela facilidade de acesso, o livro pela facilidade de percepção. Oferece-nos um dos exemplos essenciais de um mecanismo dinâmico da cultura. Esse mecanismo coloca um certo número de problemas éticos e filosóficos cuja resolução não compete a esta obra, mas que pode ser útil colocar.

§ VI — 2. *Uma definição dinâmica da cultura como máquina de fabricar desejos.*

Assim, ao termo desta obra, em conformidade com o conceito de "definição aberta" que havíamos dado no primeiro capítulo, o termo *cultura* adquire uma nova definição, cujo caráter sociológico é amplificado em relação às características etnológicas e informacionais que consideramos de início.

A cultura não aparece mais somente como um meio artificial ou um *Umwelt* intelectual, nem como o produto complexo de um grande número de culturemas e de suas associações (definição estática). mas, sobretudo, como uma

DINÂMICA DA CULTURA E SOCIEDADE INTELECTUAL 307

força operante do campo social. Mais ainda que a tela de referências utilizada pelo indivíduo para enquadrar suas percepções, ela é o produto essencial e cumulativo de sua atividade, o traço permanente dos fatores de evolução, mas também a *possibilidade de ação* sobre a sociedade por intermédio do ciclo cultural.

Conhecer bem o mecanismo do ciclo cultural é a primeira condição de uma ação sobre ele e, por isso mesmo, de uma ação social em seu conjunto. Assim, emerge de todas as análises feitas nesta obra que o primado, nesta evolução da sociedade, já não mais recai nas ciências físico-químicas, fontes das técnicas de Engenharia, e que constituíram o elemento principal da civilização tecnológica — mas sim nas *Ciências Humanas* ou Sociais, que estão entrando na esfera da tecnologia. Podemos dizer que, se, de um ponto de vista quantitativo, a atividade da maioria dos homens ver-se-á ligada à aplicação daquilo que os intelectuais das ciências da natureza puderam descobrir para modificar os dados do meio, a *fonte de novidade* essencial passará a ser o conjunto das ciências do homem, cuja ligação com as ciências da natureza nos é dada pela Cibernética e pela Teoria da Informação. A toda ciência corresponde uma tecnologia, e é o desenvolvimento de uma tecnologia das Ciências Humanas que deverá, ao que parece, constituir o novo fator da evolução da humanidade.

A tecnologia físico-química, com esse puro produto de 1950 que é o "engenheiro", resultou na realização daquilo que Galbraith chama de uma sociedade "afluente": uma sociedade da abundância de bens materiais na qual há sempre uma solução para a produção em quantidade e praticamente ilimitada de produtos de consumo. Desde a emergência da noção de propriedade, a estrutura social se baseou na escassez de bens e a agressividade individual se exerceu a propósito desses bens. Na sociedade extremo-ocidental em vias de construção, onde há bens em quantidade praticamente ilimitada, os problemas se deslocaram da produção para o consumo.

Vemos já alguns aspectos muito particulares desse processo, conjugados com um outro fator, evidenciado por Lefebvre, da *desigualdade de desenvolvimento,* mas o simples fato de que pareça possível produzir uma quantidade ilimitada de objetos basta para suscitar um deslocamento da criatividade da microssociedade intelectual que ao mesmo tempo se desenha sob nossos olhos para os problemas de distribuição em primeiro lugar, mas sobretudo de *definição* de desejos. O "que é que queremos" substitui o "que é que temos", e cabe às Ciências Humanas formular a resposta a esta questão. Os artistas e psicólogos são capazes de criar e desenvolver novos desejos, isto é, pesar realmente sobre o futuro da sociedade.

308 SOCIODINAMICA DA CULTURA

A partir do momento em que o inventário de *mitos dinâmicos* que regeram a imaginação criadora de cientistas e engenheiros se esgota, em que cada um desses mitos — voar pelos ares, roubar o fogo às estrelas, penetrar nas profundezas marinhas, subir à Lua, criar seres artificiais, ver através do espaço e do tempo — corresponde a uma invenção, uma técnica ou uma promessa, o ciclo sociocultural passa a aparecer como a peça essencial de uma *máquina de fabricar desejos,* assim como a Psicologia Social é o instrumento essencial da fabricação de motivações.

§ VI — 3. *Cultura-mosaico e pensamento ocidental.*

A história das idéias não é nosso propósito aqui, mas é normal tentar inserir as noções principais que delineamos a respeito da cultura-mosaico na evolução do pensamento ocidental. Com efeito, foi essencialmente o Ocidente quem produziu a cultura-mosaico; ela é o resultado de uma civilização conquistadora que tende para a abundância e da tecnologia dos *mass-media.* A própria idéia de um pensamento ocidental está ligada à idéia de cultura. Diversas teses afrontam-se a respeito de seu nascimento e modo de desenvolvimento. Distinguiremos quatro delas.

Primeiro, a tese de *desenvolvimento contínuo,* segundo a qual a civilização ocidental é o resultado de uma agregação de elementos sucessivos, tendo as mais diversas origens, fornecidos continuamente no decurso dos séculos e cuja importância quantitativa segue uma progressão exponencial. Esse é o mecanismo que sugere um ciclo sociocultural no qual todas as grandezas em jogo são, elas mesmas, contínuas.

Uma segunda tese pretende, ao contrário, ver na cultura ocidental uma seqüência de *saltos bruscos,* de crescimentos em escada marcados por épocas privilegiadas de aquisição, correspondendo os patamares à digestão do que foi recém-adquirido e à sua difusão uniforme no conjunto da sociedade: o *pensamento grego,* com sua apologia da razão, o pensamento *escolástico,* a explosão da *Renascença,* as revoluções industriais sucessivas da *energia artificial,* da *precisão comutável* das partes em relação ao todo que está na origem da indústria em série, a *época* da *automação* que esboçamos, estariam entre os grandes momentos do desenvolvimento deste pensamento ocidental que a maioria dos historiadores concordaria em discernir. Einstein dizia a respeito: "O desenvolvimento da ciência ocidental se baseia em dois grandes progressos: a invenção do sistema lógico formal na geometria euclidiana pelos filósofos gregos e a descoberta da possibilidade de encontrar relações causais pela experimentação sistemática, que foi obra da Renascença". Observava assim, sob o ângulo científico, dois dos saltos bruscos do desenvolvimento que esta tese evoca.

Um terceiro ponto de vista é o da *contradição dialética* das culturas parciais. Sublinhando a importância da "tendência contra" na criatividade intelectual, este ponto de vista veria o desenvolvimento da civilização ocidental como uma seqüência de lutas dialéticas, de insurreições *do que segue* contra *o que precedeu*. Mais ainda que saltos, veria aí oscilações, reencontrando quantitativamente as mesmas etapas. O pensamento escolástico seria assim uma tentativa de reação contra o ateísmo do pensamento grego; a Renascença, uma luta ofensiva contra a escolástica e a dogmática; a logística moderna, um esforço combativo para melhor depuração racional de um pensamento demasiado empírico, etc. Bachelard observou que a "verdade" não passa da retificação de uma longa seqüência de erros.

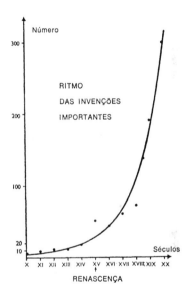

FIG. VI-1. — *Número de patentes de invenção no curso do tempo.*

As patentes de invenção são apenas um aspecto particular da cultura. Submetem-se a fortes flutuações dependendo do estado político e econômico. São estas as flutuações que esta curva evidencia. Vêem-se as quedas devidas às guerras, que bloqueiam o depósito e a publicação de invenções, e tendências do estado normal, que correspondem a aclives característicos, de aceleração substancial.

O gráfico acima, devido a MUMFORD, mostra que o progresso humano medido pelo número de seus passos à frente segue uma curva sensivelmente exponencial, cuja lei de regressão é:

$$N = 490 \; 0,00474 \; exp \; (t - 900)$$

Uma lei assim é característica de um processo no qual o número de invenções novas é proporcional ao próprio número de invenções já feitas (juros compostos da cultura). Compare-se esta curva à do crescimento da população, dada com uma escala de tempo um pouco diferente.

Enfim, uma última tese seria a tese *estrutural,* vendo, no desenvolvimento do pensamento ocidental, uma cristalização e uma conscientização da própria idéia de Ocidente, pela colocação em uma estrutura mais ou menos coerente contribuições sucessivas e díspares — racionalismo grego, pragmatismo árabe, experimentação galilaica, liberação das antigas superstições religiosas, universalização dos conhecimentos pela imprensa — fusão integradora que se situaria por volta do fim da Renascença, no momento mesmo em que o Ocidente se definiria em um mundo fechado, em uma originalidade comum a um certo número de lugares geográficos ou demográficos. A idéia de *enciclopédia,* a própria idéia de cultura, seriam os produtos mais evidentes dessa conscientização de um Ocidente oposto ao Oriente ou ao Terceiro Mundo, e seguindo suas próprias vias no sentido da conquista da Lua e da libertação da tutela dos velhos mitos por meio da realização deles.

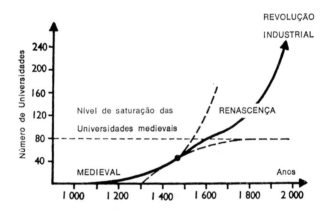

Fig. VI-2. — *A população estimada de um aspecto importante da cidade intelectual, segundo* Derek de Solla Price.

Essa é uma estatística do desenvolvimento das Ciências, apreciado a partir do número de universidades fundadas na Europa desde a Universidade do Cairo, em 950.

Nota-se, antes de mais nada, um crescimento exponencial que comporta uma duplicação em cerca de 100 anos, até um primeiro nível de saturação que corresponde à forma acabada da Universidade medieval (curva logística). Mas a Renascença renova esse processo: ela enceta uma nova escalada exponencial correspondendo a um novo tipo de universidade, aquele que conhecemos, e cujo número duplica de 100 em 100 anos, aproximadamente. Podemos portanto esperar conhecer, nos países ocidentais, cerca de 400 universidades no ano 2000.

Os "acontecimentos" fazem, decerto, parte da cultura, uma vez que se destinam, em uma civilização obcecada pela idéia de continuidade, a participar das coletâneas de história para se inserirem definitivamente na memória da humanidade.

DINÂMICA DA CULTURA E SOCIEDADE INTELECTUAL   311

Mas a História em si não passa de um setor ínfimo do quadro cultural, e os *mass-media,* pela preponderância enorme que dão aos "acontecimentos", transformam a cultura da sociedade em um sistema essencialmente *anedótico.*

É certo, em todo caso, que a agregação de eventos contingentes no devir da sociedade promete uma cultura-mosaico que se baseia precisamente na contingência. Podemos deplorar esse fato do ponto de vista moralizador, mas esse não é nosso objetivo em uma obra científica. Devemos nos habituar à idéia de que vivemos no seio de uma cultura-mosaico, que é ela que determina nosso comportamento e que o pensamento fortemente estruturado com base em uma lógica universal não é mais que um ideal passado pelo qual suspiramos.

De qualquer maneira, e mesmo que pretendamos tentar opor-nos a este estado de coisas, o destino de nossa época é, em primeiro lugar, tomar consciência dele da maneira mais clara para, em seguida, poder encontrar paliativos: "o equilíbrio delicado entre a superfície e a profundidade é o que há de mais novo no destino do homem do século XX". Convém, portanto, familiarizar-se com o conceito de cultura-mosaico, de um *todo* feito com fragmentos reunidos, e admitir que esta é uma *cultura* no pleno sentido da palavra, portanto evidenciar suas características. Nesse novo universo de percepções memorizáveis, nessa nova tela de referências, a lógica formal é substituída por sistemas menos precisos, os fatos bem isoláveis por fenômenos "vagos", isto é, não obedecendo aos cânones rígidos do terceiro excluído ou da necessidade constrangedora. As associações de idéias obedecem a leis que, por serem vagas, nem por isso são menos importantes, e assistimos, como notava Lévi-Strauss, a um ressurgimento de um certo associacionismo como expressão dominante dos fenômenos do pensamento. Em outra obra, mais especialmente a respeito do pensamento científico, obtivemos para o conjunto dessas leis flexíveis e vagas mas importantes, que regem o agrupamento de idéias, o conceito de *infralógicas,* e a tarefa indicada aos filósofos da cultura nova seria estudar essas leis e delas extrair os fatores latentes.

§ VI — *4 . Quotidianidade da cultura e criação intelectual.*

O pensamento enciclopédico concebido como um processo cumulativo, a idéia de Biblioteca Universal, a aceitação de princípio da ignorância de um número muito grande de fatos, a entrega das responsabilidades às mãos de especialistas, não são mais que aspectos desta revolução cultural.

A idéia enciclopédica é provavelmente um dos fundamentos do pensamento ocidental. Pretende uma materiali-

SOCIODINAMICA DA CULTURA

zação da cultura, opõe o escrito, o material, o sólido, o permanente, à fugacidade do oral, do tradicional, do espontâneo, de que, como sabemos, constituía uma perpétua variação sobre temas impostos de antemão, guardando esses próprios temas uma notável estabilidade, porque traduziam fatores latentes na estrutura intelectual do homem — a cultura oriental era eterna em seu caráter passageiro; ela não se degradava, mas praticamente não progredia. O imobilismo da cultura chinesa através de milhares de anos contrasta com as revoluções construtivas do Ocidente e opõe-se à noção de *amontoamento* que é — quase — sinônimo de cultura na Europa do século XX.

Mas este amontoamento leva em si mesmo seu perpétuo perigo, o de sufocar os homens sob a massa de seus próprios produtos. Já se verificou a esterilidade de 95% do conteúdo das bibliotecas e dos museus que constituem a originalidade do Ocidente: já existe uma renúncia desencorajada do homem diante de suas riquezas demasiadamente grandes, do criador frente aos materiais. A busca de uma solução para esse problema é sem nenhuma dúvida uma das tragédias mais espetaculares da cultura ocidental.

A cultura-mosaico, que é um dos grandes temas subjacentes à presente obra, é o produto conjugado de uma pletora de conhecimentos de toda espécie e da existência de *mass-media* tecnológicos que se acham coagidos a operar ao acaso, não por esse "acaso puro" dos matemáticos, que constituiria uma boa amostragem, mas segundo polarizações ao mesmo tempo muito fortes e muito dissimuladas, sempre refutadas conscientemente, sempre presentes em todos os estádios do processo cultural, nas quais enfim o homem se reencontra, independentemente dos materiais que emprega para disfarçar seu pensamento.

Em outros termos, a imagem da cultura, que a acumulação, na mesa da sala de espera de um dentista, da revista *Confidences,* de *Paris Match,* da *Gazette Syndicale du Praticien,* de um número atrasado de *La Science et la Vie,* e de um número igualmente atrasado de uma revista médica, nos propõe, é afinal um retrato mais verdadeiro da cultura do que o são o Museu de Arte Moderna ou as *Obras Completas* de P. Valéry.

A divergência profunda entre a constelação de atributos da palavra "cultura" entre os indivíduos que dela falam e o que é a cultura de uma sociedade em seu conjunto é uma das noções que mais nos escapam e na qual convém insistir. Em suma, fazemos a idéia mais falsa da cultura que é possível imaginar. Pensamos confusamente, de um lado, que "cultura" é cultura superior, da qual algumas migalhas são lançadas à massa como pasto, e, de outro, que "cultura" significa idéias, palavras ou obras-primas, invenções ou livros, ao passo que essa palavra significa, antes de tudo, "fato semântico ou estético" da vida quotidiana. Textos como:

DINÂMICA DA CULTURA E SOCIEDADE INTELECTUAL   313

"É proibido debruçar-se"

"Modo de emprego e explicação do funcionamento"

têm tanta importância na cultura quanto os poemas de Ronsard.

Correlativamente a esta idéia, é comum um outro erro em todas as teorias da cultura: o que consiste em subestimar a importância da ambiência e do meio na criação intelectual. Podemos atribuir este erro à tendência que muitos epistemólogos têm em acreditar que os processos de descoberta e de invenção são aqueles que os indivíduos que os fizeram nos indicam, e em dar um crédito exagerado a suas afirmações.

Há nisso uma falta de objetividade por parte dos especialistas em Heurística que os conduz a subestimar um certo número de fatores essenciais que pertencem ao meio ambiente imediato. Um fenomenólogo que estudasse macacos certamente seria levado a pensar que a forma do prato no qual eles bebem, ou as barras da jaula em que se encontram, influenciam certamente, de alguma maneira, as soluções mais ou menos originais que eles podem encontrar para os problemas que a vida ou o experimentador lhes propõem. Contudo, o especialista em Heurística não ousa jamais pôr em questão as afirmações dos matemáticos que lhe dizem, com convicção, que as descobertas que podem fazer sobre as funções de Bessel não têm *nenhuma* relação com o conteúdo da bandeja de seu café da manhã.

Todos os elementos da cultura, entretanto, são *solidários* e seria imprudente dissociá-los arbitrariamente como nossa preguiça intelectual nos inclina a fazer. Um dos problemas que a presente obra coloca é tentar saber qual é o papel desses fatores latentes presentes na forma das xícaras, no ângulo dos tetos, na luminosidade do céu ou no sabor dos temperos sobre o estilo literário, a capacidade de abstração ou a força dedutiva dos indivíduos por eles alimentados. Nosso objetivo é indicar aqui esse problema, que pertence a uma heurística generalizada, e que não pode ser abordado seriamente a não ser pela análise dos fatores latentes do meio ambiente do ser humano, que se baseia em primeiro lugar numa *demografia das situações, numa demografia dos objetos e numa demografia dos atos.*

§ VI — 5. *A submersão da criatividade pelo conhecimento.*

Precisamente na medida em que a Ciência viola os segredos da natureza e que o homem experimenta por isso um orgulho desmesurado, constituem-se, desta vez no plano

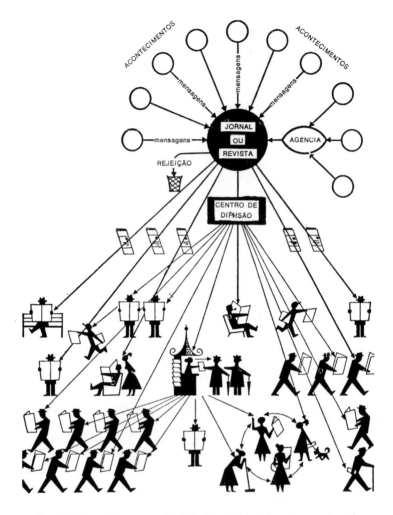

Fig. VI-3. — *Estrutura de difusão sociométrica de um jornal.*

O jornal é um organismo central que recolhe as notícias por uma rede de informantes e por organismos secundários tais como as agências de imprensa. Irriga o campo sociométrico de mensagens, seja diretamente (assinatura), seja indiretamente, por entregadores, e seu conteúdo chega de maneira secundária a outros indivíduos pela conversa.

Esse sistema apresenta-se como uma caixa negra que filtra, isto é, rejeita ou aceita itens em função de um quadro de valores. Os itens são, por exemplo, fatos ou idéias. São coletados por um corpo de indivíduos: os jornalistas, por exemplo, ou por um organismo preparatório como a agência de imprensa. O sistema de comunicação fabrica mensagens com esses fatos e essas idéias convenientemente acondicionadas: ele as difunde no campo de recepção; onde são captadas por indivíduos localizados. É esse o campo sociométrico, e ele produz uma "difusão secundária" da qual os bate-papos, os ecos, etc., são o aspecto mais concreto.

DINÂMICA DA CULTURA E SOCIEDADE INTELECTUAL   315

social, outros segredos que talvez fosse conveniente chamar de *segredos abertos,* já que, em lugar de fechar aos homens uma porta da ignorância, abrem, ao contrário, labirintos ilimitados de corredores. Um dos exemplos mais típicos de tais segredos abertos é aquilo que a grande imprensa chamou ingenuamente de "segredo da bomba atômica", quando os cientistas e técnicos sabiam que nada havia nessa prodigiosa realização além de uma multiplicidade de conhecimentos reservados, nenhum dos quais poderia permanecer inacessível ante um esforço intelectual sério.

O conhecimento moderno reconstitui segredos sociológicos pela necessidade do recurso ao especialista. Essa é a figura dominante que emerge no mundo ocidental: sempre há, para tudo, um "especialista" em alguma parte. A cultura não consiste mais em saber, e sim em saber "quem" deve saber. A cultura identifica-se com um catálogo telefônico e organismos como SVP são imagens, algo caricaturais, da cultura do Ocidente: todos os segredos, ou a maioria deles, são abertos. O número de coisas que ignoramos *de jure* é muito pequeno ante o número daquelas às quais não podemos aceder *de facto* porque, entre outras coisas, o périplo bibliográfico é uma viagem longa e custosa nos caminhos da cultura, viagem que não empreendemos sem razões sérias, e que requer uma tenacidade desproporcional àquela de que dispõe a maioria dos seres humanos.

Reencontramos aqui uma situação comparável a esse fragmento de cultura que pretendeu ser a literatura alquímica no século XVI. Não havia *um* segredo e o discípulo que nela penetrasse progressivamente cedo descobria que a sabedoria eventual do pensamento alquímico era um desses segredos abertos a quem quisesse tomá-lo, mas sob a condição de que pagasse o preço do esforço, da tenacidade e da solidão.

A este respeito, parece que este mosaico da cultura que a influência inelutável das comunicações de massa representa na sociedade de abundância, que tem por papel diminuir sua estruturação lógica, medida pela autocorrelação entre elementos culturais, pode encontrar uma compensação embrionária em uma série de progressos técnicos agrupados sob o nome de instrução programada (Skinner, Crowder). Estes progressos se resumem essencialmente numa decomposição lógico-dedutiva rigorosa, na redução do "mais ou menos" e do duplo sentido, numa análise fenomenológica precisa das dificuldades e num controle por retrorreação muito forte, que conduz a um aumento da tenacidade do pensamento e do esforço de coerência para o sujeito e também para o criador de "programas". A instrução programada virá portanto reintroduzir uma estruturação compensatória na Educação Adulta.

316 SOCIODINAMICA DA CULTURA

§ VI — 6. *Rumo a uma nova sociedade intelectual.*

A cultura humanista, esta descoberta de vínculos racionais, este método de hierarquia das vias de comunicação que permite ligar em uma *Gestalt* nítida os diferentes fatos ou partes, subordiná-los a um conjunto, separar o essencial do acessório, escrever um programa, aparecerá cada vez mais, num universo de cultura-mosaico, como um desses segredos abertos que são segredos de poder, mas que exigem *em primeiro lugar* o exílio voluntário fora do fluxo dos *mass-media*.

Uma função definida é portanto atribuída ao "intelectual" na estrutura social, função da qual é relativamente fácil dar uma definição pela atitude deste diante da vida.

É certo que os produtos do intelectual — as idéias — assumem cada vez mais o caráter de valor positivo, obedecendo pelo menos a algumas das leis da Economia Política. Há aí uma mudança de nossas atitudes de que devemos nitidamente tomar conhecimento. A noção de valor de uma idéia, de valor de um intelectual, de responsabilidade por conseguinte, obedecem doravante a alguns critérios que é desejável salientar.

Se consideramos, como observa Crespello, que todos os meios de expressão ou de informação estão nas mãos de intelectuais, devemos admitir que a amplitude de sua audiência equilibra em grande parte a influência da antiga *intelligentsia* ligeiramente anarquista e livre que constituiu, por exemplo, o fermento revolucionário da Rússia até 1917. Coloca-se a questão de saber se, após a *Managerial Revolution* de Burnham, após *A era do homem da organização* de Whyte, assistimos ou assistiremos a uma era dos Intelectuais, sugerida nas entrelinhas.

O intelectual não governa, não assina, não dá ordens. Está sempre à margem do circuito sociométrico, cuja enorme inércia mascara a ação das idéias que fabrica. Eis por que o poder do intelectual só pode ser difuso, secreto, uma vez que está sempre sujeito a uma inserção qualquer no real.

Coloca-se então um problema importante — veremos emergir em nossa sociedade uma verdadeira camada social que, segundo a análise marxista, seria capaz de transformar-se em uma classe a partir do momento em que tomasse consciência de si mesma em oposição às demais? Devemos, contudo, observar que as modificações enormes da pirâmide cultural demográfica, que a emergência da automação propõe para um futuro próximo, primeiro pelo desaparecimento progressivo da classe camponesa, e depois da classe operária, serão capazes de alterar notavelmente este conceito de uma nova sociedade intelectual que nos é proposto pelo devir atual da cultura. J. Giraudoux, no discurso da Carta de Atenas, assim se exprimia: "É de temer que a preocupação de conservar sua razão à nação seja um dia reservada a uma

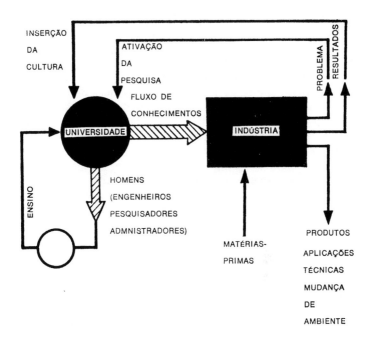

Fig. VI-4. — *O jogo dos indivíduos nas relações Universidade-Indústria.*

As idéias novas são trazidas por homens, pois são eles quem as fabricam. Esses homens se deslocam de uma instituição social para outra e, assim, esta instituição adquire ou perde um potencial de renovação da cultura. No universo científico e técnico, é a relação Universidade-Indústria que é determinante a este respeito. A universidade cria homens e conhecimentos, serve para nutrir a indústria que os passa ao mundo da ação explorando matérias-primas e produzindo produtos. A universidade produz também homens, dos quais uma parte apreciável regressa à universidade, sob a forma de pesquisadores em um ciclo relativamente fechado que isola em certa medida o mundo universitário. Os demais vão para a indústria, transportando seus conhecimentos adquiridos, mas o contato com o real pela indústria provoca sempre novos problemas, coloca questões sem cessar renovadas, ao mesmo tempo que proporciona novos conhecimentos: esses são, por sua vez, reinseridos na universidade, charneira do mundo cultural ocidental (segundo Feron).

casta, a uma oligarquia; que o gênio do país não mais seja a função do país em seu conjunto e em sua massa, não seja mais a sua seiva, mas o ato cerebral de uma inteligência cada vez mais isolada, e que não possa mais impor a um povo suas próprias virtudes e sua própria natureza a não ser pelo artifício ou pela tirania. Nossa civilização só terá estados-maiores, ou vestais".

Esta perspectiva ultrapassa o quadro do presente livro, mas é o corolário dele, já que a evolução cultural é ao mesmo tempo reflexo e causa de uma evolução técnica que, por sua

318   SOCIODINÂMICA DA CULTURA

vez, serve para modificar a evolução demográfica. Há aqui um problema de escala temporal, uma vez que dois mecanismos estão em jogo: (*a*) um mecanismo de reação dos *mass-media* sobre os criadores, objeto de nosso estudo; (*b*) um mecanismo de reação da cultura sobre a estrutura da sociedade, regida por aquilo que poderíamos chamar de "viscosidade demográfica", isto é, a relação entre a grandeza de uma força social e a importância da massa de indivíduos que são modificados por esta força por unidade de tempo. Por exemplo, a publicação de 1 000 exemplares de uma obra sobre o *birth control* em quanto modificaria o número de nascimentos por ano? Um problema como esse pertence à prospectiva, mas atuaria diretamente sobre uma política da cultura.

A época presente é a de uma promoção dos valores culturais; outrora, estes partilhavam o lugar no quadro de valores da comunidade humana com os valores materiais de bens de consumo e os valores estritamente sociais. O aparecimento de uma produção em massa de bens de consumo, e depois o da automação, que deixa entrever para certas civilizações a era do lazer, reduzem doravante o lugar dos bens materiais no espírito dos homens, se não em sua vida quotidiana. No dia em que o papel for feito pela máquina, a impressão por uma outra máquina e em que toda a cadeia de produção for automatizada, o único "valor" que subsistirá será o do que se vai pôr nesse papel. Mas, ao mesmo tempo, esses bens imateriais tingem-se de certos caracteres da materialidade: é o ponto que desenvolvemos essencialmente no Cap. II.

Os produtos culturais saídos dos *mass-media* de comunicação tornam-se coisas que obedecem a leis quantitativas de que a medida da informação fornece uma norma. É possível traçar o organograma de uma fábrica de notícia como um

Fig. VI-5. — *O esquema de uma "fábrica intelectual" na sociedade moderna.*

Esta imagem, um pouco futurista, concretiza em um organograma uma série de mecanismos que conhecemos bem, mas que amiúde passam despercebidos. Partimos do estádio da criação por um indivíduo central, a partir de uma matéria intelectual que é pessoal e de publicações "científicas" em sentido amplo. Essas darão eventualmente lugar a outras publicações e a outros relatórios técnicos sobre processos de aplicação, sobre a exploração técnica de idéias que dão dinheiro. Após uma certa decantação, darão lugar a um ensino universitário ou a uma vulgarização que é uma forma de ensino de massa: criam um movimento de negócios, suscitam livros. Tudo isso dá dinheiro, diretamente ou indiretamente, ao indivíduo ou ao grupo inicial. Esse dinheiro irá ser utilizado para subvencionar suas despesas culturais ou documentais que os põem em contato com os outros e, no caso da pesquisa experimental, para criar ou aperfeiçoar um equipamento (fornos elétricos para os químicos, iconografia para o autor de textos históricos), que servem para alimentar a criação. Enfim, de publicações científicas, de relatórios técnicos, de movimento intelectual em geral, saem idéias mais gerais, sínteses e atualizações que encetarão a produção de conceitos de caráter filosófico (em sentido amplo), e que servem para armar o curso e o progresso cultural geral.

DINAMICA DA CULTURA E SOCIEDADE INTELECTUAL 319

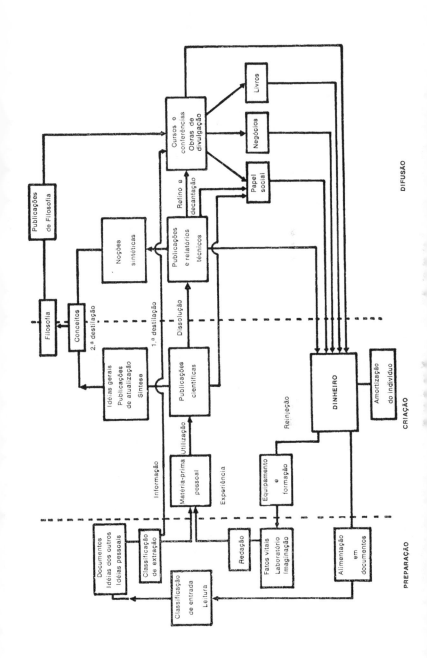

jornal, ou de uma fábrica de cultura, como uma estação de Rádio ou Televisão, da mesma maneira que o organograma de uma fábrica de barbeadores elétricos: não é o mesmo organograma, mas é o mesmo gênero de problema. Se existe ainda alguma transcendência dos valores intelectuais, talvez apenas exprimindo o mais completamente possível toda a materialidade de seus aspectos se possa fazer aparecer esta transcendência como um *resíduo da análise,* um valor incoercível que escapa à medida do peso do papel, da satisfação dos ouvintes ou das unidades binárias de originalidade. É esse processo de análise por esgotamento de graus de materialidade sucessivos, desde os mais evidentes até os menos evidentes, que justifica a atitude da presente obra na qual, sistematicamente, nos esforçamos por ignorar o valor próprio das idéias em proveito exclusivo de seus caracteres métricos, quantitativos ou mesmo comerciais.

Conforme a análise sugerida por Edgar Morin, vivemos uma época de cultura em camadas superpostas, relativamente impermeáveis umas às outras. De um lado, aquilo que Morin denominou de "cultura *Kitsch*", esta cultura ligada aos *mass-media* e que constitui o objeto essencial da presente obra. De outro, uma cultura de sociedade intelectual, cujas exigências são maiores que nunca face às capacidades do espírito humano, o que leva a uma microssociedade especializada, segregada, que toma pouco a pouco consciência de si mesma e que constrói suas instituições — revistas especializadas, bibliotecas especializadas, teatros especializados, cinemas especializados, etc. — a partir das instituições de massa, porém adaptando-as às suas próprias necessidades.

As revistas literárias ou científicas, editadas em 2 000 exemplares para o consumo da cidade intelectual, têm o mesmo estatuto legal, administrativo e financeiro que o *New York Herald, France Soir* ou *Quick,* e são submetidas às mesmas regras de censura de escritos, embora na verdade sua finalidade, seu conteúdo e seu funcionamento sejam profundamente diferentes.

Coloca-se então um problema novo: o da interferência entre estas diferentes sociedades, que se pode traduzir por um antagonismo de mesma natureza que os antagonismos de classes, mesmo que seja infinitamente menos intenso. Na realidade, o que impede comparar sociedade intelectual e sociedade dos *mass-media* à oposição clássica entre classe operária e classe burguesa, em seu período mais evidente do final do século XIX, é a existência de superposições muito numerosas e de uma zona intermediária que não é muito diferente da dos *White Collars* de Mills e que vêm servir de transição entre a datilógrafa ou a empregada doméstica leitora de *Nous deux* e a diplomada em Filosofia, leitora exclusiva de J.-P. Sartre e das obras completas de Raymond Lulle. O espírito do tempo é a conjunção desses meios distintos e opostos e de suas

DINÂMICA DA CULTURA E SOCIEDADE INTELECTUAL 321

zonas de transição. É, em sua essência, um fenômeno heterogêneo, regido pela noção de pirâmide cultural e por uma tendência à diferenciação.

A existência dos *mass-media* e de novas estruturas sociais, a partir do momento em que estas últimas tendem a avançar sobre a antiga estrutura baseada nos meios de produção, coloca um problema essencial, o de uma nova tecnologia, a tecnologia das Ciências Humanas.

A toda ciência corresponde uma técnica que a valoriza e que lhe coloca problemas. Às Ciências da Natureza, Física, Química etc., correspondeu a primeira *tecnologia* — "como modificar o mundo natural" —, cujos resultados vemos na cultura técnica, na civilização urbana e na conquista do espaço. Às Ciências Biológicas corresponde também uma tecnologia que, à parte a Medicina ou a Cirurgia Estética, permaneceu subentendida na sociedade atual e que corresponde à questão: "como modificar o homem". Às Ciências Humanas corresponde também uma tecnologia que é descrita nestes capítulos, a tecnologia da cultura, que responde à questão: "como modificar o espírito do homem?". Caberia aos filósofos juntar essas três técnicas em uma *Ética* do mundo futuro.

§ VI — 7. *Conclusão.*

Retomamos no que segue os principais pontos destacados no curso deste livro.

A cultura é o conjunto do que o homem já não pode esquecer (Margaret Mead), é o aspecto intelectual do meio artificial que o homem cria para si no decurso de sua vida social. O termo "cultura" recobre o conjunto dos elementos intelectuais presentes em um dado espírito (cultura individual) ou em um conjunto de espíritos que definem um grupo social (cultura de uma sociedade). A cultura individual é a tela de conhecimentos na qual o indivíduo projeta as mensagens que recebe do mundo exterior. A cultura é o material do pensamento, mas o pensamento é um processo ativo, que constrói um mosaico original a partir de elementos dados *a priori.*

A cultura é medida antes de tudo por sua *extensão,* isto é, pelo número de elementos que contém, e em seguida por sua pregnância, isto é, pelo número de *associações,* potenciais ou reais, entre seus elementos. Na sociedade atual, é o produto da educação e da pesquisa, portanto de um esforço permanente atribuído mais particularmente a uma pequena minoria de indivíduos, que constituem um *micromeio.* Porém, é, sobretudo para a maioria do meio social, o produto da influência dos meios de comunicação de massa, que irrigam o campo social com um número enorme de mensagens. A cultura de massa, que emergiu como uma entidade autônoma nos últimos 50 anos, adquire o aspecto de uma

322 SOCIODINÂMICA DA CULTURA

"cultura-mosaico", constituída em cada indivíduo de um agrupamento díspar de fragmentos de conhecimentos reunidos por leis de uma espécie de sedimentação estatística e que formam uma espécie de depósito dos *mass-media* no cérebro dos indivíduos.

Há pois na sociedade, especialmente na sociedade extremo-ocidental, na qual os problemas da produção apagam-se antes os do consumo e dos lazeres, dois tipos extremos de meio, entre os quais se distribuem as diferentes camadas sociais vistas sob o ângulo da cultura: o micromeio intelectual, que representa alguns centésimos da sociedade, e no qual se recruta um *núcleo* extremamente estreito de criadores "profissionais" que representa menos de um milésimo da sociedade e, no outro extremo, uma massa enorme nutrida pela imprensa de grande tiragem, a televisão, o rádio e o cinema, que absorve, praticamente de maneira passiva, o que o micromeio por intermédio de agentes tecnocratas que regem a máquina de difusão lhe propõe.

É legítimo, nessas condições, falar de *produtor* e de *consumidor* culturais, e, conseqüentemente, do *valor econômico* de uma idéia ou do preço de custo de fabricação desta. A noção de valor, de custo, criada e estudada pela ciência econômica, é, com efeito, um fator integrante da atividade humana em todos os seus aspectos, e torna-se possível aplicá-la a esse mercado, com a restrição importante de que, ao contrário dos bens materiais, o criador que produz e vende uma idéia, não somente não se encontra privado dela em troca de sua retribuição, como a possui mais viva e mais firme, e que é esta mais-valia que rege sua noção de "lucro".

No plano da economia cultural do mundo dos signos, não há ligação rigorosa entre valor de uma idéia e o valor de realizações ou de aplicações extraídas desta idéia. Há, em conseqüência, uma ambigüidade fundamental na situação do intelectual criador, cujos produtos mais preciosos são os de quantificação mais difícil, ao passo que as idéias pouco originais do erudito, do conselheiro ou do documentador são mais fáceis de especificar, de isolar, de estimar e de vender.

O criador fabrica suas idéias novas a partir de idéias adquiridas que constituem o fundo de sua cultura pessoal; é o meio social e intelectual que o envolve que as fornece, e as idéias são, por sua vez, difundidas em dois estádios: primeiro, à escala de um micromeio, depois, eventualmente, à escala dos *mass-media,* com um atraso muitas vezes considerável. Elas vêm incorporar-se à cultura de massa e constituir, por sua vez, uma parte integrante daquele meio no qual, entre outros, vive o criador. Há portanto um ciclo fechado que chamamos de *ciclo da cultura.*

O ciclo da cultura engloba todo o conjunto da pirâmide social, apresentada aqui como uma pirâmide cultural. Implica a existência de fato de dois meios distintos:

1. O *micromeio* criador de idéias, de formas ou de obras novas, recrutado, cada vez mais, na sociedade atual, em uma espécie de camada social que seria legítimo chamar, no sentido sociológico do termo, de *cidade intelectual,* imersa na cidade humana, mas cujos valores são suficientemente diferentes para não se confundir com esta, como para manifestar uma tendência à cisão, que podemos deplorar, mas que é preciso constatar (Fig. VI-6).

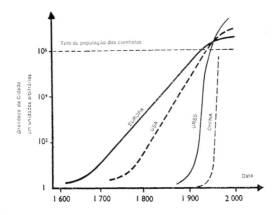

Fig. VI-6. — *A população estimada da cidade científica nas diferentes regiões culturais.*

Trata-se evidentemente de uma curva logística. Podemos estimar que a Europa já chegou à sua zona de saturação em sua curva logística. Os Estados Unidos, país mais jovem, estão prestes a chegar a ela. A União Soviética, e a China, aparecem como detentoras de potenciais culturais não realmente explorados.

2. O *macromeio,* produto dos meios de comunicação de massa, reúne os consumidores e os fabricantes de mensagens de massa que se escoam em toda uma série de canais, na prática, apoderando-se totalmente do homem moderno, que se insurge apenas de maneira veleidosa (movimento surrealista, por exemplo) e, finalmente, vê seus atos determinados por uma soma de vetores e de reflexos condicionados submetidos a flutuações aleatórias que são o único refúgio da liberdade.

O ciclo da cultura passa dos criadores ao micromeio, do micromeio aos *mass-media,* dos *mass-media* às massas. Os indivíduos criadores acham-se inseridos nessas últimas, queiram ou não, e estão, pois, submetidos ao irrigamento de fatos culturais como todos os outros. É por esse processo que exprimem o mundo no qual vivem ou, pelo menos, subliman os fatores latentes nesse mundo.

324 SOCIODINÂMICA DA CULTURA

Nesse ciclo existem, portanto, pontos sensíveis, gargalos de estrangulamento, *triggers* no sentido da teoria dos circuitos. Próximo a esses gargalos de estrangulamento, situam-se freqüentemente grupos de pressão (*gatekeepers*), cuja ação oculta seria prodigiosamente eficaz se a ação de um não fosse contrariada pela ação do outro: podemos dizer que o aleatório é o único refúgio da liberdade que resta na sociedade moderna.

Assim, o material estudado por uma sociodinâmica da cultura é, do ponto de vista prático, um fluxo de mensagens díspares que atingem todos os níveis, todos os aspectos de todos os sentidos do indivíduo. Só depois que passamos a dispor, com a Teoria da Comunicação, de uma doutrina de conjunto de caráter estatístico dessas mensagens, pudemos apreender de maneira útil a dinâmica cultural e descrever a mensagem de signos como uma coisa. Esta é referida e medida por sua posição numa rede de dimensões que são as coordenadas intrínsecas da mensagem. Essas dimensões são relativas a dois grupos de aspectos desta mensagem:

O *aspecto semântico* normalizado, universal, traduzível, feito com signos enunciáveis.

O *àspecto estético,* ligado à exploração que o transmissor faz do campo de liberdade que lhe é atribuído na realização de seus símbolos sem ultrapassar os limites do caráter reconhecível destes últimos pelo receptor.

Em outros termos, a mensagem estética é baseada na exploração do campo de liberdade que existe em torno de cada signo normalizado, é a flutuação em relação à norma, esta flutuação essencial a um mundo vivo.

A unidade de medida que aplicamos a cada um desses eixos de coordenadas é sempre ligada à quantidade de originalidade transmitida pela mensagem segundo a dimensão particular considerada e ao nível específico escolhido pelo observador para descrever a mensagem. Existe, portanto, um grande número de dimensões da mensagem, de caráter métrico, que lhe estão vinculadas, que se encaixam umas nas outras como o seriam as plantas parciais com as devidas cotas dos aposentos de um imóvel em relação a uma planta de conjunto. A cada nível, para cada dimensão, o receptor aceita, pois, uma certa quantidade de originalidade no agrupamento dos signos: é o *conteúdo informacional* da mensagem nesse nível e, sob esse aspecto, a profusão relativa do número de signos em relação a um ideal teórico, fixado pela quantidade de originalidade contida na mensagem, é medida pela *redundância,* que exprime assim a capacidade do receptor de prever alguma coisa a respeito dessa mensagem, isto é, de construir formas com ela, de compreendê-la: a redundância é uma medida da inteligibilidade.

O receptor nunca é capaz, a cada nível, de apreender mais que uma certa quantidade de originalidade por unidade

DINAMICA DA CULTURA E SOCIEDADE INTELECTUAL 325

de tempo. Há um limite para suas capacidades de apreensão em cada dimensão da mensagem, e esta regra governa a totalidade dos processos de recepção, tanto sob o ângulo semântico quanto sob o ângulo estético.

A Retórica, a Lógica, a forma de convicção denominada de "entimema" por Aristóteles, o *rewriting,* não passam de maneiras de adaptar a vazão da mensagem à capacidade do receptor, seja nela construindo formas (processo de convicção), seja diluindo sua originalidade em um número maior de signos (*rewriting*).

Existe, pois, um "acondicionamento" no sentido de embalagem dos produtos da cultura — idéias ou formas novas — e deve existir uma nova espécie de técnicos (mediadores) que sirvam de intermediários entre a fonte e a massa, entre o micromeio e o macromeio. Esses produtores são empregados dos *mass-media* e constituem, por sua vez, um subconjunto social em que a criatividade não incide sobre as idéias em si, mas sobre a maneira de exprimi-las. O conhecimento dessas diferentes técnicas, os diferentes aspectos numéricos da mensagem, as hierarquias exatas dos repertórios, o inventário de palavras-chave, de símbolos e fatores integrantes, o dos valores que facilitem ou inibam a aptidão do receptor para aceitar o que ela contém de novo constituem um novo aspecto, essencial, da cultura de amanhã. Os engenheiros de emoções serão técnicos a serviço de um quadro de valores e ignorarão a diferença entre boa e má cultura.

As mensagens fabricadas pelos criadores difundem-se na sociedade, circulando através de todo um conjunto de circuitos que constituem uma verdadeira *rede econômica* no sentido que a Economia Política poderia dar a esse termo. Passam progressivamente, desde a realização imediata e sumária do criador ou da equipe criadora, primeiro para um micromeio que lhes dá uma espécie de *certificado de existência,* e as difunde de uma maneira estreita mas bastante uniforme no interior de seus limites; depois, são retomadas em uma seleção aleatória, polarizada, enviesada por um certo número de indivíduos, para alimentar de mensagens os meios de comunicação de massa que, por sua vez, irão difundi-las no macromeio da sociedade total. Há aí uma espécie de cadeia criadora, que comporta uma variedade de esquemas, amiúde complexos, que vão por etapas sucessivas desde o fabricante de idéias novas até a sociedade consumidora.

Mas, a partir desta, as reações voltam quase sempre pelos *mass-media* e freqüentemente atingem os próprios criadores, que se verão influenciados por elas em suas obras ulteriores. Como em todo sistema de reação, três grandezas pelos menos caracterizam essas reações: de um lado, a *importância* quantitativa desse retroacoplamento, de outro, o *atraso* deste no tempo em relação à causa que o produz, en-

326 SOCIODINÂMICA DA CULTURA

fim a *forma* matemática adotada por esta reação, quer seja proporcional à originalidade ou à quantidade de obras ou à derivada destas, ou ainda a sua soma global, etc. No curso desta obra, descrevemos um certo número desses acoplamentos e desses circuitos, que se inserem, por sua vez, no ciclo geral de circulação da cultura evocado acima.

Estudamos a *mensagem impressa,* que foi o elemento fundamental da civilização escrita; a *mensagem científica,* que toma à impressão a maior parte de suas técnicas, mas que manipula um material semântico profundamente diferente e que se distingue cada vez mais da anterior; a *mensagem lingüística,* que, conforme vimos no Cap. I, constitui os tijolos de uma infracultura baseada na palavra, solidária com a idéia; a *mensagem teatral,* mensagem do verbo e da representação; a *mensagem cinematográfica,* que recorre a uma espécie de amplificador social para propor-nos uma sétima arte; a *mensagem pictórica,* que circula quase inteiramente no interior de um micromeio extremamente fechado, e que só tem um contato muito parcial com a sociedade em seu conjunto por intermédio da cópia e do museu; a *mensagem musical* enfim, que constitui o protótipo das artes do tempo, mas é no momento inteiramente regida pelo processo de cópia. Todas essas mensagens têm canais distintos, elementos de reação originais, mas onde sempre reencontramos esse esquema de acoplamento e de circuito fechado entre produtor e consumidor.

Convém observar a diferença entre os produtos materiais da civilização e seus produtos propriamente culturais, que pertencem ao mundo dos signos. As realizações do engenheiro são objetos materiais que mudam às vezes a face da terra e nossas condições de vida, mas são *também* fatos culturais do universo dos signos, que, por intermédio das revistas técnicas, se inserem progressivamente na *memória do mundo* para vir a influenciar os criadores, quer sejam engenheiros, poetas ou cientistas, que irão lhe suceder e herdarão o mundo que ele formou. Ademais, os acontecimentos históricos só se inscrevem verdadeiramente na cultura pelo estreito canal da História e pelo canal mais largo da Estatística, que distingue os *fatos* dos *acontecimentos,* assegurando-lhes a perenidade de um humilde componente em um quadro de números.

O mundo da cultura nos aparece, pois, em suma, como uma imensa *rede de circuitos mais ou menos fechados de produtos culturais,* acoplados entre si, interferindo portanto uns sobre os outros, prodigiosamente complexos, porém estatisticamente determinados. É este aspecto cíclico que intervém finalmente como fator de ordem em grande escala e no qual se pode basear uma teoria geral da cultura.

DINAMICA DA CULTURA E SOCIEDADE INTELECTUAL 327

Enfim, esse ciclo fundamental da cultura, ao implicar o fato de esta ser um processo cumulativo, conduz normalmente a uma *teoria dinâmica* da cultura. Em lugar de constatar e explicitar simplesmente a rede de circuitos pelos quais a cultura passa dos criadores aos consumidores e retorna, por intermédio dos *mass-media,* somos conduzidos a uma espécie de filosofia dinâmica da cultura. Uma vez que sabemos, ao menos teoricamente, por onde ela passa e como ela circula, devemos poder atuar sobre ela e, se o futuro de nossa civilização está ligado à criatividade de seus portadores, como o sugere Moreno, devemos tomar partido a respeito da ação que exercem os meios de comunicação de massa sobre o conjunto das ações humanas e sobre a criação de idéias novas.

Tomamos para isso um caso particular muito importante, o da radiotelevisão, que oferece, reunidos, praticamente todas as características que encontramos dispersas nos principais circuitos culturais. Discernimos a estrutura de conjunto desse meio de comunicação de massa, os vetores de escolha que polarizam a expressão dos culturemas e, enfim, os modos de reação que condicionam seu funcionamento como difusor de idéias, fatos e obras.

Mostramos que existiam várias doutrinas quanto ao emprego dos modos de comunicação: a *doutrina demagógica,* que visa a imergir o indivíduo em um campo publicitário recorrendo à sua tendência ao menor esforço; a *doutrina dogmática,* que o coloca em um campo de influência orientado em função de valores impostos *a priori;* a *doutrina eclética ou culturalista,* que pretende realizar no consumidor de cultura um microcosmo do universo social em seu conjunto e propõe como único valor a adequação do homem a seu meio cultural e a *doutrina dinâmica,* enfim, baseada na precedente, que acrescenta à idéia culturalista do reflexo da sociedade sobre o indivíduo como condição de adequação deste último a seu meio um vetor fundamental de tomada de posição quanto ao *devir* desta mesma sociedade.

Esta última doutrina propõe-se a acelerar ou retardar o ciclo cultural atuando sobre os gargalos de estrangulamento, sobre os pontos sensíveis, aqueles pelos quais uma massa muito grande de mensagens é filtrada entre as mãos de um número muito pequeno de indivíduos. Ela propõe duas atitudes do homem social, orientadas, seja para o passado, seja para o futuro, e procura descobrir, a respeito de um modo de comunicação essencial, como este é levado a uma opção necessária, ou como esta opção pode ser feita, independentemente dele, pelos dirigentes dos meios de comunicação de massa.

É necessária uma nova maneira de pensar se a humanidade quiser sobreviver, e é para a estruturação dessa maneira de pensar que os meios de difusão da cultura devem concorrer.

328 SOCIODINAMICA DA CULTURA

§ VI — 8. *Os "mass-media" como modo de regência da sociedade.*

O mundo que nos envolve é um *mundo tecnológico,* um *mundo de máquinas,* seja de máquinas materiais, seja de mecanismos sociológicos complexos, criados por um grande número de cientistas industriais, todos presas de um processo em aceleração e sem tempo nem desejo de examinar esse processo em seu conjunto. Aprendemos a conhecer esse mundo por tentativas e erros, ao acaso, e nossa cultura é fixada de maneira "quantitativa", pelo montante de conceitos que possuímos em nosso próprio cérebro, mais que pelo aspecto acabado da estrutura segundo a qual são organizados os elementos do conhecimento — e que uma cultura humanista permitiria obter. Como observa McLuhan: *The medium is the message.* O modo de comunicação é em si o que importa na mensagem.

De fato, a eficiência das Ciências Humanas mostra-se extraordinariamente grande sempre que as aplicamos em domínios relativamente restritos. As razões pelas quais o indivíduo têm sido relativamente protegido dos efeitos da Psicologia e da Sociologia aplicadas, que permitiriam modelar seu cérebro à vontade, são:

1. A ausência de concepções de conjunto suficientemente claras de parte dos senhores do corpo social.

2. O fato de que aqueles que poderiam tomar as coisas em suas mãos não têm uma sede suficientemente grande de poder.

3. E sobretudo a *desordem* da sociedade atual, que corrige uma propaganda por uma outra, uma publicidade por uma outra, desenvolvendo uma espécie de imunização quanto aos fins dessas propagandas, mas transformando o indivíduo em terreno de combate de *slogans* diversos, grosseiros, esquemáticos, exercendo sobre o espírito uma ação dispersiva e contribuindo, todos, para reforçar o aspecto de "mosaico" da cultura.

§ VI — 9. *A função de uma filosofia dinâmica.*

A Cibernética do corpo social implica a idéia de um *governor* em todo sistema de "retroação" que não desejamos abandonar ao acaso.

A inteligência desse mecanismo de reação e de seus elementos pertence ao quadro das Ciências Humanas, na medida em que estas estejam ligadas entre si pela Teoria da Informação; tal inteligência requer uma noção precisa do objetivo a atingir e esse mecanismo define o conceito de uma *filosofia dinâmica* que seria uma utilização sistemática, pelo processo descrito acima, da força criadora das idéias, em lugar de se submeter às influências fortuitas que delas provieram.

DINÂMICA DA CULTURA E SOCIEDADE INTELECTUAL 329

O problema de uma cultura neo-humanista consiste, portanto, em definir o gênero de formação que prepararia os indivíduos para exercer uma ação de regulação ou de controle sobre o quadro sociocultural no qual estão imersos. Esse *governor system* tem por papel proporcionar um conjunto de idéias ou de conceitos dinâmicos que, aplicados pelos dirigentes do grupo, conduz à etapa seguinte de uma sociedade em evolução, pela mera difusão dessas idéias nesse grupo. Quem será o "piloto", o engenheiro, o médico, o cientista, o artista, o psicólogo ou o filósofo? Todas essas categorias de homens cultos pretendem, no estado atual da sociedade, tal papel, que — deve-se sublinhar — *não coincide* com o dos *"chefes"*, qualquer que seja a acepção política.

Por que o papel do filósofo é tão platônico e tão longínquo na regulamentação prática da sociedade atual? Há três principais pontos fracos na formação filosófica:

A. A Filosofia supôs, com muita freqüência, que o mundo era constante e eterno. A maioria das doutrinas filosóficas tinha por ambição construir para a eternidade. O método geral de pensamento consistia em observar o mundo tal como ele se apresentava em um momento preciso e deduzir dele uma estrutura, definida o mais claramente possível, a das coisas tais como deveriam ser: Montaigne e Montesquieu limitaram-se a constatar com ironia "como é possível ser persa", mas nenhuma tentativa foi feita de uma ética evolutiva nas instituições.

B. A Filosofia é ambiciosa demais. Em lugar de esforçar-se por definir cuidadosamente o domínio no qual cada sistema particular é válido, os filósofos inclinam-se a admitir implicitamente que sua doutrina é universal e eterna, e que poderia cobrir todos os domínios, se ela fosse desenvolvida de uma maneira satisfatória. Nenhum esforço foi feito, em particular, para conciliar pontos de vista diferentes ou mesmo opostos, traçando uma linha de demarcação entre seus respectivos domínios de aplicação. O esforço mais notável de integração — o de Hegel — incidiu apenas sobre o aspecto metodológico do pensamento.

C. A formação normal do filósofo, a das universidades, negligencia inteiramente toda a retaguarda técnica que se tornou recentemente o fato primordial no ambiente do homem.

Tendo o humanista desaparecido enquanto membro ativo da sociedade, e tendo-se retirado para a erudição, voltamo-nos para o filósofo, especialista em idéias gerais, habituado às abstrações e dotado, às vezes, de uma formação matemática. Este tipo de homem deveria pelo menos ser o mais apto a tomar em suas mãos os mecanismos de idéias que estão na base da evolução do mundo humano. De fato, todos os filósofos esforçaram-se mais ou menos por pensar segundo princípios

330 SOCIODINÂMICA DA CULTURA

lógicos e gerais: o objeto reconhecido da Filosofia é pensar claramente.

Desta crítica, resulta que o filósofo deve abandonar a sistemática do construtor de universo, deve chegar a uma concepção muito modesta da Filosofia enquanto técnica aplicada à pesquisa operacional dos valores; enfim, deve fazer, em particular, um esforço considerável para adquirir as noções técnicas necessárias e aplicá-las com uma mestria suficiente para poder colocar-se no mesmo plano que as pessoas das quais estas técnicas dependem.

Se, na formação do filósofo, fosse possível equilibrar o aspecto físico-químico do universo, recentemente salientado por um certo número de físicos eminentes, e um conhecimento integrado das Ciências Humanas no quadro que a Teoria da Informação lhes dá, ele seria capaz, parece, de apreender o mundo moderno de forma bastante sintética para cristalizar *suficientemente de antemão* os numerosos conceitos oriundos da evolução, não somente antecipando-se ao ano seguinte por seu orçamento, mas também criando uma "ligação de regulação" (controle em termos de servomecanismos) pelo processo de retroação que introduz acelerando o ciclo: Idéias — Teoria — Tecnologia — Novo Modo de Vida — Novas Possibilidades — Novas Idéias. Se queremos que a evolução do mundo moderno não seja abandonada ao acaso — o que parece ser o postulado explícito de toda a civilização ocidental — algum modo de ação deve ser encontrado no domínio das idéias criadoras. Parece que uma filosofia dinâmica, utilizando o poder criador das idéias para dirigir a evolução dos próprios conceitos, em um processo de retroação, poderia ser elaborada para sobrepujar a ação desorganizadora das forças técnicas. Na ausência de tais medidas, é preciso de qualquer modo chegar a alguma exploração parcial do alto grau de eficiência das Ciências Humanas tais como elas se desenvolvem atualmente. Pareceria sensato prever esta evolução.

Bibliografia

ADORNO, Th. *Einführung in die Musik Soziologie*. Suhrkamp Verlag.
ADORNO, Th. *Prismen, Kulturkritik und Gesellschaft*. D.T.V., 1963.
ANGOULVENT, P. *L'Édition française*. P.U.F., 1960.
ARCHITECTURE D'AUJOURD'HUI. Números especiais: n. 7 out. 1963 e 9 set. 1963.
ARNHEIM, R. *Art in visual perception*. Berkeley, University of California Press.
ARTAUD, A. *Le théâtre et son double*. N.R.F., 1938.
ATCON, R.P. The Latin American University. *Die Deutsche Universität Zeitung* 2, 1962, p. 9.
BARBICHON, G., ACKERMANN, W. *Diffusion de l'information technique dans les organisations. Analyse et Prévision*. 1968, pp. 93-110.
BARKER, R. E. Books for All. *Unesco Review*, 1956.
BARTHES, R. *Mythologies*. Édition du Seuil, 1959.
BARZUN, J. *The House of intellect*. Columbia University Press, 1959.
BAUDRILLARD, J. *Le système des objets*. Paris, Gallimard, 1968. [Trad. bras. Ed. Perspectiva, Col. Debates n. 70.]

SOCIODINAMICA DA CULTURA

BAUDRILLARD, J. *La société de consommation — le point de la question*. Paris, S.G.P.P., 1970.

BEIGHLEY, K. C. Experimental study of the influence of 4 speech variables on listener comprehension. *Speech Monographs* 19, 1952, pp. 249-258.

BELSON, W. A. Measuring the effects of TV. *Public opinion quarterly*, 1958, p. 11.

BELSON, W. A. New developments in audience research methods. The effects of TV on the reading and the buying of Newspapers and Magazines. *Public opinion quarterly*, v. 25, 1961.

BERG, A. I. *Kibernetiky na slujbu kommunismu*. Relatório da Academia das Ciências. Moscou, Edições Energia, 1967, t. V, 420 p.

BERNAL, J. D. *Science in History*. Londres, Watts, 1954.

BLOCH, E. *Das Prinzip Hoffnung*. Berlim, Suhrkamp Verlag.

BONSIEPE, G. Visuelle Rhetorik. *Zeitschrift der Hochschule für Gestaltung*, n. 1415, Ulm, 1965.

BÖRSENVEREIN DES DEUTSCHEN BUCHHANDELS. *Buch und Buchhandlung in Zahlen*. Frankfurt, 1962.

BROWN, R. *Words and Things*. Glencoe, Illinois, Free Press.

CANTRIL, R. & ALLPORT, G. *The Psychology of Radio*. Harpers, 1953.

CARCOPINO. *La vie quotidienne à Rome à l'Apogée de l'Empire*. Hachette, 1939.

CARTER, F. A. *Listenability and human interest*. 1955, 22-53. 7.

CATTEL, R. *The Dimensions of Culture Patterns by Factorization of National Characters*. J. Abnormal and Soc. Psychology 44 (1949), pp. 443-469.

CATTEL, BREUL, HARTMAN. An Attempt at More Refined Definition of the Cultural Dimensions of Syntality in Modern Nation. *Soc. Review* 17 (1951), pp. 408-421.

CAZENEUVE, J. *Sociologie de la Radio-télévision*. Paris, P.U.F., "Que sais-je?" 1026, 1963.

CLAUSSE, R. *Les nouvelles*. Bruxelas, Éditions Institut Sociologie, 1964.

COLLECTIF. *La Télévision*. 28e semaine sociale Institut Solvay, Bruxelas, 1961. Cf. em especial artigo Wangermee: Les divergences de la Radio et la TV; Blin: Études et recherches sociologiques de la TV.

COLLECTIF. *Movens*. Karslruhe, Limes Verlag, 1960.

COLLECTIF. *Éducation permanente*. Estrasburgo, Conseil de l'Europe, 1970.

COLLECTIF. *Politica Culturale*. Bolonha, Guaraldi Editore, nov. 1970.

COWLEY, M. *Writers at work*. Nova York, Viking Press, 1958.

DE SAUSSURE, F. *Cours de Linguistique. Payot*.

DE SOLLA PRICE, D. *Science since Babylon*. Yale University Press, 1961.

DIEHL, C. F., MCDONALD, E. T. Effect of voice on communication. *J. Speech and Hearing disorders* 21, 1956, pp. 233-37.

BIBLIOGRAFIA 333

DODD, S. C. Diffusions predictable, testing probability models for laws of interaction. *Amer. Soc. Review* 20, 1955, pp. 392-401.

DODD, S. C. Testing message diffusion in harmonic logistic curves. *Psychometrika* 21, 1956, pp. 191-205.

DREVER, J. *Dictionary of Psychology*. Pelican Press.

DUMAZEDIER, J. *Vers la Civilisation du loisir*. Édition du Seuil, 1962.

ENZENSBERGER, H. M. *Culture ou mise en condition?* Paris, Ed. Julliard, 1965.

ESCARPIT, R. *Sociologie de la Littérature*. Paris, P.U.F., "Que sais-je?" 777, 1960.

ESCARPIT, R. *Le littéraire et le social*. Paris, Flammarion, 1970.

ESTIVALS, R. *Statistique bibliographique de la France*. Paris-Haia, Mouton, 1965.

FLESCH, R. *The Art of plain talk*. Haiger Pub.

FLESCH, R. *Marks of readable style, a study in adult education*. Teacher's College, Nova York, Columbia University Press, 1943.

FOURASTIÉ, J. La productivité. P.U.F., "Que sais-je?"

FRANK BOHRINGER, B. *Rhetorische Kommunikation*. Hamburgo, Schnelle Verlag, 1963.

FRYE, N. *La culture face aux media*. Paris, Ed. Mame, Col. Medium, 1969.

GALBRAITH, G. K. *The Affluent Society*. Pelican Books A 545.

GALTON, F. *Hereditary Genius in: Enquiries into Human Faculties*. Londres, Mac Millan, 1883.

GIMPEL, F. *Les Intellectuels au Moyen Âge*. Paris, Édition du Seuil, Col. Microcosmes, 1959.

HANEY, W. *Communication Patterns and Incidents*. Irwin Pub.

HOFSTAITER, P. *Sozial Psychologie*. Kroner Verlag, 1961.

HOGGART, R. *The Uses of Literacy*. Pelican Book A. 431, 1958.

HOVLAND, JANIS, KELLEY. *Communication and Persuasion*. New Haven, Yale University Press, 1961.

HUNTINGTON, E. *Mainsprings of Civilization*. Wiley, 1945.

JANTSCH, E. *La prévision technologique*. Organisation de Coopération et de Développement Economiques, Paris, 1967.

KAEDING. *Häufigkeitswörterbuch der deutschen Sprache*. (1897) (wieder aufgedrückt als Beiheft der Grundlagenstudien aus Kybernetik, 1963).

KANDEL, L., MOLES, A. Adaptation de l'indice de Flesch à la Langue Française. *Cahiers de Radio-Télévision*, 1958, pp. 252-274.

KARDINER, A., LINTON, R. *The Psychological Frontier of Society*. Nova York, Columbia University Press, 1945.

KIENTZ, A. *Pour analyser les media. L'analyse du contenu*. Paris, Éditions Mame, 1971.

KLUCKHOHN CLYDE, KELLEY,Wh. The concept of culture. *Men of Science in the World*. Nova York, Columbia University Press, 1946, pp. 28-106.

334 SOCIODINAMICA DA CULTURA

KÖNIG, R., SILBERMANN, A. *Der unversorgte selbständige Künstler*. Köln, Deutsche Arzte Verlag, 1964.

KÖNIG, R. *Kleider und Leute, zur Soziologie der Mode*. Frankfurt-sobre-o-Meno, Fischer Bücherei, 1967.

KROEBER, A. L. *The nature of culture*. Chicago University Press, 1952.

LANGER, S. *Philosophy in a New Key*. Nova York, Mentor Books. [Trad. bras. Ed. Perspectiva, Col. Debates n. 33.]

LAZARSFELD, P. *Radio and the printed page*. Nova York, Sloane Pierce, 1940.

LAZARSFELD, ROSENBERG. *Language of Social Research*. Glencoe, Free Press.

LEFEBVRE, H. *Critique de la Vie Quotidienne*. Paris, l'Arche, 1961.

LÉVI STRAUSS, C. *Anthropologie structurale*. Paris, Plon, 1960.

LIKERT, R. *Some applications of Behavioral Research*. Paris, Unesco, 1959.

LUDWIG, M. C. Hard words and human interest. *Journalism Quarterly* 26, 1949, pp. 161-171.

MC LUHAN, M. *Mutations 1990*. Paris, Ed. Mame, Col. Medium, 1969.

MC LUHAN, M. *Understanding Media: the Extensions of Man*. Nova York, McGraw Hill Paperbacks, 1965.

MALTESE, C. *Semiologia del messagio oggettuale*. Milão, Ed. U. Mursia, 1970.

MARANGONI, M. *Comment on regarde un tableau*. Neuchâtel, Ed. du Griffon.

MATRAS, J. L'art et son public. Le public et son art. *Cahiers d'études de la Radio-TV* n. 19, 1958.

MEIER, R. L. *A communication theory of urban growth*. MIT Press, 1962.

MICHEA, SAUVAGEOT, GUGGENHEIM, RIVENC. *L'élaboration du français élémentaire*. Didier Éd.

MILLER, G. *Language and communication*. Nova York, Mac Graw Hill, 1958.

MOLES, A. *Psychologie du Kitsch, l'art du Bonheur*. Paris, Ed. Mame, 1971. [Trad. bras. Ed. Perspectiva, Col. Debates n. 68.]

MOLES, A. *Art et Ordinateur*. Paris, Ed. Castermann, 1971.

MOLES, A. *L'Affiche dans la société urbaine*. Paris, Dunod, 1970. [Trad. bras. Ed. Perspectiva, Col. Debates n. 74.]

MOLES, A. *Le théâtre antique, exemple d'esthétique fonctionnelle*. Ét. Phil., jun. 1951.

MOLES, A. Theater und Synthese der Technik. *Theater und Zeit*. Wuppertal, st. 1961, n. 1 e out. 1962, n. 2.

MOLES, A. Rôle des facteurs dynamiques de la caractérisation du discours. *Cahiers d'études de la Radio-TV*, 1954.

MOLES, A. *Information theory and Aesthetical Perception*. Urbana, University of Illinois Press, 1965.

MOLES, A. La Cité Scientifique en 1972. *Bulletin Sedeis* n. 833 *Futuribles* n. 41. Paris, nov. 1962.

MOLES, A. *Musiques expérimentales*. Paris, Bruxelas, Zurique, Cercle d'Art Contemporain, 1960.

BIBLIOGRAFIA 335

MOLES, A. *The Intellectual and the Affluent Society*. Londres. (Les 3 cités) in Modern Art, 1967.
MOLES, A., SCHUTZENBERGER, ALSLEBEN. *Industrielle Soziometrie*. Hamburgo, Schnelle Verlag, 1964.
MONNET, P. *Monographie de l'édition*. Cercle de la Librairie, 1959.
MORENO, J.-C. *Theatre of spontaneity*. Nova York, Beacon House, 1945.
MORIN, E. *L'Esprit du Temps*. Grasset, 1962.
MORIN, E. *Les Stars*. Édition du Seuil, 1959.
MOSCOVICI, S. Comportement verbal, oral et écrit. *Revue de Psychologie*, 1960, pp. 176-185.
MOTT FOX, G. (ed.) *New Survey of Journalism*. Barnes Noble Pub., 1958.
NOELLE, NEUMAN. *Jahbuch der öffentlichen Meinung*. Allesbach, Institut für Demoskopie, 1965.
OLERON, G. Efficacité de l'écoute de la radio. *Cahiers d'études de la Radio-TV* n. 1, pp. 39-75.
ORNSTEIN, Martha. *The Role of Scientific Societies in the Seventeenth Century*. Chicago, 1938.
OSGOOD, ITHIEL DE SOLAPOOL etc. *Trends in Content analysis*. University of Illinois Press, 1959.
OSGOOD, C., SUCI, TANNENBAUM. *The measurement of Meaning*. University of Illinois Press, 1958.
OSGOOD, C., XHIGNESSE, L. *Bibliographical citation characteristics of the Psychological Journal Network*. Institute of Communication Research, 1963.
OULIF, J. & CAZENEUVE, M. *La grande chance de la télévision*. Calmann-Lévy, 1963.
PERELMAN, A. *Traité de l'argumentation*. Paris, P.U.F., 1959.
PHILIPPOT, M. P. Le devoir d'Inhumanité. *Méditations* n. 5.
POLIERI, J. *Scénographie Nouvelle*. Bolonha (Seine), Ed. d'aujourd'hui.
PUCHEU, R. *Le journal, les Mythes et les Hommes*. Paris, Éd. Ouvrières, 1962.
QUEVAL, I., THEVENOT, J. *TV*. N.R.F., 1957.
RAGON, M. *Naissance d'un art nouveau*. Paris, Albin Michel, 1962.
RHEIMS, M. *La vie étrange des objets*. Plon, 1959.
RIDER, F. *The Scholar and the Future of the Research Library*. Nova York, 1962.
ROBERTSON, J. M. The Economics of Genius. *Essays in Sociology*. Modern Library, 1962.
SCHRAMM, W. (ed.) *Mass Communications*. University of Illinois Press, 1960.
SCHRAMM, W. (ed.) *Process and effects of Mass Communications*. University of Illinois Press, 1960.
SILBERMAN, A. *Wovon lebt die Musik*. Regensburg, Bosse Verlag.
SILBERMAN, A. *Musik, Rundfunk und Hörer*. West-Deutscher Verlag, 1960.
SILBERMANN, A. *Von Wohnen der Deutschen*. Fischer Bücherei, 1966.
SILBERMANN, A. *Vorteile und Nachteile des kommerziellen Fernsehens*. Düsseldorf e Viena, Econ. Verlag, 1968.

336 SOCIODINAMICA DA CULTURA

SILBERMAN, MOLES, UNGEHEUER. *Bildschirm und Wirklichkeit*. Frankfurt, Ullstein, 1966.
SONREL, P. *Traité de Scénographie*. Ed. por Odette Lieutier, 1943.
SOURIAU, BERL, JOUVET. *Architecture et Dramaturgie*. Flammarion, 1950.
SPENGLER, O. *Der Untergang des Abendlands*. Munique, Beck, 1929, 2 v.
STEINBERG, S. H. *Five Hundred Years of Printing*. Pelican Book A 343, 1955.
STEINER, A. F. *The people look at television*. Nova York, Alfred A. Knopf, 1963.
THORNDIKE, LORGE. *The teacher's wordbook of 30 000 words*. Nova York, Bureau of Publication, Columbia University Press, 1944.
TREUE, W. *Kulturgeschichte des Alltages*. Fischer Verlag 119.
VALÉRY, P. *Oeuvres Complètes*. N.R.F., Col. Pléiade, 2 v.
VAN DER BEKE, G. E. *French Word Book*. Nova York, The Mac Millan Co., 1935.
VEBLEN (THORNSTEIN). *The theory of the Leisure class*. Londres, 1939.
VERNON. *Intelligibility of educational Broadcasts*. British Assoc. for Advancement of Science, set. 1950.
WEBER, A. *Kulturgeschichte als Kultursoziologie*. Leyde, 1935.
WEBER, Max. *Le savant et le politique*. Plon, 1960.
WELLEK. *Typologie der Musikbegabung*. Munique, 1950.
WHITE, L. A. *The Science of Culture*. Grove Press, 1945.
WRIGHT MILLS, C. *White Collar*. Nova York, Oxford University Press, 1961.
WRIGHT MILLS, C. *The Power Elite*. Nova York, Oxford University Press, 1956.
WHYTE, H. J. *The Organization Man*. Nova York, Anchor Press.
ZAHN, F. *Internationale Kulturstatistik*. Atenas. Estudos dedicados a Andreades, 1940, pp. 101-128.
ZAHN, F. *Soziologie der Prosperität*. D.T.V., 1963.
ZIPF, F. K. *Human Behavior and the Principle of least effort*. Cambridge, Addison Wesley Press, 1949.
ZIPF, G. K. *Psychobiology of language*. M.I.T. Series, n. 36.

CIÊNCIAS SOCIAIS NA PERSPECTIVA

Raça e Ciência I – Juan Comas e Outros (D025)

A Multidão Solitária – David Riesman (D041)

Unissexo – Charles E. Winick (D045)

O Trabalho em Migalhas – Georges Friedmann (D053)

Raça e Ciência II – L. C. Dunn e outros (D056)

Rumos de uma Cultura Tecnológica – Abraham Moles (D058)

A Noite da Madrinha – Sérgio Miceli (D066)

A Caminho da Cidade – Eunice Ribeiro Durhan (D077)

Lazer e Cultura Popular – Joffre Dumazedier (D082)

Manicômios, Prisões e Conventos – Erving Goffman (D091)

As Religiões dos Oprimidos – Vittorio Lanternari (D095)

Crise Regional e Planejamento – Amélia Cohn (D117)

Sociologia Empírica do Lazer – Joffre Dumazedier (D164)

Sociodinâmica da Cultura – Abraham Moles (E015)

Estudos Afro-Brasileiros – Roger Bastide (E018)

A Economia das Trocas Simbólicas – Pierre Bourdieu (E020)

O Legado de Violações dos Direitos Humanos no Cone Sul: Argentina, Chile e Uruguai – Luis Roniger e Mário Sznajder (E208)

Memórias de Vida, Memórias de Guerra – Fernando Frochtengarten (E222)

A Ciência Social num Mundo em Crise – Scientific American (LSC)

Impresso nas oficinas
da Imagem Digital
em maio de 2012